film:4

Annette Kilzer (Hg.)

Bruce Willis

BERTZ

Die Deutsche Bibliothek – CIP-Einheitsaufnahme
Bruce Willis / Annette Kilzer (Hg.). - Berlin : Bertz, 2000
(Film: ; 4)
ISBN 3-929470-70-5

Abbildungen Umschlag:
vorne: Bruce Willis in LAST MAN STANDING und DIE HARD (Videoprints);
hinten: Bruce Willis in NORTH (Filmbild Fundus Robert Fischer / Castle Rock)

Abbildungen Innenteil:
Archiv des Verlages (AdV): 8-10, 16, 21; AdV / Miramax: 272; AdV / New Line Cinema: 275;
AdV / 20th Century Fox: 37, 141; Disney Pictures: 112; Filmbild Fundus Robert
Fischer (FBF) / Castle Rock: 108; FBF / New Line Cinema: 91, 92, 219;
FBF / Touchstone Pictures: 62, 63, 104; FBF / TriStar Pictures: 36, 135;
FBF/ Universal Pictures: 69, 100; FBF / Warner Bros.: 49;
Frame Enlargements: Bertz Verlag / die jeweiligen Copyright-Inhaber
© Photographs: original copyright holders

Redaktionelle Mitarbeit:
Halina Daugird, Daniela Grosch, Wiltrud Hembus,
Maurice Lahde, Sulgi Lie, Philipp Sperrle

Bildsequenzen:
Wiltrud Hembus, Dieter Bertz

Layout:
Katrin Fischer

Filmographie:
Halina Daugird, Wiltrud Hembus

Bibliographie:
Halina Daugird, Daniela Grosch

*Verlag und Herausgeberin bedanken sich für die
freundliche Unterstützung ganz herzlich bei:*
Elke, Hennie und Olaf,
Robert Fischer und Herbert Klemens (*Filmbild Fundus Robert Fischer*),
Volker Gunske, Kai Schmidt und Robert Weixlbaumer (*tip*),
Ingo Huppertz, Hans-Joachim Neumann (*Zitty*), Milan Pavlovic (*Steadycam*),
Andrea Straßer, dem *Videodrom*-Team, VOX,
den Mitarbeitern und Mitarbeiterinnen der Filmverleihe und Agenturen
sowie nicht zuletzt den Autoren und Autorinnen.

Görlitzer Str. 37, 10997 Berlin
Satz: minuskel screen partner, Berlin
Druck: druckhaus köthen, Köthen
Printed in Germany
ISBN 3-929470-70-5

Inhalt

[7]
Bruce & Co.
Über die Hindernisse,
einen Star interviewen zu wollen
Von Milan Pavlovic

[11]
Das berühmteste Unterhemd der Welt
Ein Bruce-Willis-Portrait
Von Annette Kilzer

[117]
Die Filme

Bruce & Co.
Über die Hindernisse, einen Star interviewen zu wollen

Von Milan Pavlovic

Der Held ist müde. Wenn das passiert, rasen seine Helfer noch schneller herum als sonst, auffällig unauffällig, damit der Mann im Zentrum des Interesses nicht darauf aufmerksam gemacht wird, daß man seinetwegen gerade die Welt auf den Kopf stellt. Alle Gespräche müssen vorverlegt, die Interview-Gruppen drastisch vergrößert werden. Zwei amerikanische Agentinnen des Objekts der Begierde laufen gestikulierend mit Handys durch das Vorzimmer der Präsidentensuite im elften Stock, eine weitere macht sich Sorgen darüber, daß ich als Ersatz-Interviewer nicht das Formular unterschrieben habe, auf dem man versichern mußte, Bruce Willis nicht nach Demi Moore zu fragen. (Was würde eigentlich passieren, wenn man es doch täte? Würde einem die Zulassung entzogen wie einem Verkehrssünder oder einem Kurpfuscher?)

Zwei freundliche deutsche Presseagentinnen bemühen sich um Schadensbegrenzung, blicken mitleidig, obwohl man sie bemitleiden müßte, und werfen in raschen Abständen prüfende Blicke auf den Zeitplan, den sie so lange umstellen mußten, bis er mit der ursprünglichen Konzeption nichts mehr zu tun hatte. Schließlich wird man zu ihm geführt, eine Etage tiefer durchs Treppenhaus, an vier finster blickenden Bodyguards vorbei, deren Augen offenbar durch Metalldetektoren ersetzt worden sind, zunächst in ein weiteres Vorzimmer, dann nach eifriger Aufforderung der persönlichen Assistentin in eine größere Suite, wo ein Mann einsam an einem riesigen runden Tisch sitzt. Bruce Willis löffelt ein bißchen Müsli in sich rein. Er dreht sacht seinen Körper nach rechts, drückt einem sanft die Hand und blickt einem für Sekundenbruchteile in die Augen. Eine große Schirmmütze, tief im Gesicht hängend, verdeckt seine karge Haarpracht, derer er sich in seinen Filmen schon lange nicht mehr schämt, und macht damit Werbung für den Film, der ihn nach Berlin geführt hat: BREAKFAST OF CHAMPIONS, ein Herzensprojekt des Stars. Willis' Gesicht wirkt auch nach all den erfolgreichen Jahren wie eine nicht ganz vervollständigte Phantomzeichnung: Die senkrechten Grübchen neben dem schmalen Mund

»Es ist nicht einmal so, daß mich die Fragen langweilen würden«: Willis in Cannes 1994 (oben, zu PULP FICTION) und 1998 (zu ARMAGEDDON)

sind entschieden zu markant für die schmalen Lippen, die sich stets nur millimeterweit öffnen, um die meist wohlgewählten Worte herausfallen zu lassen. Aber sie fallen nicht leicht. Denn der Held ist müde. Er findet, er hat genug geredet.

»Es ist nicht einmal so, daß mich die Fragen langweilen würden«, erklärt er den Grund für den von ihm gerafften Zeitplan. »Es gibt genug interessante oder vernünftige Fragen – es ist nur so, daß ich mich selbst irgendwann nicht mehr hören kann. In einer perfekten Welt könnten wir den Film für sich selbst reden lassen. Wenn ich Interviews geben muß, dann habe ich meinen Job als Schauspieler nicht erfüllt.« Das ist natürlich nur halb richtig, denn es wäre ja schon interessant zu erfahren, warum ein Mann, der locker 20 Millionen Dollar pro Filmauftritt verlangen kann, in einer vergleichsweise bescheidenen Produktion wie BREAKFAST OF CHAMPIONS mitspielt, einer wilden Satire, die 20 Jahre zu spät kommt und mit deren Mißerfolg Willis von allen Beteiligten am meisten riskiert. »Kurt Vonneguts Vorlage hat mich schon beim ersten Lesen 1976 fasziniert. Es hat eben so lange gedauert, bis ich jemanden gefunden habe, der ebenso angetan war wie ich [Regisseur Alan Rudolph, Anm. M.P.] und dem ich dann finanziell bei der Realisierung helfen konnte« – mehr noch mit seinem Namen als mit seinem Geld, denn wenn ein Mann wie Willis Interesse an einem Projekt zeigt, dann interessieren sich auch andere Geldgeber dafür.

Zumal Willis das Thema absolut zeitgemäß findet. »Das Buch war Vonneguts Antwort auf den Wahnsinn des Vietnamkrieges – dieser Krieg ist längst Vergangenheit, aber der Irrsinn in Amerika existiert immer noch, und zu einem gewissen Teil auch im Rest der Welt. Deshalb reflektiert der Film immer noch den Geist des Romans. Aber es ist kein klassischer Studiofilm aus Hollywood. Es ist eine schwere und mitunter schwer erträgliche Geschichte, weil sie den Amerikanern einen Spiegel vorhält, in dem sich ihre Verrücktheit spiegelt. Unser Ziel war es, Kurt Vonnegut treu zu bleiben und gleichzeitig für Wiedererkennungsmomente zu sorgen. Schließlich ist keiner von uns wirklich weit davon entfernt, einmal auszurasten.«

Willis sagt das, während ihm eine Radioreporterin mit ihrem unnötig großen Mikrofon wieder so nahe rückt, daß er es sanft und doch entschieden wegschiebt. Sie versucht, diese Attacke mit einer betont devoten Frage nach seinem Star-Status wettzumachen, doch Willis, der selten auf unpräzise Fragen antwortet und sich auch nicht von dem kaum verständlich daherbrummelnden Österreicher aus der Ruhe bringen läßt, obwohl der entweder selbst die Welt erklären möchte oder halbe Fragen stellt, mag so etwas nicht so gern wie andere Stars und wiegelt ab: »Ich denke über mich nicht als Star nach. Ich sehe mich weder als Berühmtheit noch als Superstar. Das sind Attribute, die mir von Ihnen angehängt werden, denn ich gebe sie mir nicht selbst. Sie müssen mit Worten definieren, nicht ich. Und wenn ich meine Arbeit definieren müßte, würde ich sagen, daß es mir gefällt zu spielen. Vielleicht mache ich mir etwas vor, wenn ich mich nicht als Star sehe. Vielleicht kenne ich mich aber einfach nur besser als alle anderen.«

Das kann der andere Radioreporter in der Fünferrunde nicht akzeptieren und erinnert ihn an seine Verantwortung als Star.

»Ich versuche, mich selbst nicht zu ernst zu nehmen«, erklärt Willis seine lässige Haltung. »Letztlich ist der Grund, warum wir hier sitzen und die Mikros auf mich und nicht auf Sie gerichtet sind, doch nur eine Illusion: jene, daß Schauspieler, die einmal groß herausgekommen sind, auch groß hervorgehoben werden müssen. Das kommt mit Sicherheit nicht von den Schauspielern. Ich würde es lieber nicht tun, aber es ist Teil des Geschäfts.« Hat er denn akzeptiert, daß Kritik Teil davon ist? »Ich habe kein Problem damit, kritisiert zu werden. Mich stört vielmehr, daß der kommerzielle Aspekt des Filmemachens so hervorgehoben wird, auch und gerade von den Kritikern. Nach dem Motto: ARMAGEDDON war ein Erfolg, weil er 600 Millionen Dollar weltweit eingespielt hat – aber NOBODY'S FOOL war nicht so erfolgreich, weil er ungleich weniger Zuschauer hatte. Ist es sinnvoll, so über Filme zu reden? Aber letztlich läuft alles darauf hinaus, und deshalb

Interviews zu DIE HARD (1988) und THE FIFTH ELEMENT (1997)

nennt man das Ganze auch Showbusiness und nicht Showkunst. Kino ist ein monströses Geschäft, eine Industrie, nach Waffen der zweitgrößte Exportartikel Amerikas. Wenn ARMAGEDDON nur 50 Millionen gemacht hätte, wäre er dann als Erfolg angesehen worden? Bestimmt nicht, aber das ist eben nicht mein Kriterium.« Das schreit nach einer Nachfrage, aber mit ihrer perfekten Ausbildung als Nahkampfreporterin, die ihren Mund als Ellbogen einsetzt, nutzt die einzige Frau in der Runde Willis' erste Atempause, um ihre Fragen anzubringen, die allerdings von Stock zu Stein wechseln. Willis verliert, ohne den Tonfall zu ändern, die Geduld. »Sie haben einen beschissenen Job. Ich bin bestimmt nicht der erste Darsteller, den Sie in dieser Woche interviewen und bestimmt nicht der letzte. Sie müssen doch müde sein, immer solche Fragen zu stellen.« Dann beantwortet er die Frage doch. »Ich kann machen, was ich will. Ich kann immer zur DIE HARD-Serie zurückkehren oder große Produktionen wie ARMAGEDDON drehen, aber auch Charakter-Stücke wie NOBODY'S FOOL. Ich mache Filme aus ganz unterschiedlichen Gründen. Ich brauche nicht mehr unbedingt das Geld. In NOBODY'S FOOL war ich in jeder Szene zusammen mit Paul

Pressekonferenz zu THE SIXTH
SENSE 1999 in Berlin

Newman. Da habe ich sofort zugesagt.« Und allein wegen der Besetzung ist es einer seiner Lieblingsfilme. »Ich habe ein paar Favoriten, und es gibt einiges, auf das ich nicht so fürchterlich stolz bin. Ich mag PULP FICTION. Der ist o.k. geworden. Ich mochte MORTAL THOUGHTS, meinen anderen Film mit Alan Rudolph – deshalb wollte ich auch unbedingt wieder mit ihm drehen. Ich mochte aber auch ARMAGEDDON, denn ich fand, daß da einige äußerst interessante Sachen drin waren. Und es hat ziemlich viel Spaß gemacht, ihn zu drehen.«

Dann schneidet er Themen wie Patriotismus, Rassismus, Gewaltbereitschaft und das Jahr 2000 an (»Dieses Millenium-Fieber ist doch ausgemachter Blödsinn, zumal es im Grunde schon 1974 stattfand – die haben sich vor 4000 Jahren verzählt und dann immer wieder korrigiert. Also ist das, was sie jetzt als Y2K bezeichnen, im Grunde schon Geschichte.«) – aber da erscheint seine Assistentin und würgt alles ab. Keiner wirkt darüber unglücklich, auch wenn keiner zufrieden ist. Schnell noch einen Jingle fürs Radio (»Hallo. Viele Grüße von Bruce Willis.«), dann geht es an den Bodyguards vorbei zurück ins Vorzimmer der Präsidentensuite. Auf dem Weg fahren die Radioreporter kurz ihre Ellbogen ein und üben sich in ihrer zweiten Lieblingsbeschäftigung, dem Jammern (»Cronenberg gibt nur Interviews in 15er Gruppen«, »Jennifer Jason Leigh macht gar kein Radio, die Zicke!«). Oben warten gut 20 Leute auf ihre 20 Minuten mit Bruce Willis. Die Presseagentinnen haken die Personen ab. Die Maschinerie läuft nicht rund, aber sie läuft. Der Kollege von der *Süddeutschen Zeitung* schüttelt mit dem Kopf: »Wenn ich das gewußt hätte, wäre ich gar nicht gekommen.« Und zu Hause werden sie in jenem vorwurfsvollen Ton sagen, als ob man im Schlaraffenland gewesen ware: »Du durftest ein Interview mit Bruce Willis machen!« Dabei hätte ich lieber mit ihm gesprochen. [1]   ❑

Anmerkung

1   Der Text erschien zuerst in der Filmzeitschrift *Steadycam*, Nr. 37, Frühjahr 1999. Herzlichen Dank an Milan Pavlovic für die Erlaubnis zum Nachdruck.

Das berühmteste Unterhemd der Welt
Ein Bruce-Willis-Portrait

Von Annette Kilzer

Baby, Come Back

Es gibt im Grunde nur vier Stories, die sie über dich schreiben können. Die erste ist dein Durchbruch. Nummer zwei: Du bist ganz oben. Nummer drei: Du floppst. Und Nummer vier: dein Comeback«, sagt der Mann, der wahrscheinlich mehr Comebacks erlebt hat als ein Joghurtbecher mit dem Grünen Punkt [1].

Pressekonferenz zum Bruce-Willis-Film THE SIXTH SENSE am 8. Dezember 1999 in Berlin. Die Kameras surren, die Kugelschreiber sind gezückt. Entspannt plaudert der Actionstar über seinen neuen Film. Doch dann die Sensation. Denn Bruce legt ein Geständnis ab: »Ich habe sechs bis sieben Millionen Leute umgebracht.« Huh!? Irritiert schauen die Anwesenden hoch, Stifte verharren in der Luft. Stille. Willis bemerkt's, räuspert sich, und ein wenig zuckt's um seine Mundwinkel, als er verschmitzt fortfährt: »Äh, das waren natürlich alles *bad guys*, und auch nur auf der Leinwand.« Na, dann ist ja gut. Und trotzdem: Wenn's nach Willis geht, ist damit jetzt Schluß! Denn der taffe Weltretter im Unterhemd, der feist-coole Macho mit Herz und sprichwörtliche *last man standing* will kein Actionstar mehr sein.

Dabei – wo wäre er wohl heute, hätten ihm die Produzenten Joel Silver und Lawrence Gordon nicht 1988 die Hauptrolle in der Pyrotechnik-Extravaganza DIE HARD anvertraut? Würde man ihn überhaupt noch kennen, wenn er nicht halbnackt und ganz auf sich allein gestellt, gequält und geschunden die Geiselnahme in einem Hochhaus beendet hätte? Was der Terminator für Schwarzenegger war und Rocky und Rambo für Stallone, das war die Rolle des furchtlosen und dabei doch so bodenständigen und zähen Cops John McClane für Willis: ein Freifahrtschein geradewegs in den Olymp Hollywoods. Mit DIE HARD wollte Silver an den Erfolg seiner LETHAL WEAPON-(Zwei stahlharte Profis)-Reihe anknüpfen und suchte nach einem Hauptdarsteller. Doch sein erster Wunschkandidat Richard Gere unterhielt sich lieber mit dem Dalai Lama

Keiner killt so gut wie ich: Bruce Willis in LAST MAN STANDING

Imagewechsel: THE BONFIRE OF THE VANITIES, BILLY BATHGATE, COLOR OF NIGHT, HUDSON HAWK

über den Sinn des Lebens, und auch die zweite Wahl, Clint Eastwood, sagte ab. So bewies Silver ein sicheres Händchen, als er Willis engagierte, dessen ganzer Lebenslauf bis dahin nicht mal eine Din-A4-Seite füllte. Er hatte gerade BLIND DATE – alles andere als ein Mega-Knaller an den Kinokassen – unter der Regie von Blake Edwards gedreht und sich eine Fangemeinde mit der Sitcom MOONLIGHTING erobert und außerdem in Commercials für Levi's 501-Jeans und Seagrams *Golden Wine Cooler* posiert. Aber das war's dann auch schon. Doch die unerhört hohe Gage von fünf Millionen Dollar katapultierte Willis, der sich nur drei Jahre zuvor noch als Kellner durchgeschlagen hatte, auf Anhieb in die oberste Liga der Kinostars. Und DIE HARD bescherte ihm ein Image, das sich wunderbar vermarkten, aber nur schlecht durchbrechen ließ. Denn beinahe jeder Versuch, dem hartgesottenen Action-Held-Klischee zu entkommen, endete fast zwangsläufig als Desaster.

Doch hier und jetzt probt Bruce Willis den Imagewechsel. Wieder mal. Hat er denn vergessen, wie's endete, als er mit THE BONFIRE OF THE VANITIES und BILLY BATHGATE versuchte, von der Action-Schublade ins Fach der Literatur-Adaptionen zu wechseln? Als er einen Psychoanalytiker markierte und als feister Lover der nymphenhaften Jane March im soft-pornigen Schmonzes COLOR OF NIGHT mehr als nur seine Seele entblößte und sich zum Gespött der Branche machte? Oder wie er nach der flügellahmen Komödie HUDSON HAWK in ein Karrieretief plumpste? Erst Quentin Tarantino rettete ihn vorm Vergessenwerden, als er ihm die Rolle des kahlrasierten Boxers Butch Coolidge in PULP FICTION anbot – für Willis eine *labour of love*, die er sich mit dem gewerkschaftlich garantierten Schauspieler-Mindestlohn von 1685 Dollar in der Woche honorieren ließ. Und wie er sich dann, nachdem ihm die sichere Bank DIE HARD WITH A VENGEANCE einmal mehr einen kräftigen Karriere-Drive verliehen hatte, dennoch langsam, aber sicher erneut zum Kassengift zu entwickeln drohte, bis ihm wiederum das Comeback gelang mit dem Science-fiction-Spektakel ARMAGEDDON, einer Art poppig buntem und dreistem DIE-HARD-

THE SIXTH SENSE

im-Weltraum-Verschnitt, über den der amerikanische Kritiker Roger Ebert so schön schrieb, es sei egal, wieviel Eintritt man für den Film bezahlt habe – es sei auf jeden Fall mehr wert, wieder aus ihm rauszukommen [2]. Und dann ist da noch die schmerzlich frische Scharte der von ihm produzierten Kurt-Vonnegut-Adaption BREAKFAST OF CHAMPIONS ...

Doch Willis zeigt sich fest entschlossen. Stets umspielt ein süffisanter Zug die schmalen Lippen, stets lauert der Schelm hinter der Fassade des knallharten Macho-Fighters mit Herz. Und dennoch hatte er in den letzten Jahren genau damit ein Problem. Bruce Willis ist halt immer Bruce Willis ist immer Bruce Willis. In jedem einzelnen verfluchten Film. Nicht etwa wie Al Pacino oder Robert De Niro – auch sie sind *bigger than life*, auch bei ihnen drohen die Manierismen manchmal über *the method* zu triumphieren. Doch dann schaffen sie es immer wieder, hinter ihren Figuren zu verschwinden.

Aber selbst wenn er vorhat, fortan andere Rollen in anderen Filmen zu spielen – ist es wirklich geschickt, dies vorher zu proklamieren? Entlädt sich darin nicht auch der larmoyante Frust, nicht richtig verstanden und nie richtig gefordert worden zu sein? Steckt darin nicht auch unausgesprochen der Affront, vom Publikum zwar geliebt, aber wegen der falschen Dinge verehrt worden zu sein? Kurz: Schmollt da einer? Doch in diesem Punkt scheint Willis, der die Pressekonferenz ansonsten so kühl kalkuliert freundlich in ihm genehme Bahnen lenkt und der nie müde wird zu betonen, daß sein junger Filmpartner Haley Joel Osment der eigentliche Star sei, trotzig. Da schimmert sie durch, die Ich-werd's-euch-Sesselpupsern-zeigen!-Attitüde des markigen NYPD-Cops, der ihn berühmt gemacht hat. Bruce Willis ist John McClane ist Bruce Willis?

Immerhin, der Zeitpunkt ist gut gewählt. Denn mit THE SIXTH SENSE, dem Überraschungsfilm des US-Kinosommers 1999, ist ihm erneut ein großer Comeback-Coup geglückt (auch wenn er danach mit dem larmoyanten Ehedrama STORY OF US gleich wieder Punktabzüge hinnehmen mußte). An fünf Wochenenden hintereinander spielte M. Night Shyamalans klaustrophobischer Fantasy-Thriller allein an den amerikanischen Kinokassen mehr als 20 Millionen Dollar ein – das schaffte bislang lediglich James Camerons TITANIC (1997). Willis' Profit aus dem Film, rechnet man seine Gage und seine garantierte Umsatzbeteiligung zusammen, beläuft sich auf schätzungsweise 60 Millionen Dollar (von der Befriedigung, allen gezeigt zu haben, daß man ihm den Psychiater doch abkauft, ganz abgesehen). Offensichtlich kann der Mann doch mehr als nur bis drei zählen. Schließlich wird Willis, der 1989 zehn Millionen Dollar dafür kassierte, ein Baby zu synchronisieren, für *Die Hard 4* bereits als der 25-Millionen-Dollar-Mann gehandelt. Aber halt, wie soll das gehen, wenn Willis zum reuigen Pazifisten mutiert ist? Da endlich die erlösenden Worte, auf die wir doch alle nur gewartet haben: »Wenn mir bloß endlich mal wieder jemand ein gutes Actiondrehbuch schickt, dann laufe ich auch wieder mit 'ner Knarre über die Straße.« Yippee-kayay, Schweinebacke!

Das Blue-Collar-Kid mit der Mundharmonika

Ob er nun wirklich nicht konnte oder einfach nur nicht wollte, noch etwas offenbarte sich auf der Pressekonferenz zum Deutschlandstart von THE SIXTH SENSE: Mit Bruce Willis' Deutschkenntnissen scheint es – trotz seiner deutschen Mutter – nicht weit her.

Geboren wurde Walter Bruce Willis am 19. März 1955 in Idar-Oberstein, wo sein Vater David als Soldat der amerikanischen Armee stationiert war. Der damals 20 Jahre alte GI tat, was all seine Kameraden taten: Er versuchte, mit einem einheimischen Mädel anzubändeln. Die 19jährige, die ihn erhörte, hieß nicht nur ausgerechnet Marlene, sie war tatsächlich auch blond und langbeinig. Dennoch war es, wie Willis erzählt, »no big deal« [3]. Und es wäre auch eine romantische Affäre geblieben, hätte Marlene ihren David nicht eines Tages mit der Nachricht überrascht, schwanger zu sein. David tat, was ein Mann tun muß, und heiratete sein Fröllein.

Als Baby Bruce zwei Jahre alt war, quittierte sein Dad den Militärdienst, und die Familie zog in seine Heimatstadt Carney's Point, New Jersey, mitten ins industrielle Herz der USA, wo Schwerindustrie und Chemiefabriken Lärm, Dreck und Gestank produzierten. David fand zunächst Arbeit als Schweißer und Mechaniker auf der Camden Shipyard, einer Werft am Delaware River, und machte sich später als Schweißer selbständig. Seit Generationen gehörte Willis' Familie zur Arbeiterklasse, und man war verdammt stolz darauf. Davids Werkstatt ernährte nicht nur seine

Bruce Walter Willis
"Buck"   College Prep

Stu. Cncl. 1,2,3, Pres.; Perculator Blues: Harps; Jr. Play: "D.C.5"; Sr. Trip' Judy in Kty.; Boogie Baby; C.L.A.W.; Painting PMHS; MM at gino's; Fun at "Y"; Spec. Conc.; Jr. Trip & food fights; "Magic Dick" Cruisin; Blue's, Jeff, Murph, George, Jay, David, John, Leighty, Steve.

Future: To become deleriously happy or a professional harp player

Young Bruce im Highschool-Album

eigene Kleinfamilie, sondern drei Generationen, indem er mit seinem Vater und seinen Brüdern zusammenarbeitete. *It was a man's world* – und daher wohl auch nur eine Frage der Zeit, bis David und Marlene sich trennten. Kurz nach Bruces 16. Geburtstag zog seine Mutter zusammen mit seinen zwei Brüdern und seiner Schwester aus, während er weiter bei seinem Vater aufwuchs.

So schien auch Bruces Weg vorgezeichnet. Mit zwölf Jahren konnte er bereits jeden Motor reparieren, »mit 13 war er ein geschickter Schweißer, der es mit jedem erwachsenen Facharbeiter aus der Fabrik aufnahm« [4]. In seinem High-School-Abschluß-Jahrbuch notierte Bruce in der Rubrik Zukunft nonchalant: »Ich will entweder wahnsinnig glücklich oder professioneller Mundharmonika-Spieler werden«, aber auch an »Malochen in der Fabrik« dachte er. Daß alles ganz anders kam, lag daran, daß er als Achtjähriger plötzlich anfing zu stottern, wahrscheinlich als Reflex auf die angespannte Atmosphäre zuhause, wo er nicht viel Wärme erlebte. Denn Familie Willis hielt nicht viel von *hugs & kisses* [5]. »Ich konnte kaum reden und brauchte drei Minuten für jeden Satz«, erinnert er sich, »es ist ein vernichtendes Gefühl, wenn man will, daß einem die Menschen zuhören, wenn man sich selbst ausdrücken will, es aber nicht kann. Doch sobald ich auf der Bühne in die Haut eines anderen schlüpfte, war das Stottern verschwunden.« [6] Ein paar Jahre, nachdem seine Sprechstörung aufgetaucht war, mußte Willis vor seiner Klasse sprechen – und von seinem Sprachfehler war plötzlich nichts mehr zu spüren. Der schüchterne Teenager Walter mauserte sich zum rebellischen Wortführer Bruce, der nicht selten zum Rektor zitiert wurde und dem Freunde irgendwann den Spitznamen Bruno verpaßten, den er noch heute hat.

Doch obwohl er dem *Penns Grove Drama Club* beitrat und kleinere Rollen in mehreren Schulaufführungen spielte, sah er seine Zukunft nicht als Schauspieler und folgte seinem Vater, der sein eigenes Geschäft inzwischen aufgegeben hatte, in die Fabrik des Chemieriesen Du Pont im nahegelegenen Deepwater.

Bruces Job war es, Arbeiter in einem kleinen Laster über das Gelände zu fahren, doch er wußte schon bald, daß er hier nicht alt werden wollte. Als dann auch noch ein Kollege bei einer Explosion ums Leben kam – an einer Stelle, an der Bruce selbst mindestens zehnmal am Tag vorbeifuhr –, stand sein Entschluß fest. Am Ende der Woche kündigte er. Doch auch sein nächster Job – Nachtwächter für 2,80 Dollar in der Stunde in einem Kraftwerk, das sich noch im Bau befand – befriedigte ihn nicht, außer wenn er seine Mundharmonika über die firmeneigene Lautsprecheranlage aufjaulen ließ.

Back to the roots: Willis als LKW-Fahrer in NORTH und DIE HARD WITH A VENGEANCE

Der Mundharmonika blieb Willis
treu: THE RETURN OF BRUNO

So trat Willis fortan ab und zu mit einer örtlichen Band namens *Loose Goose* auf und verbrachte seine Abende ansonsten meist in der Kneipe, manchmal als Aushilfskellner, meist jedoch als Gast vorm Tresen. Bis er seiner früheren Lateinlehrerin Mrs. Dilks über den Weg lief, die ihn überredete, sich am *Montclair State College* einzuschreiben.

Bruce Willis war ein guter Theaterschüler. Nicht unbedingt besser als seine Kommilitonen, aber das harte Leben in New Jersey hatte ihm nach Einschätzung seines Lehrers etwas mit auf den Weg gegeben, das seine Mitschüler sich niemals würden antrainieren können und das andere Schwächen ausglich, nämlich eine ungeduldige, brodelnde Aggressivität, kombiniert mit einem scharfen, »off-the-wall«-Humor [7]. Doch eben jene Ungeduld ließ es Willis auch in Montclair nicht lange aushalten; Anfang 1977, nach 17 Monaten, packte er die Koffer und zischte ab, Richtung New York, begleitet von, gelinde gesagt, gemischten Abschiedswünschen seiner Mitschüler, die seine Selbstsicherheit, es auch ohne formale Ausbildung schaffen zu können, als Arroganz auslegten. Und es sah zunächst tatsächlich so aus, als sollten sie recht behalten. Willis hatte einen Job als Regieassistent und Ersatzmann für den Hauptdarsteller einer Off-Broadway-Produktion ergattert, doch das Stück, dessen Titel heute nicht einmal mehr rekonstruierbar scheint, wurde schon bald abgesetzt, und ohne einen Cent in der Tasche kehrte Bruce Willis in den Schoß der Familie zurück.

New York City Boy

Doch Aufgeben gilt nicht! Weder für die Bruce-Willis-Charaktere noch für ihn selbst. Und so machte er sich bald wieder auf den Weg in den *Big Apple*, mietete sich ein Ein-Zimmer-Apartment im fünften Stock eines Mietshauses in Manhattans Schmuddel-Viertel *Hell's Kitchen*, verdiente sein Geld als Trainer im *European Health Club* und besuchte jede Audition, die ausgeschrieben war (und mit der für ihn typischen Dreistigkeit schummelte er sich auch in all jene Vorsprechen, die *by invitation only* waren). Doch obwohl selbst Daddy Dave inzwischen vom Talent seines aus der Art geschlagenen Sohns überzeugt war, blieben Bruces Engagements ausgesprochen sporadisch. Sein erster Job war der eines Bühnenelektrikers und Statisten in einem Off-Off-Broadway-Stück, seine erste richtige Rolle spielte er in einem Stück mit dem Titel *True West*. Er wurde mit wenig Geld oder Prestige, aber dafür einer Menge wichtiger Arbeitspraxis entlohnt, als er in die sechsköpfige Workshop-Gruppe des *Barbara Contardi First Amendment Comedy Theaters* aufgenommen wurde. 1980 hatte er schließlich seinen ersten Auftritt auf der Kinoleinwand: THE FIRST DEADLY SIN. Man muß allerdings schon ganz genau hinschauen, um ihn zu entdecken: Er betritt eine Bar und kreuzt dabei kurz den

Willis' allererster Kinoauftritt: Drei
Sekunden mit Frank Sinatra in THE
FIRST DEADLY SIN

Weg von Frank Sinatra, dem Star des illusionslos harten New-York-
Krimis. Aber immerhin, es war ein Film, und noch dazu hatte Willis
nun Anrecht auf den wichtigen Mitgliedsausweis der *Screen Actors
Guild*.

Dennoch blieb ihm nicht viel anderes übrig, als sich in die
lange Tradition arbeitsloser Schauspieler zu stellen und zu kell-
nern. Von *Artie's Warehouse* führte ihn die Ochsentour über
Chelsea Central schließlich in das populäre *Cafe Central*, wo
Stars wie Cher, Sting, Robert Duvall, Richard Gere und James
Taylor ihren Schlummertrunk und die Mundharmonika-Einlagen
dieses aufgeweckten Barkeepers namens Bruno genossen. Denn
während Gere, inzwischen berühmter Stammgast des *Cafe Central*, in seiner Zeit als Anfänger lieber in stickigen Küchen die
Teller abwusch – streng nach dem Motto, sich für keine Arbeit zu
schade zu sein, aber dabei niemals sein Gesicht öffentlich zu
zeigen – konnte Willis gemäß seinem Naturell wahrscheinlich gar
nicht anders, als die Möglichkeit, sich zu produzieren, aus vollem
Herzen auszukosten. Außerdem funktionierte die Bar als Jobbörse.
So schickte ihn Treat Williams, mit dem sich Bruce rasch ange-

Willis' (links) Mini-Rolle in
THE VERDICT (in der Mitte:
Paul Newman)

freundet hatte, zu mehreren Castings, bis sich die Mühe schließlich mit einer – allerdings winzigen und noch dazu *uncredited* – Rolle in Sidney Lumets THE VERDICT (The Verdict – die Wahrheit und nichts als die Wahrheit; 1982) auszahlte [8]. Und gemeinsam mit dem jungen schwarzen Autor Dennis Watlington arbeitete Willis lange für das *Theater of the Forgotten* an dessen Stück *Bullpen*, dessen Proben in einem Gemeindezentrum in Harlem stattfanden. Ansonsten aber galt: Carpe diem! Trinken, tanzen, fröhlich sein!

1982 schien der ersehnte Durchbruch endlich näherzurücken: Kurz nachdem er im *Labor Theater* in *Railroad Bill* auf der Bühne gestanden hatte, spielte Willis seine erste Hauptrolle in der Off-Broadway-Produktion *Bayside Boys*. Dann versuchte er, die Rolle des Eddie in Sam Shepards *Fool for Love* zu bekommen. Bislang hatte Will Patton den Part gespielt, doch der hatte Bruce an der Bar – inzwischen half er im *Kamikaze* aus, der Bar des ehemaligen *Cafe Central*-Küchenchefs – gesteckt, daß er aus dem Stück aussteigen werde. Willis bekam die Rolle tatsächlich, und seine damalige Freundin Sheri Rivera (die Ex-Frau von Skandal-Talker Geraldo Rivera) schleppte Gene Parseghianin in die Vorstellung. Der schaute sich normalerweise nicht die Ersatzbesetzung einer Off-Broadway-Produktion an, da er zu den wichtigsten Agenten der *Triad Agentur* zählte. Doch wenige Tage später durfte Willis seinen ersten Agenturvertrag unterschreiben ...

The Singing Detective

Dicke Luft bei ABC. 1985 war ein düsteres Jahr für den US-Fernsehsender, denn der frühere Marktführer war hinter CBS und NBC auf Platz drei zurückgefallen und verzeichnete die schlechtesten Einschaltquoten seit 28 Jahren. Um den freien Fall aufzuhalten, schielte man auf das Erfolgsrezept, mit dem sich der Konkurrent NBC die Marktführerschaft erkämpft hatte, nämlich einer geschickten Mischung aus risikoloser Mainstream-Unterhaltung wie *The A-Team* (*Das A-Team*) oder *Highway to Heaven* (*Ein Engel auf Erden*), familienkompatiblen Hits im Stile von *The Cosby Show* (*Bill Cosby Show*) und *Family Ties* (*Familienbande*), vor allem aber mit zwei innovativen Serien, die wegen ihrer dramaturgischen Komplexität und hohen *production values* ein gewandeltes Publikumsinteresse an anspruchsvoller Unterhaltung bedienten und

NBC, das frühere Sorgenkind-Network, das sich stets hinter ABC und CBS hatte einreihen müssen, zu »einer Art Himmel für visionäre Produzenten und zum Darling der Kritiker« [9] werden ließ. Das war zum einen die Krankenhausserie *St. Elsewhere* (*Chefarzt Dr. Westphall*), einem Vorläufer von *emergency room* und *Chicago Hope*, in der neben Ed Flanders, Howie Mandel und Ed Begley Jr. auch Mark Harmon (1983 bis 1986) und Denzel Washington (1982 bis 1988) in frühen Rollen als Ärzte zu sehen waren, zum anderen die harte, beinahe fatalistische Cop-Serie *Hill Street Blues* (*Polizeirevier Hill Street*). Hinter beiden Produktionen stand Steven Bochco, der später mit *L.A. Law* (*L.A. Law – Staranwälte, Tricks, Prozesse*) eine der erfolgreichsten TV-Serien der achtziger Jahre und in den Neunzigern mit *NYPD Blue* (*New York Cops*) die erste *R-rated*-Serie in der amerikanischen Fernsehgeschichte kreieren sollte.

Aufgrund seiner neuen Senderkonzeption band ABC später Talente wie Bochco, Mark Frost, Ed Zwick und Marshall Herskovitz an sich und schickte Serien wie *The Wonder Years* (*Wunderbare Jahre*), *thirtysomething* (*Unsere besten Jahre*), *Roseanne* und *Twin*

Willis mit Cybill Shepherd in
MOONLIGHTING

Bruce Willis ...

Peaks über den Äther. Doch wie ernst es den Programmdirektoren Lewis Erlicht und Brandon Stoddard damit war, NBCs Strategie zu kopieren, zeigte sich bereits am 3. März 1985, als die erste Folge von MOONLIGHTING ausgestrahlt wurde.

Erlicht hatte eine Show gewollt, die schräg und verrückt war und zugleich Massenappeal besaß, und dafür hatte er zwei seltene Zugeständnisse gemacht. Während die Sender gemeinhin über jeden Aspekt eines TV-Formats ganz konkrete Vorgaben erstellten, hatte er dem beinahe gänzlich unerfahrenen 30jährigen Drehbuchautoren und Produzenten Glenn Gordon Caron eine fast uneingeschränkte Freiheit zugesichert. Außerdem produzierte ABC die Serie selbst. Aufgrund der strengen US-amerikanischen Kartellvorschriften darf nur ein sehr geringer Anteil des Programms vom Sender *in-house* produziert werden, so daß die meisten Prime-Time-Programme bei unabhängigen Produktionsstudios eingekauft werden. Für MOONLIGHTING jedoch stand ABC mit der 100prozentigen Tochterfirma ABC Circle Films selbst als Produzent ein. Dem Sender würden damit alle Gewinne aus späteren Verkäufen zufließen, es bedeutete aber auch, daß er das Risiko einer Überschreitung des Budgets oder der Drehzeit alleine zu tragen hätte – etwas, was bei MOONLIGHTING eher die Regel denn die Ausnahme werden sollte.

Caron hatte lediglich zwei Vorgaben bekommen: Der Sender wollte eine Detektiv-Serie (während ihm selbst eine romantische Comedy vorschwebte), und die weibliche Hauptrolle mußte mit einem Star besetzt werden (wohingegen Caron bei der Besetzung des männlichen Parts später auf einen absoluten Newcomer bestehen sollte). Das Ergebnis war MOONLIGHTING: eine komische, romantische und dramatische Detektivserie [10].

Dann begann die langwierige Suche nach der perfekten Besetzung. Caron wollte zwei Darsteller, zwischen denen die Funken stieben. Es sollte zwischen ihnen knistern wie einst zwischen den Stars der klassischen Screwball-Comedies, wie etwa Cary Grant und Rosalind Russell in HIS GIRL FRIDAY (Sein Mädchen für besondere Fälle; 1940; R: Howard Hawks). Die nichts explizit sagten oder zeigten, aber doch alles offenbarten. Die nie nackt

waren und doch die ganze Leinwand mit Sex erfüllten. Die sich mit ungerührter Miene die süffi-
santesten Beleidigungen an den Kopf warfen, während doch so offensichtlich war, was, respektive
wen sie eigentlich wollten, und deren anzügliche
Dialoge der Geschwindigkeit eines Maschinenge-
wehrs Konkurrenz machten.

Der weibliche Star war rasch gefunden: Cybill
Shepherd, jene umwerfende Blondine, die zuvor
vor allem in ernsthaften Rollen reüssiert hatte.
1971 war sie die *Southern Belle* im melancholischen Südstaatendrama THE LAST PICTURE SHOW
(Die letzte Vorstellung) unter der Regie von Peter
Bogdanovich, der sie wie eine fragile Göttin inszenierte, weil er sie liebte (und der sie freilich später
auch für DAISY MILLER [1974] und *At Long Last
Love*, einem Musical mit Burt Reynolds, verheiz-
te); 1976 machte sie fast körperlich spürbar, wie
unwohl und unsicher sie sich als Robert De Niros
Objekt der Begierde in TAXI DRIVER (R: Martin
Scorsese) fühlte. Doch Anfang der achtziger Jahre
schien Shepherds Karriere am Ende, mußte sie
sich mit kleinen Rollen in billigen Filmchen wie
dem Sci-fi-Streifen THE ALIEN'S RETURN (1980)
begnügen. Sie erinnerte sich an einen Rat, den
Orson Welles (der in einer Episode von MOON-
LIGHTING seinen letzten öffentlichen Auftritt absolvierte) einmal gab: »Go home and reinvent yourself. Come back as a new woman.« Sie tat genau
das, zog sich nach Tennessee zurück, wo sie auf
kleinen Provinzbühnen spielte und dabei ihr natür-
liches Talent für Komik entdeckte, und kam – drei
Jahre und eine gescheiterte Ehe später – zurück
nach Los Angeles.

Die Besetzung der männlichen Hauptrolle ge-
staltete sich ungleich schwieriger. Denn Caron
suchte nach einem gewissen Maß an selbstbe-
wußter Männlichkeit, wie sie die Kinostars der
dreißiger und vierziger Jahre ausgestrahlt hatten.
Nachdem er bereits 3000 Kandidaten bei den
Castings abgelehnt hatte und am nächsten Tag
eine Entscheidung gefällt werden mußte, stöhnte
er im August 1984: »Jeez! Wo sind nur all die
Männer in dieser Stadt! Sind alle weich geworden. Feiglinge! Sitzen rum und trinken Weiß-
wein, und wenn sie einem Vollblutweib begegnen, bekommen sie Angst. Ich will einen Kerl,

... beim Screen-Test

Wo ist Al Jarreau? ...

der gewitzt ist, mit einem Glitzern im Auge und ohne Angst, ein Sexist zu sein.« [11]

Daß Willis für die Rolle des David Addison überhaupt vorsprach, war Glück im Unglück. Die *Triad Agentur* hatte Willis nach Los Angeles geschickt, weil Susan Seidelman dort gerade ihren Film DESPERATELY SEEKING SUSAN (Susan ... verzweifelt gesucht; 1984) besetzte. Willis packte sofort seine Koffer – nicht zuletzt, um in den Genuß eines Screen-Tests mit der von ihm verehrten Pop-Ikone Madonna zu kommen.

»Der Part des Jim, den ich zu spielen gehabt hätte, deutete auf einen Punk-und-Rock 'n' Roll-Musiker von der Lower East Side hin [...]. Ich besaß einen kleinen Gerätekoffer für Tätowierungen, den ich nun selbst ausprobierte, trug mein Haar lange Zeit immer wie diese Szenefrisuren und stutzte es nun radikal. Seit meinem 14. Lebensjahr habe ich ein durchbohrtes Ohr. Nun steckte ich noch ein paar Ohrringe rein und fuhr nach L.A.« [12]

Nun, er bekam die Rolle nicht (sie ging schließlich an Robert Joy), aber noch während er ein paar Tage kalifornischer Sonne und die Olympischen Spiele genoß, erreichte ihn ein Anruf seiner Agentur mit dem Tip, bei ABC vorzusprechen.

»Ich war nicht besonders festlich gekleidet«, erinnert sich Willis, »immer noch in der Montur, die ich mir für den Seidelman-Film ausgedacht hatte, also ein altes Khaki-Hemd, schlappe Latschen, Ohrringe im Ohr, Irokesenfrisur usw. [...] Vorstellungen dieser Art laufen immer nach dem gleichen Ritual ab. Du gehst rein, und wenn du den Job willst, bist du sehr artig. Du sagst: ›Hallo, wie geht es Ihnen? Ich heiße Bruce Willis, und ich bin froh, hier zu sein.‹ Ich legte mir einen etwas anderen Auftritt zurecht. Ich sagte: ›Hi, Leute, wie geht's denn so? Ich bin Bruce Willis, laßt uns anfangen.‹ Ich wußte genau, ich konnte die Rolle spielen [...]. Ich kannte diesen Charakter, [...] diesen Mann, der sich in ziemlich dünner Luft bewegt. Also sagte ich meinen Text auf, schmückte ihn mit ein paar passenden Gesten, beendete die Nummer, sagte: ›Thanks, see ya‹ – und ging wieder ab.« [13]

Yes! Endlich! Sozusagen auf der Ziellinie hatte Caron seinen männlichen Darsteller gefunden, auch wenn die Verantwortlichen bei ABC zunächst so gar kein Starpotential bei Willis entdecken konnten. Aber Caron führte letztendlich das entscheidende Argument für Bruce ins Feld: »Seine Wirkung bei den Sekretärinnen hätten Sie erleben sollen!« [14]

Shepherd spielt das Ex-Model Maddie Hayes, das eines Morgens aufwacht und feststellen muß, daß ihr Finanzberater mit ihrem gesamten Vermögen durchgebrannt ist. Geblieben sind ihr lediglich ihr Haus und ein paar Steuerabschreibungsprojekte, darunter die *Blue Moon*-Detektei. Als sie die Agentur schließen will, überredet sie der Geschäftsführer David Addison (Willis), den Laden stattdessen fortan mit ihm gemeinsam zu schmeißen.

Eine schöne, smarte und intelligente Frau und ein charmanter, gutaussehender *womanizer* als Partner einer Detektivagentur – das Konzept erinnert stark an *Remington Steele*, die Krimiserie mit Pierce Brosnan und Stephanie Zimbalist, die seit 1982 auf NBC lief und für die Caron einige Episoden geschrieben hatte. Doch lösten schon diese beiden ihre Fälle, indem sie große Filmklassiker wie THE THIN MAN (Der dünne Mann; 1934; R: W.S. van Dyke) oder NOTORIOUS (Berüchtigt; 1945; R: Alfred Hitchcock) zitierten, so war das Außergewöhnliche an MOONLIGHTING nicht das Knacken konkreter Kriminalfälle, sondern ein raffiniertes und extravagantes Jonglieren mit den Erzählebenen. Denn David und Maddie waren sich ihrer Existenz als Fernsehdetektive sehr wohl bewußt und räsonnierten gelegentlich über ihr Leben als Drehbuchkonstrukte. Sophisticated, anspielungsreich und oft selbstreflexiv, brach die Serie nicht nur genüßlich Genrekonventionen, sondern unterlief immer wieder auch den Illusionscharakter des Mediums, wenn die Figuren, zum Beispiel, am Ende einer Staffel die Kulissen verlassen, über das Studiogelände zu ihren parkenden Autos laufen und in die wohlverdiente Drehpause davonbrausen – wohlgemerkt nicht als Bruce und Cybill, sondern als David und Maddie, die sich noch einmal herzlich bei ihren Gaststars Whoopi Goldberg und Judd Nelson bedanken. In einem Highlight dieser versponnenen Logik stürmen die Schauspieler aus den Bürokulissen in ein benachbartes Tonstudio, weil beim Vorspann die gewohnte Stimme von Al Jarreau fehlt. »Anhalten!«, ruft David, »ohne Titelmusik können wir nicht anfangen, und Al Jarreau ist nicht hier.« »Sie hat nicht mehr gelacht seit der Mark-Harmon-Folge«, kommentiert David ein anderes Mal Maddies gute Laune. Oder er durchbricht »die vierte Wand«, indem er das Publikum direkt anspricht, (»Kommen Sie, Sie wußten, daß ich's tue. Die Geschichte muß doch weiter-laufen«), er stellt den Zuschauern eine Frage (worauf die Kamera verneinend »mit dem Kopf schüttelt«) oder droht bei einem Streit, zum Beweis die MAZ zurückspulen zu lassen.

Glenn Gordon Caron ist ein Perfektionist. Jede Folge der TV-Serie konzipierte er wie einen einstündigen Spielfilm, und mit entsprechender Sorgfalt wurde sie auch gedreht. Ein Beispiel: Eine der berühmtesten MOONLIGHTING-Folgen aus der Staffel 1985/86, *The Dream Sequence Always Rings Twice* (*Schatten der Vergan-genheit*), entstand mit einem immensen Aufwand. Die Handlung dreht sich um einen ungelösten Fall, bei dem vor 40 Jahren sowohl eine Frau als auch ihr Liebhaber wegen des Mordes an ihrem Mann hingerichtet wurden. Noch auf dem elektrischen Stuhl beteuerten beide bis zum Schluß, der andere habe die Tat begangen. Nachdem sie von diesem Fall erfahren haben, träumen Maddie und David jeweils ihre Version davon, wie es sich damals zugetragen haben könnte – in Schwarz-Weiß und zeitgenössischen Kulissen, im Stil eines *Film noir* aus den vierziger Jahren und mit einer Einführung

... Maddie und David springen ein

The Dream Sequence Always Rings Twice: Die Träume von Maddie ...

von Orson Welles. Auch andere TV-Serien schieben gerne mal eine Schwarz-Weiß-Episode ein oder schreiben zumindest eine in Schwarz-Weiß gedrehte Szene als typisches Stilmittel für eine Rückblende oder eine Erinnerungssequenz ins Script. Doch Caron und sein Team rekonstruierten präzise die Stile der alten Hollywoodstudios. »Einen Rückblick drehten wir im typischen Vierziger-Jahre-MGM-Look, den anderen im Stil von Warner Brothers – bodenständiger und dreckiger«, erinnert sich Kameramann Gerald Finnerman [15]. Natürlich wäre es am einfachsten gewesen, die Folge in Farbe zu drehen und später zu de-colorieren, doch wegen der Authentizität bestand Caron darauf, daß Schwarz-Weiß-Filmmaterial benutzt wurde.

Allein diese Folge kostete zwei Millionen Dollar, aber im Prinzip verschlang jede Episode von MOONLIGHTING ein Vermögen [16]. Dabei gab es keine aufwendigen Materialschlachten und Verfolgungsjagden, keine teuren Special Effects und exotischen Locations. David und Maddie begaben sich weniger in körperliche, als vielmehr in die emotionalen Verwicklungen des Geschlechterkampfes. Das, was die Serie letztendlich so teuer machte, waren denn auch die exzellenten Drehbücher, die pro Folge 100 bis 120

... und David

Seiten umfaßten (wo andere einstündige Fernsehformate mit 60 Seiten oder weniger auskamen). Denn MOONLIGHTING lebte wie seine Screwball-Vorbilder von pointierten und reichen Dialogen, oft redeten Maddie und David sogar gleichzeitig aufeinander ein. »Der eigentliche Star der Serie ist das geschriebene Wort«, schluß-folgerte denn auch die Kritikerin der New York Times [17]. Bis zur letzten Minute wurde an den Scripts gefeilt und geändert – manch-mal bekamen die Schauspieler ihren Text erst am Morgen des Drehtags –, was lange Arbeitstage mit dementsprechend teuren Überstunden mit sich brachte.

Dabei sah es anfangs nicht danach aus, als würde sich der Auf-wand auszahlen. Beim Start erfüllten sich die hohen Erwartungen nicht, die Quoten für den Pilotfilm und die ersten fünf Episoden, die im Frühling 1985 ausgestrahlt wurden, waren, gelinde gesagt, mager. Erst mit den Wiederholungen in der Sommerpause ent-deckte das Publikum dieses Fernsehjuwel, und als im September 1985 die zweite Staffel auf Sendung ging, war die *fancy* Detektiv-serie tatsächlich der erhoffte Hit, den das Publikum ebenso sehr liebte wie die Kritiker und Award-Jurys.

Strenge und Disziplin gegen Unbekümmertheit ...

Allein 1986 wurde die Serie für 16 *Emmys* nominiert; Cybill Shepherd sollte im Laufe der Jahre drei *Golden Globes* als Beste Schauspielerin einer Comedy-Serie und vier *People's Choice Awards* gewinnen. Und obwohl der Preisregen, der auf Willis niederging, mit einem *Emmy* 1986 bedeutend spärlicher war, schlossen die Zuschauer David Addison in ihr Herz – und damit Bruce Willis. Versuchte Maddie als unterkühlte Blondine mit Strenge und Disziplin, die bislang schlampig geführte *Blue Moon*-Agentur aus den roten Zahlen in die Rentabilität zu führen, und fragte sie bei jedem Fall nicht nur nach dem möglichen Profit, sondern auch, ob er ihren strengen moralischen Prinzipien gerecht wurde, gab David den unbeschwerten und dabei unendlich charmanten Filou. Pünktlichkeit, Spesenabrechnungen, Disziplin – das alles nahm er auf die leichte Schulter wie das Leben selbst. Er war, wie *Newsweek* ihn charakterisierte, ein »loosey-goosey, finger-poppin', doo-woopin' wise guy« [18]. Markierte Maddie, indes meist erfolglos, die gestrenge Chefin, konnte man ihn beim Limbotanzen oder beim Piniata-Schlagen mit den Angestellten erwischen. In seinem Büro nahm er Wetten der Mitarbeiter an – freilich nicht nur auf Hunde- und Pferderennen, sondern lieber noch auf das Durchhaltevermögen Maddies zahlreicher gutbetuchter Verehrer, und wann immer ihre Ermittlungen an die Grenzen der Legalität stießen, wußte er sie mit einem jungenhaften Grinsen zu überwinden. Wo Maddie zögerte, war er spontan, wenn sie rational argumentierte, appellierte er ans Gefühl. Die beiden MOONLIGHTING-Stars waren in jeder Hinsicht völlig verschieden. Liebte Maddie die Oper, schwärmte David für Baseball; delektierte sie sich an Champagner und Kaviar, goutierte er Hot Dogs und Cheeseburger. Die Attraktion zwischen ihnen variierte das altbewährte Susi-und-Strolch-Thema: sie die feine Lady, er der liebenswerte Streuner. Und so wie dem Hunde-Rumtreiber der edle Stammbaum fehlte, unterstrich David/Bruce mit seiner ganzen Erscheinung die Abstammung aus der Arbeiterklasse. Ein *working class hero*. Doch Willis spielte nicht nur mit umwerfender Natürlichkeit, tatsächlich gab es insbesondere in seinem ersten Jahr in Hollywood deutliche Parallelen zwischen seinem Image als läs-

siger und lebensfroher TV-Detektiv, der sich wie
ein großes Kind benahm, und der Realität.

Die 15-Stunden-Tage kompensierte der neue
Fernsehstar durch wilde Parties und exzessiven
Whiskykonsum; immer wieder beschwerten sich
die Nachbarn im Nichols Canyon, einem ruhigen
Wohnbezirk in den Hollywood Hills, über sein
ausschweifendes und vor allem lautstarkes Leben
als Junggeselle und Rockfan. Am *Memorial Day*
im Mai 1987 wurde Willis sogar verhaftet, als er
eine turbulente Feier für Sean Penn schmiß und
aufgebrachte Nachbarn das LAPD wegen Ruhe-
störung alarmiert hatten. Der Bluttest ergab, daß
er neben Alkohol auch andere Drogen konsumiert
hatte, und so wanderte Willis für zwei Nächte in
die Ausnüchterungszelle. Spätestens da hatte sich
sein heißes Privatleben unter den Paparazzi her-
umgesprochen, und er konnte keinen Schritt tun,
ohne von Fotografen verfolgt zu werden – was
naturgemäß bloß den nächsten Ärger provozierte.
Den Werbevertrag mit Seagram war er danach
auch los. Die Firma fand es unpassend, womöglich
einen Alkoholiker oder gar Drogenabhängigen für
seinen *Golden Wine Cooler* werben zu lassen –
allerdings hatte Willis die fünf Millionen Dollar
aus dem Deal bereits kassiert [19].

Finanziell ging es ihm also phantastisch, und
Willis kostete seinen Ruhm voll aus. Der Gewinn
des *Emmy* 1986 hatte sich gleich in mehrerer Hinsicht bezahlt gemacht, nicht zuletzt in harter Münze. Als Willis für MOONLIGHTING engagiert worden war, betrug seine Gage gerade mal einen
Bruchteil dessen, was Cybill Shepherd pro Woche
einstrich. Nun nahm Arbold Rifkin, damals Chef
der *Triad Agentur*, der später als Kopf der *William
Morris Agency* zu einem der mächtigsten und ein-
flußreichsten Männer auf der Hollywood-Power-
list avancieren sollte, Willis unter seine persönlichen Fittiche. »Als der Typ zum ersten mal bei uns
vorsprach«, erinnerte er sich, »besaß er nicht mal
eine Kreditkarte. Er war pleite.« [20] Nun, das
sollte sich rasch ändern. Rifkin, der noch heute
Willis' Filmdeals aushandelt, setzte durch, daß er
fortan 50.000 Dollar, später sogar 65.000 Dollar
pro Episode kassierte. Außerdem stapelten sich
auf seinem Schreibtisch inzwischen die Drehbücher, die man seinem Klienten anbot. Willis war,

quasi über Nacht, ein Star, und er genoß es in vollen Zügen. Manchmal konnte er selbst kaum glauben, daß ihn während seiner ganzen Zeit an New Yorker Theatern insgesamt vielleicht 5.000 Zuschauer gesehen hatten, in der Hochzeit von MOONLIGHTING jedoch weltweit bis zu 180 Millionen Zuschauer pro Folge einschalteten.

Doch er kam mit dem Instant-Ruhm nicht zurecht: »Ich wurde viel zu schnell, quasi über Nacht, berühmt und erlebte, was man einen meteoritenhaften Aufstieg nennt, so daß jeder Tag für mich eine vollkommen neue Erfahrung war. Es war eine gewaltige Veränderung, und es gab niemanden, der mir hätte erklären können, wie man damit umgeht. Mir war nie das Fernsehen in den Sinn gekommen, wenn ich mir meinen Weg zum Ruhm ausmalte. Ich hatte gedacht, es ginge für mich vom Off-Off-Broadway über den Off-Broadway und Broadway schließlich zum Film. Als es ganz anders kam, kriegte ich Angst. Ich fühlte mich, als würde ich über eine Brücke gehen, bei der jemand das Geländer abmontiert hat, und wußte nie, wann ich abstürzen würde. Damals war ich mir meiner Furcht nicht bewußt, aber inzwischen ist genug Zeit vergangen, um die Dinge objektiver zu sehen«, beichtete er dem *Playboy*-Autor Lawrence Grobel 1988 während der letzten Drehtage zu MOONLIGHTING (was zugleich einer offiziellen Verlautbarung, niemals wieder im Fernsehen zu arbeiten, gleichkam) [21]. Und in einem anderen Interview gestand er, wie er sich mit beinahe hysterischer Hingabe selbst demontierte: »Als mich die erste große Erfolgswelle überspülte, begann ich die Stadt unsicher zu machen. Ich feierte viel und war nicht immer der netteste Mensch. Aber ich war sicher auch nicht der übelste. George Bernard Shaw sagte mal: ›Jeder Mensch hat das Recht, ein Jahr seines Lebens ein Arschloch zu sein.‹ Dieses Recht nahm ich mir damals.« [22]

Er ernährte sich ungesund, trieb keinen Sport (sondern fuhr stattdessen lieber mit seiner pechschwarzen Corvette, Baujahr 1966, den Hollywood Boulevard rauf und runter) und zog durch die Night Clubs – da traf es sich gut, daß auch David Addison laut Drehbuch oft unausgeschlafen und nach durchzechter Nacht zum Dienst erschien. »Niemals was trinken, das *Teuflische Jungfrau* heißt

– zumindest nicht fünf davon«, lautete einer von David Addisons legendären Ratschlägen ans Publikum.

Doch das alles sollte sich ändern, als Bruce Willis auf der Premiere von STAKEOUT (Die Nacht hat viele Augen; 1986; R: John Badham) die damalige Freundin des Hauptdarstellers Emilio Estevez kennenlernte, das Brat-Pack-Starlet Demi Moore, die Regisseur Alan Rudolph einmal als »Mischung aus Primaballerina und Kickboxerin« beschrieb [23]. Die beiden trafen sich immer öfter und kamen sich näher, und Moore, die sich mit eiserner Willenskraft aus der Alkohol- und Drogensucht befreit hatte und ein striktes Sport- und Ernährungsprogramm einhielt, vermittelte ihn an ihren persönlichen Fitneß-Trainer Jackson Sousa. Der brachte seinen Body wieder in Schuß – und das war auch bitter nötig, denn inzwischen lag ein Angebot von Produzent Joel Silver vor, die Hauptrolle im Action-Spektakel DIE HARD zu übernehmen. Außerdem hatte Willis nach seiner Verhaftung eine Therapie begonnen. Fast täglich stand etwas über den Shooting Star in der Yellow Press, doch es waren nicht die Schlagzeilen, die Willis dort über sich lesen wollte.

Doch noch drehte sich sein Leben um MOON-LIGHTING. Und trotz des inzwischen immensen Erfolgs, den die Serie feierte, rissen die Probleme hinter den Kulissen nicht ab. Glenn Gordon Caron mochte zwar ein Visionär sein, doch ihm fehlte die Berufserfahrung, eine ganze Serienstaffel zu produzieren. So wurden manche Episoden erst Stunden vor der Ausstrahlung fertiggestellt (»Wir waren so nah an einer Live-Sendung wie man nur sein kann, ohne wirklich live zu sein«, kommentierte *Co-executive producer* Jay Daniels Carons Manie. [24]). Manchmal aber konnte der Zeitplan gar nicht eingehalten werden, so daß statt der in den Programmzeitschriften angekündigten neuen Episode eine alte wiederholt wurde. Als Shepherd schwanger wurde, bauten die Autoren ihre Schwangerschaft in die Serie ein, was sich als großer Fehler erweisen sollte. Statt durch gewohnten Witz, absurde Kriminalfälle und prickelnde, durch genüßlich ausgetragene Streits kaschierte Erotik zwischen ihren Hauptfiguren fiel die vierte Staffel vor allem durch krude Storylines auf. Um Shepherds

zeitweilige Abwesenheit zu erklären, schickten die Drehbuchschreiber Maddie Hayes zu ihren Eltern nach Chicago, und dort sinnierte sie nun voller Larmoyanz über ihr Leben und den Vater des Kindes, von dem niemand wußte, ob es David Addison war – nicht einmal er selber. Die Kultserie hatte das Niveau einer billigen Seifenoper erreicht – und schien im freien Fall. Zudem mochte es ja ganz witzig sein, wenn ausgerechnet Bruce Willis, der inzwischen mit DIE HARD zum dritten Kino-Actionstar neben Arnold Schwarzenegger und Sylvester Stallone aufgestiegen war, Bücher über Vaterschaft las und einen Schwangerschaftskurs besuchte. Doch das war kein Gag, der sich endlos ausreizen ließ, zumal die Rolle des zweifelnden, unsicheren Fast-Vaters, der plötzlich bereit ist, Verantwortung zu übernehmen, nicht die war, in der ihn das Publikum sehen wollte – und er sich auch nicht.

Von Anfang an schwelten zudem Animositäten zwischen der willensstarken Shepherd und dem nicht minder eigenwilligen Caron, zwischen Caron und den Programmdirektoren, zwischen den ABC-Verantwortlichen und Willis, weil er sich fast jeder Pressearbeit und fast allen Interviews verweigerte. Vor allem aber gab es – obwohl die PR-Abteilung des Senders sich eifrig bemühte, eine Romanze zwischen den beiden MOONLIGHTING-Helden auch Off-Screen anzudeuten – Streit zwischen Cybill Shepherd, die im sicheren Bewußtsein in die Serie eingestiegen war, ihr Star zu sein, und Bruce Willis, der sie im Laufe der Jahre weit an Starstatus überholte. Ihre Leinwandromanze glich einer arrangierten Hochzeit, und ihre Wortgefechte waren nicht nur auf dem Bildschirm legendär. »Du frisierst dein Haar schrecklich altmodisch«, soll Bruce seiner Partnerin einmal an den Kopf geworfen haben. »Zumindest habe ich welches«, konterte die spitz [25]. Oder sie gestand, ihren Filmpartner selbstverständlich zu mögen – »aber nur von den Schultern bis zur Hüfte« [26].

Außerdem wurde – auch nach Carons Rausschmiß – noch immer jede Folge mit ungewöhnlich hohem Zeitaufwand produziert, den die Stars nicht mehr zu akzeptieren bereit waren. Cybill Shepherd wollte sich um ihre neugeborenen Zwillinge kümmern, Bruce Willis sich seiner Leinwandkarriere widmen und wohl auch seiner Gattin Demi Moore, die er am 21. November 1987 nach nur dreimonatiger Verlobung in Las Vegas geheiratet hatte.

»Cybill Shepherd wurde schwanger und Bruce Willis reich« [27] – ein Mitarbeiter aus dem Produktionsumfeld brachte die Probleme, mit denen MOONLIGHTING schlußendlich zu kämpfen hatte, prägnant auf den Punkt. Nachdem Willis die letzten Produktionswochen bloß noch wie ein Gefangener absaß, war es am 14. Mai 1989 mit der Episode *Lunar Eclipse* soweit: Maddie und David kommen gerade in ihr Büro, als Mitarbeiter des Senders dabei sind, ihre Möbel hinauszutragen und die Fensteraussicht hinaus aufs Studiogelände ins Kulissenlager zu schieben. »Die Serie wird eingestellt«, unterrichtet ein Mitarbeiter die beiden Detektive, die zunächst hoffen, es handle sich um eine Traumsequenz. Aufgebracht suchen sie einen Produzenten auf, der ihnen – in einem letzten großartigen selbst-reflexiven Joke – nicht nur das Prinzip einer solchen Serie erklärt, sondern auch, warum diese scheitern mußte. Am Ende der zweiten Staffel hatten sich Maddie und David das erste Mal geküßt, am Ende der dritten das erste Mal miteinander geschlafen. Damit war die prickelnde Erotik, die durch ihren wortreich geführten Geschlechterkrieg schimmerte, verflogen. Wenn David fortan Maddie anhimmelte, dann geschah das nicht mehr heimlich und in Komplizenschaft mit den Zuschauern, die ihrem ersten richtigen Rendezvous genauso entgegenfieberten wie David. Und als dann mit ihrer Trennung auch noch der ganz gewöhnliche Beziehungsknatsch in die Serie einzog, schalteten die meisten – buchstäblich – ab. »Even I can't get people to tune in to watch what they don't want to watch anymore«, erklärte der Produzent Maddie und David lakonisch. »Don't get me wrong – I love you two guys. But can you really blame the audience? A case of poison ivy is more fun than watching you two lately ... people don't want laughs, they want romance. And romance is a very fragile thing. Once it's over, it's over, and I'm afraid for you two it's over ... People fell in love with you two falling in love, but you couldn't keep falling forever. Sooner or later you had to land somewhere.« [28]

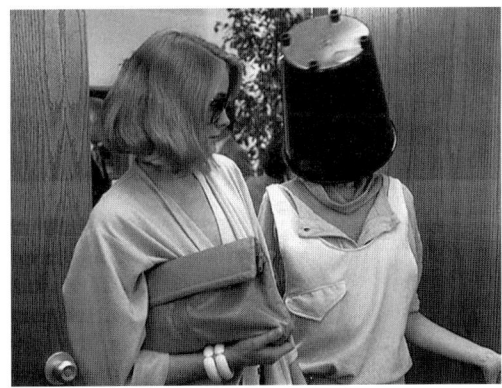

... Die erste Begegnung von Maddie und David

Von der Mattscheibe ins Multiplex

Mit MOONLIGHTING war Bruce Willis zunächst voll und ganz ausgelastet. Der enge Drehplan und sein Vertrag zwangen ihn, eine Rolle in Stanley Kubricks Vietnam-Epos FULL METAL JACKET (1987) abzusagen. Aber er schaffte es immerhin, in zwei TV-Episoden mitzuspielen. In *Shatterday*, der ersten Folge der Neuauflage von *The Twilight Zone*, Rod Serlings Kultserie aus den Sixties, spielte er unter der Regie von Wes Craven einen Mann, den es plötzlich zweimal gibt, und in der *Miami Vice*-Folge *No Exit* gab er einen skrupellosen Waffenhändler. Während Willis Peter Novins' ungläubiges Erschrecken darüber, plötzlich von seinem eigenen Alter ego attackiert zu werden, mit der melancholischen Passivität eines Menschen ausstattet, der irgendwann jeden Widerstand und damit sich selbst aufgibt, bleibt er in der Rolle des Schurken seltsam konturlos. Man erkennt hier aber schon einige seiner späteren Schauspiel»tricks«, wenn er, zum Beispiel, die Hände in die Seiten stemmt oder sich mit einer Hand abstützt, wenn ihm Requisiten fehlen. Vor der Kamera erbitterte Gegner, verbindet ihn seither eine tiefe Freundschaft zu Don Johnson, der – abgesehen von dem Fashion-Hype, den Michael Manns *glossy* Krimiserie zelebrierte – in der Serie ähnlich wie Willis einen dieser neumodisch altmodischen, sogenannten »postfeministischen« ganzen Kerle verkörperte. *Women's Lib* hatte sie zwar um jene evidente Selbstsicherheit beraubt, die ihren Vorbildern, den alten Kinorabauken, angehaftet hatte, doch sie sperrten sich trotzig gegen das vorherrschende Softietum und etablierten dabei wieder eine längst vergessene Lässigkeit und Coolness.

Außerdem machte Willis einen Traum wahr und nahm für das legendäre *Motown*-Label in Detroit eine Platte mit Rock 'n' Roll-Songs auf. *The Return of Bruno* kletterte bis auf Platz fünf der US-Charts, wurde mit Platin ausgezeichnet und initiierte ein gleichnamiges Musik-Special auf dem Pay-TV-Sender HBO.

Willis als *bad guy* mit Philip Michael Thomas (oben) und Don Johnson (unten, rechts) in MIAMI VICE

Sein Leinwanddebüt gab Willis schließlich mit einer Komödie von Blake Edwards. Dieser Schritt schien folgerichtig, bewies er doch schließlich als Comedy-TV-Star allwöchentlich sein Talent für Timing, *doubletakes* und süffisante Sprüche. Und nicht nur aus seiner Zeit als Bartender, als er lieber in mexikanischen Kostümen die Gäste mit seinen Witzen und der Mundharmonika unterhielt als Bier zu zapfen und Gläser zu polieren, kannte er

seine Qualitäten als Allein-Unterhalter. Doch BLIND DATE floppte (wenn auch nicht so dramatisch wie später SUNSET) und beendete das Jahr gerade mal auf dem 31. Platz der amerikanischen Box Office Charts. Tatsächlich sollte Willis bis zu THE WHOLE NINE YARDS keine explizite Komödie mehr wirklich gelingen, und auch in diesem Fall nur, weil er 13 Jahre später souverän genug war, den Slapstick-Part an den hyperaktiven und quirligen Matthew Perry abzutreten und die Gags stattdessen an sich selbst stoisch abprallen zu lassen, nur um ihnen damit noch mehr Schnitt und Tempo zu verleihen.

Die Routine schien in BLIND DATE völlig auf den Kopf gestellt, und das nicht nur, weil Willis plötzlich, wie im wirklichen Leben, Walter hieß und sein Gegenspieler (John Laroquette) David. Hatte er als charmanter David Addison stets das Chaos gestiftet, war er nun in ihm gefangen: ein verkniffener, ernster Yuppie, der Tag und Nacht über Wertminderungstabellen und Abschreibungsverzeichnissen verbringt und über seiner Karriereplanung erfolgreich verdrängt hat, daß er ursprünglich mal von einem Leben als Musiker träumte. Doch so wie Kim Basinger als kapriziöse Nadja, die ihn immer wieder in prekäre Situationen bringt, dem Vergleich mit Katherine Hepburn in Howard Hawks' BRINGING UP BABY (Leoparden küßt man nicht; 1938) nicht standhält, ist Willis eben leider offensichtlich auch kein Cary Grant, zumal der Film trotz seines märchenhaften Happy-Ends eher das bedrückende, beinahe klaustrophobische Gefühl einer mitleidlosen Demontage vermittelt.

Aber es gibt in ihm bereits zwei Hinweise auf Willis' meteoritenhaften Aufstieg als Actionheld und jenen Hochhaus-Thriller, mit dem er ein Star werden wird: einen gefährlichen Dobermann namens »Rambo«, der gar nicht mehr aufhören will zu bellen und die

Das Musik-Special THE RETURN OF BRUNO

Mit Kim Basinger in BLIND DATE

Zähne zu blecken (und der schließlich im Off von einem geplagten Butler erschossen wird) und das diffuse Gefühl der Ohnmacht angesichts eines vermeintlichen Ausverkaufs der amerikanischen Wirtschaft an japanische Konzerne.

Der Fünf-Millionen-Dollar-Mann

Hätte sich Regisseur John McTiernan durchgesetzt, dann hätten erfahrene Action-Recken wie Arnold Schwarzenegger oder, Gott behüte, Chuck Norris die Hauptrolle in DIE HARD gespielt. Doch den beiden *executive producers* Lawrence Gordon und Joel Silver schwebten eher Richard Gere oder Clint Eastwood vor. Als beide absagten, drängte plötzlich die Zeit, und Arnold Rifkin brachte seinen Klienten Bruce Willis ins Gespräch. Anfangs war Silver skeptisch: Bruce Willis, der Komiker? Bruce Willis, der TV-Star? Doch als sich die beiden trafen, spürte er auf Anhieb, welch Brüder im Geiste sie sind. »Silver bedachte Willis durch seine dunkle Sonnenbrille mit einem Blick, der sagte: You wanna be a star? I'll make you a star!« [29] Und das verwegene Bad-Boy-Image, das sich Willis mit seinem ausschweifenden Junggesellen-Lifestyle erworben hatte, paßte auch noch perfekt zu der Rolle.

Als John McClane in DIE HARD

Auch McTiernan zeigte sich nach einer Drehbuchlesung begeistert, was Rifkin ermutigte, einen der spektakulärsten Deals der neueren Filmgeschichte auszuhandeln. Kaltschnäuzig forderte er fünf Millionen Dollar – ein Fünftel des Gesamtbudgets. Und bekam sie auch, höchstpersönlich abgesegnet von Rupert Murdoch, der die Twentieth Century Fox kürzlich seinem Medienimperium zugeführt hatte. Diese Summe, die selbst Willis völlig überraschte, löste in Hollywood eine kleine Revolution aus. Schließlich hatte bislang lediglich Dustin Hoffman für seine Leistung als TOOTSIE (1982; R: Sydney Pollack) mehr Geld bekommen, selbst Jack Nicholson bekam im selben Jahr für THE WITCHES OF EASTWICK (Die Hexen von Eastwick; 1986; R: George Miller) gerade mal die gleiche Summe. Die übliche Höchstgrenze für Star-Gagen (und wir reden hier immerhin über Tom Cruise, Warren Beatty, Michael Douglas oder Michael J. Fox) aber lag bei drei Millionen Dollar. »Wenn Willis fünf Millionen bekommt, wieviel dann Redford?« betitelte die *New York Times* [30] einen Artikel, in dem MGM-Chef Alan Ladd Jr. schimpfte: »Fünf Millionen? Wer ist der Kerl? Dieses Honorar bringt das Gleichgewicht im Filmgeschäft durcheinander.« Und der bekannte Anwalt Bert Field, der unter anderem auch Dustin Hoffman vertrat, ahnte, welche Lawine damit los-

Dreharbeiten zu DIE HARD: Der 5-Millionen-Dollar-Mann ...

... beim Versuch, eine Scheibe zu zertrümmern

John McClane gegen die Deutschen:
DIE HARD

getreten werden würde: »Ich weiß nicht, ob meine Klienten berechtigter wären als Bruce Willis, soviel Geld zu kassieren. Aber wenn ein Schauspieler hört, daß ein anderer eine Million Dollar mehr bekommt als er selbst, dann ist es nur fair, daß er über mich versucht, auch für ihn eine höhere Gage bei den Studios auszuhandeln.« [31]

Sobald Bruce Willis den Vertrag unterschrieben hatte, bekam er zu spüren, welche Opfer es fordert, in der A-Liga Hollywoods zu spielen. Silver erlegte ihm ein monatelanges Training im Kraftraum auf, um vorrangig Bizeps und Brustkorb zu stärken, ohne dabei in die aufgepumpten Dimensionen eines Schwarzenegger oder Stallone vorzudringen, schließlich sollte der Held John McClane ein einfacher Polizist sein, der plötzlich und unerwartet in den größten Schlamassel seines Lebens schliddert. Außerdem mußte sofort Schluß sein mit den wilden Parties! Bruce ging zum Therapeuten und zu den Anonymen Alkoholikern, aß fortan Fruchtmüsli und braunen Reis statt Chili-Dogs und Cheeseburger. Denn eines war klar: Wenn er diesen Job versaute, dann hieß es: Back to *Hell's Kitchen*. Doch der wohl wichtigste Faktor in dem Masterplan, einen neuen Bruce zu kreieren, war die Hochzeit mit Demi. So wie sie ihren eigenen Body stählte, modulierte und aufblies, formte sie mit der gleichen Disziplin nun ihren Mann zum Alpha-Männchen.

Während ganz Hollywood hitzig über seine Gage stritt, spielte Bruce Willis unter der Regie von Blake Edwards in SUNSET den Cowboy-Darsteller Tom Mix, an seiner Seite James Garner als noch legendärerer Wild-West-Held, Marshall Wyatt Earp, der dem Schauspieler ein paar Fachkenntnisse beibringen soll. Und dann wurde es ernst: Bruce hatte zu beweisen, daß er jeden einzelnen seiner fünf Millionen DIE HARD-Dollar wert war. Wie wir wissen: Er war's.

Adrenalin, Testosteron und Blut

Hatte McTiernan mit seinem vorherigen Film, dem Arnold-Schwarzenegger-Vehikel PREDATOR, (1986; R: John McTiernan), eine im Kern altmodische Kommandotrupp-Story ins Sci-fi-Genre erhoben, erzählte DIE HARD die umgekehrte Geschichte. Ein hypermodernes, mit allen technischen Sperenzchen ausgestattetes 34stöckiges Hochhaus wird zum Kriegsschauplatz, ein Symbol futuristischer Urbanität zum Austragungsort eines archaischen Kampfes Mann gegen Mann, und nicht von ungefähr sind John

McClanes Gegner – jede auf ihre Art – entweder kühl kalkulierende Deutsche (*big, blond & beautiful*) oder unterkühlte Japaner – die alten und auf den globalisierten Märkten wieder neuen Gegner Amerikas. Sie besitzen die Technik, das Wissen, die Effizienz. Und damit augenscheinlich auch die Macht. Doch wie in den guten alten Schinken über den Zweiten Weltkrieg vermag ein einziger Soldat der Alliierten, ein einfacher Infanterist womöglich noch, allein aufgrund seines Mutes und seiner Gewitztheit ihre ganze Hybris auszuhebeln.

Für Bruce Willis als barfüßigen New Yorker Cop John McClane ist es eine schmerzerfüllte Reise ans Ende der Nacht. Von einer »Art von Shakespeares *Sommernachtstraum*« sprach McTiernan selbst: »Ich wollte, daß sich alles, metaphorisch gesprochen, wie in einem Wald zuträgt, daß sich die Personen für die Dauer einer Nacht verwandeln und wieder zurückverwandeln, daß sich die Liebenden am Ende der Nacht wiederfinden.« [32]

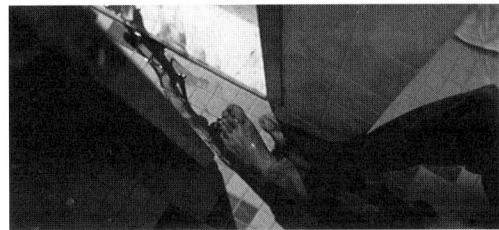

Daß Rifkin die fünf Millionen für seinen Mandanten durchpauken konnte, lag auch daran, daß es außer ihm keinen Star in dem Film gab. Wer kannte schon den Briten Alan Rickman, Mitglied der *Royal Shakespeare Company*, oder Bonnie Bedelia, die in vier Produktionen des *New York City Ballet* getanzt hatte? Wenn jemand Willis die Schau stehlen konnte, dann höchstens Special-Effects-Wizzard Robert Edlund, Veteran solcher *big spender* wie STAR WARS (Krieg der Sterne; 1977; R: George Lucas), RAIDERS OF THE LOST ARK (Jäger des verlorenen Schatzes; 1980; R: Steven Spielberg) oder GHOSTBUSTERS (Ghostbusters – Die Geisterjäger; 1984; R: Ivan Reitman).

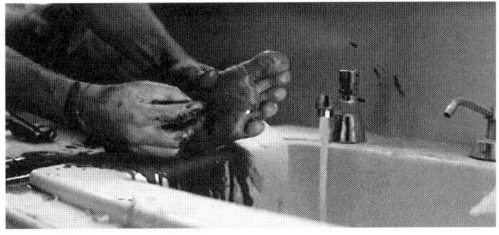

Schmerzerfüllte Reise: McClane vom Kampf gezeichnet

In seiner hochexplosiven und an Schauwerten reichen Melange aus Kriegs-, Söldner-, Katastrophen- und nicht zuletzt Liebesfilm folgte DIE HARD geradewegs Joel Silvers Prämisse von Popcorn-Kino und Achterbahn-Filmen. Es war aber auch ein Actionfilm für Leute, die sonst keine Actionfilme mögen. Und das war sicherlich in erster Linie das Verdienst von Bruce Willis, der souverän und routiniert seinen jungenhaften David-Addison-Charme ausspielte und mitten im Gefecht noch ein Auge für ein barbusiges Model auf einem Poster hat, der auch sensibel und verletzlich ist, der ironisch Selbstzweifel äußert und schließlich sogar ganz aufrichtig eine persönliche Lebenskrise eingesteht. Der vor allem aber – Demis strengem Fitness-Programm sei Dank – einfach knackig und sexy anzu-

Ein Anschlußfehler der gröberen Art: Willis' Unterhemd wechselt abrupt die Farbe

schauen ist in seinem blut- und ölverschmierten Unterhemd (das kurioserweise mitten im Film die Farbe wechselt), wie er da geschmeidig durch Versorgungsluken und Heizungsrohre kriecht und kraftvoll über den Boden robbt. Sein erster richtiger Kinoerfolg etablierte Bruce Willis somit nicht nur als Action-Star sondern, stärker noch als MOONLIGHTING es schon getan hatte, auch als Sex-Symbol. Bruce Willis war der sogenannte *flavor of the month*, der Star der Stunde. Bevor DIE HARD überhaupt das Licht der Kinoleinwand erblickte, war die Fortsetzung bereits beschlossene Sache. Es schien, als sei der Grundstein einer Endlos-Serie im Stil von James Bond gelegt. Wenn sich Willis um etwas keine Sorgen mehr zu machen brauchte, dann war das seine Rente.

Mit DIE HARD, seinem Sequel und THE LAST BOY SCOUT (einer weiteren Joel-Silver-Produktion) war der typische Bruce-Willis-Held geboren.

Keiner grinst so schief wie er. Dabei ist es nicht immer ein verwegenes oder frohgelauntes Grienen, das da seine Lippen umspielt. Kein Joker-Grinsen à la Jack Nicholson, keine doppelbödige Lust wie bei Christian Slater, kein sardonisches Killer-Lächeln wie bei Christopher Walken. Sondern meist eine leicht gequälte Grimasse: Warum ich?

Bruce Willis ist der Prototyp des Action-Helden. Kein Teamplayer, sondern ein sperriger Individualist. Allein gegen alle. Prädestiniert dafür, der richtige Mann zur falschen Zeit am falschen Ort zu sein. Ganz gleich, ob er Geiseln in einem High-Tech-Office-

tower oder gleich die ganze Welt vor einem irre-
parablen Meteoriteneinschlag oder bösen Aliens
schützen muß: die Situation und sein Ehrenkodex
verlangen, daß er als Retter einspringt, ob er nun
will oder nicht – und meistens will er eben nicht.
Weil er sich anfangs gar nicht sicher ist, ob er sich
traut. Denn Willis ist niemand, der das Ennui seiner gesicherten Existenz mit Abenteuer und Thrill
zu vertreiben sucht, er ist keine stählerne Kampf-
maschine mit bedrohlich mahlendem Unterkiefer
und auch kein muskelbepacktes Testosteron-Pa-
ket. Stattdessen sind Bruce Willis' Actionhelden
so wenig perfekt wie sein Grinsen, dafür glaubwürdig: Normalos, Leute wie du und ich, die im-
pulsiv am liebsten erst mal wegrennen würde. Keine Spezialisten und keine Karrieristen. Weil sie zu
ehrlich, zu unangepaßt und zu ambitionslos sind,
um die hierarchische Leiter zu erklimmen, und
die, ganz im Gegenteil, aufpassen müssen, bei ihrer alltäglichen und längst als Selbstverständlichkeit kultivierten Meuterei gegen alles Angepaßte,
Neue und Oberflächliche nicht irgendwann ganz
den Anschluß an die neue Zeit zu verlieren. Denn
sie definieren sich nicht durch ihre mögliche Zukunft, sondern durch die erlebte, meist traumatische Vergangenheit. Helden mit Geschichte. Das
verströmt den Duft des Archaischen und feiert
noch einmal altmodische Prinzipien: hart sein, aber
gerecht. Von DIE HARD über TWELVE MONKEYS
bis ARMAGEDDON und sogar auch in THE SIXTH
SENSE (nur hier in einer leiseren Spielart ohne das
schrille, plakative, ohrenbetäubende und buntpul-
sierende Effektfeuerwerk) absolviert Willis per-
manente Prüfungen in Masochismus und Messi-
anismus – o pater doloroso.

　　Willis' Einzelkämpfer sind Zyniker, die sich
vom Leben desillusioniert meinen – und mit Zivil-
courage doch sofort für jene Ideale und Werte
einstehen, deren Mangel Gangster und Gauner,
korrupte Polizisten und Politiker erst auf den Plan
ruft. Denn eines tun Willis' Helden niemals: vor
einer Gefahr kapitulieren und wegrennen – auch
wenn das heißen sollte, zusammen mit einem verdammten Meteoriten in die Luft zu fliegen. Also
eben doch nicht wie du und ich, sondern *bigger
than life*: die körperbetonte Variante der unbeug-
samen und aufrichtigen James-Stewart-Helden.

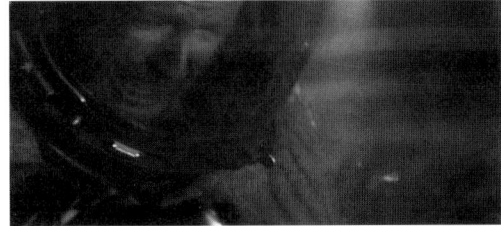

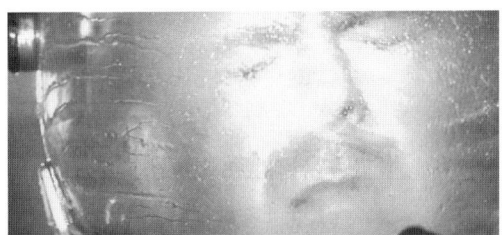

Willis' Opfergang in ARMAGEDDON

Keiner grinst so schief wie er:
BLIND DATE, SUNSET, DIE HARD
(linke Spalte), HUDSON HAWK,
THE LAST BOY SCOUT, NORTH ...

Helden, die auch Rückschläge erleben müssen. So ist es ein geschickter dramaturgischer Coup, daß Willis in DIE HARD 2 nicht den von
Terroristen provozierten Absturz einer vollbesetzten Passagierma-
schine verhindern kann. Diese Niederlage trifft den Zuschauer völlig
unerwartet und unterstreicht noch einmal, daß McClane kein Superheld mit übermächtigen Kräften ist. Und so, wie wir uns im ersten
Teil dank der subjektiven Kamera wie in einem Ego-Shooter-Game
gemeinsam mit McClane durch den Bürotower hangelten und jeden
ausgeschalteten Gegner bejubelten (»Yippee-kayay, Motherfucker!«),
so spüren wir nun mit ihm unermeßlichen Schmerz und seine unend-
liche Wut, die freilich zum Motor seiner Vergeltung wird.

Denn es kostet ihn richtig Schweiß und Arbeit, mal eben ein
Hochhaus, einen Flughafen, die Stadt oder gar die ganze Erde zu
retten, und nicht bloß einen eleganten Handstreich. Insofern ist
Willis auch auf der Leinwand noch stolzes Mitglied der eingeschwo-

... COLOR OF NIGHT, THE JACKAL, ARMAGEDDON (linke Spalte), *Ally McBeal*, BREAKFAST OF CHAMPIONS, THE WHOLE NINE YARDS

renen Blue-Collar-Gemeinschaft, als das er im rauhen Industrie-gürtel New Jerseys am Delaware River aufwuchs. Eigentlich ist Herkunft nicht mehr als ein Gen-Roulette. Doch obwohl (oder weil) er der harten Realität der dampfenden Fabrikschornsteine und giftigen Chemieabwässer so schnell wie möglich entflohen war, verklärt Willis sie zum Mythos. *If It Don't Kill You, It Just Makes You Stronger*, nannte er seine zweite Schallplatte wie eine Demonstration männerbündnerischer Zähigkeit. Bruce, die Kampfsau. Kein feiner Schnösel, sondern ein Dosen-Bier-Typ.

Mr. Average Guy. Ein Normalbürger. Das ist das Bild, das Willis trotz seines Starstatus und seiner Millionen, und obwohl er beinahe eine ganze Stadt in Idaho aufgekauft hat und von Film- und Interviewpartnern nicht selten als launische Diva beschrieben wird, sorgfältig auch in den Medien pflegt. »Unsere Ehe ist wie jede andere auch«, erklärte er früher, in glücklicheren Zeiten mit Demi Moore,

Ein Held, der Rückschläge hinnehmen muß: ...

»sie erlebt Höhen und Tiefen. Sie ist wie ein kleiner Garten, den man die ganze Zeit pflegen muß. Wenn wir zuhause sind, laufen wir nicht aufgedonnert rum und erzählen uns, welch große Berühmtheiten wir doch sind. Ich wechsle Windeln. Und Hundescheiße wische ich auch weg.« [33]

Das Willissche Grinsen ist aber auch eine geheime Absprache mit den Zuschauern. Es signalisiert: Bitte, nicht schon wieder! – wenn er einmal mehr die Welt retten muß. Doch auch wenn er *tongue-in-cheek*, »mit lässig unterdrückter Selbstironie« [34] spielt, geht seine Koalition mit dem Publikum dabei nicht so weit wie etwa die von Harrison Ford in seiner eklektizistischen und selbstreferentiellen Rolle als klassischer Abenteurer und Archäologe Indiana Jones. Denn dafür nehmen Bruce Willis' Charaktere ihre Aufgabe – und sich – zu ernst: Sie sind, etwa in der ja ebenfalls durchaus als postmodernes Spiel mit Verweisen und Zitaten konzipierten DIE HARD-Reihe, der organische und der, wie sein Blut, sein Schweiß und seine Tränen belegen, lebendige Held in einer synthetischen Welt, die in jeder Hinsicht von Technik und Elektronik bestimmt wird: nämlich sowohl als Location (Bürohochhaus, Flughafen, ein auf dem Reißbrett entworfener Stadtteil) als auch als Inbegriff all dessen, was John McClane nervt und ängstigt (Flugzeuge, Laptops, der ganze hochgezüchtete Schnickschnack), aber auch – und darin liegt ein reizvoller Widerspruch – in dem Medium, in dem seine Geschichte erzählt wird. DIE HARD protzt nur so mit digitalen Spezialeffekten aus dem Hause *Industrial Light & Magic*, mit allerfeinster Pyrotechnik auf der Höhe der Zeit und einer einschüchternden Logistik. Ein *oldfashioned hero* in einer *oldfashioned story* wird nach allen Regeln der Kunst und mit allerneuester Technik, also im doppelten Sinne *state of the art* in Szene gesetzt. Ohne dabei explizit auf die DIE-HARD-Reihe und THE LAST BOY SCOUT [35] einzugehen, erklärte Joel Silver Prinzip und Effekt seiner Produktionen folgendermaßen: »All diese Filme, die wir machen, sind nur B-Filme mit einem A-Gefühl. In den alten Tagen hätte man von ihnen als Vorfilmen gesprochen. Wir machen sie glatt und glänzend, mit dieser ganzen Hi-Tech-Filmemacher-Ästhetik, machen sie lustig und verwandeln sie in A-Filme.« [36]

Auch wenn *Variety* John McClane als »Mischung aus Indiana Jones und Rambo« beschrieb [37], scheinen der New Yorker Cop und Indiana Jones doch eher Antipoden, so wie auch ihre jeweiligen Produzenten: hier Steven Spielberg, Hollywoods Peter Pan und ewiges Wunderkind, dort Joel Silver, der »Actionfilme zusammengebraut hat, die in Adrenalin, Testosteron und Blut getaucht sind« [38].

Willis fehlt zudem die selbstsichere Eleganz, mit der Ford fast schlafwandlerisch zwischen Amazonas und Auditorium, Bibliothek und Beduinenzelt wechselte. Außer als Seriendetektiv David Addison, für den Laissez-faire und Savoir-vivre zwar unaussprechliche Fremdwörter, aber nichtsdestotrotz unverwechselbare Attribute seiner legeren Erscheinung waren, oder in HUDSON HAWK, der Komödie, bei der er sich als Hauptdarsteller, Story-Lieferant und Produzent wie auf einer großen Spielwiese gefühlt haben mag, haftet Willis' Rollen stets der verbissene und kämpferische *working class*-Background an. Selbst in einer Komödie wie BLIND DATE zeugt sein Grinsen von schier unendlicher Qual, weil er genau weiß, daß er diesmal der falsche Mann zur richtigen Zeit am richtigen Ort ist. Insofern folgt es schon einer zwingenden Logik, daß Willis lange Zeit mit Arnold Schwarzenegger und Sylvester Stallone das Triumvirat der Action-Kings bildete, denn auch sie verrieten bei aller Künstlichkeit und Modellierung der Körper durch harten Dialekt, Herkunft, Boxernase oder andere »Defekte«, daß sie authentische Selfmade-Helden sind – und stolz darauf. Mit dem Unterschied, daß Willis mit seinem Grinsen signalisiert, daß er eigentlich nicht den geringsten Wert darauf legt, gegen hochgerüstete Gauner oder machthungrige Außerirdische antreten zu müssen. »Kommadounternehmen in eigener Sache [sind] nur noch erträglich, weil sie *nicht* von Stallone, Schwarzenegger, Van Damme und Co. gestartet werden, sondern von diesem Mann im grauen Woll-Pullover, der so aussieht, als hätte er lieber seine ganz private, kleinkarierte Ruhe, als im verschneiten Washington zur Weihnachtszeit gegen internationale Top-Gangster kämpfen zu müssen.«[39] Er sei kein Superheld mit übermenschlichen Fähigkeiten wie etwa James Bond oder Rambo, umschreibt Stephen E. de Souza, Co-Autor der ersten beiden DIE HARD-Filme, deren Hauptfigur. »Niemand sagt zu ihm: ›Hier ist deine Mission. Wir senden dich hierhin und dorthin.‹ Stets drehten sich Filme um die großen Helden, die auf eine epische Reise gingen – wie in der klassischen Herkules-Sage. Darum geht es im Western, und darum geht es auch in den meisten Actionfilmen. Sie handeln von Reisen

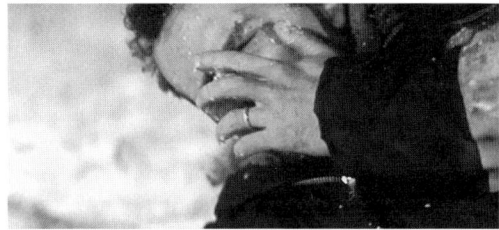
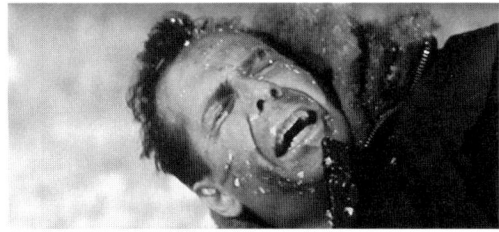
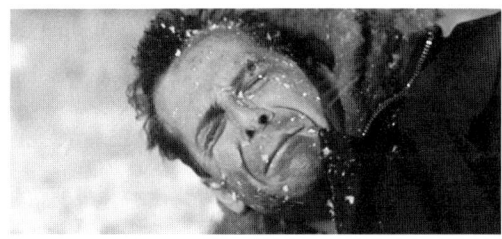

... John McClane in DIE HARD 2

in ferne, fremde Länder, in denen man dann Leute killt.« Doch McClane habe im Gegensatz dazu keine Reputation, die ihm vorauseile. »He's just an ordinary guy.« [40]

Natürlich steckt bei Willis viel Posing in dieser Attitüde des Mr. Everybody, die manchmal ganz schön nervt. Daß sie dennoch nicht zum unsympathischen Klischee gerinnt, verdankt sie ihrer Ambiguität: dem Image-Mix aus Männerschweiß und Glamourstar, republikanischer Ich-muß-auch-hart-für-mein-Geld-malochen-Gesinnung und jungenhaft selbstsicherem Charme. Inzwischen scheint Willis auch souverän genug, diesen unerwünschten Doppelgänger, der da heißt »der öffentliche Willis« zu akzeptieren und sogar mit seinem Status als Pop-Ikone zu jonglieren: wenn er in einer Folge der US-Sitcom *Mad About You* mal nicht als taffer Macho barfuß und im kochfesten Feinripp-Unterhemd, sondern im langen Krankenhausleibchen und auf Socken durch Versorgungsschächte robbt oder wenn er als Gaststar bei *Ally McBeal* in Anspielung auf eine seiner größten Niederlagen, den soft-pornigen COLOR OF NIGHT, offensichtlich gutgelaunt und mit viel Spaß eine Parodie als unfähiger Psychotherapeut aufs Parkett legt.

Leb langsam

Nach DIE HARD ließ Willis es langsamer angehen. Er genoß das Leben an Demi Moores Seite in Malibu und sortierte Filmscripts aus. Schließlich entschied er sich in seinem ersten von vielen Versuchen, dem Image des Rauhbeins und Actionhampelmanns zu entgehen, als nächstes Projekt für Norman Jewisons IN COUNTRY. Der Film mit der 19jährigen Emily Lloyd in der Hauptrolle spielt Anfang der achtziger Jahre in der amerikanischen Provinz – dort, wo das Trauma des verlorenen Krieges am tiefsten sitzt – und erzählt von Vietnamheimkehrern und ihren körperlichen und seelischen Narben. »*In Country* war der Name, den die amerikanischen Soldaten Vietnam gaben, während ihre eigentliche Heimat, die USA, für sie *The World*, also etwas weit Entferntes war«, erklärt die Verfasserin der Romanvorlage Bobbie Ann Mason die Bedeutung des Titels. »Jetzt in den achtziger Jahren wird der Krieg zu Hause weitergeführt. Die erwachsenen Kinder der Veteranen beginnen, sich über die Vergangenheit ihrer Eltern Gedanken zu machen.« [41] Für Willis war es der Film nach Maß: endlich mal kein schiefes Grinsen, keine *punch lines*. Doch Mason hegte zunächst Zweifel, ob Willis alias David Addison wirklich die ideale Besetzung für den verschlossenen und lethargischen Kriegsveteranen Emmett Smith war. Als die beiden sich indes einen Tag vor Beginn der Dreharbeiten trafen, beeindruckte er sie mit seiner Ernsthaftigkeit und dem Umfang der Recherche, die er zu dem Thema betrieben hatte.

Willis hatte den Film mit Bedacht gewählt, dafür war er auch bereit, sich an dem finanziellen Risiko zu beteiligen. Er bot Regis-

IN COUNTRY: Willis vor dem
Vietnam Memorial

seur Norman Jewison an, für den üblichen Tagessatz zu spielen, darüber hinaus sollte er eine Gewinnbeteiligung erhalten, sobald der Film seine Kosten abgeschrieben hätte. Wie begierig er darauf war, in dem Film mitzuwirken, offenbarte sich auch an den Umständlichkeiten, die die Willises für die Geburt ihrer ersten Tochter Rumer (benannt nach der Schriftstellerin Rumer Godden) in Kauf nahmen, die in einem Provinzkrankenhaus während der Dreharbeiten in Kentucky zur Welt kam.

Bruce Willis konnte sich den großzügigen Deal gegenüber Jewison leisten, da er kurz darauf allein dafür, daß er John Travoltas und Kirstie Alleys zynisch-vorlautem Baby Mikey die Stimme lieh, zehn Millionen Dollar reicher war. LOOK WHO'S TALKING (Kuck mal, wer da spricht; 1989; R: Amy Heckerling)war ein relativ günstig produzierter Film, an dessen Erfolg – vom Produzenten Jonathan Krane und der Autorin und Regisseurin Amy Heckerling abgesehen – offensichtlich niemand so recht glaubte, vor allem nicht die Entscheidungsträger bei TriStar. Wie hätten sie sonst Rifkins Vorschlag, Willis neben einer vorab gezahlten Garantiesumme eine zehnprozentige Gewinnbeteiligung zu zah-

Die DIE HARD-Sequenz, die an acht
verschiedenen Locations ...

len, annehmen können ...? Unnötig zu erwähnen, daß halb Hollywood grün vor Neid war.

Dead Again

So richtig auf der Leinwand zum Einsatz kam Willis erst wieder
mit der Fortsetzung seiner Star-Initiation, DIE HARD 2. Wieder mal weihnachtet es sehr, als John McClane, einer von *New
York's Finest*, in den dicksten Schlamassel gerät, diesmal auf dem
Dulles Airport in Washington, D.C. Der finnische Newcomer Renny Harlin hatte John McTiernan auf dem Regiestuhl abgelöst. Nachdem das hünenhafte Wikinger-Look-alike mit NIGHTMARE ON

ELMSTREET 4 (A Nightmare on Elm Street 4: The Dream Master; 1988) bewiesen hatte, wieviel er aus einem Mini-Budget rausholen konnte, wurde er, typisch Hollywood, bereits als neues Genie gefeiert (»as the new Polanski without the hang-ups« [42]). Ihm dennoch gleich einen potentiellen Blockbuster anzuvertrauen, werteten die meisten Beobachter als ein Vabanquespiel Joel Silvers, nicht zuletzt, weil Harlin zuvor mit THE ADVENTURES OF FORD FAIRLANE (Ford Fairlane – Rock 'n' Roll Detective; 1990) einen desaströsen Flop inszeniert hatte. Doch diesmal sollte Silver es wieder mal allen zeigen.

Dabei sah es zunächst gar nicht gut aus. Willis wurden die Dreharbeiten diesmal mit einem Paycheck über acht Millionen

... gedreht wurde

Dollar versüßt. Doch das schien auch nötig, denn nachdem schon das Script nach unzähligen Änderungen in allen Regenbogenfarben schillerte, gerieten auch die Dreharbeiten zur reinen Nervenprobe. Es begann damit, daß am Drehort Denver in diesem ungewöhnlich milden Winter plötzlich kein Schnee mehr lag. Als nichts mehr ging, zog das gesamte Team, das 350 Crew-Mitglieder, über 50 Schauspieler, jede Menge Trucks, Schnee-Mobile und Flugzeuge umfaßte, in eine schneereiche Region nach Moses Lake um – jedoch erneut ohne Erfolg. Die Szene, in der Bruce Willis zum Beispiel aus einem Versorgungsschacht auf die Rollbahn klettert, um ein Flugzeug im Landeanflug zu retten, wurde schließlich an acht verschiedenen Locations aufgenommen. Zudem mußten pro Tag über hunderttausend Kilo Kunsteis zerkleinert und eine Landebahn aus Kunstschnee gebaut werden. Nicht zu vergessen die Hektoliter an Kunstblut – schließlich produzierte die Filmhandlung nicht weniger als 264 Leichen.

Doch wie stets in Hollywood: Als die Box-Office-Zahlen eintrudelten, waren die Plackerei und der lange Streit über das Produktionsbudget, das ursprünglich 40 Millionen Dollar betrug, um letztendlich auf 70 Millionen Dollar zu explodieren, vergessen. Schließlich spielte DIE HARD 2 schon innerhalb der ersten vier Wochen 100 Millionen Dollar ein, trotz starker Konkurrenz durch Paul Verhoevens Arnold-Schwarzenegger-Vehikel TOTAL RECALL (Die totale Erinnerung – Total Recall; 1990), Sylvester Stallone in ROCKY V (1990; R: John G. Avildsen), Martin Scorseses GOODFELLAS (GoodFellas – Drei Jahrzehnte in der Mafia; 1990) und trotz zweier Filme, die, obwohl groß angekündigt, schließlich doch hinter den Erwartungen zurückblieben, DICK TRACY (1990; R: Warren Beatty) und ARACHNOPHOBIA (1990; R: Frank Marshall). »Man plauderte nicht über das Übliche«, notierte der britische Schauspieler Richard E. Grant (der später in dem Willis-Silver-Fiasko HUDSON HAWK spielen sollte) über den Smalltalk auf der Premierenparty. »Die Frage war nicht, wird es ein Hit oder nicht? Sondern: ›Wie groß?‹ – ›Wieviel?‹ – ›Wie schnell?‹« [43]

Die stärkste Konkurrenz indes erwuchs DIE HARD 2 ausgerechnet aus einer Ecke, aus der es niemand erwartete: Jerry Zuckers GHOST (Ghost – Nachricht von Sam; 1990) mit Patrick Swayze, Whoopi Goldberg und, ja genau, Demi Moore knackte den Jackpot. Mit einem Einspiel von 217 Millionen am US-Box-Office und mehr als 450 Millionen Dollar weltweit übertrumpfte der saccharin-süße Fantasy-Love-Comedy-Mix lässig John McClanes heroischen Einsatz, und Demi hatte die erste Station auf ihrem Kreuzzug zur höchstbezahlten Hollywood-Aktrice geschafft, wenn auch nicht mit einer aggressiven Rolle, wie sie es selbst gewünscht hatte. »Sie fühlt sich von weichen Charakteren nicht angezogen und mag es nicht, auf der Leinwand viel zu lächeln«, faßte Regisseur Zucker seine anstrengenden Kämpfe zusammen [44] – Moore fand ihre Figur zu passiv und schicksalsergeben.

Hollywood's Hottest Couple

Denn wieviel Power wirklich in ihr steckte, bewies Demi Moore, als sie für ihren nächsten Film MORTAL THOUGHTS nicht nur die Hauptrolle neben Glenne Headly, Harvey Keitel und ihrem Gatten Bruce übernahm, sondern auch die Produktion. Daß Willis und Moore zu einem der mächtigsten Paare in der Filmindustrie aufstiegen (das sich später mit Tom Cruise und Nicole

Demi Moore und Willis
in MORTAL THOUGHTS

Kidman ein Knetpuppenduell im *MTV Celebrity Deathmatch* liefern sollte), lag nicht nur an ihren ständig steigenden Gagenforderungen, sondern auch daran, daß sie beide produzierten. Kollegen wie Warren Beatty, Clint Eastwood, Michael Douglas, Robert Redford oder Robert De Niro hatten es Demi Moore vorgemacht, als sie lukrative *production deals* abschlossen und so neben ihrer Gage auch den Produzentenanteil am Gewinn einstrichen. Doch als Frau in Hollywood war in einer spezifischen Situation. Natürlich ging es auch ihr um Machtverhältnisse und Profitverteilung, so wie Alain Delon knapp zwei Jahrzehnte zuvor erkannt hatte: »Wenn Delon verkauft wird, warum dann nicht von Delon?« Für Moore bedeutete das Produzieren aber – ähnlich wie für ihre Kolleginnen Goldie Hawn, Bette Middler, Sally Field oder Barbra Streisand, die ebenfalls begonnen hatten, Filmpakete zu schnüren –, sich zunächst einmal die Basis fürs eigene Arbeiten zu schaffen: Wenn ihnen niemand Filmrollen anbot, die sie herausforderten, machte sie diese Filme eben selbst. Basta. Moore gründete ihre eigene Firma, tat sich mit einer anderen *independent company* in New York zusammen, die die Rechte an dem Drehbuch zu MORTAL THOUGHTS hielt, und gewann Columbia Pictures als finanzkräftigen *big player* für die Produktion, sie trieb die für die Pre-Production nötigen Gelder bei Banken auf und verhandelte höchstpersönlich mit dem Major-Studio nicht nur über die Finanzierung, sondern auch über Marketing und PR. Als Co-Produzentin und

Star in Personalunion diktierte Demi Moore die rigiden Vertrags-
bedingungen: So bedurften Besetzung und Drehbuchänderungen
ihrer Zustimmung, und sie besaß das Recht zu *hire and fire*. »Ich
begann ausgesprochen vorsichtig«, erklärte sie, »ging förmlich nur
auf Zehenspitzen und verfuhr nach der Devise *learning by doing*.
Doch plötzlich steckte ich mitten drin und war in Entscheidungen
involviert, die so in den Vertrag übernommen wurden. Es war eine
wunderbare Erfahrung, aber Bette Davis hatte Recht: ›Wenn ein
Mann seine Meinung kundtut, ist er ein Mann. Wenn eine Frau das
tut, ist sie eine *bitch*‹.« [45]

Alan Rudolph war zwar der Regisseur von MORTAL THOUGHTS,
aber Demi hielt die Fäden in der Hand. [46]

Im Fegefeuer der Kritik

Demi und Bruce zahlten den Preis für ihren Ruhm. Kein Schritt
schien ihnen mehr möglich ohne einen Troß von Journalisten
im Schlepptau; kein Moment von Intimität und Privatheit, den das
Rudel lauernder Fotoreporter nicht allzugern ablichtete. »Wenn
Willis in der Öffentlichkeit den Mund aufmacht, wird daraus eine
Schlagzeile.« [47] Da kam ihm die Möglichkeit gerade recht, süße
Rache üben zu können (»play a hack and twist the knife a little«,
formulierte er es selbst [48]), als er die Rolle des versoffenen,
moralisch skrupellosen und resignierten Sensationsjournalisten Peter Fallow in Brian De Palmas Adaption von Tom Wolfes New
Yorker Sittenroman *The Bonfire of the Vanities* (*Fegefeuer der Eitelkeiten*) annahm.

Bloß eine Ausfahrt verpaßt, ein einziges Mal falsch abgebogen.
Schon ist sein Leben im Arsch. Gestern noch war Sherman McCoy
ein erfolgreicher Wall-Street-Broker. Doch nachdem seine Geliebte in der Bronx einen jungen Schwarzen angefahren und Fahrer-
flucht begangen hat, ist Sherman, der *Master of the Universe*, der
taffe Multi-Millionen-Dollar-Jongleur, der eben noch einen 1,7-
Millionen-Dollar-Deal abgeschlossen hat, plötzlich nur noch Spiel-
ball politischer Interessen, Opfer einer Polizeiuntersuchung, Auslöser potentieller Rassenkonflikte und Beute für die hungrige Medien-
meute. Sherman McCoy ist die zentrale Figur in Brian De Palmas
Film, aber beileibe kein Held. Mit unerbittlichem Zynismus treibt
De Palma ihn ins offene Messer, so daß die Besetzung mit dem
blassen, weichen, blutleeren Tom Hanks nur auf den ersten Blick
ein Fehlgriff scheint. Denn hier wird der nette Junge von nebenan,
der amerikanische Traum aller Schwiegermütter gnadenlos demon-
tiert. Natürlich kauft man Hanks nicht den hartgesottenen Invest-
mentbroker ab, aber Wolfes Roman unterstreicht ja auch, daß Typen wie Sherman nicht durch Können und Geschick zum neuen
Geldadel aufgestiegen sind, sondern aufgrund einer riesigen, von
ihnen selbst genährten Spekulationsblase.

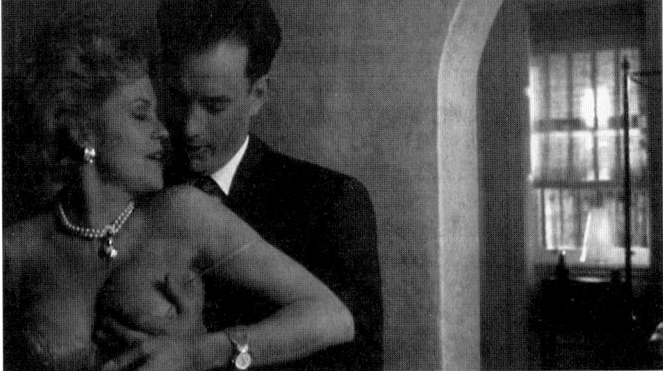

Das Star-Trio von THE BONFIRE
OF THE VANITIES: Melanie Griffith,
Tom Hanks, Willis

Die wahre Hauptrolle aber spielt ohnehin New York. Von den Prat-Pack-Autoren Jay McInerney, Tama Janowitz oder Bret Easton Ellis in den achtziger Jahren als häßlicher, geliebter Moloch glorifiziert, seziert Wolfe, der große alte Mann des New Journalism, das urbane Geflecht aus kleinen und großen Gefälligkeiten als Hölle ohne Moral. Alles wird gut? Hier bestimmt nicht.

»Greed is good«, hatte Michael Douglas als mephistophelischer Börsenhai Gordon Gekko drei Jahre zuvor in Oliver Stones WALL STREET (1987) proklamiert. Daß diese Ideologie wohl doch noch nicht überkommen war, bewiesen die fiebrigen finanziellen Erwartungen, die neben nicht minder hochgesteckten künstlerischen Hoffnungen an die Verfilmung von *The Bonfire of the Vanities* geknüpft waren. Und was sollte auch schiefgehen? Brian De Palma, dessen Karriere zwar schon einige Rückschläge zu verwinden hatte, der aber mit THE UNTOUCHABLES (Die Unbestechlichen; 1987) gerade einen eindrucksvollen Hit abgeliefert hatte, der Kritiker, Zuschauer und die Kassenwarte der Paramount gleichermaßen glücklich machte [49], verfilmte den Bestseller, über den jeder sprach. *Don't Believe the Hype*, lautete mit dem Hit von *Public*

Enemy Tom Wolfes unterschwellige Botschaft, doch exakt das Gegenteil war der Fall. Die New Yorker Gesellschaft verschlang den Roman wie ein *Who's who?* Laut *New York Post* [50] wetteiferten zwei britische Journalisten gar darum, Vorbild und Inspiration gewesen zu sein für die Figur des laxen Reporters Fallow, der generell den Tisch verläßt, bevor es ans Teilen der Rechnung geht.

Daß auch Regisseur und Produzent Brian De Palma und die Jungs von Warner Bros. womöglich noch dem korrupten Charme der Achtziger erlegen waren, offenbarte sich mit der Bekanntgabe ihres Startrios. Von Wolfes Figuren schienen alle drei so entfernt wie nur möglich, doch nach Hollywoodkriterien gleichwohl als eine feste Bank. Melanie Griffith hatte mit WORKING GIRL (Die Waffen der Frauen; 1988; R: Mike Nichols) gerade ihren besten Film abgeliefert, und Hanks war mit BIG (1988; R: Penny Marshall) und TURNER & HOOCH (Scott & Huutsch; 1989; R: Roger Spottiswode) unaufhaltsam auf dem Weg zum Superstar. Doch nicht einmal De Palma hatte Bruce Willis als englischen Reporter auf seiner Besetzungsliste, bis dessen Agent Arnold Rifkin eines seiner unwiderstehlichen Angebote unterbreitete, das den Regisseur Willis' mangelnden Akzent und all die anderen Dinge, die ihn so offensichtlich nicht für die Rolle prädestinierten, vergessen ließ. Für drei Millionen Dollar Gage würde Willis nach Abschluß der Dreharbeiten zu DIE HARD 2 zur Verfügung stehen. *Greed is good?* »A misfire of inanities«, faßte *Variety* das über 45 Millionen Dollar teure und von zahlreichen Produktionsverzögerungen gezeichnete Endprodukt zusammen [51]. Die Kritiken waren in der Masse ablehnend, zum Teil sogar vernichtend. Dabei ist der Film, mit der Distanz von zehn Jahren erneut gesehen, beileibe nicht schlecht (auch wenn er natürlich viel besser hätte sein können). Es ist ein nicht sehr tiefschürfender, aber durchaus unterhaltsamer, ein wenig kolportagehafter Alptraum. Bloß waren damals die Erwartungen zu hoch und die Romanvorlage einfach zu gut, zu elegant und zu exakt, um nicht zwangsläufig in eine Enttäuschung zu münden. John Parker zog den Vergleich mit F.-Scott-Fitzgerald-Adaptionen, die ebenfalls nie das Niveau des geschriebenen Wortes erreichen konnten [52].

Es sei von Anfang an eine Totgeburt gewesen, rekapitulierte auch Willis fünf Jahre später die Erfahrung: »It was born dead, already reviewed, critiqued, shat on and discarded before anyone saw a frame of it.« [53] Obwohl allenfalls in einem Drittel des Films zu sehen, wurde BONFIRE insbesondere ihm als Niederlage angelastet [54]. Und ausgerechnet sein unnachahmliches Grinsen hatten die Kritiker dabei im Visier. Angefacht von Julie Salamons Attacken in ihrem Buch *The Devil's Candy: The Bonfire of the Vanities Goes to Hollywood*, das minutiös die zahlreichen Probleme bei der Produktion aufzeichnet, avancierte der Filmtitel in Hollywood rasch zum Synonym für einen schmählichen Kinoflop. »Willis«, stichelt die Autorin, »war gefangen in der Begrenztheit seines Könnens. Er

Willis und Danny Aiello
in HUDSON HAWK

war einfach nicht fähig, sein beleidigendes Gegrinse abzuschalten«
[55] – »Erwähnt man *The Devil's Candy*«, notierte noch Jahre
später der Reporter der britischen Zeitschrift *Empire*, »erhält man
als Reaktion den ersten und einzigen Hinweis darauf, daß Bruce
Willis als Kind mal gestottert hat.« [56]

Hudson Duck

Doch der frischgebackene Superstar sollte noch mehr Häme
erfahren, und »Hudson Duck«, eine aus den legendären Flops
HOWARD – THE DUCK (Howard – Ein tierischer Held; 1985; R:
Willard Huyck) und HUDSON HAWK zusammengesetzte Verball-
hornung, sollte BONFIRE OF THE VANITIES rasch als Schlagwort für
einen völlig verkorksten und ruinösen Film ablösen. Knapp ein
Dutzend Jahre hatte Willis das Projekt bereits mit sich herum-
geschleppt. Die Idee dazu war eines schönen Abends in seiner
Barkeeper-Zeit entstanden, als er mit dem New Yorker Komponisten Robert Kraft in der West 86th Street spazieren ging und sie
sich über den Sound des im Volksmund *The Hawk* genannten
kalten Westwinds, der oft über den Hudson River bläst, unterhiel-
ten. Ein paar Tage später rief Kraft an und erzählte, inspiriert vom
Geräusch des Windes habe er eine Melodie geschrieben. Ob er,
Willis, nicht einen Text dazu schreiben wolle? Doch mit dem Song-
text und in den Jahren danach entwickelte Willis nach und nach die
Idee zu einer Geschichte um den Meisterdieb Eddie »Hudson
Hawk« Hawkins. Immer mehr schrill überzeichnete comic-artige
Charaktere bevölkerten die Geschichte und erlebten die kuriose-
sten Abenteuer. Das Ganze wuchs sich zu einer unglaublichen
Anekdoten- und Szenensammlung aus, in der Willis lebte wie in
seinem eigenen Leben. Schließlich verdichtete er die Geschichten
zu einem Filmexposé. Sein Buddy Joel Silver las es, befand es für
gut und wollte das Geld dafür auftreiben. Und was sollte schon

Die Rettung: Andie MacDowell in HUDSON HAWK

schiefgehen, wenn Silver, in Hollywood längst ehrfürchtig als *The New Tycoon* tituliert, seine Hand im Spiel hatte? Stephen E. de Souza, der bereits bei den beiden DIE HARD-Filmen als Co-Autor fungiert hatte, und Daniel Waters schrieben schließlich das Drehbuch für den Film, in dem Willis die Hauptrolle neben Danny Aiello spielen und den er zudem mit seiner eigenen Company produzieren sollte. Zu den Produzenten zählte neben Kraft (als *executive producer*) und Silver auch Willis' Bruder David (als Co-Produzent). Kraft schrieb, neben Michael Kamen, auch die Originalmusik.

Doch HUDSON HAWK entpuppte sich als Willis' persönliches Waterloo, und nicht nur, weil er im Vertrauen auf seine eigene Geschichte Geld in den Film investiert hatte. Daß es nicht wenige gab, die sich darüber diebisch freuten, lag daran, daß er mit *The Big One*, wie der Film in Hollywoodkreisen hieß, auch sein großes Ego zur Schau gestellt hatte. Und auch Silver hatte sich weit aus dem Fenster gelehnt, als er auf der Premierenparty von DIE HARD 2, kurz vor Beginn der Dreharbeiten in Roms Cinecitta versprach: »We'll be bringing home a great movie – bigger than DIE HARDER.« [57]

Die Produktionsfirma TriStar zumindest, die sich mit immerhin 42 Millionen Dollar an dem Film engagierte, hatte das Gefühl, man mißbrauche sie als Dukaten-Esel, und fühlte sich von dem eingeschworenen Gespann Willis/Silver ansonsten komplett ignoriert. Terminverschiebungen, horrende Transport- und Hotelkosten, Absagen von Schauspielern und nicht zuletzt diverse Extras, angefordert vom Superstar Willis (unter anderem zwei persönliche Bodyguards und ein tiefroter 1955er Chrysler, ausgestattet mit Telefon, Fax und Aktenvernichter, bloß leider ohne Klimaanlage – und das ausgerechnet im August in Italien! – als standesgemäßes Fortbewegungsmittel von Hawks Gegnern, den Mayflowers), ließen die Kosten von Tag zu Tag weiter in die Höhe schnellen. Willis hatte schließlich sogar bestimmt, wer die Komödie inszenieren sollte und schlug Michael Lehmann vor, den jungen Regisseur der wunderschönen Winona-Ryder/Christian-Slater-Groteske HEATHERS (1989) und der beißenden Satire auf eine amerikanische Mittelstandsfamilie MEET THE APPLEGATES (Applejuice; 1989). Er zählte ebenfalls zu Joel

James Coburn

Silvers »Ich bring dich groß raus!«-Jüngern. Doch der 30jährige besaß keinerlei Erfahrung mit einer solchen im Ausland unter schwierigen Bedingungen hergestellten Großproduktion und erst recht keine mit einem so selbstsicheren Star wie Willis. Der sah diesen Film in erster Linie als sein »Baby« und hatte sich das Vorrecht, über Besetzung und Script-Änderungen bestimmen zu können, in seinen Vertrag schreiben lassen. »Mikey ... don't you think we should do it this way ...« – nicht nur mißgünstige Zungen munkelten daher, daß Lehmann genau deswegen ausgesucht worden sei.

Das erste große Problem ergab sich mit der Absage der seinerzeit hochgehandelten Isabelle Adjani als Undercover-Nonne. Und auch die Ersatz-Hauptdarstellerin Maruschka Detmers mußte sich wegen ständiger Rückenschmerzen wieder verabschieden, nachdem sie schließlich sogar am Set zusammengebrochen war. Langsam wurde selbst Silver nervös, zumal sowohl Madonna als auch Joanne Whaley-Kilmer dankend ablehnten. Der britische Schauspieler Richard E. Grant, der bei all seinen Filmen ein Drehtagebuch führte, trug seinen Teil zur Legendenbildung bei, als er den monomanischen Über-Produzenten mit einem Wutanfall wegen des Zeitunterschieds zwischen Italien und den USA, der die Verhandlungen verzögerte, zitierte: »What the fuck is fucking wrong with this country that it should be eight fucking hours ahead of everywhere else? Answer me, you fuck!« [58] Rettung nahte in Gestalt von Andie MacDowell, doch nun hieß es, alle bereits mit Detmers gedrehten Szenen noch einmal aufzunehmen. Sechs Wochen später stand der nächste personelle Wechsel an. Kameramann Jost Vacano packte seine Sachen und wurde durch den Italiener Dante Spinotti ersetzt, was dem Film zusätzlich zu seinen riesigen dramaturgischen Löchern eine ästhetische Zerrissenheit bescherte. Noch hektischer ging es in der Abteilung für die Bauten und Kulissen zu. Für das ausgefeilte Production Design wurden Leonardo da Vincis Goldmaschine und die Renaissance-Version seines Gleitflugzeugs nach

Von der einheimischen Küche wenig begeistert: ...

Originalmodellen aus dem Mailänder Da-Vinci-Museum nachgebaut. Das Team wechselte ständig zwischen den zahlreichen Originalschauplätzen, von New York nach Italien weiter nach Ungarn, wo – gemäß der eisernen Filmregel, dort zu drehen, wo der Dollar am meisten wert ist – der kleine Ort Fot in der Nähe von Budapest als *Bella Italia* herhalten mußte. Die Versorgung vor Ort war unzureichend und das Wetter so mies, »daß die Spezialeffekte-Macher darunter litten, daß ihre zündenden Einfälle buchstäblich einfach nicht zünden wollten« [59]. Dann legte ein sechstägiger Generalstreik in Ungarn die gesamte Produktion lahm, es fehlte an Nachschub, der Vatikan verweigerte Aufnahmen auf seinem Hoheitsgebiet (für die Peterskirche mußte schließlich ein Schloß in der italienischen Provinz einspringen), in Prag brach eine Revolution aus, und Willis verletzte sich bei einem heiklen Stunt. Längst lagen die Nerven bei allen Beteiligten blank, als Lehmann auch noch eine Lungenentzündung niederstreckte. »It sounds like a nightmare and it was, believe«, stöhnte Co-Produzent Michael Dryhurst in der Erinnerung. Nur der alte Kämpe James Coburn, dessen Rollenname George Kaplan eine Hommage an Alfred Hitchcocks Thriller NORTH BY NORTHWEST (Der unsichtbare Dritte; 1958) ist, behielt die Ruhe. »This is a big budget movie, with big budget egos. Enjoy!« [60] riet er Grant und Sandra Bernhard, die fürchteten, über diesem »Midsummer's Nightmare« (Grant [61]) schier den Verstand zu verlieren. Mit jeder Faser Connaisseur, erinnerte sich Coburn in der amerikanischen Zeitschrift *Preview*: »Nach Rom zog der ganze

Treck gen Budapest. Wir drehten in einem uralten Studio. Die Hallen waren wie ein Eiskeller, die Garderoben nicht besser. Allerdings gab es auch einen Vorteil: Wodka und Kaviar waren bestens, für das Zeug gibt man in den USA tausend Dollar aus, in Ungarn gerade mal vierzig! Ich habe 20 Pfund zugenommen!« [62] Willis schien von der einheimischen Küche weniger begeistert: »Let's get this fucking show on the raod ... I don't want to spend the rest of my life eating goulash«, feuerte er das Team an. Denn noch schien der Hauptdarsteller-Produzent-Storylieferant und Gagschreiber, der sich inzwischen ganz als Co-Regisseur gebärdete, niemals seine Coolness und den Glauben an den Erfolg (»People will love it!«) zu verlieren, obwohl Drehzeit wie Budget zu explodieren drohten. Nachdem man am 9. Juli 1990 mit den Dreharbeiten begonnen hatte, lagen im Januar 1991 immer noch vier weitere Wochen Arbeit vor dem Team, und offiziell betrugen die einst mit 35 Millionen Dollar veranschlagten Kosten inzwischen 52 Millionen Dollar, was Insider ein tatsächliches Budget von 61 Millionen vermuten ließ – was immer noch kein Untergang gewesen wäre, hätte man einen sicheren Blockbuster produziert. Nach außen gab man sich selbst bei TriStar noch optimistisch: »Bruce hat immer in teuren Filmen gespielt, die dann aber auch Geld einbrachten; und die *dailies* sehen großartig aus. Wir sprechen schließlich nicht über BARON MUNCHHAUSEN [Die Abenteuer des Baron Münchhausen; 1988; R: Terry Gilliam]. Es gibt keinen Grund für schlaflose Nächte.« [63] Die Zeit sollte ihnen das Gegenteil beweisen.

... *Fettucini con funghi porcini* con Ketchup

Billy geht baden

Als gestalteten sich die Dreharbeiten zu HUDSON HAWK nicht ohnehin schwierig genug, mußte Willis sie im November zusätzlich für kurze Zeit unterbrechen und für Nachdrehs von Robert Bentons BILLY BATHGATE in die Staaten zurückfliegen – dem dritten Willis-Projekt, dem die Branchenblätter schon während der Produktion eine düstere Zukunft prognostizierten.

1988 war E.L. Doctorows gleichnamiger Roman erschienen, in dessen Mittelpunkt einer jener nostalgisch zu *outlaws* verklärten *public enemies* der amerikanischen Geschichte steht: Arthur Flegenheimer, genannt Dutch Schultz, neben Bugsy Siegel und John Dillinger der mächtigste Gangsterboß der dreißiger Jahre und wie diese – trotz oder wegen des anti-bürgerlichen Elements in seiner blutigen Karriere – vom Bürgertum zum Mythos erklärt. Billy Bathgate, ein Junge aus der Bronx, erzählt in dem Buch, wie er eher zufällig in die Gang gerät und bei Schultz quasi in die Lehre geht, wie er fortan selbst von einer großen Laufbahn phantasiert und vom schier unwiderstehlichen Charme von Macht, Luxus und Begehrt-Werden träumt. »Das Buch liest sich streckenweise zu sehr wie der Film, der es sicherlich bald wird«, ahnte Salman Rushdie bereits bei seiner Besprechung, und tatsächlich machte sich Regisseur Robert Benton schon bald an eine Adaption des Drehbuchs von Tom Stoppard über den Unterwelt-*King of New York*. Drehverzögerungen, *reshoots*, und angeblich stand Benton kurz davor, von Disney gefeuert zu werden – die Probleme ähnelten in ihrem Kern denen der BONFIRE-Adaption (und nicht von ungefähr wurde auch hier der Vergleich zu F. Scott Fitzgerald gezogen): Die Erwartung war zu hoch, ja, fiebrig beinahe, und die Vorlage zu komplex in ihrer sprachlichen Doppelung, wenn im Rückblick des nun älteren, abgeklärteren Billy

Bo Weinberg in BILLY BATHGATE

unmittelbare Beschreibung und distanzierter Kommentar, Verehrung und Abscheu aufeinanderprallen. Vielleicht wie Wolfes New Yorker Sittenspiegel im Prinzip sogar generell »unverfilmbar«, fand auch Doctorows Buch keine adäquate Umsetzung durch diese Leinwandfassung, die den Akzent auf eine gediegene, exquisite Ausstattung und pittoreske Statisterie statt auf physische Präsenz oder die Glaubwürdigkeit elementarer Gefühle wie Rache, Haß, Verrat legt. »Edelschund« lautete dann auch das vernichtende Urteil der *Zeit*: »Nichts wird konkret, nichts präsent. Alles bleibt seltsam tadellos, sauber und edel, also: hohl und leer.« [64]

Bo mit Drew Preston
(Nicole Kidman)

Willis, der als Playboy-Mobster Bo Weinberg eher eine Art
ausgedehntes Cameo absolviert, trifft sicherlich die geringste Schuld
für das Scheitern der Gangster-Saga. Wenn der Fokus mancher
Kritiken dennoch auf ihm lag (»Bruce Willis spielt wieder mal
Bruce Willis« [65], resignierte die *taz*, wohingegen *Variety* resü-
mierte: »Willis funkelt« [66]), dann nur, weil er inzwischen so
präsent und damit stets automatisch ein Thema war. So wie Nicole
Kidman als dekadente Gangsterbraut einmal Billy belehrt, sie sei
nicht Dutchs Mädchen, sondern er *ihr* Gangster, konnte man auch
Willis' Engagement in diesem Film aus zwei Perspektiven betrachten. Die meisten Kritiker und Produzenten tendierten dazu, nicht
Willis in einem Flop mitwirken zu lassen, sondern den Film zum
nächsten Bruce-Willis-Flop aufzublähen – das waren dann drei Miß-
erfolge hintereinander und damit mehr als nur ein Schönheitsfleck
in seiner anfangs so makellosen Bilanz. Langsam traten (Selbst-)
Zweifel auf: Sollte er doch nur ein *one-hit-wonder* gewesen sein?
    Mag mit BILLY BATHGATE auch die durch einen wahren *Oscar*-
Segen [67] für ihren gemeinsamen Film KRAMER VS. KRAMER
(Kramer gegen Kramer; 1979) veredelte Männerfreundschaft zwischen Dustin Hoffman und Robert Benton in die Brüche gegangen
und ihr Streit zu einer öffentlichen, von Hoffman angefachten
Schlammschlacht eskaliert sein, von Willis schwärmte der Regisseur nur als »ungeheuer begabten Darsteller, der auch in seinen
leiseren Filmen sehr kraftvoll spielt« [68]. Unterstellen wir Benton
einfach mal, daß seine Lobeshymnen nicht nur darauf beruhten,
daß Willis bei BILLY BATHGATE einen seiner spektakulären Deals
abgeschlossen hatte – diesmal indes nicht aus der Kategorie *fast*

money, sondern im Gegenteil. Willis spielte, wie so oft, für die wöchentliche Garantiegage von 1.685 Dollar und ansonsten auf Gagenrückstellung. »Wenn ihn ein Thema interessiert, fragt er nicht nach dem Geld«, so Benton, »die Schauspieler, die so sind, kann man an einer Hand abzählen.«

Pfadfinder mit Rekordsumme

»Nobody likes you. Everybody hates you. You're gonna lose. Smile, you fuck«   (Bruce Willis als Joe Hallenbeck
in THE LAST BOY SCOUT)

Es war so etwas wie ein nicht proklamierter Wettkampf, wer von ihnen die spektakulärsten Drehbücher des Neunziger-Jahre-Kinos abliefern würde, aber auch, wer für sie die abstrusesten Summen einstreichen könnte. Joe Eszterhas vs. Shane Black. Der Obsessive gegen den Pathetischen. Eszterhas sorgte mit BASIC INSTINCT (1992; R: Paul Verhoeven), SLIVER (1993; R: Phillip Noyce) und SHOWGIRLS (1995; R: Paul Verhoeven) für Furore, aus Blacks Feder stammen LETHAL WEAPON (Zwei stahlharte Profis; 1987; R: Richard Donner) und THE LAST ACTION HERO (Der letzte Action-Held; 1993; R: John McTiernan). Wann immer einer von beiden eine Rekordsumme für ein Script kassiert hatte, konnte man sicher sein, daß der andere bald kontern würde. Eszterhas hatte mit FLASHDANCE (1983; R: Adrian Lyne) zwar einen frühen Meilenstein vorgelegt, dafür zahlte Joel Silver (him again!) Black die Rekordsumme von 1,75 Millionen Dollar für das Drehbuch zu THE LAST BOY SCOUT. Mit vier Millionen Dollar für THE LONG KISS GOODNIGHT (Tödliche Weihnachten; 1996; R: Renny Harlin) legte Black die Meßlatte für den Preis, der für ein Drehbuch zu zahlen war, ein paar Jahre später erneut am allerhöchsten.

The show must go on! Während Willis noch unter der schlechten Presse zu BONFIRE litt, versuchte Silver ihn zu trösten: Er sei schließlich nur ein Schauspieler! Was könne er dafür, daß der Film an der Kinokasse durchfiel! Das sei Brian De Palmas Schuld, vielleicht auch die von Studioboß Peter Guber, der höchstpersönlich Tom Hanks engagiert hatte. Jetzt aber war es an der Zeit, den Deal für THE LAST BOY SCOUT festzuzurren, und Silvers erste Handlung nach dem Kauf von Blacks Script war, Willis zu beweisen, daß sein unerschütterlicher Glaube an dessen (Kassen-)Potential nicht nur leeres Geschwätz war. Er offerierte ihm die Hauptrolle für acht Millionen Dollar – ungeachtet der düsteren Wolken, die sich bereits bedrohlich am azurblauen Himmel über HUDSON HAWK zusammenzogen.

BOY SCOUT war ganz in der Tradition von DIE HARD konzipiert, also *high profit* durch *high concept*. Das Rezept: ein teurer Star, viel Getöse, eine Handvoll Nebendarsteller und jede Menge cooler

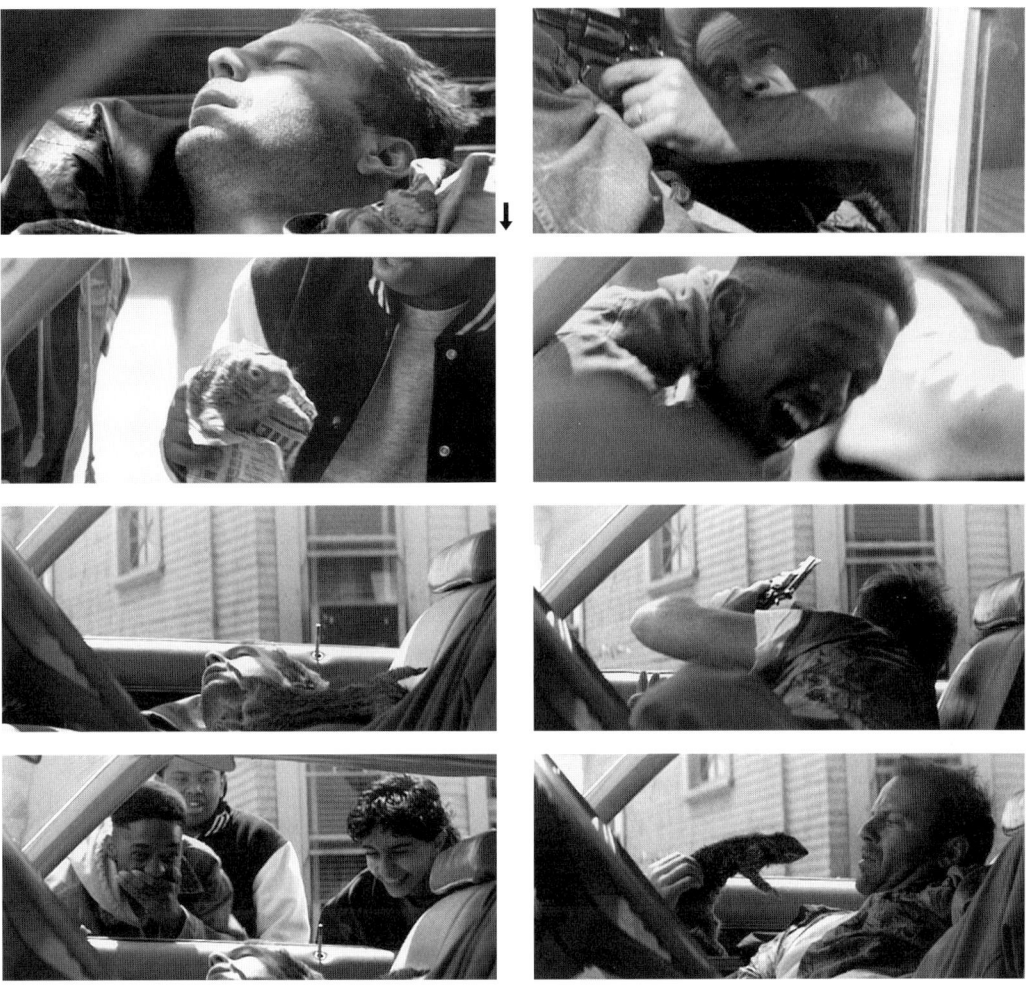

Sprüche. Auch an seiner LETHAL WEAPON-Idee mußte Black für sein sündhaft teures Script nicht viel umschreiben, geht's doch erneut um ein schwarz-weißes Buddy-Gespann, das sich erst zusammenraufen muß; außerdem hat der Willis-Charakter viel von Riggs/Gibsons Masochismus und Verrücktheit adaptiert. Bruce Willis in der Paraderolle als heruntergekommener Privatdetektiv, der eigentlich nur seine Ruhe will, aber dann doch, ungeplant und eher widerwillig, versteht sich, ein Komplott aufdeckt, das hohe Sportfunktionäre und ein korrupter Politiker geschmiedet haben. Willis' Joe Hallenbeck ist ein Nihilist und Zyniker, mit familiären Problemen (versteht sich ebenso). Und unter nichts leidet der desillusionierte Kerl so sehr wie unter der bockigen Zurückweisung

Die Reflexe funktionieren noch: Joe Hallenbeck in THE LAST BOY SCOUT

Hallenbeck als Bodyguard des Präsidenten

durch seine pubertierende Tochter. Da bringt er ihr schon extra ihr Lieblingseis mit und findet doch keinen Zugang zu ihr. Dennoch schlägt in ihm das Herz eines Helden, und das nicht nur, weil er einst den Dienst beim Secret Service quittierte, als er, statt wie seine Kollegen wegzuhören und wegzuschauen, eben jenen nun auch in die neue dreckige Geschichte involvierten Senator zusammenschlug, als der eine Frau in seinem Hotelzimmer verprügelte. So wird der Cop, der Hallenbeck verfolgt, von einem Kollegen gewarnt, ihn nie zu unterschätzen: »Er sieht zwar aus wie jemand, der in seinen Klamotten schläft, aber er hat mal dem Präsidenten das Leben gerettet.«

BOY SCOUT ist eine typische Tony-Scott-Adrenalin-Injektion, bei der der Flash seinen Weg durch die Magengrube direkt ins Herz seiner Zuschauer sucht und das Hirn dabei großräumig umgeht. *Fun as fun can.* Frei nach der aufmüpfigen Erkenntnis der Bauhaus-Ablöser *Less is a bore* und als ehemaliger Werbefilmer voll auf der Höhe der Zeit, was die von MTV gesetzten Standards angeht, läßt Scott seinen Kameramann Ward Russel soviele Gegenlichtorgien feiern und Verlaufsfilter vor sein Objektiv knallen, daß man hinterher kaum noch sagen kann, welche Farbe der Himmel nun wirklich hat. Geradezu unverschämt *political incorrect* in seiner expliziten Gewaltdarstellung, folgen der Film und sein Held jedoch einem strengen eigenen Moralkodex; so reiht sich Joe Hallenbeck ein in den Scottschen Reigen buntschillernder Anschauungsobjekte der wohlbekannten These, daß Zyniker in Wahrheit verletzte Idealisten seien. Wir kennen von Willis diese gebrochenen Charaktere, die erst ganz unten sind, um dann weit über sich (und jeden Normalbürger, der abfällig und voller Verachtung auf sie herabblickt) hinauszuwachsen. Wir wissen, daß sich hinter dieser abgewrackten Type, die in einer fast körperlich spürbaren Dunstwolke aus altem Schweiß und abgestandenem Alkohol im Auto pennt, ein ganzer Kerl verbirgt. Dieses komplizenhafte Wissen nährt unsere Vorfreude auf die nächste handfeste Demonstration, ihn lieber nicht zu unterschätzen, und läßt uns jeder neuen Konfrontation entgegenfiebern, die stets lauter, donnernder und brutaler sein wird. Hallenbecks Reflexe stimmen jedenfalls noch: Als Kids ihm seine Uhr vom Handgelenk klauen wollen, hat er die Knarre schneller gezückt als sie »Hongkong-Rolex« sagen können.

Willis hat von Silver den Stand-up Comedian Damon Wayans als suspendierten Quarterback Jimmy Dix zur Seite gestellt bekommen, einen smarten, *fast talking* Schwarzen. Damit entsprechen die beiden Silvers favorisierter Heldenkombination, dem schwarz-weißen Buddy-Gespann. Sie sind ein *Salt 'n' Peppa*-Duo wie Mel Gibson und Danny Glover in LETHAL WEAPON: konnotation-befrachtete Leerstellen für zwei Kämpfer im urbanen Dschungel. Sie sind Metaphern für den »zivilisierten« Weißen, der der Gesellschaft entfliehen will und mit ihren Normen bricht, und den schwarzen »Bruder«, dem die Fähigkeit zum Überlebenskampf sozusagen als archaisches Erbe mitgegeben ist. In DIE HARD gaben Bruce Willis und Reginald VelJohnson als dysfunktionaler Familienvater und als Donut-essender Streifenpolizist, der nicht mehr schießen kann (Freud, laß nach), das Muster ab (freilich durch John McClane als instinktgeleitetem Fighter auf den Kopf gestellt). Doch markierte diese Kombination erst in ihrer immer wiederkehrenden Variation in anderen Filmen, vornehmlich Silver-Produktionen, eine Serie [69]. DIE HARD WITH A VENGEANCE wagt dann endgültig ganz offene Assoziationen an die großen Mythen der US-Literatur. Wenn Samuel

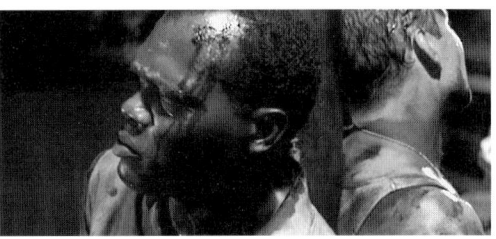

Salt 'n' Peppa: Reginald VelJohnson in DIE HARD; Damon Wayans in THE LAST BOY SCOUT; Samuel L. Jackson in DIE HARD WITH A VENGEANCE

L. Jackson seinen neuen Freund Willis durch den New Yorker Großstadtdschungel lotst und wenn die beiden aneinandergefesselt sind, Rücken an Rücken, ähnlich wie an einem Lagerfeuer oder Marterpfahl – wer rekapituliert da nicht *The Leatherstocking Tales* (*Lederstrumpf*), *Huckleberry Finn* (*Die Abenteuer des Huckleberry Finn*) oder *Moby Dick* (*Moby Dick / Der weiße Wal*) ...?

In THE LAST BOY SCOUT gibt Wayans Willis' »edlen *sidekick*, ein wenig Robinsons Freitag, ein wenig schwarzer Christus« [70]. Ansonsten ist er vor allem die Folie für Willis störrische Selfmade-Man-Ideologie. Wenn Hallenbeck etwas auf den Tod nicht ausstehen kann, dann Dix' Larmoyanz, die Schuld für sein verkorkstes Leben bei anderen zu suchen und deswegen in Drogen zu fliehen. Noch allergischer reagiert Brunos altes Rockerherz allenfalls auf die neumodische Musik im Club, in dem Jimmys Freundin tanzt: »Wird in dem Laden nur die Art von Musik gespielt? Ich hasse diesen Funk-Scheiß!« Als sich die beiden Herren dann endlich in immerwährender Männerfreundschaft gefunden haben, funktioniert der Werteabgleich auf Anhieb. Dem feinen französischen Hollywood-Fraß können beide nichts abgewinnen. Dix: »Meine Freundin ist tot, und die Verantwortlichen essen bei *Spago's* Hühnchen in Marsala.« Ergänzt Hallenbeck angewidert: »Rentier und Ziegenkäsepizza.« Einmal *working class underdog*, immer *working class under-dog*. Und stolz darauf!

THE LAST BOY SCOUT ist ein munteres, temporeiches *demoli-tion derby* voller hirnrissiger Pointen. »Die Art von Ballerfilm, die für die nächste Szene eine noch größere Explosion verspricht und das Versprechen prompt wahrmacht.« [71] Wham bang, thank you, Ma'm. Das sagten leider auch viele Kritiker und Zuschauer. Die Zeiten waren härter geworden, und ein 60-Millionen-Dollar-Ein-spiel in den USA war durchaus solide. Aber eben auch nicht mehr. Obwohl Warner Brothers das Actionspektakel mit einer knackigen Tagline als *The Only Action in Town* verkauften und obschon Willis in diesem Football-Umfeld als Teamplayer brillieren und seinen unwiderstehlich abgehalfterten Charme und sein herrlich schiefes Grinsen voll ausspielen konnte, durfte er sich nicht die so sehnlich erhoffte Plakette zu Ehren eines neuen Box-Office-Hits ans Revers heften. Nicht einmal ein Joel Silver, der bis dahin siebenfache 100-Millionen-Dollar-Maniac, konnte BOY SCOUT zum Megaerfolg schönreden.

Der Pantoffelheld

Nun gut, dann würde halt der nächste Film ein Hit werden: DEATH BECOMES HER. Ein 40-Millionen-Dollar-Projekt der Universal Studios. Regie (und erstmals auch Produktion bei einem Kinospielfilm): Robert Zemeckis. Noch relativ jung, lieferte der Steven-Spielberg-Protégé mit der Zuverlässigkeit einer japanischen Arbeitsbiene einen Erfolg noch dem nächsten ab, seit ihn Michael Douglas – aus einer offen bekundeten Aversion gegen Regisseure mit einem größeren Ego als seinem eigenen – für ROMANCING THE STONE (Auf der Jagd nach dem grünen Diamanten; 1984) ange-heuert hatte. Zemeckis hatte mit der BACK TO THE FUTURE-Trilogie (Zurück in die Zukunft; 1985; 1989; 1990) die Kino-maschine der achtziger Jahre kräftig unter Dampf gehalten und mit der Zeichentrick-Phantasie WHO FRAMED ROGER RABBIT? (Fal-sches Spiel mit Roger Rabbit; 1988) neue Standards in Sachen Visual Effects gesetzt, als er Schauspieler Bob Hoskins computer-animierte Cartoonfiguren aus dem digitalen Zauberkasten als Part-ner zur Seite stellte. Als DEATH BECOMES HER in Produktion ging, waren allenfalls George Lucas und sein Entdecker Spielberg erfolg-reicher als Zemeckis.

Spezialeffekte, kreiert von den F/X-Wizzards bei Industrial Light & Magics, sollten auch bei DEATH BECOMES HER eine wichti-ge Rolle spielen, doch diesmal nicht nur neben, sondern auch an den Schauspielern, und die Szenen, in der eine Kugel ein riesengro-ßes Loch in Goldie Hawns Torso reißt oder Meryl Streeps Kopf nach einem Treppensturz um 180 Grad verdreht auf ihrem Kor-kenzieherhals sitzt, zählten später zu den meistzitierten Stellen des

Films. Es war ein Freudenfest für Make-up-Experten und Mor-
phing-Magier! Ansonsten jedoch wollte Zemeckis einen etwas ernst-
hafteren Ton anschlagen, als man es vom ihm gewohnt war. Auch
DEATH sollte ein Komödie sein, jedoch schwärzer und zynischer
als seine früheren Filme. Ein wenig wirkt die Persiflage auf den
Schönheitskult und den Wahn immerwährender Jugend denn auch
wie eine sehr aufwendig und teuer produzierte und mit glänzenden
Effekten aufpolierte *extended version* einer Geschichte aus der TV-
Serie *Tales from the Crypt* (*Geschichten aus der Gruft*), die auf
klassischen EC-Horror-Comics aus den fünfziger Jahren basiert.
Auch in deren Episoden offenbart sich eine oft diebische Freude an
allem Schrägen, Gemeinen und Hinterhältigen, allen voran die von
Zemeckis in Szene gesetzte Geschichte, in der eine Frau an Heilig-
abend von einem als Nikolaus maskierten Killer erstochen wird (als
einen besonders perfiden Inside-Joke spielte Zemeckis' Frau Mary
Ellen Traynor das Opfer).

Nach dem Kassenerfolg von ähnlich schwarzer Leinwandkost
wie BEETLEJUICE (1988; R: Tim Burton) und ADDAMS FAMILY
(1991; R: Barry Sonnenfeld) schien nichts dagegen zu sprechen,
daß auch DEATH sich als Hit erweisen würde. Zumal mit dieser
Traumbesetzung: Willis, Hawn, Streep – ein echtes Trio infernale!

Mit Goldie Hawn in
DEATH BECOMES HER

Lebender Cartoon: Madeline (Meryl Streep) ...

»We were looking to do NIGHT OF THE LIVING DEAD [Die Nacht der lebenden Toten; 1968; R: George A. Romero] as Noël Coward would have done it«, erklärte Co-Drehbuchautor David Koepp [72]. So ist DEATH BECOMES HER mal beißende Satire, mal verkitschtes Gothic-Schauermärchen (mit Lancôme-Model Isabella Rossellini als weiblichem Mephistopheles). Ein Film über den dekadenten Beauty-Kult der Schönen und Reichen, angesiedelt im Fegefeuer der Eitelkeiten, in Beverly Hills, wo Schönheit alles und Geld kein Problem ist. Unausgesprochen geht es auch um das in der US-Verfassung verankerte Glücksversprechen, *the pursuit of happiness*, das sich für verbissene *bitches* wie die Schauspielerin Madeline (Streep) längst nur noch in ewiger Jugend und Cellulitis-freier Haut erfüllt. Glück wird so zum Tausch- und Warenwert. Geld gegen Gefühl. Eine ruinöse Sucht, wie sich zeigen wird ...

Willis verkörpert indes eher das offensichtliche Gegenteil von Schönheit in diesem Film. Mit schütterem Haupthaar, altmodischer Kassenbrille und mickrigem Schnäuzer spielt er den ehemals erfolgreichen Schönheitschirurgen Ernest Menville. Daß er sich vor 14 Jahren für die falsche Frau entschied und seine Verlobte Helen (Hawn) für ihre beste Freundin, die Schauspielerin Madeline, verließ, muß er heute bitter bereuen. Während Madeline, auf die er angewidert nur noch als »it« referiert, täglich den aussichtslosen Kampf gegen Falten, Altersflecken und Krähenfüße ausficht, hat sich der Pantoffelheld und Softie innerlich wie äußerlich längst aufgegeben. Zwar strafft er noch immer Lider, doch, seit er das Skalpell gegen die Whiskeyflasche getauscht hat, lediglich die von Leichen.

Ein Film, der mit Klischees jongliert und Images gegen den Strich bürstet. Goldie Hawn durfte nicht gutherzig und die Streep nicht tragisch, ja, noch nicht mal ernsthaft sein. Und Willis ist hier ganz das Gegenteil des attraktiven, charmanten, knochenharten Heros. Zemeckis begeistert: »Der Punkt ist, daß Bruce wirklich *spielt*; er hat nicht die Rolle, die er immer hat. Da ist dieser attraktive, gut gebaute, starke Kerl, der nun diesen schwächlichen Typen spielt – für mich ist das das Entscheidende des Schauspielens: nicht man selbst zu sein.« [73]

In anderer Hinsicht jedoch entpuppte sich der Film für Willis als schreckliche Routine: Versprach Rossellini ihren Jüngern auch eine Art Paradies, offenbarten sich Produktion und Post-Production aber wieder mal als die reine Hölle. Ursprünglich waren vier Millionen Dollar für die Special Effects eingeplant, doch acht ferngesteuerte lebensgroße Puppen, die als Body-Doubles für die Gewaltszenen herhalten mußten, kosteten allein schon eine halbe Million, 25.000 Dollar mußten für Hawns voluminösen Körperoverall berappt werden – kurz: Wieder mal reichte das Geld nicht und mußte das Budget aufgestockt werden. Außerdem entschied Zemeckis im allerletzten Moment, daß ihm das Ende zu sentimental sei. Also mußten die Hauptdarsteller noch einmal herbestellt und das Team noch einmal zusammengetrommelt, neue Kulissen und weitere Body-Doubles gebaut werden, um ein anderes Finale nachzudrehen. So verschwand eine weitere Million im Höllenschlund von Hollywood.

Daß aber auch an dem bereits fertiggestellten Film einige Schönheitskorrekturen vorgenommen wurden, offenbarten die Kinotrailer. Sie zeigten eine Sequenz, die im späteren Film gar nicht mehr vorkam, und Tracey Ullman, mit der Willis im ursprünglichen Ende nach Europa durchbrennt, taucht nun im gesamten Film gar nicht mehr auf. Und je näher der Starttermin rückte, desto weniger lustig schien plötzlich die Idee zu sein, die Stars bewußt gegen ihr Image zu besetzen: Vor allem Meryl-Streep-Fans wollten ihr Idol nicht zum lebenden Cartoon degradiert sehen, und für Willis-Anhänger war die Komödie schlicht zu müde und zu fad, zumal sie auch nicht sophisticated genug war, neue Zuschauerschichten zu rekrutieren. Außerdem hatten Marktforschungen gezeigt, daß die erfolgreichen *black comedy*-Vorläufer von DEATH BECOMES HER die meisten Zuschauer in der Altersgruppe zwischen zwölf und 24 Jahren hatten – ein Kreis, der sich um nichts weniger scherte als Falten und Pigmentflecken. Mit einem US-Einspiel von immerhin 58 Millionen Dollar war DEATH BECOMES HER kein Flop, blieb aber auch weit hinter den Erwartungen zurück – letztendlich war es ein teurer Praxistest für neue Computereffekte.

... nach dem Treppensturz

Bruces Brutzelbude

Willis, der bei DEATH mal wieder auf eine Gewinnbeteiligung gesetzt hatte, konnte wohl auch der Gedanke nicht wirklich trösten, daß er, egal wie volatil seine Karriere auch war, zur Not immer noch Hamburger und Fritten verkaufen könnte. Denn im Herbst 1991 stellten Keith Barish und Robert Earl ihre Restaurantkette *Planet Hollywood* vor, die dem Konzept der *Hard Rock Cafés* nachempfunden war und für die die Entrepreneurs die Hollywoodstars Sylvester Stallone, Arnold Schwarzenegger, Demi Moore und Willis (ursprünglich waren auch Whoopi Goldberg [74] und Regisseur John Hughes [75] beteiligt) als Teilhaber gewannen. Es war ein Geben und Nehmen: Unternehmensbeteiligungen gegen garantierten PR-Rummel durch Star-Publicity. Der Szenenbildner Anton Furst, dessen bekannteste Arbeit bis dahin Tim Burtons BATMAN (1989) war, entwarf das Design, dessen Umsetzung allein für die New Yorker Keimzelle der Kette acht Millionen Dollar verschlungen haben soll. [76]

Das Rezept ging auf: Die Eröffnung des ersten *Planet Hollywood*-Restaurants in New Yorks 57. Straße löste wie auch später das Opening in Los Angeles eine wahre Massenhysterie aus und forderte Großeinsatz von Polizei und Sicherheitskräften. Die Teilnahme der Stars an den Einweihungen garantierte stets eine begeisterte Menschenmasse und die Aufmerksamkeit der Klatschjournalisten, die eifrig notierten, ob, zum Beispiel, Demi Moore ein *temporary tattoo* mit dem Firmenlogo auf der Schulter oder ein Kleid in den Unternehmensfarben trug. Bei der Eröffnung des Lokals am Rodeo Drive waren Memorabilia sogar nicht nur an den Wänden, sondern auch an Moore zu bewundern, denn sie hatte sich das Kleid, das Rita Hayworth in der Tanzszene von GILDA (1946; R: Charles Vidor) trug, ausgeliehen.

Lange Zeit boomte das Geschäft mit der Mischung aus Restaurant, Amüsierpark, Museum, Souvenir-Shop, Vorführraum, VIP-Lounge und vermieteten Büroräumen. 1991 träumten die Betreiber noch bescheiden von einem halben Dutzend »Sequels« ihres New Yorker Erstlingswerks; für 1996 planten sie 51 Restaurants in 16 Ländern; 1999 gab es bereits 95 *Planets* in 31 Ländern. Doch im Mai 1999 mußte die Kette verkünden, sie stecke in akuten Finanznöten, nachdem eine am 1. April fällige Zinszahlung von 15 Millionen Dollar nicht termingerecht geleistet werden konnte. Finanzielle Probleme habe *Planet Hollywood* aber vorwiegend in den USA, hieß es, da dort die Konkurrenz in der Themengastronomie stärker sei als in Europa, während das Geschäft in Deutschland an allen drei Standorten in Berlin, München und Oberhausen floriere.

Im April 1996 war das Unternehmen an die Börse gegangen. Der Ausgabekurs hatte bei knapp 30 Dollar pro Aktie gelegen. 1998 betrug der Höchstwert 10 Dollar, nach der Mitteilung über

Zahlungsprobleme im April 1999 lag der Aktienkurs an der Wall-
street bei 81 Cents [77].

Tödliches Kassengift

Demi Moores Karriere explodierte 1992 mit A FEW GOOD
MEN (Eine Frage der Ehre; 1991; R: Rob Reiner) und IN-
DECENT PROPOSAL (Ein unmoralisches Angebot; 1992; R: Adrian
Lyne), und nachdem sie im August 1991 nackt und hochschwanger
auf dem Cover von *Vanity Fair* posiert hatte, sorgte sie nun mit
einem weiteren Coup für Schlagzeilen, als sie sich erneut nackt,
aber diesmal mit einem als Bodypainting auf den Körper gemalten

Einsamer Wolf: Tom Hardy tröstet
sich mit einem Glas Whiskey

Anzug für das Titelblatt ablichten ließ. Währenddessen hatte Bruce
mit etwas zu kämpfen, das ihm schon lange nicht mehr passiert war:
Er saß zu Hause und hatte nichts zu tun. Und das in Hollywood, wo
ein Schauspieler immer nur als so gut gilt wie sein letzter Film.
Schließlich entschied er sich als nächstes Projekt für den Actionfilm
Three River, der später in STRIKING DISTANCE umgetitelt wurde.
Es war ein Film nach altbewährtem Rezept: viel Action, jede Menge
Spannung und Bruce mal wieder als aufrechter und mißverstande-
ner einsamer Wolf. Diesmal als irisch-stämmiger Polizist Tom
Hardy, der sich über seiner sturen und dickköpfigen Loyalität mit
Freunden wie Familie zerstreitet. Auch auf der betriebswirtschaft-
lichen Seite keine Überraschungen: Als einziger zugkräftiger Name
strich Willis eine fürstliche Gage (acht Millionen Dollar) ein, dafür
lag die ganze mentale Last, ob Erfolg oder Mißerfolg, allein auf
seinen breiten Schultern. *Same procedure as every year.* Zwei Details durchbrachen jedoch die Routine: STRIKING DISTANCE ver-
sammelte mit Tom Sizemore, Dennis Farina und Sarah Jessica
Parker ein wahres Highflyer-Cast an Nebendarstellern; und es war
so etwas wie vorauseilende Genialität, Hardys Vater mit John
Mahoney (wie auch Farina ein Star aus Michael Manns Neo(n)-

Hoher Trashfaktor: Willis ...

noir-Krimiserie *Chicago Story)* zu besetzen. Er sollte später noch andere Polizisten mit einer solchen Natürlichkeit verkörpern, als hätte er sich selbst vom Streifendienst hochgedient, etwa als ständig grummelnder Pensionär in der Sitcom *Frasier*. Allerdings konnte die geballte Ladung Talent und Coolness über den antizipierbaren und daher schrecklich öden Story-Mischmasch nicht hinweghelfen. Und Produzent war ausnahmsweise nicht Bruces Buddy Joel Silver, sondern Arnon Milchan. Dessen Beteiligung gab letztendlich auch den Ausschlag für Willis' Zusage. Als Produzent von BRAZIL (1984; R: Terry Gilliam), THE KING OF COMEDY (1982; R: Martin Scorsese) und ONCE UPON A TIME IN AMERICA (Es war einmal in Amerika; 1984; R: Sergio Leone) hatte er bereits sein Scherflein zur Filmgeschichte beigetragen, als ihm mit PRETTY WOMAN (1989; R: Garry Marshall) einer der erfolgreichsten Filme aller Zeiten gelang. Glücklich wurde Willis mit dem kruden Serial-Killer-Flick dennoch nicht, außer daß er ihm noch mal den Glauben an seine Star-Power zurückbrachte, als der Streifen bis an die Spitze der US-Kinocharts schoß.

Auch an seinen nächsten Filmen hatte Willis keine rechte Freude, obwohl er für COLOR OF NIGHT alles zu geben bereit war – sogar *full-frontal nudity*. *Executive producer* war erneut nicht Joel Silver, dafür ein anderer Big Player in der *big-bucks-no-brains*-Liga Hollywoods: Cinergi-Chef Andrew Vajna, auf dessen Konto unter anderem FIRST BLOOD (Rambo; 1982; R: Ted Kotcheff), RED HEAT (1988; R: Walter Hill), ANGEL HEART (1987; R: Alan Parker) und TOTAL RECALL (Total Recall – Die totale Erinnerung; 1990; R: Paul Verhoeven) gingen, und der später auch DIE HARD WITH A VENGEANCE produzierte.

Willis spielte nicht nur die Hauptrolle, einen New Yorker Psychotherapeuten, der nach dem Selbstmord einer Patientin farbenblind wird (was indes im Verlauf der weiteren Handlung kein Rolle mehr spielt) und in Los Angeles statt Ruhe und Abstand zu finden

... mit Jane March in
COLOR OF NIGHT

in eine Mordserie verwickelt wird, sondern er engagierte sich mit seiner Produktionsfirma Flying Heart auch finanziell. Zwei enge Vertraute, sein Bruder David und Flying-Heart-Präsident Carmine Zozzora (der 1985 als Produktionsassistent bei MOONLIGHTING begonnen hatte), nahmen als Co-Produzenten des Films, bei dem Cinergi Productions den Großteil des Risikos trug, seine Interessen wahr.

Es wurde wieder ein Flop. Dabei hatte sich anfangs alles so vielversprechend angehört: ein Hardcore-Action-Thriller mit ein paar knackigen Sexszenen, einer undurchschaubaren Schönheit, der der Held wider besseres Wissen verfällt, unübersehbaren Anleihen bei Alfred Hitchcocks VERTIGO (VERTIGO – AUS DEM REICH DER TOTEN; 1958) und ein paar prickelnden Lesbenspielchen. Na, klingelt da irgendwas? Vajnas früherer Geschäftspartner bei Carolco, Mario Kassar, hatte drei Jahre zuvor Paul Verhoevens BASIC INSTINCT produziert. What a surprise ...

Nicht nur die junge Britin Jane March fühlte sich in ihrer zweiten Filmrolle angesichts des Endprodukts (bei dem die US-Zensoren zudem Bruces allzu provokanten Körpereinsatz radikal runterschnippelten) um ihr Engagement und ihre Hoffnungen enttäuscht. Dabei tauchte in jenem Jahr kein anderer Film so oft in der amerikanischen Presse auf, bevor er überhaupt gestartet war. Ein wenig ahnt man noch die existentialistische Gesellschaftskritik im Gewand eines Krimis, die Regisseur Richard Rush in seinem ersten Film seit 14 Jahren vorgeschwebt haben mag. Doch nicht nur, weil er wegen eines Herzinfarkts für Nachaufnahmen durch George Pan Cosmatos ersetzt werden mußte und der Film mal wieder bis zur letzten Minute umgeschnitten wurde, und weil Regisseur und Produzent miteinander im Clinch lagen, offenbart sich das Endprodukt als ganz großer Nippes: eine zerfaserte Story, die sich nicht mit solchen Nebensächlichkeiten wie Logik aufhält und unentschlossen zwischen psychologischem Hörigkeitsdrama und ganz offen speku-

Konkurrenz für die *Teletubbies*: ...

lativem Krach-Bang-Boom schwankt, ganz gleich, welche der zahlreichen unterschiedlichen Fassungen, die schließlich veröffentlicht wurden, man nun betrachtet. Natürlich ist so ein absolut gescheiterter Film in letzter Konsequenz meist unterhaltsamer als so manch halb-gelungener, doch COLOR OF NIGHT schaffte es nicht einmal auf die All-Time-Bestenliste des größten Trashs, obwohl er doch alle Ingredienzen eines Camp-Klassikers aufweist. Selbst daß der Verleih in Deutschland, wo der Film in einer gegenüber der US-Fassung um 19 Minuten längeren Version ins Kino kam, in Anspielung auf Bruces bestes Stück, das für ein paar Millisekunden beim Sex im Pool aufblitzt, doppeldeutig mit der Anspielung warb »Bei uns in voller Länge«, provozierte allenfalls süffisante Kommentare: »... was wir im Sinne von Willis' Gattin Demi Moore nicht hoffen wollen.« [78] Oder: »Wie Hitchcock sagen würde, es ist nur ein Film – aber einer, den er nicht gemacht hätte.« [79]

Für Bruce aber sollte es noch dicker kommen. Wie freute er sich, als Regisseur Rob Reiner, der Demi Moore mit A FEW GOOD MEN gerade zum großen Durchbruch verholfen hatte, ihm eine Rolle in seiner Verfilmung von Alan Zweibels Roman *North* anbot. Doch letztendlich haben so wenige Leute diese überdrehte und überhitzte Komödie überhaupt gesehen, daß die meisten aufgrund der verwirrenden Rollenbezeichnung *narrator* und seiner späten Vorspann-Nennung vermuten, Willis habe hier nur einen kleinen, vielleicht sogar nur Voice-Over-Part inne. Tatsächlich jedoch spielt er an der Seite von Elijah Wood, der den jungen Titelhelden gibt, die zweite Hauptrolle.

North ist ein hochbegabter Schüler, ein olympiaverdächtiger Sportstar und gefeierter Shakespeare-Darsteller bei Schulaufführungen, doch bei all dem Erfolg ist er bodenständig und sympathisch geblieben, kurz: ein echter Wonneproppen. Doch seine Eltern scheinen das Glück, einen solchen Goldjungen zum Sohn zu haben, nicht zu schätzen. Beim Abendessen rekapitulieren sie mit lautem Geschnatter ihren jeweiligen Arbeitstag und beachten North nicht einen Augenblick. Bis der plötzlich nach Luft ringt, schreit, umfällt und sich kratzt (»und das liegt nicht am neuen Waschpulver«). North hat eine Elternallergie entwickelt. Und zum allerersten Mal in seinem Leben ein echtes Problem. »Natürlich waren andere Jungs in seinem Alter schon weiter, hatten schon einen Ferrari oder eine Freundin«, belehrt uns naseweis der Off-

Erzähler, um North und uns dann mit Sprüchen, die in ihrer Albernheit und Durchgeknalltheit fatal an HUDSON HAWK erinnern, zu trösten: »Kein Grund, den Kopf hängen zu lassen. Hatte damals in Boston nicht Arnold Schwarzenegger dieselben Schwierigkeiten gehabt? Eindeutig nein, denn er stammte aus Tirol. Und Stallone, der Sylvester heißt, obwohl er im Mai geboren wurde, dem ging's in Norths Alter noch schlechter. Er war einen Kopf kürzer und guckte kaum über den Rinnstein. [...] Und so lernten wir uns kennen.« Denn North sucht Trost und Abgeschiedenheit in dem Möbelgeschäft einer Shopping Mall, wo sich Bruce Willis, von Kopf bis Fuß in ein rosa Osterhasen-Plüschkostüm gekleidet, mit dem er den *Teletubbies* Konkurrenz machen könnte, neben ihn setzt und an einer Möhre mümmelt (»Bin pleite. Der letzte Strunk bis zum nächsten Ersten.«). Der taffe Super-Action-Baller-Macho als lebensgroßes, tapsiges Duracell-Bunny mit weißem Puschelschwänzchen, das hat doch was!

Mit Hilfe eines schmierigen Anwalts setzt North tatsächlich vor Gericht durch, daß er sich neue Eltern suchen darf, und schon flattern dem Mustersohn die ersten Angebote ins Haus, aus Texas, Hawaii, Alaska, einer Amish-Gemeinde, China, Zaire und Frankreich. Doch wo immer er auch auf Suche geht, stets begegnet er seinem Schutzengel. Das Hasenkostüm hat er dabei zwar gegen ein dem entsprechenden Anlaß angemesseneres Outfit getauscht, aber seine Sprüche sind so kryptisch cool wie stets, sei es nun als schießfertiger Cowboy, Münzsucher am Pazifikstrand oder Stand-up Comedian mit rosa Rüschenhemd unterm bordeauxfarbenen Anzug. Einerseits spürt man förm-

... Willis in NORTH

lich, mit welch kindlich-naiver Freude sich Bruce wohl in all die verschiedenen Verkleidungen gestürzt hat, ähnlich enthusiastisch, wie er sechs Jahre zuvor in THE RETURN OF BRUNO im Schnelldurchgang alle Posen der Musikgeschichte, vom rebellischen Rockabilly über den R'n'B-Star und abgedrifteten Flower-Power-Hippie zum coolen New-Wave-Sänger, durchspielte. Andererseits übertünchen solch starken Effekte natürlich jede leise Regung, und als hätte er ohnehin Angst vorm Chargieren gehabt, gibt Willis jede Figur mit demselben unbeweglichen Gesicht. Wenn der Vorwurf seines förmlich eingefrorenen Grinsens überhaupt jemals seine Berechtigung hatte, dann allein und ausgerechnet in dieser entgegen ihres Titels richtungslosen Komödie.

Butch Coolidge in PULP FICTION

Obwohl North also eben nicht allein zu Haus war, sondern im Gegenteil auf seiner Suche nach den perfekten Adoptiveltern durch die große weite Welt reiste, versucht der Film offensichtlich, an den Erfolg der John-Hughes-Produktion HOME ALONE (Kevin – Allein zu Haus; 1990; R: Chris Columbus) anzuknüpfen. Doch trotz einer hochkarätigen Besetzung mit versierten Comedy-Routiniers (wie den *Seinfeld*-Stars Jason Alexander, der als Norths Vater als Hosenzwickel-Tester arbeitet, und Julia Louis-Dreyfus als Norths Mutter; in einer weiteren Rolle tritt Alan Rachins auf, dessen unterspielter Humor uns schon in der Anwaltsserie *L.A. Law* entzückte), will der Funke nicht so recht überspringen. Das liegt wieder mal zuletzt an Willis, sondern vielmehr an der konsekutiven Aufzählung der Ereignisse. Und dann und dann und dann – gähn! Auch die ach so locker-flockigen Sprüche erreichen erschreckend hohe Werte auf der nach oben offenen Albernheiten-Skala; insofern trifft Willis eben doch Schuld, sich nach HUDSON HAWK so unbeirrt noch einmal an einen ähnlichen Stoff gewagt zu haben. Daß in der Verbindung Reiner-Willis irgendwie der Wurm steckt, offenbarte sich fünf Jahre später, als die beiden, diesmal sogar unterstützt von *belle* Michelle Pfeiffer, mit dem gezeterlichen THE STORY OF US erneut danebenlangten.

Doch ein Retter nahte. Er ritt auf keinem strahlenden Schimmel, sondern fuhr einen schweren Chopper, und statt einer glänzenden Ritterrüstung trug er Jeans und Lederjacke. Er hieß Butch Coolidge und war einer der Helden in Quentin Tarantinos ikonoklastischem Kultfilm PULP FICTION, der mit einem Budget von acht Millionen Dollar (das nicht um einen einzigen Cent überzogen wurde) insgesamt genau soviel kostete wie bei anderen Filmen Bruces schlichte Anwesenheit allein.

Erlösung durch Schund

Bei seiner Premiere wurde PULP FICTION als fulminantes Comeback von John Travolta, dem früheren *King of Pop*, gefeiert, dabei hatte Bruce Willis eine Restaurierung seiner Popularität fast genauso nötig. Als Quentin Tarantinos Hommage an die grellen Schundheftchen der dreißiger Jahre beim Filmfestival in Cannes 1994 Werke wie LA REINE MARGOT (Die Bartholomäusnacht; 1994; R: Patrice Chéreau) oder MRS. PARKER AND HER VICIOUS CIRCLE (Mrs. Parker und ihr lasterhafter Kreis; 1994; R: Alan Rudolph) beim Wettstreit um die *Goldene Palme* ausstach, kam es auf einer parallel dazu abgehaltenen Pressekonferenz zu NORTH und COLOR OF NIGHT zum Eklat, als eine US-Journalistin Willis mit der Frage düpierte: »Don't you feel awful guilty after a while, taking money for making shit like this?«

Nicht zuletzt durch eine aggressive PR-Kampagne der amerikanischen Produktions- und Verleihfirma Miramax avancierte Quentin Tarantinos raffiniertes Manifest einer neuen proletarischen Coolness (zur selben Zeit, als die *lad culture*, die Selbstbeweihräucherung ganzer Kerle, die ebenso trinkfest wie sportfanatisch sind, in Großbritannien zum Hype geriet) zum Kult. Für Willis aber bedeutete die Rolle von Butch Coolidge nicht nur einen Befreiungsschlag, weil er als Boxer mit sentimentalen Anwandlungen sein Image des Macho-Proll-Hau-drauf-Helden genüßlich unterspielen konnte, sondern er kapitulierte auch im ewigen Kampf gegen einen stetig im Rückzug begriffenen Haaransatz, indem er seine Frisur radikal stutzte. Wenn Bruce Willis seinen Kopf auch noch nicht so spektakulär rasierte wie später für TWELVE MONKEYS, untermauerten doch ausgerechnet die lichten Stellen seine Credibility als heroische Leinwandikone. Schluß mit den divenhaften Kämm- und Kaschierversuchen! Stattdessen signalisierte sein markanter Schädel fortan kraftstrotzende Virilität. Testosteron pur. Dem vielbeschworenen, für Willis' Karriere so wichtigen Authentizitätsanspruch tat der Mut zur Halb- oder Viertelglatze keinen Abbruch, im Gegenteil.

Vermutungen kamen auf, bei der Besetzung von PULP FICTION habe wieder mal Überagent Arnold Rifkin seine Hände im Spiel gehabt, ja, die ganze Besetzung sei ein Paket-Coup seiner *William Morris Agency*, zu deren Klienten neben Willis auch Tarantino, Travolta und Harvey Keitel zählten. Doch Tarantino insistierte darauf, das Cast höchstpersönlich und handverlesen ausgewählt zu haben. Neben Travolta war bereits auch Keitel,

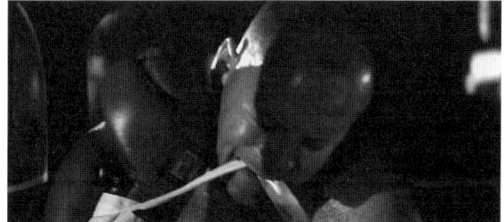

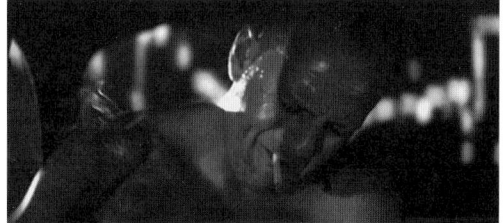
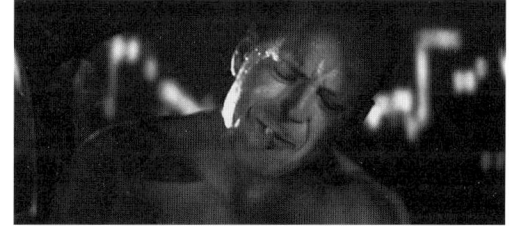

Befreiungsschlag: Butch nach dem für seinen Gegner tödlichen Boxkampf (mit Angela Jones)

Comeback für zwei:
Willis mit John Travolta

der Tarantinos Regiedebüt RESERVOIR DOGS (Reservoir Dogs –
Wilde Hunde; 1992) als Hauptdarsteller und Produzent mit auf
den Weg gebracht hatte, besetzt, als Tarantino nach dem Darsteller
des Butch suchte. Ursprünglich hatte ihm beim Drehbuchschreiben
Matt Dillon in dieser Rolle vorgeschwebt. Daß sie schließlich doch
an Willis ging, war eine Folge unkonventioneller Nachbarschaftshil-
fe. Keitel, der nur drei Häuser weiter am Malibu Beach wohnte,
holte wie so oft seine Tochter vom Spielen mit Willis' ältestem
Mädchen Rumer ab, als Bruce ihm gestand, wie sehr er darauf
brenne, in dem Film mitzuwirken. Am liebsten wäre er Vincent
Vega, wenn der Part nicht leider schon an Travolta vergeben gewesen wäre. Keitel ließ ihm das Script zukommen und lud ihn für den
nächsten Tag zu einem Barbecue in seinem Garten ein, bei dem
auch Tarantino Gast war. Die beiden waren sich zuvor noch nie
begegnet, doch an diesem schönen Sonntagnachmittag im Juli 1993
wußte Tarantino auf Anhieb, daß er »seinen« Butch gefunden hatte
– falls der bereit wäre, für 1.685 Dollar in der Woche zu arbeiten
und sich darüber klar war, daß es eine Sonderbehandlung für Stars
bei ihm nicht geben würde. »Fine with me«, lautete Willis Antwort.

16 Drehtage absolvierte er für PULP FICTION im folgenden
Herbst – nicht viel, aber genug, um die Flops COLOR OF NIGHT
und NORTH mehr als auszumerzen und in Tarantinos Episode von
FOUR ROOMS, *The Man From Hollywood*, ganz ohne jeglichen
Credit mitzuwirken. *A star was born again.* In Interviews zu DIE
HARD WITH A VENGEANCE erzählte Willis sogar, Tarantino arbeite
an einer Idee zu *Die Hard 4*.

More acting, less action – noch hatte Willis sein Glaubensbe-
kenntnis, das er nach THE SIXTH SENSE ablegen würde, nicht zur
Maxime erhoben, zumal sich ein dritter Teil der DIE HARD-Serie
abzeichnete. Aber wie sehnlichst er sich Reputation auch als Charakterdarsteller wünschte, offenbarte sich, als er neben Paul Newman, Jessica Tandy und Melanie Griffith in Robert Bentons NO-
BODY'S FOOL, einem der wenigen echten Ensemblefilme in seiner
Karriere, mitwirkte. Willis schien es, als habe er endlich Fesseln
abstreifen können: »Ich spielte diesen Kerl, der die Kontrolle über
sich verloren hatte. Er war ein wenig durchgedreht, ging wahr-

scheinlich durch eine Midlife-Crisis. Daher gab es für mich nicht allzu viele Regeln. Wenn du Helden spielst, mußt du einem bestimmten Code gehorchen. Aber wenn du jemanden verkörperst, der jenseits von Gut und Böse ist, kannst du dich richtig austoben, ohne daß sich jemand beschwert.« [80]

Dabei unterscheidet sich Willis' großspuriger Kleinstadt-Baulöwe mit seinem stolz zur Schau getragenen Selfmade-Man-Background gar nicht mal so sehr von seinen sonst üblichen Figuren. Relevanter ist, daß Willis dem Hauptdarsteller Newman nicht nur die Publikumssympathie, sondern auch buchstäblich das letzte Wort überließ. So verneigt sich der Actionstar, der inzwischen einen viel größeren Massenappeal besitzt, vor der Kino-Ikone (»he is like God to me« [81]) – zwölf Jahre, nachdem er, damals noch ein Mundharmonika-spielender Barkeeper in New York, eine Statistenrolle in dem Newman-Film THE VERDICT gespielt hatte.

Ensemblespiel: Willis, Paul Newman und Melanie Griffith (drittes Foto) in NOBODY'S FOOL

Aller guten Dinge ...

Daß es so lange dauerte, bis mit DIE HARD WITH A VENGEANCE der dritte Teil der DIE HARD-Saga entstand, lag schlicht daran, daß man mit den ersten beiden Filmen den besten *pitch* der neunziger Jahre geliefert hatte. Die Konkurrenz hatte bereits alle brauchbaren Szenarien für den taffen, im Grunde unwilligen Einzelkämpfer in einer fest umrissenen *location* besetzt. *Mr. Average Guy* gegen Geiselgangster – das gab es inzwischen in der Variante »Die hard on a ship« (UNDER SIEGE [Alarmstufe: Rot; 1992; R: Andrew Davis]) [82], »Die hard on a plane« (PASSENGER 57 [Passagier 57; 1992; R: Kevin Hooks]) und sogar in einer *She-Rebell*-Version (als »Die hard in a boat« in THE RIVER WILD [Am wilden Fluß; 1994; R: Curtis Hanson]). Zudem war bereits Sylvester Stallones CLIFFHANGER (Cliffhanger – Nur die Starken überleben; 1993; R: Renny Harlin) als »Die hard on a mountain« angekündigt, ganz zu schweigen vom Megaerfolg SPEED (1994), die »Die hard in einem Bus«-Spielart. You can't beat the real thing? Regie bei dem Spektakel hatte Jan de Bont geführt, der als Kameramann von DIE HARD dem damaligen Regisseur John McTiernan offensichtlich sehr genau über die Schulter geschaut hatte – nicht wenige halten seinen Film für ein gelungeneres, weil in seiner Simplizität eleganteres Sequel von DIE HARD als McTiernans echte Fortsetzung. 1995 schrieb Joss Whedon zudem an einer Filmstory mit dem Titel *Suspension*, in der Terroristen die George Washington Bridge in New York besetzen, und der Produzent Gary Goldman entwickelte einen Film namens *Maelstrom*, der als »DIE HARD während eines Hurrikans« kursierte. »Es ist soweit gekommen, daß die bald ›DIE HARD in 'nem Deli‹ produzieren werden«, kommentierte Stephen E. De Souza, der als Drehbuchautor am Erfolg der ersten beiden DIE HARD-Filme maßgeblich beteiligt war, das Treiben der Nachahmungstäter [83]. Bloß John McClane mußte fünf Jahre auf seinen nächsten Einsatz warten. Denn eine Fortsetzung für das Original zu ersinnen war naturgemäß schwieriger, als ein *rip off* rauszuschleudern, zumal das Überraschungsmoment ausgereizt war: Bruce Willis konnte noch so abgehalftert und »normalo« daherkommen, das Publikum würde von der ersten Sekunde an wissen, daß er den – obskurerweise immer noch Terroristen genannten – Gangstern gehörig einheizen würde. So kämpften sich die DIE HARD-Produzenten Joel Silver und Larry Gordon jahrelang durch unbrauchbare Plot-Ideen, bis sie endlich mit *Troubleshooter* eine dem Kultformat und seinem Star angemessene und dabei originelle Story gefunden zu haben glaubten – zumindest so lange, bis ihnen die Produktionsankündigung von UNDER SIEGE allen Wind aus den Segeln nahm. Denn der *pitch* von James Haggins Script lautete »DIE HARD auf einem Kreuzfahrtschiff«. Daß sich das ehemals so erfolgreiche Triumvirat zerstritten hatte – Silver und Willis über den HUDSON

HAWK-Flop, Silver und Gordon darüber, daß Silver Willis dazu überredet hatte, lieber in seiner Produktion THE LAST BOY SCOUT zu spielen statt in Gordons »Baby« *The Ticking Man* –, machte die Sache auch nicht eben einfacher. Frustriert gaben Silver und Gordon schließlich auf und verkauften Andrew Vajna für 1,5 Millionen Dollar die Option, einen DIE HARD-Film zu produzieren. Der hatte unter dem Höher-Schneller-Brutaler-Wettstreit der unzähligen *copycat*-Filme nicht weniger zu leiden. Zahlreiche Storylines wurden entwickelt und wieder verworfen, darunter eine, in der McClanes Tochter mit der eines schwerreichen Industriellen verwechselt und gekidnappt wird. Auch der Regisseur und Drehbuchautor John Milius arbeitete zwischenzeitlich im Auftrag von Vajnas Cinergi, die mit der Twentieth Century Fox und Disneys Hollywood Pictures ein *co-producing venture* eingegangen war, an einem Script. Hauptsache, es war »non-nautical«. Doch erst als Vajna auf Jonathan Hensleighs Drehbuch *Simon Says* stieß, das die Fox vor einigen Jahren zum »Spottpreis« von einer Million Dollar gekauft hatte, schien das Problem gelöst. Dennoch gab es zunächst diverse weitere Verzögerungen, und erst als Willis mit PULP FICTION wie ein Phoenix aus der Asche gestiegen war und wieder das Etikett eines

In Bedrängnis: John McClane mit Zeus (Samuel L. Jackson) in DIE HARD WITH A VENGEANCE

Vertrautes Action-Terrain: ...

... Willis und Jackson unterwegs zum Bombenentschärfen

Kassenmagneten trug, war die Fox bereit, das 90-Millionen-Dollar-Budget abzuzeichnen.

Wie bereits die Romane *Nothing Lasts Forever* von Roderick Thorp [84] und *58 Minutes* von Walter Wager [85], die als Vorlage für DIE HARD beziehungsweise DIE HARD 2 dienten, mußte auch *Simon Says* noch stark umgeschrieben werden. In der ursprünglichen Geschichte wacht der aufrechte Cop Alex Bradshaw eines Morgens auf, nur um einen Tag voller Ärger und Probleme zu durchleben. Als diabolischer Drahtzieher im Hintergrund entpuppt sich ein ehemaliges Nachbarskind, dem Bradshaw als Zehnjähriger etwas angetan hatte, das in eine Familientragödie mündete. Der Polizist hat den Vorfall längst erfolgreich verdrängt. Doch nun, 30 Jahre später, ist der Junge von damals in sein Leben zurückgekehrt, um schreckliche Rache zu nehmen ... Ein dunkler Fleck auf John McClanes weißer Weste? Auf seiner Kleidung selbstverständlich, aber auch im übertragenen Sinne? No way! Außerdem wurde mit dem Raub internationaler Goldreserven aus der *Federal Reserve Bank* in New Yorks Financial District die psychologisch zu diffizile Vergeltungsstory zu einem – für die Reihe typischeren – *caper movie* glattgeschliffen.

Obwohl er nach DIE HARD 2 verkündet hatte, nie mehr ins verschwitzte Unterhemd von John McClane schlüpfen zu wollen, fühlte sich Bruce Willis auf sicherem Action-Terrain ausgesprochen wohl, nicht zuletzt, weil er seit den Dreharbeiten zum ersten Teil vor sieben Jahren mit Hochachtung von Regisseur John McTiernan, der auch den dritten Teil inszenierte, schwärmte: »Ich mag, daß er einen Film bereits in seinem Kopf gedreht hat, bevor er am Set erscheint. Er weiß daher schon vor dem Drehen sehr genau, was er will. Er hat alles vor seinem inneren Auge bereits gesehen und ist sehr gut vorbereitet. Mehr als jeder andere, mit dem ich zusammengearbeitet habe, nutzt John die Kamera, um die Geschichte zu erzählen; die Kamera wird bei ihm zu einer weiteren Filmfigur.« [86]

Gutgelaunt erzählte er in der *Late Show* von David Letterman, wie er bei einer Raftingtour mit seinem Boot gekentert und gegen einen Felsen geschleudert worden sei: In seiner Angst, zerschmettert zu werden, richtete Willis ein Stoßgebet zum Himmel, niemals mehr einen Unsinn wie HUDSON HAWK oder LOOK WHO'S TALKING zu verbrechen, sollte der liebe Gott ihn diesmal verschonen. Und siehe da, er konnte sich tatsächlich ans Ufer retten. Dort lag er nun, völlig ausgepumpt, als ihm bewußt wurde, daß er die DIE HARD-Filme glücklicherweise von dem Versprechen ausgenommen hatte. Weniger frohgemut war indes Laurence Fishburne zumute. Der Schauspieler verklagte Vajnas Firma Cinergi Pictures, da man ihm die Rolle des Zeus fest zugesagt habe. Willis sollte als Zeuge aussagen, da er bei der mündlichen Vereinbarung anwesend gewesen sein soll, doch konnte Bruce sich der Zustellung der gerichtlichen Vorladung lange Zeit entziehen (ein Gerichtsdiener, der ihm das amtliche Dokument auf seiner Ranch in Hailey, Idaho, überbringen wollte, fühlte sich sogar von seinen Bodyguards bedroht [87]). Schließlich erwischte ihn ein Zusteller dann doch, als er Demi Moore in Los Angeles zu der Premiere ihres HBO-Films IF THESE WALLS COULD TALK (Haus der stummen Schreie; 1996; R: Cher, Nancy Savoca) begleitete.

Gar nicht zum Lachen war auch den Studiobossen, als die Wirklichkeit ihre pyrotechnische Materialschlacht einholte und kurz vor dem geplanten Kinostart der Bombenanschlag von Oklahoma City die amerikanische Nation erschütterte. Tatsächlich wurden in quasi letzter Minute Szenen nachgedreht, nach Aussage von John McTiernan jedoch lediglich Nahaufnahmen von Bruce Willis. »Es stimmt allerdings, daß es wegen Oklahoma zunächst einige Bedenken gab, [...] aber ich fand,

Von der Wirklichkeit eingeholt: »Terror« in DIE HARD WITH A VENGEANCE

daß, wer den Film gesehen hat, kaum Zusammenhänge mit Oklahoma herstellen wird. [...] Es gibt diese Elemente [Terrorismus, Bomben]. Allerdings nicht real, sondern nur als abstrakte Repräsentation des Horrors, der täglich in den Zeitungen steht. Alles passiert in einer Phantasie-Welt – so schafft man eine Umgebung, in der man Action genießen kann. So wird es zum Unterhaltungsfilm.« [88] Die Idee fruchtete. Das Stück Popcorn-Kino in bester Joel-Silver-Tradition spielte weltweit über 345 Millionen Dollar ein und wurde damit zur bis dato erfolgreichsten Bruce-Willis-Eskapade.

Monkey Business

Spätestens mit DIE HARD WITH A VENGEANCE war Bruce Willis *back in business*. Doch ausgerechnet sein so eindrucksvoll demonstrierter Star- (und Sex-)Appeal behagte seinem nächsten Regisseur gar nicht. Nicht, daß Terry Gilliam irgendwelche Animositäten gegen Willis hegte, im Gegenteil, er fand ihn sogar ausgesprochen sympathisch, als die beiden in der Casting-Phase von Gilliams THE FISHER KING (König der Fischer; 1991) kurz miteinander zu tun hatten. Aber Willis stehe ganz einfach für ein anderes Kino als seines, erklärte Gilliam, er mache »commercial movies« [89]. Doch wehren konnte sich der Ex-*Monty Python* gegen Willis' Besetzung in TWELVE MONKEYS ebenso wenig wie gegen die von *boy wonder* Brad Pitt, dem er anfangs vielleicht sogar noch skeptischer gegenüberstand. Freilich hatte Gilliam die Regie des Universal-Projekts, wie er freimütig bekannte, ohnehin in erster Linie angenommen, weil ihm zu der Zeit sonst nichts Akzeptables angeboten worden war, »außerdem bin ich ein großer Bewunderer des

Willis mit Madeleine Stowe
in TWELVE MONKEYS

Terry Gilliam während der Dreharbeiten zu TWELVE MONKEYS

Autors David Peoples. Ich konnte den Film nicht ablehnen, seine
unglaubliche Komplexität war eine Herausforderung.« [90]

Gut zehn Jahre vorher hatte Gilliam, einer der letzten Holly-
wood-Mavericks, mit demselben Studio einen erbitterten Kampf
um seinen Film BRAZIL (1985) ausgefochten. Universal weigerte
sich damals, die Orwellsche Zukunftsphantasie auf den Markt zu
bringen, wenn er den Film nicht um 40 Minuten kürzen und mit
einem anderen, weniger depressiven Ende versehen würde. Doch
Gilliam blieb hart. Er organisierte eine geheime Pressevorführung,
und die *Los Angeles Film Critics Society* zeichnete BRAZIL als Besten Film des Jahres aus und kürte den Filmemacher zum Besten
Regisseur – obwohl der Streifen offiziell noch gar nicht in den Kinos
angelaufen war. In seinem Vertrag zu TWELVE MONKEYS ließ
Gilliam sich daher diesmal die Entscheidung über das Ende des
Films zusichern, im Gegenzug mußte er dem Studio Freiheit bei
der Besetzung zugestehen.

Bruce Willis flog nach New York, um den Regisseur davon zu
überzeugen, daß er der Richtige für die Rolle des *time travellers*
James Cole sei. »Wenn es etwas gab, das mich für ihn einnahm«, so
Gilliam, »dann eine Szene in DIE HARD, in der er Glasscherben aus
seinen nackten Füßen zieht. Als er mit seiner Frau telefoniert,
beginnt er zu weinen – er ist ein echter Macho, aber er offenbart
dabei eine große Verletzlichkeit.« [91]

Willis bekam den Job, und wie auch Pitt verzichtete er auf seine
normale Gage – die Verpflichtung allein dieser beiden Stars hätte
sonst das Budget von 28 Millionen Dollar gesprengt. Für Willis
stellte Gilliam drei Regeln auf: »No smirking, no steely-eyes business and you can't do that little moue.« [92]

Gilliam hatte seine beiden männlichen Hauptdarsteller (neben
Madeleine Stowe) offensichtlich unterschätzt. Sowohl Pitt als auch
Willis spielen sich förmlich die Seele aus dem Leib, ohne je ins
Chargieren zu verfallen. Als James Cole präsentiert Willis sich

kahlgeschoren und verdreckt, nackt und verletzt. Mit kleinen, zarten, verlorenen Gesten entfaltet er eine schier atemberaubende Präsenz und verkörpert »einen 40jährigen Mann, der – durch die Zeitreise in die Vergangenheit – das Herz und das Bewußtsein eines Neunjährigen hat« [93]. Mit diesem zurückgenommenen Spiel ging Willis ein hohes Risiko ein, nicht so sehr das, an sich selbst zu scheitern, sondern vielmehr, von dem agilen Tierschützer und Psychopathen Brad Pitt mit seinen Tics, seinem Stottern, Zappeln und Zerren glatt an die Wand gespielt zu werden.

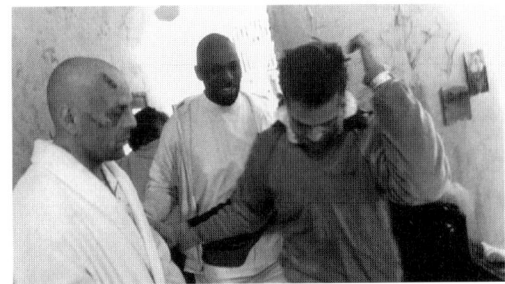

Willis war merklich stolz auf den Film. Und glücklich über die Chance, beweisen zu können, daß er in seinem Rollenrepertoire mehr bietet als bloß den Blue-Collar-Macho-mit-Herz. Nach PULP FICTION und NOBODY'S FOOL hatte er innerhalb kurzer Zeit zum dritten Mal einen komplexen Helden gespielt. Aber wollte ihn Hollywood, wollten ihn seine Fans so sehen? Bisher hatte er bei aller Vielschichtigkeit der Charaktere stets das affirmative Prinzip »Eine Handvoll Hoffnung« [94] verkörpert, doch nun wollte er sich nicht länger auf einen Typ festlegen lassen. Hollywood spürte, daß etwas im Umbruch war, denn Willis war nicht der einzige Actionstar, der sich inzwischen vor allem dadurch definierte, was er eben nicht – oder nicht mehr – sein wollte. Spätestens Ende 1996 hatte die große Sinnkrise auch andere erfaßt. Insbesondere seine Freunde und Geschäftspartner Arnold Schwarzenegger und Sylvester Stallone, der als Rocky und Rambo mehr noch als Willis auf den Underdog aus der Working-Class festgelegt war, haderten mit den einst so lukrativen Klischees. Schwarzenegger hatte sich mit den Ivan-Reitman-Komödien TWINS (Zwillinge; 1988), KINDERGARTEN COP (1990) und JUNIOR (1994) schon früh ein zweites Standbein zugelegt, während Stallone, alle Altersrunzeln mißachtend, weiterhin den harten Kerl mimte, doch blieben seine Actionvehikel JUDGE DREDD (1995; R: Danny Cannon) und ASSASSINS (1995; R: Richard Donner) hinter den Erwartungen zurück. In Jump-and-Run-Spielchen à la TRUE LIES (Wahre Lügen; 1994; R: James Cameron) oder CLIFFHANGER würden sie bald jedenfalls nur noch peinlich wirken. Auch andere waren ins Grübeln geraten. Mel Gibson, obwohl

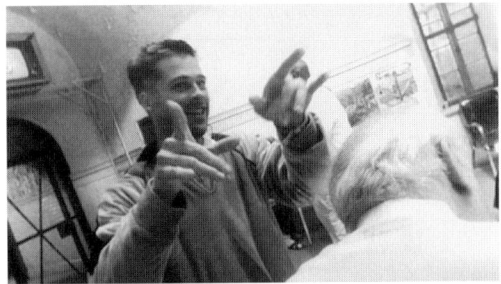

Von Gilliam unterschätzt: Seine beiden Hauptdarsteller Brad Pitt und Willis

gerade mal 41, wählte seine Actionrollen bereits mit Bedacht: In BRAVEHEART (1995; R: Mel Gibson) oder RANSOM (Kopfgeld; 1996; R: Ron Howard) gab er zwar auch die zu allem entschlossenen Helden, denen jedoch eine gewisse Reife gut zu Gesicht stand. Der schmalen Variationsbreite der ewig gleichen Muster müde, zwang das Publikum andere seiner früheren Idole per Kinoverweigerung förmlich zum Abdanken – Jean-Claude van Damme scheiterte mit MAXIMUM RISK (1996; R: Ringo Lam) und SUDDEN DEATH (1995; R: Peter Hyams) genauso wie Steven Seagal als THE GLIMMER MAN (1996; R: John Gray).

Die Junggarde Hollywoods verspürte keinen Drang, das Erbe anzutreten, und setzte auf ambivalentere Produktionen. Ein, zwei Actionstreifen dann und wann, klar, warum nicht. Aber auf ein Image als Muskelprotz festlegen lassen wollten sich die jungen Kerle nicht. Deswegen lehnte Keanu Reeves seine Rolle in SPEED 2: CRUISE CONTROL (1997; R: Jan de Bont) ab und holte sich Nicolas Cage erst mal einen *Oscar* für sein Alkoholikerportrait in LEAVING LAS VEGAS (1995; R: Mike Figgis), bevor er mit THE ROCK (1996; R: Michael Bay), CON AIR (1987; R: Simon West) und FACE/OFF (Im Körper des Feindes; 1997; R: John Woo) drei bildgewaltige Actionkracher in Folge aufs Parkett legte. Und auch Willis probte wieder mal den Ausbruch. *No more Mr. Tough Guy*, und jetzt sollte endgültig auch Schluß sein mit dem süffisanten Feixen. Willis wollte nicht länger der Schelm hinter der Fassade des coolen Fighters sein. Daß er, der Retter der Witwen und Waisen, jedoch schon in seinem übernächsten Film gleich die ganze Welt würde retten müssen, mag auch daran gelegen haben, daß, so ambitioniert seine aktuellen Projekte auch waren, sie an der Kinokasse scheiterten.

LAST MAN STANDING, ein renommiertes 70-Millionen-Dollar-Projekt für New Line Pictures, war der erste von drei Filmen, die Willis unter der Regie von Walter Hill realisieren wollte. Es sollte auch der letzte bleiben. Dabei hatten die beiden nach dem Western einen Film mit dem Titel *Icarus* geplant, bei dem Willis nicht nur die Hauptrolle spielen, sondern auch als Produzent mitwirken sollte. Die Paramount-Produktion sah ihn als einen Piloten und Vietnamveteranen, der am letzten Tag vor seiner Pensionierung ein Kampfflugzeug stiehlt, um im Gefecht zu sterben.

Vor allem in den siebziger Jahren galt Walter Hill als großer Autor und Regisseur, der der amerikanischen Seele nachspürte. Als ebenso intelligenter wie stilistisch ehrgeiziger Filmemacher, der sich mit seinen Western und Gangsterfilmen den vielleicht amerikanischsten aller Genres widmet, wurde (und wird) er von einer Kultgemeinde frenetisch verehrt. Die Plots wurden dabei stets von einem Subtext getragen und ließen sich als Variation, Zitat und Fortführung von Mythen, Legenden und Bühnen- oder Leinwandklassikern lesen. Mit THE DRIVER (1978) schuf Hill seine Hommage an die Gangster von Jean-Pierre Melville, sein STREETS OF FIRE

(Straßen in Flammen; 1983) verschmilzt Elemente eines Howard-Hawks-Western mit einem dik-
ken Touch WEST SIDE STORY (1960; R: Robert
Wise), TRESPASS (1992) markiert die großstädti-
sche Version von THE TREASURE OF THE SIERRA
MADRE (Der Schatz der Sierra Madre; 1947; R:
John Huston).

Mit LAST MAN STANDING aber lieferte er lediglich das Remake eines Remakes eines Remakes,
und, statt der bekannten Geschichte etwas wirklich Neues hinzuzufügen, versickerte sie in Redun-
danz. (Tatsächlich sollte der Film für längere Zeit
Hills letztes offizielles Werk bleiben; SUPERNOVA,
der im Januar 2000 in den US-Kinos anlief, inszenierte er unter dem Pseudonym Thomas Lee [95].)

Bruce Willis spielt in LAST MAN STANDING
den mysteriösen *drifter* John Smith, einen im Prinzip also namen- und somit identitätslosen Söldner,
der zwei verfeindete Banden gegeneinander aus-
spielt. So folgt der Film der Geschichte von Akira
Kurosawas YOJIMBO (Yojimbo – Der Leibwächter;
1960) mit Toshiro Mifune, die 1964 Sergio Leone
zu PER UN PUGNO DI DOLLARI (Für eine Handvoll
Dollar) inspirierte, jenem Film, der den Italo-
Western als Sub-Genre und Clint Eastwood als
wortkargen Star etablierte.

Indem er das Thema des Fremden-in-der-Stadt aus dem klassischen Western aufnimmt, ist Kurosawas postfeudaler Samurai-
Film indes selbst schon ein Zitat. Noch viel stärker jedoch basiert
YOJIMBO auf Dashiell Hammetts Erzählung *Red Harvest*, die 1927
erschien. Mit seiner Wahl der Zeit (um 1931) und des Ortes
(Jericho, West Texas) ist Walter Hill den Ereignissen in Hammetts Poisonville damit viel näher als den *locations* und Epochen
der Vorgängerfilme. Dennoch entschied er sich nicht für eine
direkte Adaption von Hammetts *hardboiled*-Roman, sondern ging
den Umweg über die bereits vorhandenen Verfilmungen. Und
dies war, wie so oft, wenn es um Filmrechte geht, ein steiniger
Weg.

Bereits 1988 hatte Arthur Sarkissan die Remake-Rechte an
YOJIMBO erworben, doch erst sechs Jahre später stand die Finanzierung so weit, daß mit den Dreharbeiten begonnen werden konnte. Nicht nur wegen seiner unverhohlenen Verehrung für Sergio
Leone schien Walter Hill der richtige Mann für den Regiestuhl zu
sein. Der für seine authentische Schilderung des Wilden Westens
mit zahlreichen Preisen von Geschichtsorganisationen ausgezeich-
nete Regisseur hatte mit dem lockeren Thriller 48 HOURS (Nur 48
Stunden; 1982), der den Kickstart für Eddie Murphys Karriere

John Smith in LAST MAN STANDING

Walter Hill mit Willis auf dem Set

bedeutete, und als Produzent von Ridley Scotts ALIEN (1979) auch sein Gespür für Kassenschlager bewiesen. Doch Hill nahm den Job erst an, als er die Handlung auf ein ihm bekanntes Terrain verlegen durfte: in die amerikanische Prohibitionszeit, die dem Mob ein blühendes Geschäft mit illegal gebranntem Schnaps verschaffte. Ähnlich wie Quentin Tarantino für PULP FICTION durchforstete Hill die *dime novels* jener Zeit. Er wollte weniger eine individuelle Geschichte erzählen, sondern ein Extrakt schaffen; sein LAST MAN STANDING sollte eine »Hymne an die Tradition fiktionaler amerikanischer *tough guys*« [96] werden.

Hill hatte Willis' Rolle schon beim Schreiben auf ein ausgesprochen minimalistisches Spiel angelegt. John Smith ist ein Mann, dessen Taten mehr sagen als Worte. Offensichtlich noch immer Terry Gilliams rigide Regieanweisungen im Ohr, gibt Willis den einsilbigen Meisterschützen mit großer Lakonie und steinerner Miene. Vom ersten Moment an verströmt seine Leinwandfigur so eine förmlich faßbare Intensität (die der oft unfreiwillig ins Parodistische abdriftende Off-Kommentar freilich wieder zerstört). Willis nutzte die Freiheit, die Hill ihm in der Entwicklung seiner Rolle ließ, indem er etwas tat, was er noch nie zuvor versucht hatte: »Ich wollte die Psychologie der Figur entwickeln. Smith hat in seiner Vergangenheit Schlechtes getan. Aber im Laufe der Geschichte tut er auch Dinge, die ihn zum Helden qualifizieren. Ich wollte ihn zu einem nachdenklichen Mann machen. Ein Kerl, der sich selbst fragt, ob er das Richtige tut.« [97]

Das Leben! Die Liebe!

Am selbstauferlegten und strikt eingehaltenen Feixverbot lag es jedenfalls nicht, daß auch LAST MAN STANDING an der Kinokasse weit hinter den Erwartungen zurückblieb. Wieder mal. So traf denn auch Luc Besson 1991, als er bei einem Lunch mit Demi Moore in Los Angeles auch Bruce Willis kennenlernte, auf einen stark verunsicherten Schauspieler, der von Bessons Plot-Idee zu der Sci-fi-Extravaganza THE FIFTH ELEMENT auf Anhieb begeistert war, aber angesichts der Häme, mit der ihn die Presse in letzter Zeit überschüttet hatte, nicht recht wußte, in welche Richtung er seine Karriere pushen sollte. »Warum also«, so Besson in seinem Filmtagebuch, »sollte er nun ausgerechnet diesem enthusiastischen kleinen Franzosen vertrauen?« [98] Warner Brothers (als amerikanischer Co-Produzent der französischen Gaumont) hätte ohnehin lieber Mel Gibson in der Hauptrolle gesehen. Schließlich hatte der mit drei LETHAL WEAPON-Filmen kräftig die Kasse klingeln lassen und sich mit seiner eigenen Produktionsfirma Icon auf dem Warner-Studiogelände angesiedelt. Doch Gibson konnte sich auch nach mehreren Gesprächen mit Besson partout nicht entscheiden. »Sich der Tatsache bewußt, daß seine Unentschlossenheit meine Gesundheit ruinierte, sagte er schließlich ›no‹, lediglich um mich von meiner Qual zu befreien.« [99] Und damit war der Film erst einmal auf Eis gelegt. Um sich den Frust von der Seele zu schreiben, verfaßte Besson das Drehbuch zu LEON (Léon, der Profi; 1994) – in 30 Tagen. Erst als der melancholische Thriller um einen Auftragskiller zum Hit avancierte, startete Besson einen neuen Versuch, THE FIFTH ELEMENT auf die Leinwand zu hieven – doch wieder sagte Gibson ab, diesmal, weil die eigene Regiearbeit BRAVEHEART (1994) seine ganze Aufmerksamkeit fesselte. Besson und sein Produzent Patrice Ledoux waren bereits so weit, die Rolle des Taxifahrers Korben Dallas jüngeren Schauspielern wie Brad Pitt, Keanu Reeves oder Chris O'Donnell anzutragen. Das hätte auch den Vorteil gehabt, bei der

Kostümentwurf von Jean-Paul Gaultier für Korben Dallas in THE FIFTH ELEMENT

Milla Jovovic, Bruce Willis und Luc Besson ...

Gage die ein oder andere Million sparen zu können. Da half der Zufall. Das Projekt war nach der guten Zusammenarbeit bei LEON zu Columbia gewandert, als während einer Scriptkonferenz zu ELEMENT im Büro von Barry Josephson, dem Kopf des Production Departments, Willis wegen eines anderen Films anrief. Besson wollte ihm eigentlich nur freundlich »Guten Tag« sagen, als Willis ihn fragte, womit er gerade beschäftigt sei. Besson erklärte es ihm. Halb im Spaß, halb wirklich beleidigt, fragte Willis: »Und warum bin ich nicht in dem Film?« Er sei zu teuer, antwortete Besson. Und wieder einmal erklärte Willis, der so oft in seinem Leben die Gagenhitlisten anführte, über Geld könne man doch reden ... Besson brachte ihm also eine Kopie der aktuellen Drehbuchfassung nach New York, ging Shoppen, und als er zwei Stunden später zurück in Willis' vierstöckige Penthouse-Wohnung am Central Park kam, war der Deal perfekt.

New York im Jahre 2259. Bruce Willis hat sein verschwitztes John-McClane-Unterhemd gegen ein Designer-Leibchen von Jean-Paul Gaultier eingetauscht, ansonsten aber ist er zu seinem Charakter aus DIE HARD zurückgekehrt, mit schiefem Grinsen, verschmitztem Feixen und langen Blicken: ein charmantes Großmaul, das lediglich seine Ruhe haben will und plötzlich gar die ganze Welt retten soll. Konzentrierte Anti-Materie ist im Anflug auf die Erde, und nur ein geheimnisvolles fünftes Element kann in Verbindung mit Feuer, Erde, Wasser und Luft die Zerstörung unseres Planeten abwenden. Und prompt knallt dieses fünfte Element – das Leben! Die Liebe! – in Form der schönen Außerirdischen Leeloo (Milla Jovovich) durch das Dach seines fliegenden Yellow-Cabs. Dallas Korben verliebt sich natürlich in das Mädel, hat Ärger wegen seiner abgelaufenen Taxilizenz und mit seiner geschwätzigen Mutter – Gründe genug also, sich in ein Raumschiff zu schwingen und sich auf die Suche nach den magischen vier Steinen zu begeben, die die anderen Elemente symbolisieren. Dabei sind ihm die Kollaborateure des Bösen (ein fieser Gary Oldman und TripHop-Star Tricky als herzerfrischend durchtrieben-dummes Chargenduo) natürlich immer dicht auf den Fersen ...

THE FIFTH ELEMENT ist ein Film voller Zitate und Anspielungen: Das New York des 23. Jahrhunderts mit seinen Wolkenkratzern und über- und untereinander herführenden Luftstraßen ist ein farbiges Metropolis, Willis liebt die asiatische Küche wie einst Harrison Ford in BLADE RUNNER (1982; R: Ridley Scott), und die Comics des Kultzeichners Moebius (der wie Comic-Ikone Jean-Claude Mézières jede Menge Entwürfe zu dem Film lieferte) sind, wie man Dallas' Bettlektüre entnehmen kann, in der Zukunft zu Klassikern avanciert.

Im Alter von 16 Jahren hatte Besson die Story erstmals zu Papier gebracht. Mit dem Taxifahrer aus der Zukunft hatte sich der einsame Teenager damals eine Art imaginären Freund geschaffen. Trotz diverser Drehbuchänderungen und Kürzungen steckt in der Geschichte auch über 20 Jahre später noch ein gutes Maß pubertärer Phantasie, die genüßlich und ohne Skrupel ein ganzes Arsenal an Mythen und Vorbildern plündert. Ein Film, der nicht kleckert, sondern klotzt, und das, obwohl die ursprüngliche Fassung, deren Realisierung 145 Millionen Dollar gekostet hätte (wovon zwei Drittel allein für Spezialeffekte und Ausstattung kalkuliert waren), schon so zusammengestrichen wurde, daß das durchgestylte Science-fiction-Spektakel schließlich für 90 Millionen zu machen war. Überbordend, ein wenig wirr und zugleich *high concept*, in zwei Sätzen zu erzählen: THE FIFTH ELEMENT ist eine Art Karl May im Weltraum, kindisch, laut, bunt und vom naiven Glauben an den Sieg des Guten beseelt. Aber sind das nicht all die Filme, die Spaß machen ...? Offensichtlich war nicht jeder dieser Meinung. In den USA spielte der Film gerade mal 63 Millionen Dollar ein (was vielleicht Gary Oldmans These stützt, Besson stehe trotz aller amerikanischer Anleihen für ein spezifisch europäisches Kino – eine Meinung, aus der heraus der britische Schauspieler, dessen eigenes Regiedebüt NIL BY MOUTH (1997) von Besson produziert wurde, seine Zusage zu THE FIFTH ELEMENT wie schon zuvor zu LEON gab, bevor er das Drehbuch kannte). Außerhalb der USA brachte es THE FIFTH ELEMENT immerhin auf 185 Millionen Dollar, doch das schienen immer noch Peanuts gegenüber dem anderen Sci-fi-Comedy-

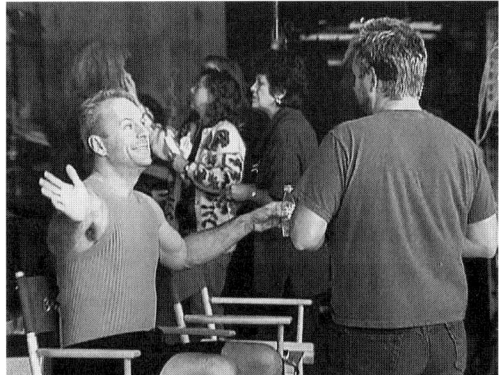

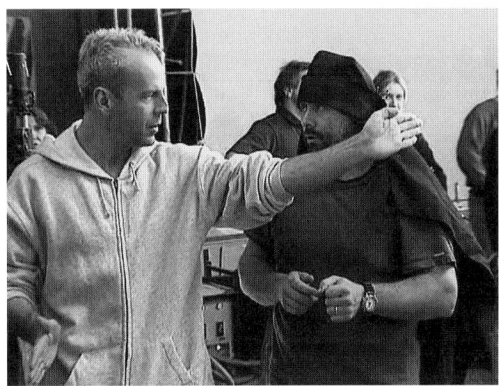

... auf dem Set von THE FIFTH ELEMENT

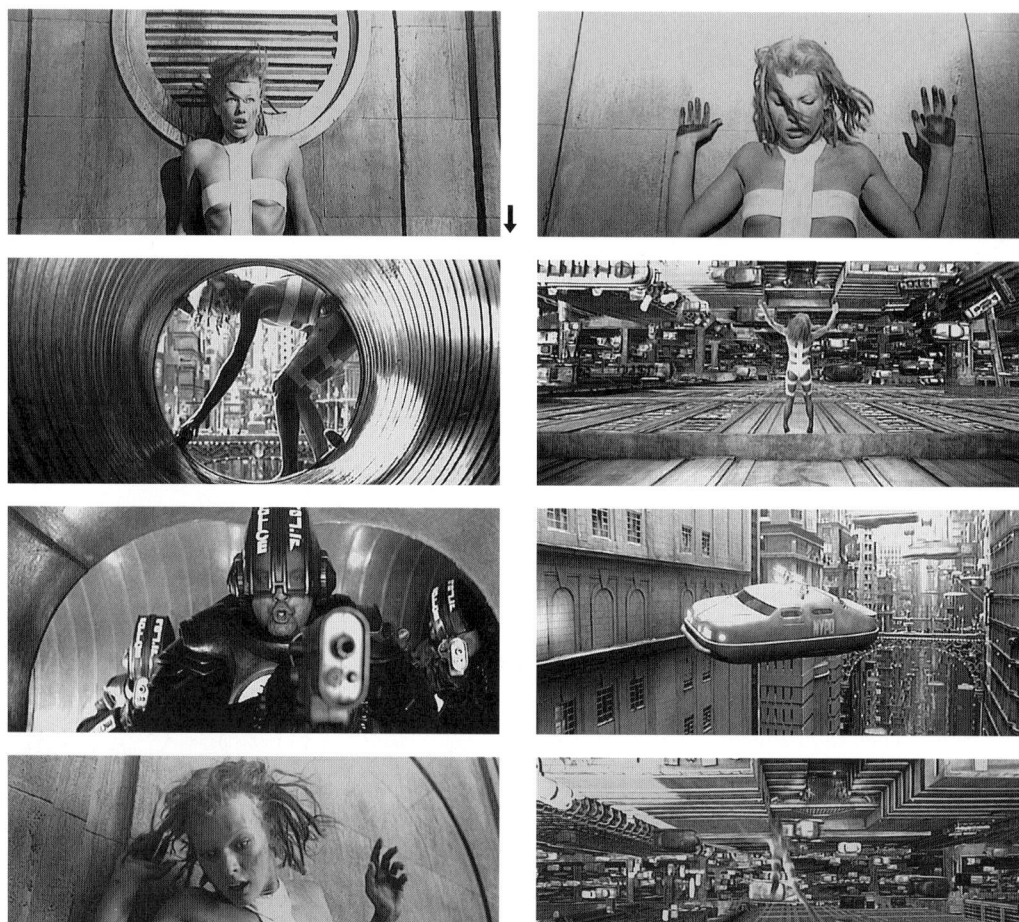

Begegnung der besonderen Art: ...

Blockbuster des Kinosommers 1997: Barry Sonnenfelds MEN IN BLACK. Will Smith und Tommy Lee Jones bescherten ihren Produzenten ein weltweites Einspielergebnis von 576 Millionen Dollar, davon 250 in den USA.

Sorry, Bruce. Aber als der Film das 50. Filmfestival von Cannes im Mai 1997 eröffnete, bewies Willis auf der Pressekonferenz erneut wenig Souveränität und Fingerspitzengefühl im Umgang mit der Presse. Aufgebracht durch die *Variety*-Besprechung, die den Film als »mishmash of half-baked futuristic, mythological, quasi-religious, big-scale action and would-be romantic motifs« apostrophierte, erklärte er stellvertretend für das gesamte Team: »Niemand hier schert sich um Kritiken. Kritiken sind zumeist für Leute,

... Leeloo (Milla Jovovich)
stürzt in Korben Dallas' Taxi

die lesen, und das meiste des geschriebenen Wortes ist längst den Weg alles Irdischen gegangen. [...] Ich kenne nicht allzu viele Leute in der Showbranche, die in irgendeiner Art ernsthaft kümmert, was über unsere Arbeit geschrieben wird.« [100]

Der Schakal: Der letzte Heuler

Willis' Frustration angesichts böser Verrisse sollte sich indes noch steigern. Nächster Halt: THE JACKAL. Niemand kennt sein Gesicht, seine Methoden oder sein nächstes Opfer. Der »Schakal« agiert so verborgen, daß sogar das FBI lange zweifelt, ob der Auftragskiller nicht nur ein Mythos ist. Doch als er für 70

Willis als »Schakal«

Millionen Dollar die First Lady der USA ins Visier nimmt, müssen die Behörden handeln ... – 70 Millionen Dollar? Das klingt viel und sind doch bloß zehn mehr als diese lahme Hatz gekostet hat. In diesem Fall freilich wäre das Geld fast überall anders besser investiert gewesen. Riesige logische Löcher, ein Bruce Willis weit unter seinem Niveau, vor allem aber ein politisch korrekter Weichspülgang, der jeden Zynismus aus Frederick Forsyths Roman gewaschen hat, sind die Ingredienzen einer lauwarmen Melange. Michael Caton-Jones' Film war ein Etikettenschwindel. Das sah auch Fred Zinnemann so. Da sich das Drehbuch von Chuck Pfarrer nicht auf Forsyths Thriller, sondern auf seinen Leinwandklassiker DAY OF THE JACKAL von 1972 beruft, protestierte der Regisseur erfolgreich dagegen, daß dieser unausgegorene Firlefanz unter demselben Titel veröffentlicht wurde.

Blieb die berechtigte Frage, warum man einen Multi-Millionen-Dollar-Star engagiert, nur um ihn dann mit diversesten Verkleidungen unkenntlich zu machen? Aber Bruce Willis ist Bruce Willis ist Bruce Willis ... Man erkennt ihn halt doch immer wieder. Dabei hätte er hier mal so richtig den eiskalten Bösewicht raushängen lassen und das schiefe Lächeln gegen ein echtes Killergrinsen tauschen können. »Seine Wandlungsfähigkeit wird jedoch hauptsächlich am kahlen Kopfe festgemacht, in Form von Perükken jeglicher Couleur und Länge. Immerhin gelingt es Willis augenzwinkernd, die entsprechenden Personae mitzuliefern: mal den korrekt-gescheitelten Business-Typen, mal den Waffen-Afi-

MERCURY RISING: Art Jeffries
im Undercover-Einsatz

cionado mit Stoppelhaarschnitt, mal den untersetzten Mobster
mit Mini-Pli.« [101]

Dem Budget standen Einnahmen an den US-Kinokassen in
Höhe von knapp 55 Millionen Dollar gegenüber, doch Willis' nächsten Film MERCURY RISING sollte es gar noch ärger treffen. Die
Euphorie nach und durch PULP FICTION war längst wieder verflogen. Bei gleich hohen Produktionskosten spielte Harold Beckers
Thriller in den USA lediglich 32 Millionen Dollar ein. Die Mischung aus RAIN MAN (1988; R: Barry Levinson) und dem Grisham-
Erfolg THE CLIENT (Der Klient; 1994; R: Joel Schumacher) wirkte
wie ein kalkuliertes Stück vom Reißbrett, und das Publikum war
des Recyclings mechanischer Formeln offensichtlich ebenso müde
wie einer weiteren John-McClane-Reprise durch Willis. Einmal
mehr gibt der Star den unangepaßten, unter der rauhen Schale
dabei höchst sensiblen Querkopf, der keine Hierarchien und Befeh-
le akzeptieren will, was ihm prompt mal wieder eine Degradierung
einbringt.

Seine ganze Geschichte erzählt MERCURY RISING daher eigentlich schon im Prolog, in dem sich Willis als Undercover-FBI-Agent
Art Jeffries mit einer Bande rechter Rednecks mit Geiseln in einer
Bank verbarrikadiert hat. Da gibt der Einsatzleiter entgegen seiner
Anweisung den Befehl zum Stürmen. Die Folge ist ein Blutbad, in
dem die fehlgeleiteten Teenager, die Jeffries gerade zur Aufgabe
überredet hatte, vor seinen Augen vom Kugelhagel durchsiebt werden. »They were just kids!« schreit er, als er dem Zuständigen einen

Willis und Harold Becker auf dem
Set von MERCURY RISING

Kinnhaken verpaßt, »just kids.« Immer wieder holen Jeffries die traumatischen Erinnerungen – selbstverständlich in notorisch artifiziellen Schwarz-weiß-Rückblenden – ein. Doch indem er nun ein Kind – den elfjährigen Autisten Simon, der einen supergeheimen Regierungscode geknackt hat – vor seinem bösen Verfolger (Alec Baldwin) rettet, kann Jeffries auch seinen eigenen Vaterkonflikt lösen: den mit – durch Bilder der *Stars-and-Stripes*-Flagge immer wieder symbolisch ins Bild gerückten – Vater Staat.

Was hier noch wie ein individueller Zwiespalt erscheint, sollte sich in Willis' übernächstem Film zur Grundsatzdebatte auswachsen. Denn Edward Zwicks Terroristenthriller stellt die Frage nach der Belastbarkeit eines freiheitlich-demokratischen Systems, noch dazu eines, das sich wie die USA gerne als Weltpolizei aufspielt. Ganz nah an der Wirklichkeit, ausgehend von authentischen TV-Bildern des Bombenanschlags auf eine US-Kaserne in Saudi-Arabien und ihre Verurteilung durch Präsident Bill Clinton, durchspielt THE SIEGE ein Szenario, das nach dem Anschlag auf das World Trade Center und dem Redneck-Attentat in Oklahoma City gar nicht so fern und fiktional scheint: Was wäre, wenn islamistische Fundamentalisten mitten in New York einen Bombenkrieg entfesseln würden? Was, wenn sie brutale und unberechenbare Anschläge auf Busse und vollbesetzte Theater verüben und den Terror so mitten ins Herz der amerikanischen Gesellschaft tragen würden? Und wenn die Angst der Bevölkerung im vielbeschworenen *melting-pot* in Hysterie, Verfolgung und Separatismus umschlagen würde? Als Polizei, FBI und CIA beim Aufspüren der Täter und der Zerschlagung der terroristischen Zellen versagen, wird über New York das Kriegsrecht verhängt. Ausnahmezustand in Brooklyn. Unter Führung des aalglatten und eiskalten General Deveraux (Willis) treibt das Militär alle arabischen Männer zwischen 15 und 35 zusammen, um sie abzutransportieren und im Sportstadion einzupferchen – Zwick und sein Kameramann Roger Deakins finden dafür Bilder, die ebenso an die amerikanischen Internierungslager nach dem Angriff auf Pearl Harbour wie an die Menschenjagd in Nazi-Deutschland erinnern.

THE SIEGE behandelt sein brisantes und diffiziles Thema in pathetischen Bildern, die in durchkomponierten Zeitlupen-Einstellungen die Schönheit von Gewalt und Explosionen feiern. Vielleicht war es solche Indifferenz, die dem Film den Vorwurf einer nationalistischen und rassistischen Gesinnung einbrachte. Jedenfalls unterschieden manche nicht zwischen dem, was der Film zeigt, und dem, was er verurteilt. Es ist (leider) typisch, daß die lautesten Proteste, wie in diesem Fall vom *Council on American-Islamic Relations*, erklangen, als der Film noch nicht einmal im Kino ange-

THE SIEGE: Deveraux übernimmt das Regiment (links oben: Denzel Washington)

laufen war. Vier Monate vor Filmstart empörten sich Mitglieder der Organisation über den Trailer, der Bilder von betenden Muslimen und Bombenexplosionen zeigte, und verlangten von Fox, den Film nachzubessern. Dabei hatten Zwick und Produzentin Lynda Obst alles andere als Diffamierung im Sinn. »Dieser Film«, so argumentierte Zwick, »befördert nicht Stereotypen, sondern zeigt gerade, welche Katastrophen Stereotypen heraufbeschwören.« [102]

Inhaltlich ist THE SIEGE kaum etwas vorzuwerfen. Sehr demonstrativ, fast schon plattitüdenhaft sind die Helden dieses urbanen Kriegsspiels mit Angehörigen von »Minderheiten« besetzt: Denzel Washington spielt Hub, den schwarzen Chef der FBI-Anti-Terror-Sondereinheit, Tony Shalhoub verkörpert als sein bester Freund

und Partner Frank einen libanesischen Schiiten, und Annette Bening gibt die nach Jahren beruflicher und politischer Frustration immer noch idealistische CIA-Agentin. Auch der Rest von Hubs Truppe rekrutiert sich aus einem bunten Multi-Kulti-Völkchen. Und der Clou der Geschichte, daß Amerika seine heutigen Gegner einst selbst finanzierte und ausbildete, bis ein politischer Richtungswechsel aus Verbündeten Feinde machte, ist so wenig eine Überraschung wie Schönfärberei.

In dem sturen und selbstherrlichen General, der sich über Bürgerrechte hinwegsetzt, kulminierte Bruce Willis' Bestreben, sein John-McClane-Image als Held wider Willen umzukrempeln. Als Zyniker und Mann ohne Prinzipen, der »für Sünderinnen schon immer mehr übrig hatte als für Heilige«, hatte er in LAST MAN STANDING einen ersten zarten Versuch gewagt. »Tu' niemandem einen Gefallen und bitte auch niemanden um einen. Sieh zu, daß du einen guten Schnitt machst«, formuliert John Smith seine Devise, nur um am Schluß doch Gefühle zu offenbaren (»Als alles anfing, wollte ich nur ein bißchen schnelles Geld machen, und irgendwann wurde es eine persönliche Angelegenheit.«). Als »Schakal« tötet er ohne Mitleid. Aber zum einen haftet ihm dabei etwas von aufregendem Jet-set-Glamour an, zum anderen funktionierte der Thriller ja auch unter anderem deswegen nicht, weil man Bruce den bösen Buben nicht abkaufte. So war die Irritation auch nur kurz, als man ihn danach in der Eingangsszene von MERCURY RISING mit Bart und tief ins Gesicht gezogener Kappe auf Seiten verbrecherischer und nationalistischer Hinterwäldler entdeckte: Klar, Bruce ist einer von den Guten und das hier nur eine Verkleidung.

Als wollte er nun mit aller Macht beweisen, daß er auch anders kann, bietet sein glattgeschniegelter Militarist, der kaltlächelnd foltert und mordet, nicht mehr den leisesten Ansatzpunkt zur Identifizierung oder Bewunderung. Der Fun-Faktor – die schiere Lust, ihm dabei zuzuschauen, wie er sich lausbubenhaft-charmant im David-Addison-Style durch die abwegigsten Situationen boxt – hat den Nullpunkt erreicht.

Daß ausgerechnet Willis mit THE SIEGE jedoch so stark in die Schußlinie geriet, hatte er dennoch vor allem persönlichen Äußerungen zuzuschreiben. Der bekennende Republikaner, der George Bush bei seinem Präsidentschaftswahlkampf 1992 unterstützt hatte, bekundete in einem Interview mit der Zeitschrift *George* seine Sympathie für den wegen seiner antisemitischen Äußerungen umstrittenen Anführer der *Nation of Islam*, Louis Farrakhan, den Willis in einem Atemzug mit seinen persönlichen Helden wie Robert Kennedy und Martin Luther King nannte: »Unten im Süden werden schwarze Männer und Frauen noch immer diskriminiert. Ich sag' Ihnen was: Wenn ich schwarz wäre, wäre ich auch bei Farrakhan. [...] Eine Menge Leute meinen, Louis Farrakhan stünde für eine Menge negativer Dinge. Aber er erhebt seine Stimme

Ausnahmezustand:
Ein Internierungslager
in THE SIEGE

gegen Ungleichheit. Jeder, der gegen Unrecht eintritt, zählt zu meinen Helden.« [103]

Nur wenige Tage später dementierte Willis seine Aussagen in einem Brief an die *Anti-Defamation League* und erklärte, in der Zeitschrift falsch und mit einer aus dem Zusammenhang gerissenen Bemerkung zitiert worden zu sein: »Es war nie meine Absicht, Louis Farrakhan mit Martin Luther King Jr. gleichzusetzen. Louis Farrakhan ist nicht mein Held, und ich verurteile seine Botschaft von Haß und Antisemitismus. Ich weiß es zu würdigen, daß die ADL sich mit mir in Verbindung gesetzt hat, um mir die Gelegenheit zu geben, die Angelegenheit richtig darzustellen. Ich bin dazu erzogen worden, mich gegen Ungleichheit, Rassismus und Antisemitismus einzusetzen, und ich werde meine Bemühungen fortführen.« [104]

I'm Top of the World, Ma ...

»They just asked me to save the world. You really think
I'm gonna say ›No‹?«
(Bruce Willis als Harry Stamper in ARMAGEDDON)

So wenig die schlechte PR ihm schadete, so wenig nutzten ihm seine Fluchtversuche in Negativrollen: Bruce Willis war und blieb der Erretter der Welt. Das belegte er eindrucksvoll – zwischen den Debakeln MERCURY RISING und THE SIEGE – mit Disneys Meteoritenspektakel ARMAGEDDON, das 1997 in einem

Stars & Stripes: ARMAGEDDON

Wettlauf mit DEEP IMPACT (1998; R: Mimi Leder), einem der ersten Filme des neuen Dreamworks-Studios von Steven Spielberg, Jeffrey Katzenberg und David Geffen, entstand. Auch sein Potential als Kassenmagnet untermauerte Willis mit dieser Weltall-Hymne eindrucksvoll, die bei einem 140-Millionen-Dollar-Produktionsbudget zwar 50 Millionen Dollar teurer war als THE FIFTH ELEMENT, dafür aber auch ein stolzes Einspiel von weltweit über 450 Millionen Dollar verbuchen konnte. Dabei hatte sich Willis als heroischer Ölbohrer für den Fortbestand der Menschheit nur opfern dürfen, weil er einen anderen Film, BROADWAY BRAWLER, nach 20 Drehtagen abgebrochen hatte und irgendwie das Ausfallhonorar auftreiben mußte [105]. Scheitern als Chance – selten hat jemand das zum Millenniumswechsel so angesagte Hoffnungsprinzip so eindrucksvoll bewiesen wie Willis (mit Hilfe seines genialen Verhandlungsführers Arnold Rifkin). Gerade noch in der Branche in einem Atemzug mit abgehalfterten Altstars wie Tom Selleck genannt, war er plötzlich wieder so heiß wie frischgebuttertes Popcorn. Zugleich bewies Willis mit diesem Film die Souveränität, Liv Tylers von Fürsorge und Eifersuchtsattacken geplagten Vater zu mimen, statt sich das schnuckelige Girlie zur Leinwandgeliebten zu nehmen, wie es manch älterer Kollege gemacht hätte. Auch in anderer Hinsicht zeichnet sich ein Generationswechsel ab. Zwar steckt auch in Harry Stamper noch ein großer, trotziger Junge (der indes eine für Kinder untypische kapitalistische und waffen-fanatische Gesinnung offenbart, wenn er etwa *Greenpeace*-Aktivisten mit Golfbällen attackiert oder den Lover seiner Tochter mit der Pumpgun verfolgt). Aber das Zepter des stürmischen Rebellen, der stets mit dem Kopf durch die Wand will und sich prinzipiell über Regeln und Verordnungen hinwegsetzt, hat Willis hier an Ben Affleck weitergereicht.

Nach BAD BOYS (Harte Jungs; 1995) und THE ROCK (1996) markierte ARMAGEDDON bereits die dritte Zusammenarbeit von Regisseur Jerry Bruckheimer und Regisseur Michael Bay, und wer ihre ersten beiden Filme kennt, weiß, wie ARMAGEDDON ausschaut: eine exzessive Orgie langer Brennweiten, pathetischer Gegenlichtaufnahmen und heroischer Zeitlupe, mit einer Kamera, die niemals still zu stehen scheint und mit Vorliebe ganz dicht über dem Boden schwebt, um ihre Helden in ehrfurchtsvoller Untersicht anzubeten. Das alles komponiert zu einer Schnittfolge, die das Stakkato eines MGs zu überbieten droht. Doch soviel technische Rasanz und Perfektion ist verloren an eine tumbe Story, und die ausgeklügelte Ästhetik verkommt zu einer geleckten Benutzeroberfläche, auf der der Kampf um die Erde zur Schlacht der Spezialeffekte gerät. Dazu ein wenig Herz-Schmerz und (verhältnismäßig moderates) Product Placement, etwa für Nokia-Handys: »Ihren [Tylers und Afflecks] Abschied inszeniert Michael Bay als Kitsch-Apotheose: zwei Liebende vor Sonnenuntergang und als einziger Zeuge der BMW Z3.« [106] Und obwohl der Film vor allem in zwei Farbnuancen glüht – dem Feuerrot riesiger Explosionen und Feuerwalzen, und kühlem Blau, wie es die digitalen Anzeigen technischer Geräte verströmen –, trägt er im Grunde seines Herzens natürlich die Farben des *starspangled banners*.

Livs Daddy Steven Tyler und seine Altherren-Combo *Aerosmith* steuerten gleich vier Songs zum Soundtrack bei, darunter die #1-Single *I Don't Want to Miss a Thing*. Deren Videoclip featurte wiederum zahlreiche Momente aus dem Film – so demonstriert ARMAGEDDON Synergie-Effekte und Crosspromotion wie aus dem Marketing-Lehrbuch.

Adieu Demi

In der Gerüchteküche brodelte es schon lange. Doch wer immer öffentlich über Zoff im Hause Willis-Moore spekulierte, mußte sich auf scharfen Gegenwind gefaßt machen. Das bekam ein ehemaliges Kindermädchen ebenso zu spüren wie die australischen Frauenzeitschriften *New Idea* und *Star*, die sich nach der Publizierung von Trennungsgerüchten mit Diffamierungsklagen konfrontiert sahen und verloren – nur drei Monate, bevor am 23. Juni 1998 die Bombe platzte. Bruce Willis und Demi Moore ließen durch Moores Pressesprecherin Pat Kingsley verlautbaren, daß sie sich nach elfjähriger Ehe trennen würden. Ihre Töchter Rumer Glenn, Scout Larue und Tallulah Belle waren zu diesem Zeitpunkt neun, sieben und vier Jahre alt.

Pathos pur: Harry Stamper nimmt Abschied von seiner Tochter (Liv Tyler)

Kein Powerfrühstück

Mit seinem 1973 erschienen Roman *Breakfast of Champions* hatte sich Kurt Vonnegut selbst ein Geschenk zu seinem 50. Geburtstag gemacht: In wilder Pop-Art-Manier transzendierte er damit nicht nur seinen Haß auf eine durch den Vietnamkrieg in Lethargie oder schizo-depressive Paranoia verfallene US-Gesell-

Am Rande des Nervenzusammenbruchs:
Dwayne Hoover in BREAKFAST OF CHAMPIONS

schaft und entlarvte in seiner Konsumkritik die »geheimen Verführer« hinter Werbespots und Reklamebildern, sondern verarbeitete auch einige private Tragödien – seine Scheidung und die Schizophrenie seines Sohnes. Keinen Gefallen tat sich indes Alan Rudolph. 25 Jahre trug sich der hochsensible Regisseur mit der Idee, die ätzende Spießersatire für die Leinwand zu adaptieren. Doch erst als Bruce Willis als Produzent mit zehn Millionen Dollar in das Projekt einstieg, konnte die erste Klappe fallen. Die Farce entpuppte sich als Flop. Dabei sollte ihre Premiere auf der *Berlinale* 1999 ein Highlight werden. Niemand durfte den Film vorher sehen, auch kein Journalist. Da er noch während des Festivals regulär in den deutschen Kinos anlief, konnten Monatsblätter keine Kritik drucken. Doch in den März- beziehungsweise Aprilausgaben reichte es nur noch zum Nachruf. In der ersten Woche hatte der schrill-plakative und dennoch unsagbar langweilige Film nicht mehr als 40.946 Besucher, in der zweiten nur noch 1.768.

Dwayne Hoover, der glattgestriegelte Autoverkäufer am Rande des Nervenzusammenbruchs, der sich hinter seinem strahlenden Werbelächeln mit Selbstmordgedanken trägt und sich selbst abhanden gekommen ist, sollte mal wieder der Wendepunkt in Willis' Karriere bedeuten. Der wievielte es war, wußte wohl niemand zu sagen. Helden habe er oft genug gespielt, erklärte Willis seine Motivation, das langweile ihn. »Ich bin es leid, mit einer Waffe über die Straße zu rennen und laut zu schreien.« [107] Worte, die an seine Äußerungen über THE SIXTH SENSE erinnern. Doch erst mit M. Night Shyamalans Filmjuwel sollte er sein Ziel wirklich erreichen.

Der sechste Sinn

THE SIXTH SENSE ist ein Horrorfilm der etwas anderen Art. Ein Nervenschocker ohne Blutfontänen und Schleimschlachten, ohne Zombieattacken oder rauspoppende Augäpfel. Die Spannung ergreift einen stattdessen wie ein Eishauch. Nach einem dramatischen Auftakt plätschert die Handlung die erste Dreiviertelstunde beunruhigend langsam und unspektakulär vor sich hin. Der Film scheint fast schwere-, ja beinahe belanglos –

bis man als Zuschauer plötzlich merkt, daß sich Grauen und Furcht, Grusel und Beklemmung längst unter die Haut und ins Hirn gefressen haben. Ein Film wie pures Nervengift, verabreicht zur Symphonie eines unheilvoll dräuenden Soundtracks.

Isolation und Entfremdung: Willis mit seiner Frau (Olivia Williams) in THE SIXTH SENSE

Der 29jährige indisch-stämmige US-Regisseur und Drehbuchautor M. Night Shyamalan nennt als Vorbilder ROSEMARY'S BABY (1968; R: Roman Polanski), THE EXORCIST (Der Exorzist; 1973; R: William Friedkin) und THE SHINING (Shining; 1968; R: Stanley Kubrick), und ein ähnlich subtiler Klassiker könnte auch THE SIXTH SENSE werden. Mit einem Einspielergebnis von über 293 Millionen Dollar allein den USA ist der präzise und ökonomisch inszenierte Thriller der bislang erfolgreichste Bruce-Willis-Film. Ein Lektor in Arnold Rifkins Agentur war von dem Script so sehr begeistert, daß er es seinem Chef als Projekt für Bruce Willis ans Herz legte. [108].

Willis, Michelle Pfeiffer und
Regisseur Rob Reiner bei den
Dreharbeiten zu THE STORY OF US

Dabei spürt man früh, daß er in diesem Film nicht der Held ist,
der alles unter Kontrolle hat. Im Gegenteil: THE SIXTH SENSE ist
die Geschichte einer stetigen Verunsicherung. Je weiter der Film
voranschreitet, desto mehr verstört und zerstört er das Selbstbild-
und Selbstvertrauen von Willis, statt es wie sonst – durch Action
und Aktionen – zu rekonstruieren. Isolation und die drohende Entfremdung von seiner Frau sind hier nicht nur Drehbuchkniffe wie
in DIE HARD, sondern Thema. Hilflos muß er zuschauen, wie seine
Frau sich einem anderen zuwendet.

Ein einsamer Mann und ein trauriger Junge: Willis spielt den
Kinderpsychologen Dr. Malcolm Crowe, der sich um den verstör-
ten 8jährigen Cole kümmert. Der kleine Junge hat Angst, aber er
will sich niemandem anvertrauen. Lieber bezahlt der Außenseiter
seine Mitschüler, damit sie seine Freunde spielen, als seine alleinerziehende Mutter (Toni Collette) zu verunsichern. Doch der Arzt
gibt nicht auf, zumal er bei einem ähnlichen Fall jämmerlich versagt
und den Patienten in den Selbstmord getrieben hat. Schließlich
offenbart Cole ihm sein Geheimnis: »I see dead people ...«

Schauspielerisch stiehlt der junge Haley Joel Osment seinem
berühmten Co-Star die Show. Der 11jährige weint und lächelt und
trotzt und verzweifelt, daß einem das Herz aufgeht. Als Sohn von

Tom Hanks in FORREST GUMP (1994; R: Robert Zemeckis) hatte er bereits einen großen Kinoauftritt, außerdem spielte er in *Ally McBeal* einen todkranken Jungen, der den lieben Gott verklagen will, und wurde dafür sogar für den *Emmy* nominiert. Doch auch Bruce Willis brachte der Film – trotz eines peinlichen Haarteils – die langersehnte Anerkennung als Charaktermime. Kein wildes Chargieren, keine übertriebenen Gefühlswallungen. Er spielt *straight* und konzentriert, agiert sehr zurückgenommen, mit kleinen, kaum spürbaren Gesten und einer minimalen, aber effizienten Mimik – manchmal nimmt er sich so stark zurück, daß er sich fast der Null-Entität nähert. Daß Shyamalan einen großen Anteil an dieser Wiedergeburt eines Kinostars hatte, erkannte offensichtlich auch Willis, der sofort zusagte, als sich ihm die Möglichkeit bot, erneut mit dem Regisseur und Drehbuchautor zusammenzuarbeiten. Die beiden drehten zusammen UNBREAKABLE, wieder einen übersinnlichen Thriller, nachdem sie auch die Möglichkeit eines Sequels von THE SIXTH SENSE diskutiert hatten. Neben Willis spielen in dem Film, der am 22. November 2000 in den USA-Kinos anlaufen soll, Willis' DIE HARD WITH A VENGEANCE-Partner Samuel L. Jackson und Robin Wright Penn als Willis' Frau (die ursprünglich für die Rolle vorgesehene Julianne Moore schied aus, als sie die Rolle der FBI-Agentin Clarice Sterling in HANNIBAL annahm).

15 Jahre später

Wenn sich Familie Jordan abends beim Abendbrot versammelt, zelebriert sie ein liebevolles Ritual. Jeder berichtet, wie es ihm über den Tag ergangen ist. Vater, Mutter und zwei Kinder. Die perfekte Familienidylle. Zu schön, um wahr zu sein. Denn sobald Josh und Erin vom Tisch aufgestanden sind, gefriert das Lächeln im Gesicht ihrer Eltern. Innerlich – und bald auch wohnungstechnisch – haben sich Ben und Katie Jordan schon längst getrennt, nur vor ihren Kids halten sie noch die Fassade der heilen Familie aufrecht.

Als »die Beziehung von Harry und Sally – 15 Jahre später« hat NORTH-Regisseur Rob Reiner seinen Film beschrieben, doch von der stilsicheren Souveränität, mit der er in WHEN HARRY MET SALLY (Harry und Sally; 1989) stets die Balance zwischen Komödie und Melancholie hielt, ist nun nichts zu spüren. Wo Meg Ryan ein ganzes Restaurant in Erregung versetzte, tischt Reiner nun eine larmoyante Schmonzette auf. Statt in einen Neuanfang ergeben sich die Jordans dem Blick zurück im Zorn: wieso, weshalb, warum? Dabei wundert man sich bei Ben und Katie, warum sie überhaupt zusammenkamen. Er ist ein großes Kind, das niemals erwachsen werden will, sie ein ausgemachter Kontrollfreak. Kein Wunder also, daß sie Kreuzworträtsel entwirft (»Da kriegt man immer eine Antwort«) und er immer vergißt, Scheibenwischer-

Für den Slapstick sorgen andere: Matthew Perry in THE WHOLE NINE YARDS (vorne: Willis mit Amanda Peet)

flüssigkeit nachzufüllen oder die Zeitung vorm Urlaub abzubestellen. Knatsch vorprogrammiert. Gar nicht aber wundert man sich über die Besetzung: Als wäre in ganz Hollywood kein anderer Schauspieler in seiner Altersklasse aufzutreiben, dem man den ewigen Lausbub abkauft, tollt Bruce Willis in den Rückblenden in Hawaiihemden und mit angeschweißter Nackentolle durch die Szenerie (und kann so seine Lust an Verkleidungen ausleben), während Michelle Pfeiffer erneut die engelsgesichtige Neurosen-Queen mimt. Dabei aber agiert das Paar so apathisch, so blutleer, so wenig mitreißend, daß man nicht glauben mag, daß beide Darsteller nur zu gut wissen, wie sich so eine Trennung anfühlt. Für Ben und Katie aber wendet sich schließlich doch noch alles zum Guten: Nach all den verheulten Rückblenden und wütenden Erinnerungen kommen sie plötzlich – schwuppdiwupp – doch wieder zusammen, bevor ihre Kinder etwas merken. Happy-End! Fragt sich nur, wen's glücklich macht. Die Zuschauer jedenfalls nicht ...

King of Comedy

Definitiv, das kochfeste weiße Feinripp-Unterhemd steht ihm immer noch am besten. Bloß ist Bruce Willis in THE WHOLE NINE YARDS einer der *bad guys*. Deshalb ist das Shirt auch nicht ehrlich durchgeschwitzt wie seinerzeit in DIE HARD, sondern stets blütenweiß und mit allerlei Halbwelt-Accessoires aufgepeppt: mit Ringen, Kettchen, Armbändern und einer lässig in den Ausschnitt gesteckte Sonnenbrille. Dabei, so richtig abgrundtief böse kann Bruce mit seinem verschmitzten Grinsen gar nicht sein, und darum ist er's auch diesmal nicht. Sicher, als Auftragskiller der polnischen Mafia hat Jimmy »The Tulip« 17 Menschenleben auf dem Gewissen. Aber jetzt ist er ausgestiegen und im Rahmen eines Zeugenschutzprogrammes nach Kanada gezogen – in ein Land, in dem man Hamburger mit Mayonnaise serviert, was ihm unerträglicher dünkt als jede Knaststrafe.

Nach langer Zeit wagte sich die *Search-and-Destroy*-Legende Bruce Willis wieder an eine Comedy. Und als hätte es ihm einer seiner Berater endlich mal zu sagen gewagt, überläßt er den Slapstickpart in Jonathan Lynns Komödie anderen und spielt stattdessen mit knochentrockenem Charme. Die Hampeleien absolviert Matthew Perry als braver Zahnarzt, der durch seinen neuen Nachbarn nun auch noch mitten in einen der blutigsten Bandenkriege seit dem *St. Valentine Day's Massacre* gerät.

Der Star aus der Kultserie *Friends* meistert seine Rolle ausgesprochen gut. Man will ja nicht immer gleich die SechskommaNull zücken, aber wie souverän Perry hier all die *doubletakes* aufs Parkett legt, das erinnert schon ein wenig an den eleganten Screwball-Meister Cary Grant.

Die beiden Hauptdarsteller verstanden sich bei den Dreharbeiten so gut, daß Bruce Willis daraufhin in drei von Episoden *Friends* mitwirkte [109] und der Sitcom neue Quotenhochs bescherte. Seinen ersten Auftritt als Vater der neuen Freundin von Ross (David Schwimmer), der sich in Rachel (Jennifer Aniston) verguckt, verfolgten 20,63 Millionen Zuschauer. In der für die Werbebranche relevanten Zielgruppe zwischen 18 und 49 Jahren erreichte die Folge *The One Where Ross Meets Elizabeth's Dad* einen Marktanteil von 32 Prozent (bei einem *rating* von 10,8 Prozent) [110]: Es waren die besten Ergebnisse der Kultserie seit Februar 2000.

Zwei Wochen später kam es dabei zu einem TV-Wettstreit der Kinogiganten. Denn an demselben Donnerstag, an dem der Sender NBC um 20 Uhr den letzten Bruce-Willis-Gastauftritt ausstrahlte, sendete er um 22 Uhr die *ER*-Folge *Such Sweet Sorrow*, in der sich Schwester Hathaway (Julianna Margulies) aus dem County General in Chicago verabschiedet. Dabei gibt es ein Wiedersehen mit George Clooney, der den grünen OP-Kittel ein Jahr zuvor an den Nagel gehängt hatte [111]. Gerade einmal zwei Minuten dauerte sein Comeback, doch es bescherte der Serie eine phänomenale Zuschauerbeteiligung. Brachten es Bruce Willis und seine Freunde in *The One With the Ring* schon auf den guten Marktanteil von 25 Prozent (bei einem *rating* von 14,4 Prozent), wurde das Happy-End für Dr. Ross und Schwester Hathaway mit einem Marktanteil von 34 Prozent (*rating*: 21,5 Prozent) belohnt [112].

Willis zu Gast bei *Friends*

Quo vadis?

Das andere ist mein (eigenes) Unbewußtes.« Als sei Julia Kristevas Phänomenologie der Fremd- und Selbstwahrnehmung erst mit über zehnjähriger Verspätung in Hollywood ange-

Spencer Breslin und Bruce Willis in
THE KID

kommen, gibt Bruce Willis in THE KID, dem dritten Film aus seinem *three picture deal* mit Disney, erneut den Mann, der in der Mitte seines Lebens ins Straucheln gerät und sich selbst, seine Gefühle und Ideale verloren zu haben glaubt. Wie in THE SIXTH SENSE durchlebt er diese Selbst- und Differenzerfahrung, als er einem Jungen begegnet, doch anders als in Shyamalans untertourigem Horrorfilm begegnet der ausgebrannte *image consultant* Russ Duritz (Willis) in Jon Turteltaubs Film sich selbst als 8jährigem, und Klein-Rusty ist sehr enttäuscht, welch verbitterter Erwachsener ohne Frau und ohne Hund aus ihm geworden ist, so daß er Russ erst wieder an die Träume erinnern muß, die er einst hegte.

BREAKFAST OF CHAMPIONS, THE SIXTH SENSE, THE KID – Männer auf der Suche nach sich selbst. So wie die Charaktere seiner letzten Filme scheint auch Bruce Willis in sich zu horchen und sich nach einer Neuorientierung zu sehnen. Zumindest auf der personellen Ebene aber regiert weiterhin Kontinuität. Als *executive producers* von THE KID unterstützen ihn zwei alte Weggefährten: Arnold Rifkin, der im Sommer 1999 seinen Posten als Präsident der *William Morris Agency* aufgab, um seine eigene Produktionsfirma *Cheyenne Enterprises* zu gründen, und sein Bruder David Willis, der den Job als *vice president* von Willis' *Flying Heart Films* gegen sein eigenes Produktionsunternehmen *Ixnay Pix* getauscht hat.

Der Actionheld Bruce Willis aber scheint weiter weg denn je, so wie auch *Die Hard 4* plötzlich wieder gänzlich unkonkret scheint. Nie mehr *kiss kiss bang bang*? Wir würden ihn und sein Unterhemd vermissen! ❑

Anmerkungen

1   http://mrshowbiz.go.com/people/brucewillis/content/Bio.html
2   Roger Ebert: ARMAGEDDON. In: Chicago Sun-Times, 1.7.1998.
3   John Parker: Bruce Willis. The Unauthorised Biography. London 1997, S. 3.
4   Berndt Schulz: Bruce Willis. Hollywoods neuer Superstar. Bergisch-Gladbach 1992, S. 13.
5   Bruce Willis: »Bei uns gab es nicht viele Umarmungen.« Zitiert nach: Lawrence Grobel: Bruno's World. In: Playboy, Nov. 1988.
6   Parker, a.a.O., S. 8.
7   Ebenda, S. 17.
8   Hin und wieder taucht der Hinweis auf, Bruce Willis habe als namentlich nicht genannter Statist auch in Rainer Erlers Sekten-Farce EIN GURU KOMMT (1982) mitgewirkt, was zumindest nicht unmöglich wäre, da ein Teil des Films in New York spielt. Der Regisseur kann sich jedoch nicht an Willis erinnern und vermutet in einem Fax an die Autorin, daß es sich eher um eine Verwechslung mit Ron Williams handelt.

9   Morgan Grendel: ABC's »Hands-Off« Experiment. In: The Los Angeles
     Times, 20.6.1985, Section 6, S. 1.

10   Die *Directors Guild of America* nominierte 1986 eine Episode in der
     Kategorie *Best Drama*, eine andere in der Kategorie *Best Comedy*; und
     die *Writers Guild of America* zeichnete MOONLIGHTING 1985 als *Be-
     ste Komödien-Serie* und 1986 als *Beste dramatische Serie* aus.

11   Parker, a.a.O., S. 30.

12   Schulz, a.a.O., S. 54f. Laut einer anderen Version flog Willis nach Los
     Angeles, um sich darüber hinwegzutrösten, daß er den Job in dem Seid-
     elman-Film nicht bekommen hatte: »Ich hatte in New York *screen tests*
     mit Madonna für DESPERATELY SEEKING SUSAN gemacht, aber die
     Rolle nicht bekommen, also beschloß ich, ein paar Urlaubstage in L.A.
     zu verbringen.« Zitiert nach: Grobel, a.a.O.

13   Schulz, a.a.O., S. 58.

14   Ebenda, S. 59.

15   Robert J. Thompson: Television's Second Golden Age. From *Hill Street
     Blues* to ER. New York 1997, S. 114.

16   Die durchschnittlichen Kosten für eine Episode einer einstündigen Fern-
     sehserie lagen 1986/87 bei 900.000 Dollar – MOONLIGHTING kostete
     fast doppelt soviel.

17   Joy Horowitz: The Madcap behind MOONLIGHTING. In: The New York
     Times, 30.3.1986, Section 6, S. 24.

18   Zitiert nach: Schulz, a.a.O., S. 98.

19   Laut Willis trennte man sich im Frieden: »Als Seagram und ich in gegen-
     seitigem Einverständnis beschlossen, keine weitere Werbung für den
     Golden Wine Cooler mehr zu produzieren, traf sich dies zufällig mit
     meinem persönlichen Entschluß, nicht mehr zu trinken. Ich hätte es
     unmoralisch gefunden, etwas zu promoten, das ich selbst nicht mehr
     tat.« Zitiert nach: Grobel, a.a.O.

20   Parker, a.a.O., S. 46.

21   »MOONLIGHTING wird meine letzte Fernsehsache für lange Zeit gewe-
     sen sein. Ich habe das Medium erforscht, so weit es mich interessiert.
     Ich fühle mich unter Zwang. Es gibt dort für mich nichts mehr zu
     entdecken.« Zitiert nach: Grobel, a.a.O.

22   Schulz, a.a.O., S. 63.

23   Zitiert nach Schulz, a.a.O., S. 146.

24   Horowitz, a.a.O.

25   Vgl. Parker, a.a.O., S. 42.

26   Schulz, a.a.O., S. 125.

27   Monica Collins: Farewell to Three Originals. *Ties*, *Vice* and MOON-
     LIGHTING Sign Off. In: Their Prime Times. They Were Magic. In: USA
     Today, 12.5.1989, S. 1D.

28   »Nicht mal ich kann die Leute dazu bringen, sich etwas anzusehen, was
     sie nicht sehen wollen. Versteht mich nicht falsch, ich liebe Euch zwei.
     Aber könnt Ihr es den Zuschauern wirklich verübeln? Von einer Gift-
     pflanze gemartert zu werden, macht mehr Spaß, als Euch beiden in
     letzter Zeit zuzuschauen ... Die Leute wollen nicht lachen, sie wollen
     Romantik. Und Romantik ist ein sehr zartes Geschöpf. Wenn's erst mal
     vorbei ist, ist's vorbei, und ich bedaure, aber für Euch ist es vorbei ...
     Das Publikum hat sich in Euch verliebt, als ihr Euch verliebt habt. Aber
     ihr konntet Euch nicht in alle Ewigkeit ineinander verlieben. Früher
     oder später mußtet Ihr wieder auf den Boden zurückkommen.«

29 Parker, a.a.O., S. 77.

30 New York Times, 15.2.1988.

31 Schulz, a.a.O., S. 171.

32 Zitiert nach: Schulz, a.a.O., S. 153.

33 http://mrshowbiz.go.com/people/brucewillis/content/Bio.html

34 Michael Althen: STIRB LANGSAM. In: Die Zeit, 12.11.1988.

35 Silver nennt THE LAST BOY SCOUT übrigens »eine meiner drei schreck-
    lichsten Lebenserfahrungen«. Vgl. Mark Singer: Die Joel Silver Show.
    In: Steadycam, Nr. 29, Frühjahr 1995, S. 77.

36 Ebenda, S. 75.

37 Variety, 4.7.1990, S. 24.

38 Singer, a.a.O., S. 71.

39 Schulz, a.a.O., S. 199.

40 Edward Gross: The Harder They Fall: Caught in the DIE HARD Syndro-
    me. In: Cinescape, April 1995, S. 28.

41 Schulz, a.a.O., S. 184.

42 Parker, a.a.O., S. 102.

43 Richard E. Grant: With Nails. London 1996, S. 146.

44 Parker, a.a.O., S. 109.

45 Ebenda.

46 MORTAL THOUGHTS ist einer der wenigen Filme, zu denen Alan Ru-
    dolph nicht auch das Drehbuch schrieb; außerdem kam er erst an Bord,
    als das Projekt schon weit fortgeschritten war: Ursprünglich hatte Co-
    Autor Claude Kerven den Film auch inszenieren sollen, wurde aber
    nach einer Woche Dreharbeiten von Demi Moore aufgrund »künstleri-
    scher Differenzen« gefeuert.

47 Schulz, a.a.O, S. 208.

48 Zitiert nach: Parker, a.a.O., S. 119.

49 Zu diesem Zeitpunkt ahnte noch niemand, daß er mit THE CASUA-
    LITIES OF WAR (Die Verdammten des Krieges; 1989) noch vor BONFIRE
    einen Flop präsentieren würde.

50 Vgl. Parker, a.a.O., S. 119.

51 Todd McCarty, Variety, 24.12.1990, S. 36.

52 Parker, a.a.O., S. 120.

53 Jeff Gordinier: Nice Cop Nasty Cop. In: Empire, Sept. 1995, S. 101.

54 »[...] there is no depth required by the role, and none given«, urteilte
    zum Beispiel der Kritiker der Variety. Cart., a.a.O., S. 37.

55 Zitiert nach: Gordinier, a.a.O., S. 101.

56 Ebenda.

57 Zitiert nach: Parker, a.a.O., S. 121.

58 Grant, a.a.O., S. 154f.

59 Schulz, a.a.O., S. 223.

60 Grant, a.a.O., S. 156.

61 Ebenda, S. 158.

62 Preview, Aug. 1991, zitiert nach: Schulz, a.a.O., S. 223.

63 Old Habits Never Die. In: Empire, Januar 1991, S. 9.

64 Norbert Grob: Erlesen, exquisit, leer. In: Die Zeit, 21.2.1992.

65 Karl Wegmann: Der Tod in der Toilette. In: die tageszeitung, 20.2.1992.

66 Todd McCarthy, Variety, 4.11.1991, S. 60.

67 1980 gewann KRAMER VS. KRAMER fünf *Academy Awards* in den Kate-
    gorien Bester Film, Beste Regie, Bester Schauspieler, Bestes adaptiertes
    Drehbuch und Beste weibliche Nebenrolle (Meryl Streep).

68 Parker, a.a.O., S. 127.

69 Vgl. Christopher Ames: Restoring the Black Man's Lethal Weapon. Race & Sexuality in Contemporary Cop Films. In: Journal of Popular Film & Television, Herbst 1992, S. 52-60.

70 Hans Schifferle: Angeschlagene Helden. In: Süddeutsche Zeitung, 18.3.1992.

71 Milan Pavlovic: Alphabet Cinema. Ein Streifzug durch neue amerikanische Filme. In: Steadycam, Nr. 21, Frühjahr 1992, S. 51.

72 Teresa Carpenter: Hope I Die Before I Get Old. In: Premiere (US), Sept. 1992, S. 72.

73 Ebenda, S. 76.

74 Parker, a.a.O., S. 150.

75 David Handelman: Soon to Be a Major Gimme-Cap-and-Sweatshirt-Dispensing Restaurant. In: Spy, Sept. 1991, S. 73.

76 Ebenda, S. 69.

77 *Planet Hollywood* steckt in Finanznöten. In: Berliner Zeitung, 7.5.1999.

78 Milan Pavlovic, Kölner Stadtanzeiger, o.D.

79 Todd McCarthy, Variety, 22.8.1994.

80 Zitiert nach: Dan McLeod: Never Say Die. In: Sky Magazine. Aug. 1995, S. 36.

81 Ebenda.

82 Drehbuchautor J.F. Lawton hatte das Script zu UNDER SIEGE ursprünglich für einen Darsteller wie Richard Gere oder Harrison Ford geschrieben, für einen Schauspieler also, dem das Publikum die Wandlung vom einfachen Koch zum hartgesottenen Retter abkaufen würde. Mit der Besetzung von Kampfsport-Zöpfchen Steven Seagal wurde diese Idee jedoch unterwandert. »Auf eine witzige Art funktionierte der Film so jedoch sogar noch besser, weil die Zuschauer von Anfang an wußten, daß er kein gewöhnlicher Koch war. Von der ersten Minute an liebten sie ihn, weil sie wußten, daß er den Gangstern gehörig in den Arsch treten würde.« – Lawton zitiert nach: Gross, a.a.O., S. 29f.

83 Zitiert nach: Gross, a.a.O., S. 29.

84 Der Held, der in Thorps Roman von einer Horde *bad guys* durch einen Skyscraper gejagt wird, heißt Joseph Leland, er ist älter als John McClane und besucht statt seiner Frau seine Tochter in dem Gebäude. Der Hauptunterschied von Film und Vorlage liegt jedoch darin, daß der Roman sein Augenmerk in erster Linie auf Lelands Abstieg in die Untiefen seiner Seele legt: »Im Buch erzeugt Gewalt immer mehr Gewalt, und der Wunsch nach Kontrolle endet stets in Versagen. Es gibt im Roman einen Moment, der im Film ausgespart ist: Nachdem Leland [nachdem er sich mit einem Feuerwehrschlauch vom Dach des Wolkenkratzers abgeseilt hat] durch ein Fenster in Sicherheit stürzt, landet er auf der Leiche des ersten Mannes, den er getötet hat. Es sollte eigentlich eine solche Reise in die Unterwelt werden.« – Rod Thorp zitiert nach: Gross, a.a.O., S. 28.

85 In der Romanvorlage *58 Minutes* besetzen rivalisierende Terroristenbanden den New Yorker John-F.-Kennedy-Flughafen und das Air Traffic Control System, um die Herausgabe eines gewissen Ed Wilson zu erpressen. Der frühere CIA-Agent, der inzwischen die Seiten gewechselt hat, hat Giftgas an Libyen verkauft.

86 Zitiert nach Edward Gross: Die Hardest. In: Cinescape, April 1995, S. 21.

87 Vgl. Mr. Showbiz, 24.10.1996.

88 Zitiert nach: Hier herrscht das Chaos. Interview von Dieter Oßwald. In: Berliner Zeitung, 22.6.1995.

89 Parker, a.a.O., S. 217.

90 Ebenda.

91 Ebenda, S. 218.

92 »Kein Grinsen, kein Stahlblick und kein verdutzter Gesichtsausdruck« – Parker, a.a.O., S. 219.

93 Bruce Willis im Interview mit Ulrich Lössl. In: Jetzt. Jugendmagazin der Süddeutschen Zeitung, 9.4.1996.

94 Franz Everschor: Sag mir, wo die Helden sind. In: film-dienst, 3/1997, S. 41.

95 Außerdem inszenierten Jack Sholder und Francis Ford Coppola Teile des Films ohne Credit.

96 Parker, a.a.O., S. 226.

97 Ebenda, S. 228.

98 Luc Besson: The Story of the Fifth Element. London 1997, S. 10.

99 Ebenda, S. 11.

100 Bruce Willis Cannes Bad Review. In: Mr. Showbiz, 8.5.1997.

101 Helmut Merschmann: Der Schakal. In: epd Film, 3/1998, S. 47.

102 Zitiert nach: Jan Distelmeyer: Ausnahmezustand. In: epd Film, 2/1999, S. 37.

103 Tom Dunkel: Bruce Willis Kicks Asteroid. In: George, Juli 1998, S. 78. In diesem Interview erklärt Willis auch, daß er 1996 Bob Dole nicht bei dessen Wahlkampf um das Präsidentschaftsamt unterstützt habe, weil der ein »nitwit« (Schwachkopf) sei.

104 Zitiert nach: Mr. Showbiz, 19.6.1998.

105 Ausführliches dazu unter BROADWAY BRAWLER, S. 234ff.

106 Dietmar Kanthak: ARMAGEDDON. In: epd Film, 8/1998, S. 46.

107 Bruce Willis auf der *Berlinale*-Pressekonferenz am 13.2.1999.

108 Ausführliches dazu unter BROADWAY BRAWLER, S. 234ff.

109 *The One Where Ross Meets Elizabeth's Dad* (ausgestrahlt am 27.4.2000), *The One Where Paul's the Man* (4.5.2000) und *The One With the Ring* (11.5.2000).

110 Die Zuschauerqoten in den USA werden ein wenig anders berechnet als in Deutschland: Die Quote (*rating*) mißt, wieviel Prozent aller Haushalte mit einem Fernseher das entsprechende Programm eingeschaltet hatten, der Marktanteil (*market share*) klärt darüber auf, wieviele Zuschauer von denen, die zu dieser Zeit fernsahen, das entsprechende Programm gewählt hatten.

111 In der Episode *The Storm (2)*, ausgestrahlt am 18.2.1999.

112 In der Gruppe der 18- bis 49jährigen brachte es die *ER*-Folge sogar auf 42, beziehungsweise 16,2 Prozent.

Die Filme

Miami Vice: »No Exit« (1984)

Von Lars Penning

Bruce Willis, der notorische Feinripp-Unterhemden-Träger, als Gaststar bei MIAMI VICE, wo selbst die Cops bei Armani schneidern lassen. Kann das gutgehen? Wird die Kostümabteilung wenigstens einen ordentlichen Anzug für Bruce bereithalten? Oder muß Don Johnson beim Beschatten des Schurken zur Tarnung Jogginghosen und Badelatschen tragen? Wird es zum ultimativen Zusammenstoß von Modewelten und Lebenskonzepten kommen? Fragen über Fragen ...

Es beginnt auch gleich sehr vielversprechend: mit Don Johnsons goldener Uhr. Lässig stützt der in ein weißes Sakko gewandete Polizist den Arm auf die Tür seines Sport-Cabriolets und streckt uns den teuren Chronometer entgegen. Dann der Schock: Bruce übertrumpft ihn spielend mit einer Kombination aus eleganter schwarzer Hose, einem weißen Designerhemd mit blauen Sprenkeln und einer coolen Sonnenbrille. Zudem wohnt er in einem Luxusapartment mit Swimmingpool, das man sich eben nur als Waffenhändler und nicht etwa als Beamter im Öffentlichen Dienst leisten kann. Und er fährt Maserati! Oder besser: Er läßt fahren.

Trotzig schlägt Don Johnson zurück: mit einem sonnengelben Muscle-Shirt, von dem sich die vornehme klare Linie des dunklen Pistolenhalfters besonders kontrastreich abhebt. Außerdem kann man nun endlich seinen gleichmäßig gebräunten Bizeps bewundern. Bruce, der hier Tony Amato heißt, schlägt auch, allerdings nur seine Frau – das gibt klare Abzüge in der B-Note. Obwohl nach Punkten jetzt wieder leicht in Führung liegend, zeigt sich Johnson empört: »Ich bin nicht Polizist geworden, um so etwas zuzulassen!«

Derart ins Hintertreffen geraten, setzt Bruce jetzt seine stärkste Waffe ein: Mit einem überraschenden Grinsen, das sein Gesicht in

Das Duell: Willis gegen Armani

die berühmte, immer etwas sarkastisch wirkende Schieflage bringt, gleicht er die vorangegangene Schlappe umgehend wieder aus. In Kombination mit einem öligen Phil-Collins-Song entwickelt sein Lächeln eine nahezu tödliche Wirkung. Und fast scheint Bruce zu triumphieren: Obwohl von den Miami-Vice-Cops unter relativ undramatischen Umständen bereits festgenommen, muß er auf Intervention irgendeines Konkurrenzvereins doch augenblicklich wieder freigelassen werden. Zur Feier des Tages trägt er ein sehr schönes sportives Hemd mit schwarzweißem Muster. Glücklicherweise besitzt der Regisseur die Pietät, nicht die – sich wohl zwangsläufig auf

dem guten Stück abzeichnenden – Einschußlöcher zu zeigen, als plötzlich die gequälte Gattin mit einer unpassend unhandlichen Pistole auftaucht. Stattdessen endet diese Folge der beliebten Kriminal-Reihe mit einer geschmackvoll eingefrorenen Großaufnahme von Don Johnsons entsetztem Gesicht.

Diese menschliche Entgleisung gibt den endgültigen Ausschlag: Trotz seines letztlich letalen Abgangs klarer Sieger im Lifestyle-Duell – *the one and only Bruce Willis*. ❏

Das Finale: Menschliche Entgleisung

Moonlighting (1985-89)

Von Annette Kilzer

Einer der knackigsten Sprüche, mit denen Bruce Willis mal wieder sein hemdsärmeliges Kernseifen-Naturell unterstrich, könnte glatt von David Addison stammen. »Warum kann eine Frau«, wunderte sich Willis, »nicht Gesicht und Körper mit derselben Seife waschen?« [1]

Gut zehn Jahre, bevor mit *Ally McBeal* das Zeitalter der »Fishisms« im Fernsehen anbrach, war TV-Detektiv Addison für die coolsten Lebensweisheiten verantwortlich. »Können Fliegen fliegen? Können Enten entern?«, »Kann ein Pfahl sich als Zaun fühlen?« oder »Ist rechts links?« lauten nur einige seiner legendären One-Liner, die sich im Laufe der Serie regelrecht zu absurden Stories auswuchsen. Als Maddie Hayes (Cybill Shepherd), seine weizenkeimblonde Partnerin in der *Blue Moon* Agentur, mal wieder von Skrupeln und Zögern gepackt wird, überzeugt er sie, daß wer nichts wagt, auch nichts gewinnt: »Alexander Graham Bell hat auch nicht in seiner Werkstatt gesessen und überlegt: Wozu soll ich das Telefon erfinden? Wen soll ich anrufen? Oh nein! Er hat getan, was zu tun war, eine Nummer gewählt, und irgendwann hatten die Leute genug von dem Geklingel und haben sich Telefone gekauft, um rangehen zu können.« Got it, honey?

Richtig philosophisch – und damit sind wir wieder bei der Seife und anderen Dingen, die einfach nicht in Männerhirne gehen wollen – wurde es stets, wenn Maddie und David gemeinsam Auto fuhren. Was andere Krimiserien gemeinhin aussparen (wenn nicht gerade ihr ganzes Daseinsprinzip darauf beruht, mit *Cobra 11*-mäßigen *car crashs* und *-chases* an der Adrenalinschraube zu drehen), gehörte in MOONLIGHTING zur kultforcierenden Routine. Ausgeglichen paritätisch saßen abwechselnd Maddie und David am Steuer des schicken Firmen-BMWs, wenn einem von ihnen mal wieder eine der essentiellen Fragen des Lebens keine Ruhe ließ. Da wollte David dann plötzlich wissen, warum Frauen spitzenbesetzte BHs tragen, die sich unter ihren dünnen Blusen abzeichnen: »Wenn man schon mal hinguckt, will man doch was anderes sehen!« Oder Maddie sinnierte, ob sie es als einzige merkwürdig fände, »wenn einem eine verheiratete Frau erzählt, daß sie ein Verhältnis beenden möchte, das nur aus Briefen besteht?« Worauf David in seiner unnachahmlichen Art konterte: »Kann man doch verstehen. In so kleinen Umschlägen läuft ohnehin nicht viel.« Ihre Diskussionen erinnern an die *Warum eigentlich ...?*-Rubrik im Magazin der *Süddeutschen Zeitung*. Bloß abwegiger, neurotischer, schlüpfriger. Sex nach dem Tod, das ist ein anderes ihrer Themen. Ob er daran glaube, will Maddie wissen. David: »Ohne Körper? Ist vielleicht sogar besser als nackt.« Maddie: »Du wärst bestimmt hinter jedem Engel her, der ein bißchen Französisch kann.«

Mit solchen zweideutigen Bonmots mauserte sich MOONLIGHTING zum Quotenhit der späten achtziger Jahre. Dabei fing doch alles ganz harmlos und relativ konventionell an. Eines Tages stellt das Ex-Model Maddie Hayes fest, daß sich ihr Finanzberater mit ihrer gesamten Kohle abgesetzt und ihr nichts als ein paar Abschreibungsgeschäfte gelassen hat, eines davon die *City of Angels Agency*. Als sie das Büro das erste Mal betritt, spielt Geschäftsführer David Addison mangels anderer Beschäftigung gerade Basketball in seinem Büro. Als seine schüchterne Empfangsdame Miss Dipesto (Allyce Beasley) die Tür öffnet, kippt der Eimer, der ihm als Korb dient, über ihren Kopf. »Lektion Nummer eins. Dale Carnegie«, belehrt Willis sie, »Sie müssen sich vorstellen, daß alle, die Ihnen zuhören, vollständig nackt sind.« Anzügliches Alligatorengrinsen in Richtung Shepherd. »'ne Menge Stoff zum Nachdenken, oder?«

Als Maddie die verlustreiche Detektei schließen will, überredet David (der sie zuerst mit *Miss März 1976* verwechselt) sie, den Laden stattdessen mit ihm gemeinsam zu schmeißen. Wenn er bislang so gut darin war, auftragsgemäß Miese zu machen, warum sollen sie dann nicht gemeinsam in die Gewinnzone brausen? »Kann Butter fliegen?« Doch Maddie hat gar keine Chance, sich zu wehren. Als ihr ein Sterbender heimlich eine gestohlene Uhr zusteckt, stecken *the beauty and the beast* ohnehin mitten in ihrem ersten Fall.

Die Anfangsfolgen vergehen damit, daß sich die kapriziöse Schönheitskönigin und Mr. Charming in der in *Blue Moon Agency* umgetauften Detektei zusammenraufen. Manchmal ist Maddie kurz davor, alles hinzuschmeißen. »Ich brauche einen Partner. Ohne Partner geht's nicht. Aber würde ich Sie mir als Partner aussuchen? Ich weiß nicht ...« So oder so ähnlich könnten sich auch die beiden Darsteller hinter den Kulissen gestritten haben. Denn relativ rasch machten Cybill Shepherd, der frühere Kinostar, dem die Serie ein Comeback verschaffen sollte, und der charismatische Newcomer Bruce Willis kein Geheimnis

Die Erörterung philosophischer Probleme im Auto: David Addison und Maddie Hayes (Cybill Shepherd)

Anything goes: ...

daraus, daß die Chemie zwischen ihnen nicht stimmte. Ihre Verbindung war hinter der Kamera genauso hochexplosiv wie auf dem Set. Weil er sie natürlich heimlich anhimmelt, muß David erst recht in Maddies Selbstzweifeln wühlen: »Es macht Sie wahnsinnig, sich vorzustellen, daß sie mich brauchen.« Maddie entrüstet: »Ich brauch' Sie doch nicht!« »Und ob Sie mich brauchen. Ohne mich wären sie schon längst untergegangen.« 1:0 für die Coolness-Fraktion.

Auch einen anderen Dialog könnten die Drehbuchautoren geradewegs dem Leben abgelauscht haben. Als die beiden *private eyes* in einer Modelagentur recherchieren, verzweifelt gerade die Bookerin: »Gibt es denn nirgendwo einen Mann, der gewöhnlich ist? Etwas blöd, vielleicht mit einem Ersatzreifen um die Mitte? Ich will einen von der Stange, ich will ›absolut gewöhnlich‹.« Plötzlich kreischt sie auf und deutet auf Willis. »Ich will den da! Ich will diese Type!« Und kurz darauf posiert David Addison in einem Hawaiihemd zwischen sechs Bikinigirls, die neckisch mit ihren Bällen spielen ... So ähnlich raufte sich auch Glenn Gordon Caron, der Schöpfer und Produzent der Serie, die Haare, als er einen Tag vor Entscheidungsschluß unter 3000 Schauspielern noch immer keinen Kandidaten für die männliche Hauptrolle gefunden hatte. Ihm waren die Bewerber alle zu glatt, zu geschniegelt, zu schön. Auch er wollte 'nen echten Kerl. So einen wie die Helden der Screwball Comedies der dreißiger und vierziger Jahre, die sich mit ihren Partnerinnen einen unerbittlichen verbalen Geschlechterkampf lieferten. Jemand wie Cary Grant, Spencer Tracy, vielleicht sogar wie Humphrey Bogart. Rauhe Schale, weicher Kern. Als dann am allerletzten Tag ein absoluter Nobody mit dem frechsten Grinsen seit Clark Gable vorsprach, hatte Caron endlich seine Wunschbesetzung gefunden (die es freilich noch gegen die Vorbehalte der Senderverantwortlichen bei ABC durchzusetzen galt).

Nachdem sich die Serie nach dem eher müden Pilotfilm erst mal warmgelaufen hatte, zählte MOONLIGHTING mit seinem abstrusen und versponnenen Humor zum Extravagantesten und nicht allein wegen der allgemein unterschätzten Cybill Shepherd zum Elegantesten, was das Fernsehen je hervorgebracht hat. (Mit welcher respektlosen Rotzigkeit Shepherd später in ihrer Sitcom *Cybill* giftgetränkte Pfeile auf die Branche abfeuerte und mit welcher Selbstironie sie die Rolle einer ehemals begehrten, verehrten und umschwärmten, inzwischen aber zu Direct-to-Video-Filmchen und Werbespots abgeschobenen Schauspielerin spielte, ist eine Klasse für sich.) MOONLIGHTING ist aber auch ein exzellentes Beispiel dafür, wie weit die Meinung der Macher über das, was lustig ist, und dem, was wirklich originell ist und wofür die Zuschauer eine Serie lieben lernen, auseinanderklafft. Denn wie bei den meisten Serien, die später zum Kult avancieren würden, ist retrospektiv auch die erste Staffel von MOONLIGHTING ziemlich lahm im Vergleich zu dem raffinierten Mix aus Zitaten und überbordenden Verweisen auf die Popkultur, selbstreflexiven Jokes und frechen Grenzüberschreitungen der späteren Folgen. Die Kriminalfälle – selbst der berühmte Anselmo-Fall, an dem die Agentur seit ihrer Gründung recherchierte – rückten im Verlauf der Serie immer mehr in den Hintergrund, stattdessen dominierte nach und nach die Form über den Inhalt. Da rannten die Schauspieler bei einer wilden Verfolgungsjagd plötzlich schon mal aus den Kulissen, übers Studiogelände und zurück ins *Blue Moon*-Büro. Maddie und David lasen vor Beginn der eigentlichen Handlung Zuschauerpost vor, sie nutzen retardierende Handlungsmomente, um das Script zu diskutieren (»Entweder einer lügt, oder der Autor hat die Szene vervielfältigt«), wandten sich direkt ans Publikum, und David träumte von einer Leinwandversion ihrer Fälle: »Und Mel Gibson spielt meine Lebensgeschichte.« Denn dies waren die Achtziger, das Jahrzehnt, in dem die Postmoderne die Massen erreichte. Das Zeitalter von BACK TO THE FUTURE (Zurück in die Zukunft; 1985; R: Robert Zemeckis) und Umberto-Eco-Exegese, Lyotards *La condition postmoderne* und *Punisher*-Comics, dekonstruktivistischer Architektur und literarischem *prat pack* [2]. Wie Steven Spielberg mit seiner Interpretation des gleichnamigen Cole-Porter-Klassikers als grandioses Opening von INDIANA JONES AND THE TEMPLE OF DOOM (Indiana Jones und der Tempel des Todes; 1983) proklamierte: *Anything Goes!* Da war's möglich, daß Willis vor einem DIE HARD-Plakat posiert oder Demi Moore bei ihrem Cameo-Auftritt anlechzt. In der vorletzten Folge wird Addison mit einem flüchtigen Schwerverbrecher verwechselt. Als er seine Unschuld beteuert, erlaubt sich der festnehmende Beamte einen müden Scherz: »Jaja, ich weiß, Sie sind Bruce Willis.«

Wie die Macher liegen auch Kritiker manchmal völlig daneben in ihrer Einschätzung, warum eine Serie funktioniert. So fallen die zwei am häufigsten zitierten Episoden – die rüde *Taming of the Shrew*-Persiflage *Atomic Shakespeare*, deren Humor irgendwo zwischen Marx Brothers und Zucker-Abrahams-Zucker oszilliert, und die von Orson Welles anmoderierte *Film noir*-Hommage *The Dream Sequence Always Rings Twice* – sicherlich aus dem Rahmen (und gehörten zu den teuersten und am aufwendigsten produzierten Folgen). Aber sie repräsentieren nicht das, was das eigentlich Aufregende an MOONLIGHTING war. Hoffnungslos *overhyped*, schielen sie schamlos auf den schnellen Lacher und den billigen (kunst-)handwerklichen Effekt. Das wirklich Schöne an *Atomic Shakespeare* ist dann auch nicht, wie Willis mit seiner coolen Ray-Ban auf der Nase auf einem ebenfalls mit Sonnenbrille geschmückten Pferd in Padua einreitet und sich auf einen krummen Deal einläßt, um die widerspenstige Kate zu ehelichen, sondern die Rahmenhandlung. Da will ein kleiner Junge nämlich lieber MOONLIGHTING schauen statt seine Englisch-Hausarbeiten zu machen. Doch seine Mutter läßt

... Demi Moores Cameo

sich auf keine Diskussionen ein und schaltet die Glotze ab. »Mum, was machst du denn da?« – »Hast du deine Hausarbeiten schon gemacht?« – »Aber das ist meine Lieblingssendung!« – »Lieblingssendung?« – »Ja, du weißt schon, die Serie mit den zwei Detektiven, Mann und Frau.« – »Und sie streiten sich dauernd, und eigentlich wollen sie nur miteinander schlafen.« – »Ja.« – »Ein schöner Quatsch!« Denn neben den immer wilderen und schamloseren Regelverletzungen fesselte insbesondere die prickelnde Attraktion zwischen der kühlen Blonden und dem jungenhaften Charmebolzen die Zuschauer an den Bildschirm. Je heftiger zwischen ihnen die Fetzen flogen, desto unerträglicher wurde die Vorfreude darauf, wann es zwischen den beiden endlich so richtig und offiziell rappeln würde. Sie küßten und sie schlugen sich – das war ihr Rezept, bis die schwüle Erwartung kaum noch auszuhalten war. Doch kaum stiegen David und Maddie miteinander ins Bett, war die Luft raus – auch aus der Serie. Sie schleppten sich noch durch zwei Staffeln, dann konnte sich Shepherd endlich ihren neugeborenen Zwillingstöchtern und Willis seinem quasi über Nacht einsetzenden Ruhm widmen.

Am 14. Mai 1989 stellte die *Blue Moon*-Detektivagentur ihre Ermittlungen ein. Der Anselmo-Fall wurde nie gelöst.   ❑

Anmerkungen

1   Zitiert nach: Dietmar Bittrich: Das Rätsel Frau. In: GQ, Mai 1998, S. 186.
2   In Anspielung auf das sogenannte *Rat Pack* der fünfziger/sechziger Jahre, die Clique um Frank Sinatra, Dean Martin, Sammy Davis Jr. und Peter Lawson, titulierte die Presse die junge Schauspielerriege, die Mitte Achtziger mit Teenie- und Ensemblefilmen wie THE BREAKFAST CLUB (Der Frühstücksclub; 1984; R: John Hughes), FERRIS BUELLER'S DAY OFF (Ferris macht blau; 1986; R: John Hughes) und ST. ELMO'S FIRE (St. Elmo's Fire – Die Leidenschaft brennt tief; 1984; R: Joel Schumacher; unter anderem mit Demi Moore) ansetzte, Hollywood für sich zu erobern, als *Brat Pack* (brat = Balg, Göre). Zur selben Zeit betrat mit Jay McInerney, Tama Janowitz und Bret Easton Ellis eine neue Generation junger Autoren die Szene und wurde *Prat Pack* (prate = schwatzen, plappern) getauft.

Twilight Zone:
»Shatterday« (1985)

Von Annette Kilzer

Sechs Jahre lang, von 1959 bis 1965, lud Rod Serling das Fernsehpublikum ein, ihm in die *Twilight Zone* zu folgen: »There is a fifth dimension beyond that which is known to man. It is a dimension as vast as space and as timeless as infinity. It is the middle ground between light and shadow, between science and superstition, and it lies betweeen the pit of man's fears and the summit of his knowledge. This is the dimension of imagination. It is an area we call the Twilight Zone.« Dies war die stets gleiche Einführung in liebevoll und aufwendig inszenierte Kurzfilme zwischen Horror und Märchen, in Science-fiction- und Fantasy-Stories zwischen Schrecken und Poesie, oft geprägt von schwarzem Humor und meist mit einem ironischen Twist.

1982 nahm der Kinofilm TWILIGHT ZONE – THE MOVIE (Unheimliche Schattenlichter; R: John Landis, Steven Spielberg, Joe Dante, George Miller) die Tradition der längst zum Kult avancierten CBS-Serie wieder auf, bevor TWILIGHT ZONE 1985 auch auf die Fernsehmattscheibe zurückkehrte.

SHATTERDAY, die Premierenfolge des *relaunch*, wurde von Horrorpapst Wes Craven nach einer Kurzgeschichte des Fantasy-Autors Harlan Ellison inszeniert, der auch als *creative consultant* der Serie fungierte. Große Namen. Doch die Haupt-, die dazu noch eine Doppelrolle ist, spielte ein damaliger Nobody: Bruce Willis. »Er war ein junger Schauspieler, gerade mit dem Bus von New York nach Los Angeles gekommen. Niemand von uns kannte ihn, aber der *casting director* der Serie hatte ein untrügliches Gespür für kommende Stars«, erinnert sich Wes Craven. »Ich weiß noch, daß ich auch eine Episode mit Annie Potts gedreht habe, bevor sie bekannt wurde.« [1]

Statt des Präsentators Rod Serling führte bei den neuen Episoden eine Off-Stimme in die Geschichte ein: »Some push for what they need. Some push for what they want. Some people like Peter J. Novins just push. If they do it long enough and hard enough something might push back ... from the Twilight Zone.« SHATTERDAY ist ein Ein-Mann-Stück um zwei Personen – was im Fantasy-Genre natürlich meist heißt: um zwei Persönlichkeiten. Als Peter Novins Freundin Jamie sich wieder einmal zu einer Verabredung mit ihm in einer Bar verspätet, versucht er, sie im Büro anzurufen. Doch versehentlich wählt er seine eigene Telefonnummer. Schon hat er den Irrtum bemerkt und will auflegen – da nimmt am

Peter vs. Peter (1)

anderen Ende jemand den Hörer ab. Jemand, der behauptet, Peter Novins zu sein. Zunächst glaubt Peter an einen Einbrecher oder einen schlechten Scherz seiner Freunde. Doch die Stimme am anderen Ende der Leitung klingt zu sehr nach seiner eigenen, und der Unbekannte kennt auch Details aus Peters Vergangenheit. Bald ist klar: In Peter Novins' Wohnung wartet sein Alter ego auf ihn. Und da, wie die »beiden« erkennen, es unmöglich ist, daß zwei Körper zur selben Zeit am selben Ort sind, beginnen sie ein Katz-und-Maus-Spiel. Peter Nr. 1 versucht alles, um Peter Nr. 2 aus seiner Wohnung zu locken und somit wieder seinen Platz einnehmen zu können, er räumt, zum Beispiel, das Bankkonto leer. Doch wo der »alte« Peter pragmatisch denkt, argumentiert sein Widersacher existentialistisch: Sie könnten doch nicht ignorieren, was geschehen sei, und beide eine glückliche Existenz fortführen. Peter sei ja nicht einmal fähig, ein einziges erfülltes Leben zu leben (»... and the sad part is: You know it«). So ruft der »neue« Peter einen moral-philosophischen Wettstreit aus: »Maybe the one who deserves to be Peter Novins should be the one that takes on his life ...«

Das Ich ist gespalten, die Identität in Frage gestellt. Zwei Seelen wohnen, ach, in seiner Brust, wobei sich die eine als vom Körper abgetrennte Erscheinung manifestiert hat. Ein Doppelgänger. Das ist ein altbekannter Fantasy-Topos, ein Schauermärchen: Dr. Jekyll und Mr. Hyde, der böse Zwilling. So geht es auch in SHATTERDAY um »zu viel Wirklichkeit« im Sinne E.T.A. Hoffmanns, aber nicht, wie Susan Sontag formuliert, um »the age-old awareness of man that, sane, he is always periously close to insanity and unreason« [2]. Sondern um das genaue Gegenteil. Das Motiv des Doppelgängers, wie wir es vor allem aus der Literatur der Romantik kennen,

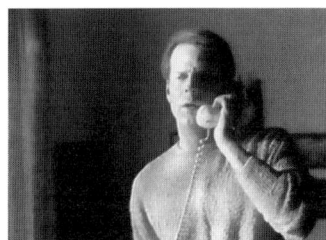

Peter vs. Peter (2)

ist hier auf den Kopf gestellt und wird so zur modernen Zivilisationskritik, zur Abrechnung mit dem hedonistischen und egozentrischen Yuppietum der achtziger Jahre, zur frühen Rache am *American Psycho*. Zwar ist auch in SHATTERDAY die Gewißheit, was Sein und was Schein, was Wahrheit und was Wahn ist, zerstört, auch hier umschlingen sich Phantasie und Wirklichkeit. Doch der Peter, der schließlich obsiegt, also derjenige, der vom Irrealis zur Realität wird, ist keine Inkarnation des Es, nicht die Entfesselung böser Triebe und uneingestandener Sehnsüchte. Sondern die Fleischwerdung des von Peter Novins unterdrückten Guten. Peter Nr. 2 gibt einen moralisch zweifelhaften Auftrag zurück, den der Karrierist Novins mit der wohlbekannten Entschuldigung »If not me somebody else would have taken it« angenommen hatte, und holt die kranke, seit über 20 Jahren verwitwete Mutter zu sich. Der Andere, das anfängliche Objekt, wird zum Selbst, zum Subjekt. Der Peter Novins aber, der einmal war, wird zur Erinnerung.

Wer der Stärkere sein wird, daran läßt Willis' Spiel von Anfang an nicht den geringsten Zweifel. Peter, der Yuppie und sprichwörtliche *pusher*, der Playboy und Bürohengst im schnieken Anzug, verliert seine arrogante Souveränität rasch an fahrige Gesten und eine angsterfüllte Mimik. Sein schickes Outfit wird mehr und mehr derangiert, schon als er aus der Bar stürmt, mehrere Passanten anrempelt, um zu einem Münztelefon zu gelangen, nervös ein Geldstück einwirft und aufgeregt wählt. Sein Gegenpart aber ist die Ruhe in Person, der entspannt neben dem heimischen Telefonapparat auf seinen eigenen Anruf wartet, ganz leger in einen Pullover gekleidet. Wenn er spricht, sind seine Lippen leicht geschürzt, typisch Willis, wie immer, wenn sich seine Charaktere ihrer Sache

Peter vs. Peter (3)

absolut sicher sind – ein Manierismus, den wir natürlich erst später kennen und zu interpretieren lernen sollten. Aber schon in dieser frühen TV-Rolle ist so Willis' späteres Leinwandimage als bodenständiger, »authentischer« Querkopf angelegt, als permanenter Einzelkämpfer, der sich doch nach Familie, Frieden und Gerechtigkeit sehnt, als Rebell gegen, wie John McClane es wohl formulieren würde, Arschkriecherei und Sesselpupser. Doch während die traditionellen *family values* hier triumphieren, wird die Krise des Egos bei den typischen Willis-Charakteren, die da noch kommen werden, nicht so leicht zu überwinden sein, liegt die Erschütterung und Enttäuschung bei ihnen tiefer. Aber auch dieser ewige Kampf wird schon in SHATTERDAY antizipiert, wenn der Off-Erzähler die Geschichte ausklingen läßt: »Peter Novins both victor and victim of a brief struggle of custody of a man's soul. A man who lost himself [...] somewhere in the ... Twilight Zone.«   ❑

Anmerkungen

1   Im Interview mit der Autorin. London, 19.4.2000.
2   Susan Sontag: Against Interpretation. New York 1966, S. 226.

The Return of Bruno (1987)

Von Annette Kilzer

Bruno Radolini – Superstar, Kultmusiker, Frauenschwarm. Ohne ihn hätte es wohl nie die *Beatles* gegeben, denn er stellte einst Ringo Starr und George Harrison einander vor. Er war es auch, der *Kiss* anriet, sich ein diabolisches Glam-Rock-Image mit wildem Make-up und schrillen Kostümen zuzulegen (bis dahin hatte sich die Band eher schlecht als recht mit gelegentlichen Auftritten auf Bar-Mizwah-Feiern durchgeschlagen). Jon Bon Jovi wußte in dem Moment, als er ihn zum ersten Mal hörte, daß er Musiker werden wollte, und Phil Collins schwärmt von ihm noch heute: »He was a real hero of mine. Phantastic bloke!«

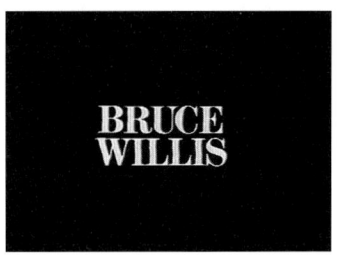

Die Fans verehren, die Kollegen bewundern ihn. Aber wer ist dieser Bruno Radolini eigentlich?

Seine Karriere beginnt in den sechziger Jahren im *Tunnel Club* in Trenton, New Jersey. Dort tritt er erstmals mit schwarzer Lederjacke und schmalziger Haartolle mit seiner Gruppe *The Bad Boys* auf. Ein Anfänger, aber einer mit Attitüde. Denn Bruno wußte schon immer ganz genau, was er wollte, und das hieß in diesem Fall: keinen Agenten, worüber sich die Band später auch zerstreiten sollte.

Nächste Station Pittsburgh. Bei seinem ersten TV-Auftritt in der Show *American Bandstand* macht Bruno vor laufender Kamera den Drummer zur Sau, weil der den Takt nicht halten kann. Danach Woodstock. Mit Lederstirnband und Flickenjeans tobt Bruno über die Bühne und heizt den Zuhörern gehörig ein. In der Branche löst es noch heute unverständliches Kopfschütteln aus, daß ausgerechnet Bruno weder auf dem Woodstock-Album vertreten noch in dem gleichnamigen Film zu sehen ist. Dabei war das Festival doch eigentlich seine Idee! Es folgte Brunos psychedelische Phase, die 1969 sogar in einem eigenen Kinofilm, *No One's Home*, gipfelte. Sein Acid-Konsum zu dieser Zeit ist legendär, auch wenn sein Manager stets betonte, daß es sich bei der Substanz, die er sich da fröhlich einpfiff, lediglich um Traubenzucker handelte ...

Bruce Willis ist Bruno Radolini, und das nicht nur, weil der (erfundene) Musiker Willis' Spitznamen trägt, der ihm seit der High School anhängt. In jeder Einstellung dieser HBO-Produktion, die noch vor Willis' Kinokarriere entstand, als er »nur« der Fernsehstar aus MOONLIGHTING war (und bei der es daher um so erstaunlicher ist, wieviele *celebrities* er für einen Gastauftritt gewinnen konnte, von Elton John über Michael J. Fox bis hin zu Wolfman Jack und Joan Baez), spürt man, welch schier kindliches Vergnügen es ihm bereitete, in den verschiedensten Kostümen den Rockstar zu

Stationen einer Karriere: Bruno Radolini schreibt Rockgeschichte ...

... und kehrt als Jago zurück

mimen. Der erste Teil von THE RETURN OF BRUNO, der im Stil eines *mockumentarys* die Karriere von Bruno Radolini nachzeichnet, dauert knapp 30 Minuten. Doch in dieser halben Stunde absolviert Willis so viele Kostümwechsel und trägt so viele unterschiedliche Frisuren wie später in NORTH, THE JACKAL oder THE STORY OF US in einem ganzen Film. Ob als Teddy-Boy in enger Hose oder als Hippie im Batik-T-Shirt, als Robert-Palmer-Double oder Opernhüne – die Lust an der Verkleidung und dem Rollenspiel ist offenbar. Ganz authentisch hingegen erscheint Willis in der zweiten Hälfte des Films, der aus einem Konzertmitschnitt seiner Band *Bruno & the Heaters* besteht. *You can't beat the real thing.* Auch hier entdeckt man die manierierten Posen eines Rockstars, doch mögen sie zwar genauso einstudiert sein, so sind sie diesmal doch ehrlich gemeint. Hier betreibt Willis kein Spiel mit wechselnden Identitäten und Images, sondern beschwört den *working class*-Rokker herauf, der in der rauhen Luft des Industriegürtels am Delaware River in New Jersey aufgewachsen ist, gerade mal 70 Meilen entfernt von Bruce Springsteens Heimatstadt Freehold.

Auch wer Willis als Musiker bislang noch nicht kannte, ahnt nach diesem Auftritt, welche Szenen ihm in THE RETURN OF BRUNO wahrscheinlich am meisten Spaß gemacht haben werden, nämlich Bruno Radolinis Post-Flower-Power-Phase in Detroit. Die Motor-City mit dem Motown-Sound erweist sich für einen weißen Jungen natürlich als hartes Pflaster. Er muß sich zunächst als Autoverkäufer durchschlagen, bis er endlich gemeinsam mit den *Temptations Under the Boardwalk* singen darf – ein Stück, das sich nicht nur auf Bruce Willis' *The Return of Bruno*-LP findet, sondern auch – genauso wie *Respect Yourself* – als Single ausgekoppelt wurde.

Reich wird Bruno damit allerdings nicht, die Gage reicht nicht mal für die Miete. Also verlegt er sich auf etwas Kommerzielles und spielt im weißen SATURDAY NIGHT FEVER-Anzug in einem Discofilm zur Musik der *Bee Gees*. Doch dem Zwischenhoch folgt ein weiteres Tief. Nach dem Desaster mit dem Projekt *Bruno's Basement*, bei dem Bruno von vier lasziv-coolen Girls am Baß begleitet wurde, ist der Star plötzlich abgetaucht. Gerüchte kursieren, er habe in dieser Zeit Domino Pizza erfunden, sei Howard Hughes' Lover gewesen oder als Mönch ins Kloster gegangen. Manche behaupten sogar, er habe unter dem Namen Bruce Lee eine Filmkarriere gestartet. Doch dann taucht Bruno Radolini wieder auf: in der *Metropolitan Opera*, wo er den Jago in Verdis *Othello* singt. Das ist die Wiederkehr, *the return of Bruno*. ❏

Das Konzert von *Bruno & the Heaters*

Blind Date (1987)

Von Fritz Göttler

Eine elektrische Gitarre. Aufrecht an die Wand des Schlafzimmers gelehnt. Seit langem hat sie keiner mehr in der Hand gehabt. Eher ein Dekorstück als ein Gebrauchsgegenstand. Nicht benutzt wurde auch das Bett, dessen Tagesdecke säuberlich, sehr kunstvoll, glatt zurechtgemacht ist. Die Kamera schwenkt durchs Zimmer, der Radiowecker klickt. Ein munterer Lokalsender. Walter Davis (Bruce Willis) schreckt hoch vom Arbeitstisch. Eine Mikro-Schrecksekunde. Er ist, irgendwann zwischen Mitternacht und Morgen, vor seinem PC eingepennt. Innerhalb weniger Sekunden ist Walter unterwegs, Richtung Büro. Hastige, gleichwohl genaue Bewegungen, die Mechanik eines Somnambulen. Er nestelt die Krawatte zurecht, dann zieht er sie an die Nase hoch, um das Hemd zu wechseln. Stopft Papiere in den Aktenkoffer – Konzepte, ein PC-Ausdruck. Einer, der – man weiß es von diesen ersten Sekunden an – nie zu spät sein wird, aber auch nie zurecht kommen kann.

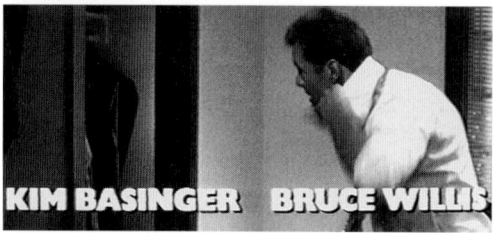

Walter bewegt sich in einer Zeit, die weder real ist noch im Irrealis. Erinnerungen durchziehen diesen Film – wie viele andere von Blake Edwards – an das Goldene Zeitalter des Slapstick und das Silberne der *screwball comedy*, des großen Kinos der *silver screen*. Der Film wirkt heute rührend prähistorisch – einer der allerletzten vor der totalen Kommunikation, vor Laptop und Handy.

Schlafen, wachen, träumen ... Ein Leben wie in Trance, für das einst, in den Sechzigern, Jerry Lewis stand. Willis muß wie ein Amateur wirken neben ihm, man darf das nicht vergessen, wenn man seine Figur untersucht. Wenn er zum Meeting mit seinem Chef hastet, steht der Kragen schief, ist die Krawatte verrutscht, aber in letzter Sekunde bringt er beides mit raschem Griff in Ordnung.

Der Gegenspieler und Kontrahent – ganz Akkuratesse und Armani. Ein Männertraum, L.A.-Fieber, schwärmerisch erinnert. Eine Frau, in einer Limo, das Schiebedach offen. Es ist nach Mitternacht, über dir der Himmel, du nimmst sie von hinten, im Stehen, bei 60 Meilen in der Stunde.

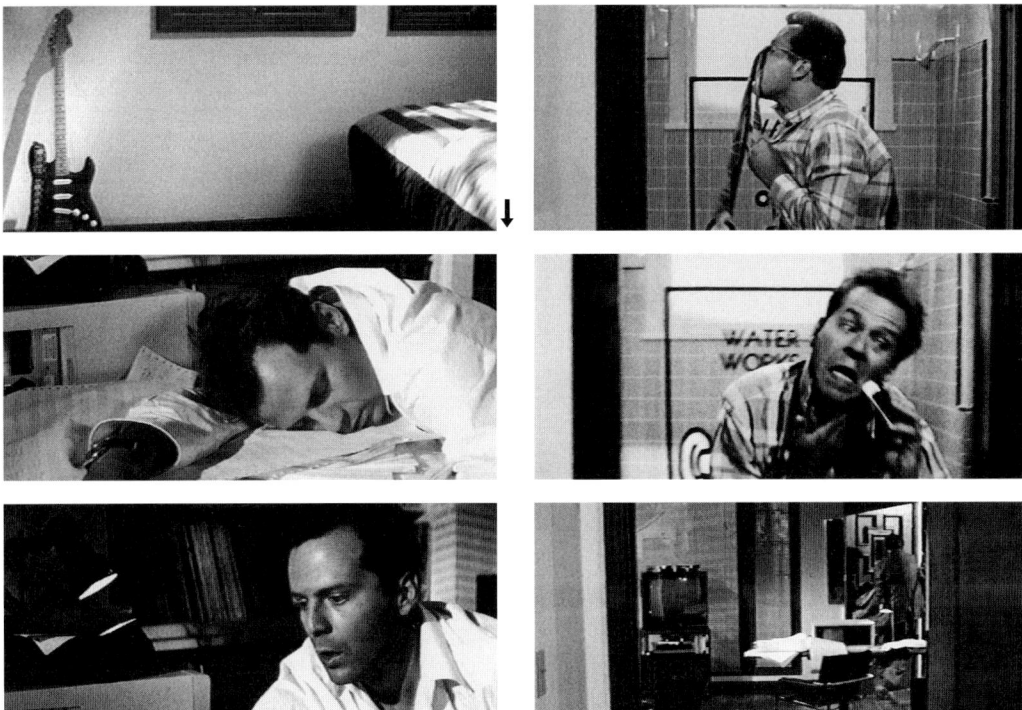

Das hast du dir ausgedacht, das ist nie passiert, sagt Walter und – wenn der Kollege ihm zum Beweis ein Bild zeigt –: Das ist sexistisch. Timing ist alles in der Welt des Blake Edwards. Ein Mensch, das ist für ihn vor allem ein Rhythmus; für das Gesicht, die Figur hat er kaum einen Blick. Daß Kim Basinger in seinem Film immer die Mähne ins Gesicht fällt, hat manchen Kritiker enerviert – »Ihre Augen sind doch am wichtigsten«, hat Roger Ebert sich erregt –, aber Edwards hat es nicht gekümmert. Wichtiger war ihm, wie Basinger am Morgen nach der schlimmen Nacht sich in einem fremden Bett herumwälzt und dabei, von ihren Problemen erzählend, in Schräglage gerät.

Auch Willis sträubt sich manchmal das kurze, noch dichte Haar. Walter ist ein Naiver, der *one concubine kind of guy*. Ein Wilhelm Meister, ein Hamlet der amerikanischen West Coast. Seine Ophelia schließt ihn kurz mit europäischer Melancholie, sie kommt aus Baton Rouge. Sie läßt ihn erkennen, daß seine Zeit *out of joint* ist. Ein Film aus lauter Versatzstücken, zusammengebastelt aus THE PARTY (Der Partyschreck; 1967), BREAKFAST AT TIFFANY'S (Frühstück bei Tiffany; 1960) und den Clouseau-Filmen.

Einer, der nie zurechtkommen kann: Bruce Willis als Walter Davis

Blick in die Zukunft: Walter, Nadia
(Kim Basinger)

Der US-Hamlet gibt sich pragmatisch. Schlimmer kann es ja
nun nicht mehr kommen, tröstet er sich, und schon drücken ihm
drei mörderische Streetgang-Cats die Pistole ins Gesicht. Die Szene ist geklaut, aus Edwards' DARLING LILI (1969), dem großen
Film über die Schwierigkeiten, in einer wirren Zeit wie dem Ersten
Weltkrieg seinen Rhythmus nicht zu verlieren.

Willis ist destruktiver, als man meinen möchte. Einer, der eine
Champagnerflasche kauft im Drugstore und sich dann im Auto
anschnallt. Er ahnt sehr schnell, blitzartig, beim Blick auf Nadias
Gesicht im Schein seiner Streichholzflamme, wie seine Zukunft
sein wird. Eine kleine Geste wird es uns verraten – wenn er mit
Nadia, vor dem Geschäftsessen mit dem japanischen Gast, ein
kleines Aufnahmestudio besucht, die Buddel Champagner in der
Papiertüte und zwei Plastikbecher in der Hand, wenn die zwei eine
halbe Stunde zuschauen und -hören, was Stanley Jordan mit seiner
Gitarre macht. »Did you bring your guitar?« – »I brought something
better ...« Beim Abschied dann die kleine Geste, im Gehen schon,
ein kurzes, kaum merkliches Heben der Hand ... Nur noch durch
ein kleines Chaos muß Walter noch, *a little fine mess*, dann ist der
Ex- und Noch-nicht-wieder-Hippie wieder am Strand gelandet,

mit einem Mädchen, einer Gitarre und einer Flasche Coke statt des Champagners.

Timothy Stack, Kim Basinger, Willis

Die erigierte Gitarre an der Wand, der einsame Amerikaner mit seiner Erektion. Edwards filmt Männerträume und was von ihnen bleibt, wenn man sie mit dem Leben zusammenbringt. Amerikas Helden stehen unter Wiederholungszwang. Bruce Willis erinnert an den jungen Jack Nicholson – EASY RIDER (1969; R: Dennis Hopper), FIVE EASY PIECES (1970; R: Bob Rafelson). BLIND DATE, das sind die letzten großen Ferien vor dem Erwachsenwerden. Das Hasch-mich-Spiel auf den Fluren und in den Schlafzimmern ist eine traurige Parodie im vorhinein von Willis' Actionfilmen. Was bleibt, sind die Dekorstücke der Erinnerung. Hör ich da Mambo ... Mach den *Moon Walk* für mich ...   ❏

Sunset (1988)

Von Michael Althen

Bruce Willis und James Garner – zwei Serienstars als echte Legenden, als Filmcowboy Tom Mix und Marshall Wyatt Earp. Natürlich hatten die beiden zu jener Zeit auch schon Filmrollen gespielt, aber ihren Ruhm verdankten sie dem Fernsehen. So überblenden sich hier *small screen* und *bigger than life*, Western

und Westen, Hollywood und Frontier, Realität und Legende. Und die entscheidenste Überschneidung ist wohl die der erfrischend altmodischen Inszenierung von Blake Edwards und den Bedingungen des Filmemachens Ende der Achtziger. Was man gegebenenfalls Schauwert nennen könnte, ist diese Mischung, bei der die verschiedensten Zeiten und Genres zusammenstoßen, aus denen unter dem Motto »Give or take a lie or two« neue Legenden gestrickt werden.

Bruce Willis spielt mit seinem MOONLIGHT-ING-Gesicht (an dem sich bis THE SIXTH SENSE auch nicht viel ändern wird) den Cowboydarsteller, der sich seiner anachronistischen Existenz voll bewußt ist und sie auf seine Art auslebt: Läßt sich im Dusenberg zum Set fahren, trägt mit unübersehbarer Eitelkeit Fantasiekostüme, die den Wilden Westen zur Travestie machen. Mal ganz in Weiß mit schwarzweißen Stiefeln, mal ganz in Schwarz mit einer riesigen Blumenstraußstickerei auf der Hemdenbrust. Und die Hosen trägt er in den Stiefeln, was ihm jenen leicht schwulen Touch verleiht, der auch dem echten Mix nicht abzusprechen war.

Als er erfährt, daß ihm für seinen neuen Film aus Publicity-Zwecken der echte Wyatt Earp als Berater zur Seite gestellt werden soll, ist er nicht gerade begeistert: »Ich bin nicht numero uno an den Kinokassen geworden, weil ich andere Leute spiele.« Andererseits erkennt er einen echten Mann, wenn ihm einer begegnet. Earp macht zwar nicht viel Aufhebens von seinem Legenden-Status, aber die beiden treffen sich in der Art und Weise, wie sie es mit der Wahrheit nicht so genau nehmen. Beide haben ihre Erfahrungen gemacht mit dem Spruch »When the legend becomes fact, print the legend.« Mix durch die Studiomaschinerie, Earp durch die Vermarktung des Westens, die keiner so schön vorexerziert hat wie Buffalo Bill. So

Anachronistische Existenz:
Willis als Tom Mix

begegnen sich Hollywood und der Wilde Westen in ihrer Fähigkeit, aus jeder Mücke einen Elefanten zu machen.

Bruce und Blake haben sich bei BLIND DATE kennen gelernt, und der Witz liegt darin, daß Bruce in SUNSET mit all jenen Posen durchkommt, die ihn in BLIND DATE ins Verderben geführt haben. Seine ständig zum süffisanten Grinsen vorgeschobene Schnute ist diesmal in jeder Situation der richtige Kommentar, und kaum einer kann *tongue in cheek* so wortwörtlich und gut spielen wie Willis. Stets sieht er aus, als würde er ein Drops zwischen den Backen hin und her rollen. Und keiner kann mit dem Bewußtsein, daß Cary Grant tot ist, so gut leben wie er. Er sieht nicht halb so gut aus wie seine Vorbilder, aber letztlich kommt es ohnehin nur auf die Haltung an. Pierce Brosnan, der doppelt so attraktiv ist, hat aus diesem Fernsehblick auf die Dinge nicht halb so viel gemacht wie Willis. Das muß man erstmal hinkriegen, auf die Bemerkung, man sitze verkehrt herum auf einem Pferd, zu antworten »Kommt drauf an, wer man ist und wie man's sieht« – und dabei noch eine gute Figur zu machen.

Außerdem glänzt er mit der abschließenden Bemerkung: »Ich bin ein Held. Ich meine, was ich sage.« Wovon das Stummfilmkino noch lebte, wird hier als *makebelieve* dekonstruiert. Tom Mix war ein Serial-Held – und Bruce Willis ist auch einer. Daß dazwischen Welten liegen, muß man nicht glauben.

Das Interessanteste an SUNSET ist allerdings die Rolle von Malcolm McDowell, der den Filmproduzenten spielt, der es einst

Kommt darauf an, wer man ist:
Willis mit Malcolm McDowell

vor der Kamera in der Rolle des *Happy Hobo* zu Ruhm gebracht hat.
Die den Komikern von damals unterliegende Grausamkeit, die
Perversität ihres Maskenspiels wird hier thematisiert – und vielleicht auch die Art, wie sich die Macht in Hollywood verschoben
hat. Da wäre dann Willis, der später den verkorksten Film BROAD-
WAY BRAWLER gegen einen *three picture deal* mit Disney einstamp-
fen ließ, der Endpunkt dieser Entwicklung, bei der die wahre Macht
in Hollywood immer bei den Schauspielern liegt, die stets wissen,
welches Gesicht sie aufsetzen müssen, um die Leute bei der Stange
zu halten.   ❑

Die Hard (1988)

Von Georg Seeßlen

Die Geschichte von DIE HARD ist so einfach und klassisch, wie ein B-Movie aus den fünfziger Jahren hätte sein können, wenn die Welt und das Kino damals schon so mit Kommunikationstechnik aufgeladen gewesen wären und ökonomische Globalisierung und weibliche White-Collar-Karrieren schon auf der geschichtlichen Agenda gestanden hätten. Und auch sein Held, verkörpert durch einen zwar nicht mehr unbekannten, aber doch vom Star-Status noch entfernten Bruce Willis, sah aus, wie ein guter Amerikaner im Kino in der Epoche des stählernen Lächelns aussah: geradlinig und eigensinnig, kräftig und ein bißchen tolpatschig. Er ist ein Städter, der sich an den alltäglichen Wahnsinn von Verkehr, Bürokratie und Gesellschaftsspielen gewöhnt hat, der austeilen und einstecken kann. Aber eigentlich ist auch immer noch etwas von diesem ländlichen Kerl in ihm, der am liebsten auf der Veranda sitzt und an einem Holzstock herumschnitzt, der zum Forellenfischen geht und für den Glück eine verläßliche Familie bedeutet, die auf ihn mit dem Abendessen wartet. Für das alles, natürlich, gibt es keine Chance in den späten achtziger Jahren. Die amerikanische Gesellschaft ist zwar ein wenig zur Ruhe gekommen, oder, besser gesagt, man hat sich mit der nächsten Form der Unruhe arrangiert. Jedenfalls steht die innere und äußere Existenz des Landes nicht auf dem Spiel, die Zeit der großen nationalen Katastrophen, Vietnam, die Kennedy-Morde, die »Rassenunruhen«, Watergate scheinen Geschichte. Der größte Teil der Energie der Menschen geht nun im wirtschaftlichen Überlebenskampf drauf. *The American Dream* ist wieder zur Privatsache geworden. So wie die Gewalt auch.

Der New Yorker Cop John McClane (Willis, natürlich) fliegt nach L.A., wo er mit seiner Frau Holly (Bonnie Bedelia) und den beiden Kindern Weihnachten zu feiern gedenkt. Holly hat ihre eigene Karriere bei einem japanischen Konzern gemacht, und das hat den Polizisten mehr als gekränkt. Die beiden haben sich getrennt, vorerst. Schon der Flug bringt McClane an den Rand seiner Möglichkeiten; einmal abgesehen davon, daß er unter Flugangst leidet, muß er sich auch noch mit den Passagieren herumärgern.

Auch seine Dienstpistole verursacht Aufregung – ist schon in Ordnung, McClane ist einer von den Guten. Das sagt sich so leicht. Im
Polizeifilm der letzten Jahre haben wir gelernt, daß die Gefahr auch
von dem Bullen ausgehen kann, der sich nicht an die Regeln hält.
Können sich Bullen überhaupt noch an Regeln halten? Bruce Willis
ist ein genervter, angespannter und mitgenommener Bulle.

Alles im Hochhaus des Konzerns spricht von der Verachtung
der Aufsteiger und Gewinner der neuen Ökonomie gegenüber Typen wie McClane – dementsprechend gereizt kommt er zu seiner
Frau in den 29. Stock, die obendrein gerade nicht nur Augen für ihn
hat. Holly wird geehrt bei der Feier, sie hat es geschafft. Die beiden
lieben sich gewiß noch, aber das Zusammenleben funktioniert einfach nicht. Und kurz nachdem McClane die Konzern-Welt erreicht
hat, in der gerade diese Weihnachtsparty gefeiert wird, zu der man
jemanden wie ihn nicht einlädt, geht der alte Streit auch schon
wieder los. John McClane zieht sich in den Waschraum zurück, er
kann es auch wirklich brauchen, sich ein wenig frisch zu machen.
Da dringt eine Gruppe schwerbewaffneter und mit allen Computer-
tricks vertrauter Terroristen in das Gebäude ein. Wachmänner
werden erschossen, Alarmanlagen außer Gefecht gesetzt und die
Mitarbeiter der japanischen Firma als Geisel genommen. Nur Mc-
Clane ist noch frei, mit ihm hat in der Tat niemand gerechnet. Er
beginnt einen Ein-Mann-Krieg gegen die Gang, klettert durch Lüf-
tungs- und Fahrstuhlschächte und dezimiert die Terroristen Mann
um Mann. Umgekehrt verliert er Kleidung und Übersicht, holt sich
blutige Füße und ein Sortiment anderer Verletzungen. Genauer
gesagt, ist es nicht nur ein Kampf gegen eine Überzahl von hoch-
gerüsteten Menschen, sondern vor allem der Kampf eines Körpers
gegen einen Plan, der Kampf gegen eine praktische Form von Logik,
die das feindliche *mastermind* Gruber (Alan Rickman) entwickelt
hat. Der Mann inszeniert eine mächtige Schau für die Polizei, aber
sein eigentliches Ziel ist sehr irdisch; es sind die 624 Millionen
Dollar in Wertpapieren, die im computergesicherten Safe lagern.
So kreisen in diesem Film die amerikanischen Genres umeinander:
der Western mit dem solitären Helden, der von der feigen Zivil-
gesellschaft im Stich gelassen wird, in deren Namen und für deren
Rettung er antritt; der Katastrophenfilm der siebziger Jahre, der die
Zerlegung seines eigenen Schauplatzes als moralisches Drama zum
Inhalt hat; das *big caper movie* mit seiner Vorliebe für abstrus
ausgeklügelte Manöver und Täuschungen; und schließlich der Polizeifilm mit seinen Seitenlinien von *buddy movie* und Einzelkämp-
fer-Phantasie – ganz buchstäblich wird McClane in diesem Film zu
einem »Barfußpolizisten« (von der Prise Ehefilm ganz zu schweigen, der überdies noch mit dem erzamerikanischen Motiv von Hin-
terwäldler- und Stadtschönheit spielt). Willis' »Authentizität« ist
also eine, die vor allem dem Ansturm vollständiger Bastelei widersteht, er muß so spielen, daß man das Gefühl hat, die Unwahr-

Körper gegen Raum: Bruce Willis als
John McClane

scheinlichkeiten des Drehbuchs wären Teil eines echt unwahr-
scheinlichen Underdog-Lebens.

   Daß der deutsche Terrorist Hans Gruber denselben Vornamen
hat wie der Held (was in der deutschen Synchronisation im übrigen
eher verwässert ist; dort wird er »Jack Gruber« genannt), macht ihn
zu einem semiotischen Spiegelbild: ein anderer Außenseiter, ein
anderer Eindringling, der das System haßt und seine Konsequenzen
zieht – Ethan Edwards und Scar aus THE SEARCHERS (Der schwarze Falke; 1956), ohne den inneren Reichtum und die Verzweiflung
der John-Ford-Charaktere. Einer ist der Alptraum des anderen.
Aber so, wie sich John McClane / Bruce Willis bemüht, nicht dem
Klischee vom schäbigen aber toughen Cop zu entsprechen, so erweist sich auch bei seinem Gegner, daß er nicht die große fremde
Bedrohung für die amerikanische Gesellschaft ist, sondern eigentlich nur ein ganz normaler Räuber. Der *running gag* der Serie, daß
hinter den terroristischen Aktivitäten immer nur materielle Interessen, gewöhnliche Diebe stehen, charakterisiert auch den Helden
selbst. Auch für ihn geht es um eine Ent-Täuschung, eine Form von
Entmythologisierung: Bruce Willis ist die bodenständige, skepti-
sche und in Maßen selbstironische Antwort auf die entrückten,
wahnsinnigen und seelenlosen Helden des Polizeifilms. Und John
hat es mit Hans und Franz (Alexander Godunov als blondmähniger
Wüterich mit der MP) zu tun, gleichsam einer neuen Form der

Je lädierter der Held ...

Katzenjammer Kids, das sind auch sehr, sehr böse, spielende Kinder.

McClane also muß den Plan der Bösen vereiteln, und in der Abfolge seiner Taten steckt als Motiv weniger der opfervolle Heroismus für die Gemeinschaft als vielmehr der Impuls, seine Frau zu retten. Wichtiger als die symbolische Verknüpfung von individueller Tat und sozialer Geste ist für ihn, daß er diese beiden Geschichten verknüpft, seine Liebesgeschichte und seine Arbeitsgeschichte. Das Medium dazu ist die Figur von Al Powell (Reginald Veljohnson). Der korpulente schwarze Polizist wird uns zunächst als eine positive Abspaltung präsentiert: Der liebende Ehemann, der Kuchen mit in sein Heim bringt, ist der mögliche Überbringer der erlösenden Nachricht zwischen den getrennten Ehepartnern. Wenn er tot sei, sagt McClane, soll er Holly sagen, wie sehr er sie geliebt habe – rührender Augenblick in einem Film, der ansonsten für Sentimentalitäten wenig Zeit hat, aber auch eine Charakterisierung des Bruce-Willis-Helden: Er ist, ganz anders als seine Vorläufer, zu Gefühlen fähig. Nur kann er sie, da er ganz wie ein Westerner, nicht direkt ausdrücken. So wird sein Kampf gegen das System der Gangster, gegen die Logik des Terrors und, wohlgemerkt, gegen die des Geldes und der Technologie (denen Holly ihren Aufstieg verdankt) nicht nur zum Kampf um ihre Rettung, sondern auch um all das, was er zu sagen und zu tun versäumt hat.

Wir sehen zu, wie ein Mann, dessen Kleidung und Körper immer deutlichere Spuren des Kampfes tragen, einfach nicht totzukriegen ist. Die klaustrophobe Situation, die sich schon im Flugzeug angekündigt hat, wiederholt sich in extremer Art. Niemand kommt herein und niemand heraus. McClanes einzige Chance ist es, immer dort zu sein, genauer: immer von dorther zu kommen, wo man ihn nicht erwartet. Bruce Willis also spielt einen Mann, der nicht nur mit seinen Gegnern kämpft, sondern auch mit diesem Raum. Er zersetzt dessen perfide Ordnung, wobei er, naturgemäß, einen Haufen Trümmer hinterläßt. So wird auch der Raum zu seinem Spiegelbild: Je lädierter dieser Held, desto lädierter ist auch der Raum, in dem er sich bewegt (und das meint das architektonische

Material des Schauplatzes ebenso wie die sinnliche Empfindung von Raum und die soziale Hierarchie).

Bruce Willis spielt einen Actionhelden im Stil der klassischen Westerner. Aus einer Zeit, in der die Helden dieses Genres ihre Taten noch ohne die asiatischen Formen und die kalten Berechnungen – ohne die »Verschmutzung« aus dem Süden sozusagen – mit letzter Kraft und zu keinem anderen Zwecke ausübten, als die eigene Geschichte wieder mit der *history* in Einklang zu bringen. Sein Trotz geht einher mit einer Form von Atemnot, die sich unzureichend in der Hyperventilation in den Actionszenen Erleichterung verschafft. In seinen angespannten Gesichtszügen ist zu lesen, wie wenig gleichgültig ihm, so ganz anders als bei manchen seiner Vorgänger, die Gefahr ist; er sieht ihr ins Auge wie einer, der sich gegen den Tod sträubt. Er setzt nicht nur Trotz und Haß, sondern auch seine Angst in kinetische Energie um.

Bruce Willis in DIE HARD ist, wie eigentlich jeder Cop in einem amerikanischen Polizeifilm, vor allem zu verstehen als eine Wiederkehr des Westerner im Dschungel der Stadt, im ewigen Bürgerkrieg des Kapitalismus. Wenn aber seine Vorläufer, die Erben von *Dirty Harry*, sich eher an die Spätphase der Gründungsmythologie anlehnten, an den Helden, der seinen Platz in der werdenden und schon wieder zerfallenden Gesellschaft verloren hat, so ist McClane eher an den klassischen Werten und Bildern orientiert. Er scheint näher an James Stewart als an Clint Eastwood. Nichts tut er mit dessen Kälte und Berechnung, nie scheint er sich seelisch so weit abzuschotten. Seine Augen lassen die Welt durchaus in sein Inneres; wenn er sie zusammenkneift, hat das einen praktischen Sinn (er kriegt Rauch seiner Zigarette in die Augen, oder er mag einfach nicht, wie man ihn ansieht oder was man ihn fragt). Wenn Bruce Willis zur Aktion schreitet, wenn er seinen Gegner fixiert, verändert sich sein Wesen, und dann saugt er so angespannt und aufgeregt die Luft ein wie Stewart das in den Western von Anthony Mann gemacht hat, bevor er mit seiner Winchester schoß. Nur der Versuch, wie dieser dann wieder zur Ruhe zu kommen, sich nach der Aktion in eine Situation der Entspannung zu bringen, gelingt nicht mehr.

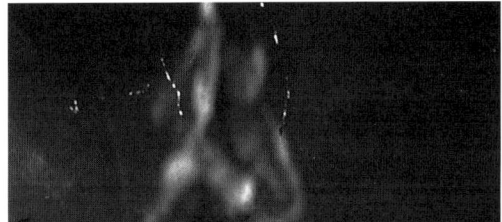

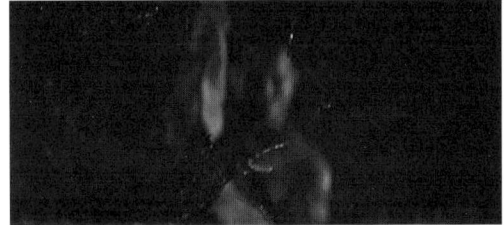

... desto lädierter der Raum

Der Erfolg von DIE HARD hat sicher mit den perfekt inszenierten Actionszenen, den unentwegten Schauwerten und dem Tempo zu tun, das Regisseur John McTiernan von Beginn an vorlegt. Aber DIE HARD machte, wie man so sagt, nicht nur Bruce Willis zum Actionstar, der vordem im eher komödiantischen Fach reüssiert hatte. Willis nutzte auch hier das schauspielerische Repertoire dieser Erfahrungen, und er setzte eine manchmal beinahe manieristisch wirkende Expressivität gegen das *dead pan acting* seiner Vorläufer wie Clint Eastwood oder Arnold Schwarzenegger. Nicht nur mit den Dingen und Körpern, sondern auch in Bruce Willis' Gesicht ist immer etwas los.

Bruce Willis' Darstellungsstil also veränderte auch das Actionkino, das Genre wurde, wenn man so will, wieder menschlicher. Aber er hysterisiert das Genre auch, macht noch aus den großen Selbstverständlichkeiten eine melodramatische Performance. Mit der großen Ruhe des amerikanischen Helden (die zuletzt eine Ruhe der Todesnähe geworden war) ist es vorbei. Bruce Willis hat so einiges von dem, was man als amerikanischen Nationalcharakter beschrieben hat, nicht mehr jedoch seinen Stoizismus. Vorbei aber ist es auch mit den phantastischen Spielen des Spielbergianismus: Willis und McTiernan machen, so unwahrscheinlich vieles in einem solchen Action-Overkill bleiben muß, deutlich, daß wir uns diesseits des Geträumten, inmitten einer Wirklichkeit befinden, deren Elemente nur darauf warten, auseinandergenommen und zu neuer Verwendung gebracht zu werden. Deutlicher als gewohnt ist in diesem durchaus blutigen Actionfilm auch eine Slapstick-Komödie verborgen, deren Held auf die Tücke der Menschen ebenso wie auf die Tücke der Objekte mit einer phantasievollen Destruktionsorgie reagiert.

In seinen Actionfilmen läuft Bruce Willis' spöttische Skepsis ins Leere und macht daher einer dramatischen Überaktion Platz. An diesem Punkt, zwischen der Selbstironie und dem dramatischen Überspielen, kommt die Ideologie auch in Willis' Darstellung zu sich: Nimmt man die ironische Brechung weg, so wäre DIE HARD ein Film, der gegen alles Ausländische polemisiert, der mit der Tradition der Selbstjustiz-Filme keineswegs bricht, der eine große Rachephantasie gegen alles Fremde, Moderne und Komplizierte inszeniert, und der, nicht zuletzt, seine Aversion gegen eben jene Medien schürt, die möglicherweise an der Niederlage in Vietnam, zumindest aber an der Aufdeckung des Watergate-Skandals beteiligt waren. Dann wäre McClane nichts weiter als noch einer dieser Kleinbürger, die zur Knarre greifen, um ihr Land zu »säubern«. Aber so spielt Willis diesen John McClane nicht. Genauer gesagt: Er holt gerade diese Kleinbürgerlichkeit aus seinem Charakter hervor und läßt ihn aber sperren gegen die ideologischen Schlußfolgerungen. Willis/McClane verkünden keine pathetischen Ableitungen aus der Geschichte vom kleinen Mann, der sich dem System des Bösen

Auch in Willis' Gesicht
ist immer etwas los

entgegengesetzt hat. Daher ist es nur folgerichtig, daß es auch
weiter keine »Belohnung« gibt, keine andere Erhöhung als die Feier
durch diese Presse, die man sowieso nicht ausstehen kann. So bleibt
es bedeutsam, daß diesem kleinen Mann seine Regelverstöße nur
gelingen können, eben weil er ein kleiner Mann ist und bleibt, mit
kleinen Träumen, kleinen Ansprüchen. Wenn es Polizeifilme gibt
wie, sagen wir, DIRTY HARRY (1971; R: Don Siegel), die beileibe
nicht so »rechts« sind wie ihre eigenen Helden, so ist möglicherweise der Bruce-Willis-Charakter in DIE HARD nicht so rechts wie der
Film.

Die kleinen Hagel von historisch-politischen Wirklichkeitspar-
tikeln, die McTiernan durch den Film jagt – »Das hier ist ja abgefah-
rener als in Saigon«, meint einer der FBI-Agenten, und sein Kollege
bedauert, daß er damals nicht dabei gewesen ist –, prallen an
McClane in der Regel ab. Wenn es ihm am Ende gelingt, durch die
spektakuläre Tat seine Privatangelegenheit zu regeln (wenngleich
auch auf sehr märchenhafte Weise), dann mißtraut er doch nach
wie vor seiner eigenen Erhebung. McClane will nicht zum Teil der
Täuschungen werden.

DIE HARD wurde die erfolgreichste Produktion des Jahres
1988. Er war für das amerikanische Actionkino, das von seiner
eigenen Krise noch nichts ahnte, zugleich letzte Rettung und Neuanfang. McTiernan selber sollte dann mit LAST ACTION HERO
(Der letzte Action-Held; 1993) eine Art der naiven Dekonstruk-
tion des Genres versuchen, während Bruce Willis mit Bedacht auf

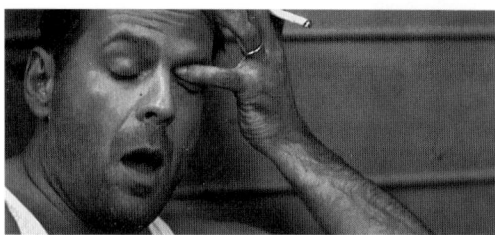

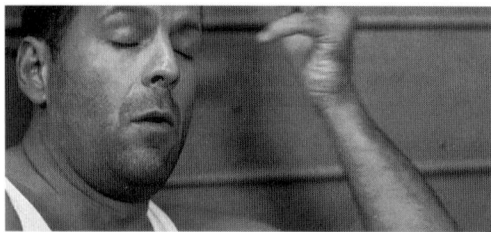

Da ist nicht mehr viel, was man ihm wegnehmen könnte:
Willis zu Beginn von DIE HARD WITH A VENGEANCE

Rollen in anderen Genres setzte. Er wollte kein Actionstar werden, sondern ein Schauspieler in Action-Filmen. Oder ein Rock 'n' Roll-Sänger (dessen zweite Platte den bezeichnenden Titel trägt: *If It Don't Kill You, It Just Makes You Stronger*), der den weißen Blues, einschließlich der unabdingbaren Präsentation des mehr oder weniger authentisch proletarischen Männerkörpers, im Kino fortsetzt.

Dem klassischen (Leinwand-)Helden mußte man etwas wegnehmen, eine wichtige Sache oder einen Menschen oder einen Begriff seiner Würde (zum Beispiel die »Ehre«), bevor er sich zum Handelnden wandelt. Bei Bruce Willis gibt es in der Regel nicht mehr viel, was man wegnehmen könnte, deshalb muß man einen Schritt weiter gehen. Man muß ihn körperlich verwunden. (Sogar in der so zivilen Rolle eines Therapeuten wie in COLOR OF NIGHT und THE SIXTH SENSE beginnt sein Weg mit einer Verletzung.) Die Vergangenheit dieses Mannes ist nicht von der einen, alles erklärenden Tragödie bestimmt. Er ist vielmehr jemand, der Fehler gemacht hat. Einer, der die Frage »Wer bin ich?« noch einmal stellen muß. Meistens in der amerikanischen Form des »Was kann ich?«

Als Bruce Willis DIE HARD drehte, galt er eigentlich als Spezialist für komische Rollen wie in Blake Edwards' SUNSET, wo er den Tom Mix spielte, der einem echten Westerner begegnet. Während Stallone und Schwarzenegger versuchten, in einigen Filmen ihr Image als harte Muskelmänner zu parodieren, ging er den umgekehrten Weg. Willis hatte die Parodie schon hinter sich. In den DIE HARD-Filmen weiß man, wie nah die Macho-Pose am Komischen ist, und gerade dies gibt dem Action-Helden eine Glaubwürdigkeit zurück, die er eigentlich schon verloren hatte. Burce Willis war dagegen gefeit, unfreiwillig komisch zu sein. Und während man Clint Eastwood beim Altwerden zusehen konnte, sah man dem schwitzenden und so bedeutsam wie untheatralisch blutenden Bruce Willis dabei zu, wie ein Männerbild seine eigene Demontage überlebt hatte. ❑

That's Adequate (1989)

Von A.K.

Sie kennen Columbia, Warner Brothers, Twentieth Century Fox, aber Sie haben noch nie von Adequate Pictures gehört? Dann wird's höchste Zeit, daß Sie sich diese Firmengeschichte ansehen. Tony Randall führt als Moderator durch die Sondersendung zur Feier des 60. Geburtstags des Filmstudios, »which for six decades has produced an almost endless stream of low budget, seldom released, often misunderstood masterpieces«.

Studiogründer Max Roebling landete seinen ersten Leinwandhit 1927 mit SLUT OF THE SOUTH, einer erotischen Version von D.W. Griffiths BIRTH OF A NATION. Er führte Komiker wie Billy Bumpkin (in THE KLONDIKE KID) und die Muck Brothers zum Erfolg, er produzierte mit SINGIN' IN THE SYNAGOGE den ersten Tonfilm. Und er gab einem jungen aufstrebenden Schauspieler namens Bruce Willis eine Chance. Im Interview erinnert sich der Star dankbar daran, wie ihm Max Roebling 1971 seine erste Filmrolle anbot: als Shetlandpony. Noch lange danach blieb Willis den Tierrollen treu und spielte in seinem nächsten Film einen Hund. In einer Mischung aus Lassie und Rin Tin Tin mimte er einen tierischen Undercoveragent, der schließlich mit einer Meute Collies durchbrennt – »a Rat Pack movie with dogs« (Willis). Einmal absolvierte er einen riskanten Stunt als Deutscher Schäferhund und zerfetzte mit seinen Krallen dabei das Luftkissen, das ihn weich auffangen sollte. Da kam Max zu ihm und streichelte ihm den Kopf – oder hätte es sicherlich getan, erinnert sich Bruce, wenn man seinen zerschundenen Körper bloß aus seinem Kostüm hätte befreien können.

THAT'S ADEQUATE ist eine Parodie auf die Gründungsväter Hollywoods. Ein *mockumentary*, eine Fake-Doku aus Original-Filmausschnitten und neu gedrehtem Material. Bruce Willis bestreitet in ihr vier kurze Interviewszenen – leider ohne jemals sein Hundekostüm anzulegen. Doch selbst das hätte den Film wahrscheinlich nicht davor bewahren können, so jämmerlich unkomisch zu sein, daß sich die Herren Goldwyn, Warner, Laemmle & Co. wohl im Grabe umdrehen. ❏

Shetlandponies & Schäferhunde: Willis im Interview

In Country (1989)

Von Andrea Hanke

*Wenn ich in die Welt zurückkehre, wird das hier
ein Traum sein. Aber jetzt ist die Welt ein Traum.*
(Sams Vater in einem Brief aus Vietnam)

Mit halb geschlossenen Augen vor sich hin träumend, sitzt der Vietnamveteran Emmett (Bruce Willis) auf den Stufen des Schulauditoriums und lauscht der Highschool-Abschlußrede für seine Nichte Sam (Emily Lloyd). Die Rede vermischt sich mit den Erinnerungen an die Reden, die Soldaten anläßlich des Vietnamkriegs gehalten wurden. Die Familie feiert schon freudig Sams bestandenen Highschoolabschluß, da sitzt Emmett immer noch benommen da, versunken in eine Vergangenheit, die die anderen nicht mit ihm teilen können.

Hopewell, eine Kleinstadt im Herzen Amerikas Anfang der achtziger Jahre. Der Vietnamkrieg ist noch nicht lange vorbei und doch schon erfolgreich aus dem Bewußtsein der Bewohner verdrängt. Erste Gerüchte und Meldungen über die Spätfolgen von Agent Orange tauchen auf, doch sie werden ignoriert. Beim Veteranenball bleiben die wenigen Kriegsheimkehrer unter sich. Nur die 17jährige Sam scheint geradezu besessen, in der Vergangenheit zu wühlen. Sie hat gerade die Highschool abgeschlossen und muß sich entscheiden, ob und auf welches College sie gehen wird. Nachdem ihre Mutter mit neuem Mann und Baby aus der Stadt weggezogen ist, lebt sie allein mit ihrem Onkel Emmett. Die Gedanken über ihre Zukunft führen Sam immer intensiver zurück in die Vergangenheit, zur Beschäftigung mit dem Vietnamkrieg, in dem ihr Vater, einen Monat bevor sie geboren wurde, starb. Als könne sie sich selbst dadurch besser verstehen, sucht sie die Nähe der Kriegsveteranen und will nachempfinden, wie es in Vietnam war. Sams hartnäckige Fragen lassen aber auch für Emmett die Vergangenheit wieder unerbittlich lebendig werden. Gemeinsam nehmen sie Sams Großmutter (Peggy Rea) mit auf einen Ausflug zum *Vietnam Memorial* in Washington. Die direkte Begegnung mit den Namen der Toten

bringt Sams Suche zu einem Abschluß, sie wird ihrer Mutter folgen und Hopewell verlassen. Aber auch Emmett und Sams Großmutter können die Vergangenheit nun hinter sich zurücklassen und neu beginnen.

IN COUNTRY ist ein Post-Vietnam-Film, der Krieg nur noch eine – wenn auch für manche sehr lebendige und traumatische – Erinnerung. Er ist ein Teil der Vergangenheit, der überwunden werden muß, um sich der Zukunft zuwenden zu können. Der Krieg wird nicht noch einmal gekämpft (und am Ende sogar gewonnen), sondern der Vergangenheit übergeben. Das Leben geht eben weiter. Dieses Zurücklassen ist jedoch noch keine Auseinandersetzung etwa auch mit der eigenen Verantwortung. Hier verfällt der Film in konventionelle Rechtfertigungsstrategien, die sich weniger mit der amerikanischen Intervention als mit dem Scheitern der Armee beschäftigen. Zudem findet er für die Rückblenden und Erinnerungsbilder an den Krieg nur wenig aussagekräftige, fast aseptische Bilder von Soldaten in Sümpfen. Der Krieg ist nicht nur Erinnerung geworden, er ist in Hochglanzbilder übergegangen.

Und als Entwurf für das Weiterleben nach dem Krieg und zugleich als einzige Möglichkeit der Wiedergutmachung für begangene Greueltaten greift der Film auf so ur-amerikanische Werte wie Familie, Kinder und Kirche zurück. Erzählt der Roman von Bobbie Ann Mason, der dem Film zugrunde liegt, auch von der zersetzenden Auswirkung des Krieges auf die Familien, legt der Film stärker den Schwerpunkt auf die Familie als Gegenentwurf zum Krieg.

Warum nun Bruce Willis die Rolle des Emmett unbedingt spielen wollte, erscheint daher zumindest auf den ersten Blick recht rätselhaft. In erster Linie erzählt IN COUNTRY eine *Coming-to-age*-Geschichte, die zwar insofern ungewöhnlich ist, als daß sie nicht nur eine Heldin hat, sondern diese auch noch in der – indirekten – Auseinandersetzung mit einem Krieg reifen läßt. Emmett ist darin jedoch eindeutig eine Nebenfigur, er ist lediglich die Folie, der Auslöser, der Reibungspunkt für die Entwicklung seiner Nichte Sam. Und Willis nimmt sich auch soweit zurück, daß nie die Gefahr besteht, man könnte ihn für den Star des Films hal-

Willis als Vietnam-Veteran Emmett Smith

Plädoyer für die Befreiung
durch den Rock

ten. Nur wenige Szenen bieten ihm Raum, auf traditionelle Weise seine schauspielerischen Qualitäten zu zeigen, die meiste Zeit treibt er leicht abwesend durch den Film. Weder kann er seine körperliche Präsenz wie in den Action-Filmen ausspielen, noch lebt der Film von seinen mit leichter Hand hingeworfenen One-Linern. Fast scheint es, als wäre er seiner sonst so im Vordergrund stehenden Stärken – Körper und Stimme (deren so gelungene Verbindung ja Willis auch entscheidend von anderen Actionstars abhebt!) – beraubt.

Doch vielleicht liegt gerade in diesem zurückgenommenen Spiel und in der vagen Konturierung der Figur die wirkliche Stärke von Willis' Spiel – zumindest in diesem Film. Und auch der Reiz, den diese Rolle auf ihn ausgeübt haben mag. Die dramatischen Ausbrüche, wenn er etwa während eines Tornados auf einen Baum klettert und den Vietcong herausfordert, oder aber sich in Tränen aufgelöst an seine gefallenen Kameraden erinnert, bleiben vergleichsweise vordergründig gegenüber der stillen, unergründlichen Präsenz, die Willis der übersprudelnden Teenagerlebhaftigkeit von Emily Lloyds Sam gegenüberstellt.

Sein Gesicht wirkt leicht aufgedunsen, weich und wird durch die halblangen, nach hinten gekämmten Haare und den schauderhaften, den Mund umrahmenden Bart noch konturloser. Daß die Figur Emmett sich verloren hat, dies drückt sich gerade in Willis' Körperhaltung, in seinen wenig kernigen Konturen aus. Ganz anders als etwa in den DIE HARD-Filmen, wo sich unter dem scheinbaren Durchschnittsbürger doch ein durchtrainierter Körper verbirgt, verleiht Willis hier seiner Figur etwas Fließendes, sich Auflösendes, das im Körper den Geisteszustand reflektiert. Und nirgendwo kommt diese Auflösung der Konturen schöner zum Ausdruck als in der Szene, in der Willis im Wickelrock in der Küche steht und für die Befreiung des männlichen Körpers durch den Rock plädiert. ❏

Die Hard 2 (1990)

Von Georg Seeßlen

Wenn DIE HARD eine neo-klassische Geschichte auf eine (beinahe) neo-klassische Weise erzählt, eine höchst traditionsbewußte Dramaturgie mit einem neuen Twist verbindet, dann ist DIE HARD 2 der Beginn eines formelhaften Spiels: Vieles, was Willis' Figur, den New Yorker Cop John McClane, anbelangt, ist nun bereits etabliert, wird wiederholt, variiert und vertieft, und erst in dieser Reflexion wird ein Charakter zum paradigmatischen Helden. Der Regisseur Renny Harlin erweist sich dabei als perfekter Erfüllungsgehilfe, da er selber dieser Formel kaum etwas hinzufügt, sondern versucht, alles auf eine geradezu mathematische Weise zu steigern: mehr Effekte, mehr Action, mehr Tote – und mehr Bruce Willis.

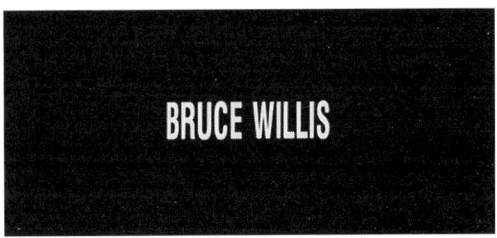

Zu dem Spiel mit den Versatzstücken des Alltagslebens und den Ritualen wie dem Weihnachtsfest, die durch die terroristische Aktion böse umfunktioniert werden, dem Spiel mit den Vorgaben des Action-Films (der Einfallsreichtum, mit dem der Dialog von Körper und Objekt geführt wird) kommt das Spiel mit der Verzahnung mit dem ersten Teil und nicht zuletzt das Spiel mit der Konstruktion des Bruce-Willis-Charakters. Immer dann, wenn die Elemente sich zu sehr gleichen, kommentiert Willis das auch: »Dieselbe Scheiße passiert dem selben Mann zum zweiten mal.« Und wenn er wieder in den Röhren herumkriecht: »Einmal, ein einziges Mal möchte ich ganz normal Weihnachten feiern.«

Die Intrige – abtrünnige Militärs um Colonel Stuart (William Sadler) versuchen, den Drogen-General Esperanza (Franco Nero) bei seiner Landung auf dem Dulles-Flughafen in Washington zu befreien – ist Anlaß für eine Schieß-, Bewegungs- und Explosionsoper. All die Standardsituationen des Actionfilms erhalten einen kleinen, eigenen Dreh, dienen aber vor allem dazu, McClane in die richtige Verfassung für den entscheidenden Kampf zu bringen. Vergeblich hat er ein fehlgeleitetes Flugzeug zu warnen versucht, indem er sich mit zwei Fackeln auf die Rollbahn stellte. Zu den körperlichen Blessuren, zu der Kälte tritt der Schmerz der Niederlage. Nun ist es auch Haß, der McClane leitet. Und überdies beginnt nun ein Wett-

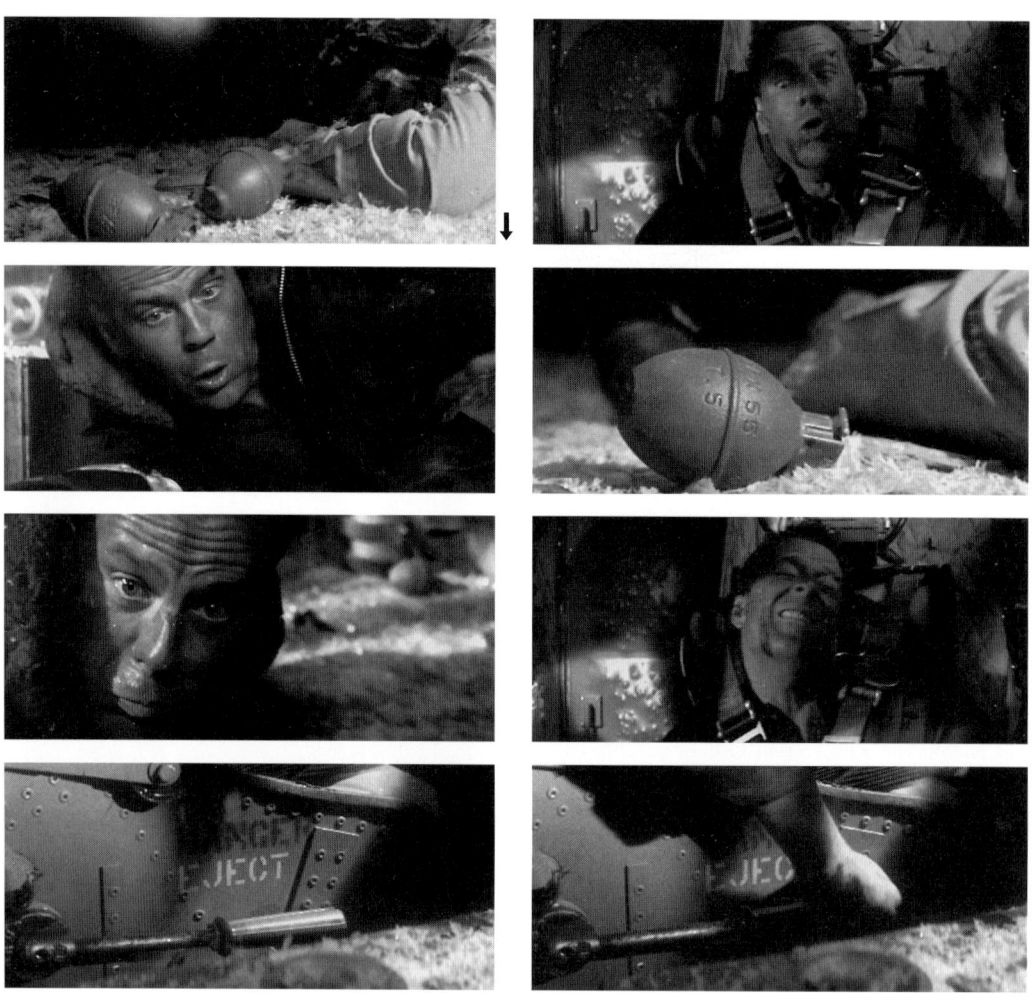

Mehr Effekte, mehr Action, mehr
Bruce Willis: John McClane ...

lauf mit der Zeit: Die Maschine mit seiner Frau Holly (Bonnie
Bedelia) an Bord hat noch Treibstoff für 90 Minuten. Der eintref-
fenden Special Force steht er sogleich skeptisch gegenüber. Es
gelingt ihm für einen Augenblick sogar, Esperanza gefangenzuneh-
men – »Incredibile! Monatelang wird geplant und keiner denkt an
einen wahnsinnigen Polizisten« –, doch gleich darauf sitzt McClane
wieder in der Falle. Er rettet sich mit dem Schleudersitz, als er mit
Handgranaten zerfetzt werden soll: »So leicht werdet Ihr mich
nicht los.« So geht er zum Gegenangriff über, ersticht einen der
Terroristen mit einem Eiszapfen, verfolgt andere mit dem Snow-
mobile, und dabei macht er die Entdeckung, daß die Spezialeinheit
nur mit Platzpatronen geschossen hat und in Wirklichkeit mit dem

... rettet sich mit dem Schleudersitz

verräterischen Colonel verbündet ist. Der Journalist Dick Thorn-
berg (William Atherton) verrät wieder einmal die Sache an die
Öffentlichkeit und löst eine Panik aus, und McClane (»Ich muß
verrückt sein! Was mache ich hier?«) blockiert eigenhändig auf dem
Flugzeug des befreiten Diktators das Höhenruder, bis er beim
Showdown mit Stuart seine nächste Wunde mit dem Messer verpaßt bekommt. Dann aber gelingt es ihm – schon glauben wir, er
habe wieder einmal verloren, nachdem ihn der Gegner vom Flügel
des Jets geworfen hat –, das Flugzeug in die Luft zu jagen, und da
liegt er im Schnee der Landebahn und lacht hysterisch. Das hätte
sicher keiner seiner Vorgänger getan. Die Feuerspur wird zugleich
zur Leuchtspur für das landende Flugzeug (was noch einmal das

Harte Arbeit: McClane im Einsatz ...

Prinzip des ganzen Films beschreibt), und Holly und er können sich in die Arme sinken, während die Reporterin das Objektiv der Fernsehkamera zuhält: »Ein Happy-End. Das geht niemanden etwas an!« Nur die Katastrophen und Explosionen sind Sache der Öffentlichkeit. Und die letzte Frage von Holly: »Warum passieren uns immer solche Sachen?«

Der Bruce-Willis-Charakter wird hier aus einer Reihe von Gegensätzen konstruiert: Zum einen ist er ein »Bulle«, der aber unentwegt in Konflikt steht mit seinesgleichen, die entweder begriffsstutzig oder betriebsblind sind, anmaßende Gockel und dumpfe Befehlsempfänger. Zudem ist er der Mann, der sich gegen andere männliche (Körper-)Bilder absetzt (die barbarische Pose des Terroristen, das effeminierte Gehabe des Journalisten, das pathetische Auftreten der Militärs). Drittens ist er der Amerikaner, der gegen »das Fremde« steht. Immer wieder gibt es Spuren, die nach Deutschland führen,

einem Ursprungsland des Terrorismus, so scheint es, zum Engli-schen, wie in der Gestalt des Reporters, zum Lateinamerikanischen, repräsentiert in der Figur des Drogen-Generals – diffundierende Feindbilder, denen man eben nicht mit einem militärischen Schlag begegnen kann, sondern mit Individualisten wie McClane. Viertens wird er als einer vorgestellt, der eher skeptisch gegenüber dem Neu-en ist; schon mit einem Faxgerät hat er so seine Schwierigkeiten. Er ist ein Held einer vergangenen Zeit. Sein schwarzer Kumpel nennt ihn nicht umsonst »Cowboy«. (Aber in seiner »Cowboy«-Rolle in SUNSET war Bruce Willis genau so *out of time*. Vermutlich ist er ein Kerl, der *immer* am falschen Ort zur falschen Zeit ist.) Und schließ-lich konstruiert sich McClane als treuer Ehemann: Den (reichlich unvermittelten) Flirtversuch einer Flughafenangestellten kontert er mit der Präsentation seines Eheringes: »Nur das Fax, Ma'am« – als Anspielung auf »Just the facts, Ma'am«.

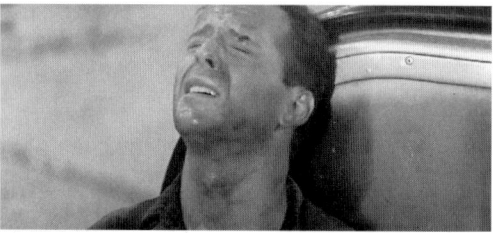

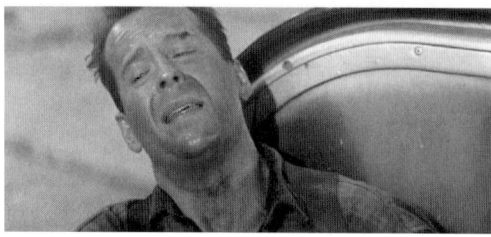

... und während der anschließenden Erholungspause

Dem McClane/Willis-Charakter ist die Erzählweise des Films angemessen, eine zwar in sich verschachtelte, aber doch immer noch höchst traditionelle Form der Parallelmontage, die in der Art von D.W. Griffith' *last minute rescue* schließlich zwei Stränge zusammenführt. Der Flughafen und McClanes Versuche, die terroristische Bedrohung zu durchschauen, die Aktionen der Verschwörer von der Kirche aus und das Flugzeug, das nicht landen kann, bilden Einheiten, die klar machen, daß es für den »Cowboy« McClane den unbegrenzten Raum nicht mehr gibt. So ist er der Cowboy, dessen Bewegungsrichtung sich radikal ändern muß, nicht mehr vorwärts nach Westen, sondern hinein in die Untergründe und mehr oder weniger kommunizierenden Röhren seines Systems.

Natürlich ist Willis auch in diesem Film ein Actionheld, der eigentlich keiner sein will, und einer, der sich nicht durch das große Opfer, sondern durch eine ganze Kette von Niederlagen kämpfen muß, bevor er sein Werk vollenden kann. Sein Körper ist allen möglichen Belastungen ausgesetzt; er friert, er blutet, er ist beschmutzt und immer mal wieder an der Grenze zum Kontrollverlust. Der Status als Held ist jedoch auch auf andere Weise mehr als nur gebrochen; wir sehen bei Willis Emotionen, die der Held per Definition eigentlich nicht haben dürfte: Angst, Verzweiflung, Niedergeschlagenheit; er ist weder der alte Held, der sich seiner Unverletzbarkeit sicher sein kann, noch der neue, der schon alles hinter sich hat. Weder Kind noch Geist also, erinnert er an eben jenen amerikanischen Helden, der (im Kino zumindest) einst die Jahre der Depression überwand. Willis ist die Mischung aus einem *action hero* und einem *fall guy*; von seinen Vorgängern unterscheidet ihn seine mythische Konstruktion: Er hat eben nicht den großen Bruch in der Biografie, den Tod der Frau oder, schlimmer, das verzweifelte Verlassen-Werden, die Ermordung des wie einen Sohn geliebten oder gehaßliebten Partners, die Entlassung oder eine falsche Anklage hinter sich, die aus ihm, wie aus den Nachfolgern von *Dirty Harry*, eine besondere Art des lebenden Toten machen würde. Stattdessen hat sich all das, was sich dramatisch in der klassischen Vita eines Cop abspielt, gleichsam als ständige Frustration ins Alltägliche gesenkt. Alle Elemente dieses Film-Mythos des »schmutzigen« Polizisten sind vorhanden; aber sie sind um eine ganze Dimension »normaler« und unpathetischer geworden. Eben das macht aus dem Helden auch ein Signal für die achtziger und frühen neunziger Jahre.

Es ist die Rückkehr zum Pragmatismus nach den Exaltationen zugleich von Verzweiflung und Glamour in den siebziger Jahren, *out of time*, ja, aber doch ohne daraus die Verpflichtung zu einer gewaltsamen Veränderung nach rückwärts zu machen oder gar das große Selbstopfer als symbolischen Akt zu vollziehen. Bruce Willis ist wirklich der »Cowboy«; weniger ein Westerner oder gar ein Sheriff, eher einer, der seine Arbeit tut, seine harte Arbeit. Und wir wissen: »A cowboy's work is never done«.

Der Held rettet die Frau vor dem Bösen. Das ist die klassische Formel. Danach reitet der einsame Cowboy weiter (weil er vor nichts so sehr Angst hat, als sich an die Frau, die er gerettet hat, zu binden). Bei McClane, das ist der Witz der Sache, handelt es sich nicht nur um die eigene Frau, die er wiedergewinnen muß, diese Rettung stellt auch ein männlich/weibliches Gleichgewicht wieder her – und das Ganze muß sich offensichtlich immer wiederholen. Natürlich ist diese Rollen-Rekonstruktion zunächst einmal höchst reaktionär, aber gerade weil McClane/Willis alles andere als stoisch darauf reagiert, verliert sie auch wieder von ihrem Modellcharakter. Bei der Rettung geht es zuerst um das Leben. Dieser Held/Polizist/Mann hat offenkundig Schwierigkeiten, sich mit der neuen Rolle seiner Frau abzufinden. Und wenn es seine Phantasie ist, die da von der Leinwand auf uns herunter explodiert, dann muß man sich vor diesen soziopathischen Ausbrüchen in acht nehmen. Aber McClane ist für die Einsicht, für das Nachgeben, vermutlich gar für die Zärtlichkeit lange nicht so endgültig verloren wie seine Vorgänger. Nicht nur, weil er sich auch nicht zu heulen schämt.

Noch mehr als der erste Teil ist DIE HARD 2 auch ein Film über Medien und Entfernungen. McClane ist sozusagen der einzige, der Entfernungen immer auch körperlich spürbar macht, der sich einer restlosen Medialisierung widersetzt. Die Terroristen, das macht vielleicht ihre Perfidie aus, arbeiten nicht nur aus der Entfernung, sondern immer auch in einem virtuellen Raum. Sie senden falsche Nachrichten, und so wie die Gangster aus dem ersten Teil das Hochhaus okkupieren, so besetzen sie diesmal die Kommunikationskreisläufe. Willis/McClane also ist der Retter des Körperlichen in einer doppelt maschinisierten Welt. Daß er der falsche Kerl

An der Grenze zum Wahn:
McClane nach dem Triumph

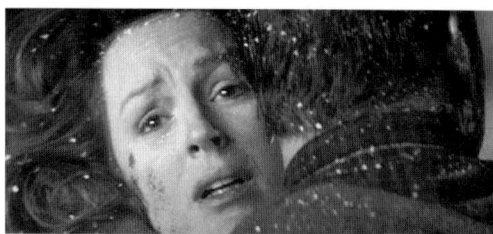

Für die Zärtlichkeit nicht endgültig
verloren: McClane und Holly
(Bonnie Bedelia) beim Happy-End

zur falschen Zeit am falschen Ort ist, sagt der
schwarze Special-Force-Führer, und McClane antwortet: »Das höre ich nicht zum ersten Mal«. Natürlich wird aus all dem »Falschen« das einzig
»Richtige«, aber die DIE HARD-Filme versprechen,
daß ihr Held, der eigentlich keiner sein will, daraus
keinen ideologischen Anspruch erheben wird. Dieses Versprechen kann freilich nicht vollständig eingehalten werden.

McClane ist zwar der falsche Kerl am falschen
Ort, und (fast) jeder versucht vor allem, ihn auf
irgendeine Weise loszuwerden, aber er ist doch
alles andere als ein »einsamer« Held. Vor seinen
Augen teilt sich die Menschheit in sehr viele
»Arschlöcher« und in wenige Verbündete. Auf letz-
tere – übrigens vorwiegend Afroamerikaner – verläßt er sich denn auch ohne Wenn und Aber. Als er
dem Anführer der Army-Leute Captain Grant
(John Amos) – nachdem der den »Sesselfurzer«
von der Flughafenpolizei zur Schnecke gemacht
hat – sagt, daß er »gar kein solches Arschloch« sei,
antwortet der, er sei genau so ein Arschloch wie
McClane selber. An dieser Männer-Verbrüderung,
die an den Ursprung all dieser Männergewalt, an
den Krieg und seinen Mythos, erinnert, muß etwas
faul sein. Tatsächlich sehen wir die militärische
Männerfreundschaft denn auch als kriminelle Vereinigung des militärischen Undergrounds (und die G.I.-Joe-Gesichter als gefährliche Fratzen des Krieges), die allzu weit von der politischen Wirklichkeit gar nicht entfernt ist.

Am Ende erkennen wir, daß McClane auch so etwas ist wie eine
Wiederkehr des Zivilen in einer Gesellschaft des nicht erklärten
Bürgerkriegs. Daß ihm der Unterschied zwischen Army und Leder-
nacken egal ist (auch wenn ihm das ein kleines taktisches Problem
wird), weist schon daraufhin, daß er sich eigentlich nicht mit dem
militärischen Apparat und schon gar nicht mit dessen Ideologie
gemein machen will. Auch wenn er sich nicht gegen den Hausmei-
ster und seine Erinnerungen an die glorreichen Tage des Zweiten
Weltkrieges wehrt – »Genau wie damals in Okinawa« –, so ist ihm
der Krieg Vergangenheit, sein eigener Kampf nicht dessen Fortsetzung mit anderen Mitteln. Und wenn wir unseren Helden dabei in
einem ein wenig zu gutem Licht erscheinen lassen, nur weil er von
Bruce Willis gespielt wird, dann muß das wohl etwas über diesen
Schauspieler aussagen. ❑

The Bonfire of the Vanities (1990)

Von Sabine Horst

Tom Wolfe, Erfinder der *Me-Decade* und einer der prominentesten Vertreter des *New Journalism*, mag selbst wie ein Dandy auftreten. Aber in seinen Reportagen hat er den Reichen und Schönen, der Ostküsten-Plutokratie und der New Yorker Schickeria gerne wohlgezielte Tiefschläge versetzt – solche, wie sie sich eben nur ein intimer Kenner der Szene erlauben kann. Wolfes erster Roman *The Bonfire of the Vanities* (*Fegefeuer der Eitelkeiten*) zieht die Summe aus seiner langjährigen Tätigkeit als Journalist und ist zugleich der Abgesang auf eine Ära: Das 1987 kurz nach dem großen Börsencrash erschienene Buch, ein figuren- und handlungsreiches Epos, wie es kaum jemand mehr zu schreiben wagt, liefert ein satirisches Bild des *Big Apple* im Zeitalter des Hedonismus, der Reaganomics und der schauderhaften Fönfrisuren.

Erzählt wird die Geschichte des Börsenhändlers Sherman McCoy, der sich zu Beginn noch für den Herrscher über das Anleihen-Geschäft, ein Siebzehn-Zimmer-Apartment mit elf Telefonen, eine Frau aus einer der vornehmsten Ostküsten-Sippen, eine niedliche Tochter und einen Dackel namens Marshall hält. Wie fragil das Imperium dieses *Masters of the Universe* ist, läßt sich allerdings daran ablesen, daß es nur einen oder zwei Momente der Zerstreutheit braucht, um einen Fall ins Bodenlose auszulösen. McCoys durchs Geld vom wahren Leben »isolierte« Existenz bricht zusammen, als er zufällig in den Getto-Dschungel der Bronx gerät und seine Geliebte Maria Ruskin mit seinem Mercedes einen jungen Schwarzen anfährt: Die Überführung der fahrerflüchtigen Jet Setter wird binnen kurzem zum Politikum in der von Rassenkonflikten geschüttelten Stadt, und der Star-Broker landet schneller im Gefängnis als man »junk bond« sagen kann.

Mit der Adaption eines zeitgenössischen Achthundert-Seiten-Romans, der ein komplexes Panorama sozialer und politischer Beziehungen entfaltet, schien De Palma sich seinerzeit keinen Gefallen getan zu haben – der Film wird im allgemeinen zu seinen Flops gerechnet. Aber tatsächlich ist dem Regisseur und seinem Dreh-

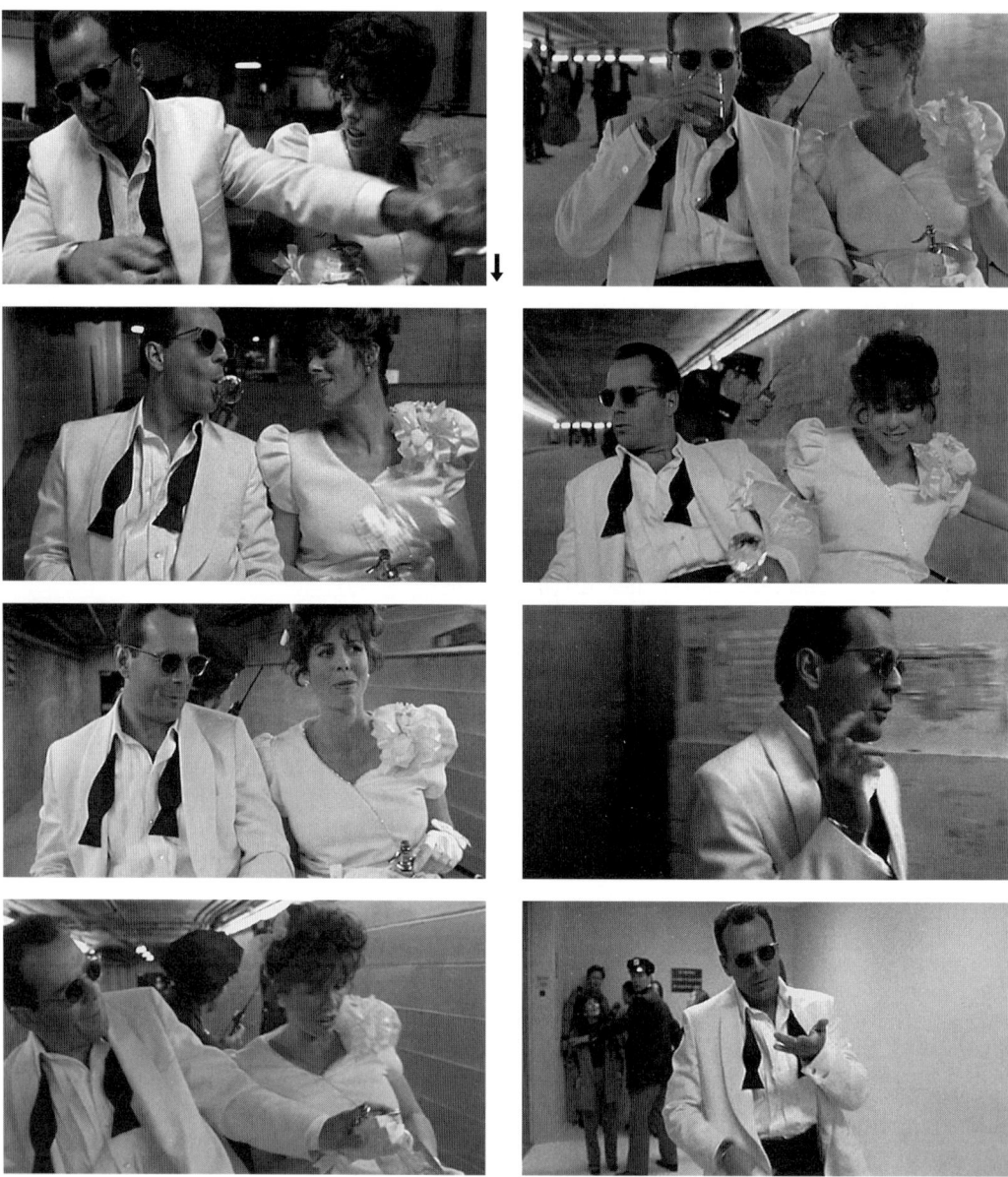

Aus der Anfangssequenz: Willis als Peter Fallow

buchautor Michael Cristofer bei der Straffung des
unübersichtlichen Plots ein kleines Kunststück gelungen. Die Handlung entwickelt sich auf der Leinwand in perfekter Harmonie mit den flüssigen,
dynamischen Kamerabewegungen, und die auf den
ersten Blick outriert wirkenden extremen Perspektiven bilden das visuelle Äquivalent zu Wolfes auch
vor billigen Pointen nicht zurückschreckendem
Witz. Wie die Vorlage unterwirft der Film das
gesamte städtische Establishment einer boshaft-
süffisanten Betrachtung, die systematisch jedes
Identifikationspotential zerstört. Zwischen Park
Avenue und *Fort Apache* kommt keiner der Beteiligten gut davon, nicht einmal das Opfer, der ko-
matöse Junge, um den sich alles dreht und keiner
kümmert: Indem sie nach allen Seiten austeilen,
entziehen sich Film und Roman den Fallen eines
heiklen Sujets.

Zum Charakter eines Sittenbilds, das von der
Überzeichnung lebt, passen die Besetzungsent-
scheidungen. Vordergründig ziemlich eigenwillig,
stützen sie das Kolportagehafte der Erzählung, indem sie den Schauspielern erlauben zu chargieren
– schließlich sind die Leute, um die es hier geht,
keine Menschen, die uns bei *Bloomingdale's* begegnen könnten, sondern Charaktermasken, Sta-
tusträger, typisierte Vertreter von Klassen, Berufs-
ständen und Ethnien. Innerhalb eines solchen Kon-
zepts sehen Nebendarsteller, deren Arbeit sich in
wenigen plakativen Gesten und Sätzen konzentriert, immer besser aus als die Stars, deren Manierismen wir über die ganze Filmlänge ertragen
müssen. Wie Tom Hanks, der von der Kritik für
seinen Auftritt zu Unrecht geschmäht wurde, hat
auch Bruce Willis in De Palmas Film keinen ganz
leichten Stand.

In der Rolle des heruntergekommenen Boule-
vard-Reporters Peter Fallow, der aus McCoys Geschichte ein Buch zimmert und dafür mit dem
Pulitzer-Preis belohnt wird, gibt Willis dem Film
den Rahmen. Seine Stimme ist es, die aus dem Off
das Geschehen kommentiert, ihm gehören die
atemberaubende Anfangseinstellung – eine beinahe fünf Minuten dauernde ununterbrochene Fahrt
durch das Basement eines Hochhauskomplexes,
offenbar das *World Trade Center* – und das Schluß-
wort. Den Eindruck, den er dabei hinterläßt, ist

Willis von unten

Ein Grinsen, das von Herzen kommt

weniger der eines Schauspielers als eines Mannequins. Nicht einmal unter Alkohol oder verkatert, im natürlichen Zustand des John McClane aus DIE HARD, wirkt er hier ganz echt. Sein Stolpern ist immer etwas zu prononciert, ein Griff an die Stirn läßt an Migräne denken, während das Grinsen, das sonst mühelos eine Szene beherrscht, und die Blicke aus zusammengekniffenen Augen an den von überfüllten Totalen dominierten Film meist verschwendet sind. Der Poseur Willis, der sich hier nicht zum ersten- und letztenmal zeigt, ist in De Palmas bombastischen Arrangements bloß dann der rechte Mann zur rechten Zeit am rechten Ort, wenn man nicht erwartet, einen irgendwie realistisch gezeichneten Journalisten bei einer akribischen Recherche zu sehen: Sein Peter Fallow ist nicht nur immanent betrachtet ein Aufsteiger und Blender, der mühsam versucht, in einem fremden Milieu zu überleben, vielmehr setzt sich die ganze Figur aus Klischees und Reminiszenzen zusammen.

Wie die düsteren Art-Déco-Architekturen des *Chrysler Buildings* und *Rockefeller Centers*, die der Film so prominent inszeniert, scheint dieser Fallow einer vergangenen Ära entliehen – er gehört zu den schmierigen Schreibern, denen man in desillusionierten Schwarzweiß-Filmen der Vierziger und Fünfziger begegnet, zum Club der Klatschreporter, die einen Großteil ihres Jobs in holzgetäfelten Clubs beim Martini verrichten. Aus der Untersicht gefilmt, erinnert Willis mit seinen auffallend unmodischen Accessoires, der scharf geränderten Brille und dem dunklen Anzug optisch gar an Burt Lancasters verschlüsseltes Portrait des berüchtigten Kolumnisten Walter Winchell in SWEET SMELL OF SUCCESS (Dein Schicksal in meiner Hand; 1957). Von der Dämonie, die Lancaster in Alexander Mackendricks Klassiker ausstrahlte, ist heute allerdings nichts mehr zu ahnen: Eine der zentralen Auskünfte in BONFIRE OF THE VANITIES lautet schließlich, daß außergewöhnlicher Erfolg nicht notwendig an eindrucksvolle Persönlichkeitsmerkmale gekoppelt ist. Jeder, der »im Bordell arbeitet«, hat das Zeug, »die beste Hure des Hauses« zu werden. Und für den Schaden, den seine Seele dabei möglicherweise nimmt, gibt es, so Fallow aus dem Off, »Kompensationen«. Im letzten Bild, als der volltrunkene Reporter die Ovationen für ein Werk entgegennimmt, das er der Verleumdung des gestürzten McCoy verdankt, triumphiert dann doch noch ein kleines, feines Willis-Grinsen: als eine der wenigen Regungen, die in De Palmas Film wirklich von Herzen kommen, besiegelt es das Urteil über den Zustand der Society. ❑

Mortal Thoughts (1991)

Von Gerhard Midding

Der Titel des Liedes, zu dem sie erstmals als Ehemann und Ehefrau tanzen, klingt schon am Hochzeitstag wie Hohn: *Just the Way You Are*. Dabei hat Jimmy Urbanski gerade eben noch seine Braut Joyce mit der Verdächtigung beleidigt, ihr Vater würde einen Teil der Geldgeschenke in der eigenen Tasche verschwinden lassen. Der frischgetraute Ehemann hat rasch in seine neue Rolle als Gebieter gefunden und sich einen verächtlichen Tonfall angewöhnt. Für einen Moment scheint es, als würde sie aufbegehren. Aber dann erstickt die Aufforderung zum Tanz ihren Widerspruch. Seine Mimik ändert sich geschmeidig. Nur eine Sekunde des Zögerns, dann verwandelt sich fast bruchlos Ärger in ein Lächeln, das darum weiß, daß alle Augen auf sie beide gerichtet sind. Sie schreiten durch das Portal eines überlebensgroßen, pinkfarbenen Herzens. Aber er überläßt es dem Sänger der Hochzeitskapelle, um Verzeihung zu bitten. Zu den Klängen von Billy Joels Hymne an die sentimentale Genügsamkeit gelingt es ihm, seine Angetraute wieder zu becircen; keine Nahaufnahme der beiden, die Widerspruch einlegen würde. So wird im Wechselspiel von Demütigung und Zuwendung ein Beziehungsmuster festgelegt, das einige Jahre Bestand haben soll und aus dem nur ein Mord sie befreien wird.

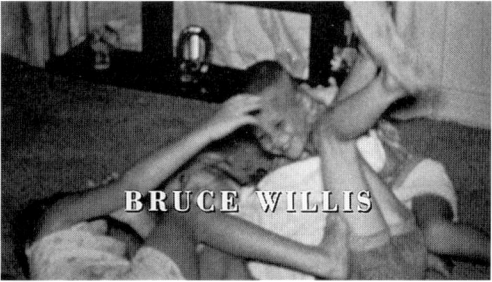

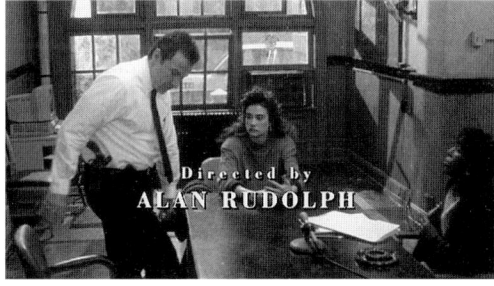

Mit dem Fortdauern solcher Mesalliancen hat das Hollywoodkino sonst eigentlich wenig Geduld, ist es doch viel eher angetan, von Flucht, Selbstbehauptung oder romantischen Neuanfängen zu erzählen. Daß ihr Zusammenbleiben erzwungener klassenspezifischer Loyalität gehorcht, erklärt die gegenseitige Anziehung nur halbwegs. Was die verdrossene Ehefrau (Glenne Headly) darüber hinaus an diesem nichtsnutzigen, cholerischen Rüpel reizt, will der Film jedoch szenisch gar nicht erst belegen, er verläßt sich hier nicht zuletzt auf Bruce Willis' sonst gewinnende Leinwandaura. In der sich zuspitzenden Gewalt gewinnt ihre Ehe immerhin eine eigene, verlockende Dynamik. Ihre Konfrontationen finden meist an Türschwellen statt: Der entscheidende nächste Schritt wird immer nur angedroht, aber nie vollzogen. Jimmy kostet seine

Demütigung und Zuwendung:
Jimmy und Joyce (Glenne Headly)

Triumphe lustvoll aus, wohl auch, weil er spürt, daß sie keineswegs eindeutig sind. Seine Souveränität ist nur angemaßt, seine Großspurigkeit hochstaplerisch. Die uneingestandene Schmach, von seiner Frau finanziell abhängig zu sein, kehrt der Tagedieb in Verachtung für ihren Beruf um: Die Arbeit im Schönheitssalon (»Go cut some hair!«) ist für ihn allzu weiblich besetzt.

Willis läßt sich auf das Macht- und Machogebaren seiner Figur nur um den Preis ironischer Distanz ein. Er führt sie, nicht zuletzt durch die ihm eher fremde Rhetorik des *method acting*, an den Rand zur Karikatur. Seine sich wandelnde Barttracht macht nicht nur die Ellipsen in der Erzählung kenntlich, sie verweist auch auf sein Bedürfnis nach einer ironischen Maskierung. Daß das Ungleichgewicht der Kräfte auch für Jimmy heikel ist, macht Willis freilich subtil als Bruchstellen in dessen machistischen Gerüst kenntlich: Wenn er eine Spur zu schnell in Lachen ausbricht, um

Rhetorik des *method acting*

sich die Todesangst nicht anmerken zu lassen, als Joyce ihren Lie-
ferwagen geradewegs auf einen Truck zusteuert; oder wenn er sein
Selbstbild gegenüber Joyce' Freundin Cynthia (Demi Moore) nach-
bessern muß: »Hey, I'm a happy-go-lucky ... a very happy-go-lucky
guy.«

Der Film macht sich Cynthias Perspektive zu eigen. Ihre Aussagen beim Verhör lenken unseren Blick. Zumal das Drehbuch sie
noch zwischen zwei weiteren Spielarten maskuliner Zudringlich-
keit einklammert: den kleinmütigen Macho-Allüren ihres eigenen
Ehemanns (Bill Pankow) und dem unnachgiebigen Argwohn des
verhörenden Polizisten, dem Harvey Keitel seine wuchtige Präsenz
verleiht.

Der Film legt mehrdeutige Spuren zu einer unterschwelligen
Dreiecksgeschichte aus. Immerhin hat sich Jimmy als Ehemann wie
ein springteufelnder Plagegeist zwischen Cynthia und ihre seit

Rituale der Unterwerfung: Jimmy
und Cynthia (Demi Moore)

Kindertagen beste Freundin Joyce gedrängt. Das Rätsel ihres Zusammenhalts mag deshalb auch für sie nicht ohne erotischen Reiz sein. Daß er ihr nachstellt, illustriert freilich nur, wie kläglich und vorhersehbar seine Begierden sind. Es steckt etwas Pflichtschuldiges in seinen Annäherungsversuchen. In ihnen lodert kein wirkliches erotisches Interesse auf. Seine Vorstellung von Männlichkeit erfüllt sich nicht in Verführung oder Eroberung; er versichert sich der eigenen Virilität vielmehr durch banalere Rituale der Unterwerfung und Ausbeutung. Zunächst will er (auch dies eine Konfrontation an einer Türschwelle) auf grobschlächtige, unbeholfene Weise einen Kuß von ihr erpressen – ausgerechnet, nachdem sie den ersten Mordversuch mit vergiftetem Zucker vereitelt hat. Später versucht er, sie zu vergewaltigen, und bezahlt dafür mit dem Leben.

MORTAL THOUGTHS stammt aus einer spannenden Phase in Willis' Karriere, in der noch nichts endgültig entschieden scheint. Sein Part ist kaum ausgreifender als einer jener Gastauftritte, bei denen er einem Film seinen Star-Ruhm und auch sein Talent ausborgt (gewissermaßen als Bestandteil einer Mischkalkulation, um auch gelegentlich einen Kunstfilm auf der Habenseite verbuchen zu können). Dennoch verleiht er seiner Figur in wenigen Szenen unverkennbares Profil, ohne daß dies bereits vollständig von seiner Leinwandpersona übermalt wird.

Ohne diese Persona wäre sie freilich auch nicht denkbar. Die Legende der Willis-Figuren, ihr Unbekümmertsein, die Illusion, alles leicht nehmen zu können, wird hier erstmals an ihre Abgründe geführt. Es ist fast so, als würde er mit dem Mord auch für seine überschüssige, vorlaute Geschwätzigkeit in den DIE HARD-Filmen bestraft. Das typische Schmunzeln, das ihm sonst als Passierschein durch alle Lebenslagen dient, sollte ihm hier eigentlich vergehen. Aber es erweist sich als unverwüstlich: Noch aufgebahrt im Sarg scheint ein höhnisches Lächeln seine Mundwinkel zu umspielen. ❑

Hudson Hawk (1991)

Von Anke Leweke

Was für ein Höhenflug! Bei der Story hat Bruce Willis selbst Hand angelegt und sich dabei eine regelrechte Traumrolle zurechtgeschustert: Sein Hudson Hawk tritt in die Fußstapfen von niemand geringerem als Leonardo da Vinci. Der Prolog führt denn auch geradewegs in die universalistische Bastelstube des Renaissance-Meisters. Soeben werkelt der Mann an der ersten Flugmaschine herum, und ganz nebenbei gelingt es ihm noch, mittels einer monströsen Apparatur und eines geschliffenen Diamanten billiges Metall in Gold zu verwandeln. Bevor wir uns nun aber völlig dem Staunen ergeben, holt uns eine Off-Stimme, die wie ein Märchenonkel klingt, in die Gegenwart zurück. Denn hier, so weiß der Erzähler zu berichten, gibt es einen weiteren begnadeten Künstler zu bestaunen: Hudson Hawk, den Meister des Aus- und Einbruchs, der gerade Sing-Sing den Rücken kehrt, wenn diesmal jedoch auf legalem Wege.

Vom Super-Cop zum Super-Verbrecher, vom Actionhelden mit Hang zur Komik zum Komödianten mit Hang zur Action – Bruce Willis hat mit diesem Film im doppelten Sinne die Seiten gewechselt, seine Großkotzigkeit pflegt er jedoch quer durch alle Genres. Wie kein anderer schafft er es, Feistigkeit als Geisteshaltung offen zur Schau zu stellen und zu kultivieren. Bei ihm ist sie Mittel der Stilisierung und Persiflierung; sie macht ihn zunächst zum Helden und schafft dann die Distanz, mit der er das Image wieder augenzwinkernd unterwandert. Die Regeln der Komödie wirken hier noch wie ein Vergrößerungsglas, das Willis markanteste Eigenschaft erst in ihrer ganzen Unverschämtheit zum Vorschein bringt.

Feist ist schon die Selbstverständlichkeit, mit der er in HUDSON HAWK dicke weiße Socken zum schwarzen Anzug trägt (wobei die Bundfalten der Hose zusätzlich eine ganz konkrete Feistigkeit zum Vorschein bringen). Unwiderstehlich feist auch

sein Umgang mit dem anderen Geschlecht. Selbst die spröde Andie MacDowell, die hier passenderweise eine mit Designerklamotten getarnte Nonne gibt, kann seiner offenherzigen Anmache nicht

Swingend, singend: Willis und Danny Aiello
beim Einbruch

widerstehen. Ungehemmt schnuppert er an ihr
herum, daß die heilige Dame verzückt mit den
Augen klimpert. Feist auch, wie er in einem römi-
schen Restaurant ungeniert den Prototypen des
amerikanischen Touristen raushängen läßt und zu
Fettucini con funghi porcini eine Flasche Ketchup
verlangt. Den Gipfel an Feistigkeit markieren jedoch die nicht zu unterbietenden hirnverbrannten
Sprüche, die er in aller Skrupellosigkeit im Affen-
tempo von sich gibt und die im Grunde jeden
Bösewicht schon freiwillig das Weite suchen lassen
müßten (»Oh, die zwei bösen Marios, warum erle-
be ich nicht mal eine nette, eine Marionette«).

Auch die Figur des getreuen Helfers hat Storyschreiber Willis mit in die Komödie hinüberge-
rettet. Nur daß er hier mehr Raum einnimmt als
der Cop-Kollege in DIE HARD, was nicht nur an
der Körperfülle des wunderbaren Danny Aiello
liegt. Gemeinsam mit dem voluminösen Kerl präsentiert Willis gleich noch ein bis dahin unent-
decktes Talent: Er singt. Jeder Raub des Duos
wird bis in die allerletzte Millisekunde ausgetimt,
dann der von seiner Länge genau passende Song
gesucht. Swingend, singend, pfeifend machen sich
Aiello/Willis an die Arbeit und ziehen den Zuschauer ganz beiläufig auf die verbrecherische
Seite.

Den Wunsch nach einem friedlichen Weihnachtsfest, in DIE HARD noch Movens der Handlung, hat Willis in HUDSON HAWK gegen die Uto-
pie einer in aller Ruhe und Freiheit geschlürften
Tasse Cappuccino eingetauscht. »Herr aller italienischen Kleintassen, ich danke Dir« – mit einer
ordentlich schäumenden Ausgabe seines Lieblings-
getränks will Hawk zu Beginn die Entlassung aus
dem Gefängnis begehen, peng, da hat ihn die Vergangenheit schon wieder eingeholt. Ein gezielter
Schuß, und von der Tasse sowie Hudson Hawks
Vorhaben, die Meisterdieberei endgültig an den
Nagel zu hängen, bleibt nichts als ein Haufen
Scherben. Sein Auftrag: für die Mafia eine Pferde-
Skulptur von da Vinci aus einem Auktionshaus zu
entwenden. Wenig später liegt auch diese in Scherben, denn die Bösewichter haben es lediglich auf
die alchimistischen Qualitäten des darin verbor-
genen Diamanten abgesehen. Auftritt der Mayflowers, eines superreichen, überdrehten Ehepaa-

Willis vs. Schokoriegel

res, das mit Hilfe von da Vincis Erfindung die Weltherrschaft
übernehmen will. Bei der Kreation der Bösewichter beweist Bruce
Willis in seiner Eigenschaft als Storyschreiber eine ziemlich exzen-
trische Phantasie. Als wolle er die erzreaktionäre Darstellung der
grimmigen Terroristen, die in DIE HARD auch auf seine Figur ab-
färbt, ironisieren und endgültig ins Groteske abdriften lassen. Der
alte James Coburn hat noch einmal den Kampfanzug angelegt und
führt eine Armee begriffsstutziger, stummer, pseudo-lässiger Agenten an, die Schokoriegel als Tarnnamen benutzen. Süße Spielge-
fährten hat sich Willis da angelacht, mit denen sich prima rum-
albern läßt. Wenn sie abgegriffen sind, knallt er sie wie ausgedientes
Spielzeug in die Ecke – einfach feist, wie Willis in HUDSON HAWK
hemmungslos das Kind im Manne auslebt.   ❏

Billy Bathgate (1991)

Von Torsten Neumann

Bereits die Anfangssequenz markiert die Grundhaltung des Films zum Genre. Denn der alte Mythos vom Gangster als romantischer Outlaw wird hier – buchstäblich – versenkt: Vom Kai legt ein kleiner Hafenschlepper ab, auf dem die Abrechnung zwischen Dutch Shultz und seinem Weggefährten Bo Weinberg statt-

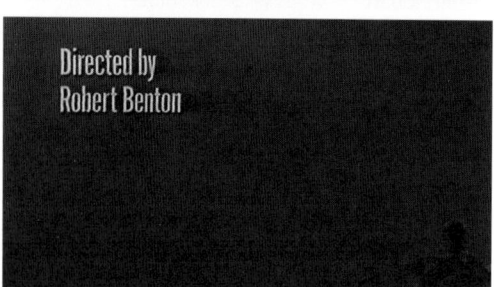

findet, an deren Ende Bo mit Zementfüssen auf den Grund des Hudson River geschickt wird. Der smarte und verführerische Gangster mit Ehrenkodex wird vom mißtrauischen und linkischen, unsportlichen Gangster eliminiert – wen anders mag man sich in dieser archetypischen Konfrontation neben dem steifen, stets den Hauch des Kleinbürgerlichen verströmenden Edelmimen Dustin Hoffman vorstellen als Bruce Willis? Schließlich nimmt sich Regisseur Robert Benton damit die reizvolle Unverfrorenheit heraus, den physischsten Darsteller des amerikanischen Kinos der neunziger Jahre mit Fesseln und Betonfüssen in ein scheinbar ungleiches Schauspielerduell zu schicken. Instinkt gegen Methode. Shultz darf überheblich um Weinberg herumtänzeln, sich über seinen gefesselten Kontrahenten lustig machen. Niemals aber kann Hoffman verhehlen, daß gegen die schlichte Präsenz eines Bruce Willis ein angestrengtes Agieren von innen heraus nichts ausrichten kann. So betrachtet ein wirklich schöner, selbstironischer Abschied von der Kraft des alten Gangstermythos.

Während Bo auf seine Exekution wartet, fragt er Billy Bathgate (Loren Dean), den Erzähler der Geschichte, wie er denn in diese Geschichte reingeraten sei, woraufhin wir sehen, wie alles begann. Wie Billy, der naive Junge aus der Bathgate Avenue, sich seinen Nachnamen mit Blick auf die spätere Mythenbildung und dem frechem Stolz eines Straßenjungen aus der Bronx selbst wählte und wie er vom großen Geld und der Karriere in der Gang von Dutch Shultz träumte. Die ersten Dollarnoten dienten zum Prahlen vor seinen Freunden; es folgten die Statussymbole des Gangsters: eine Pistole mit herausgefeilter Seriennummer und ein feiner Anzug. Seine Träume teilte er noch mit der süßen Freundin aus der Nachbarschaft. Dann wurde er zum

Chronisten des Abstiegs seines Idols und denunzierte in der Sucht nach Anerkennung Bo, über dem der Verdacht des Verrats schwebt.

Zurück in die Gegenwart, zurück auf den Kahn. Billy darf helfen, die Betonschüssel samt Bo über Bord zu wuchten, und ihm dabei noch das ehrenwerte Versprechen geben, seine Geliebte zu beschützen, auf die es nun, nach alter Gangstertradition, Dutch abgesehen hat. Eine neue Geschichte beginnt. Die Vorzeichen für eine uneingeschränkte Bewunderung des Idols sind nicht mehr dieselben. »Du hättest ihn früher kennen sollen, als er noch auf dem Höhepunkt seiner Macht stand«, sagt Otto (Steven Hill), der alte Buchhalter von Dutch, einmal zu Billy, als Dutch gerade wieder einen seiner irrationalen Wutausbrüche hatte. Mehr romantische Verklärung des Gangsters findet nicht statt. Aber ohne den charismatischen Killer Bruce Willis wird aus der Chance auf einen Gangsterfilm ein Moralstück ohne emotionalen Reiz.

Willis, Dustin Hoffman, Nicole Kidman, Steve Buscemi und Loren Dean in der ersten Sequenz

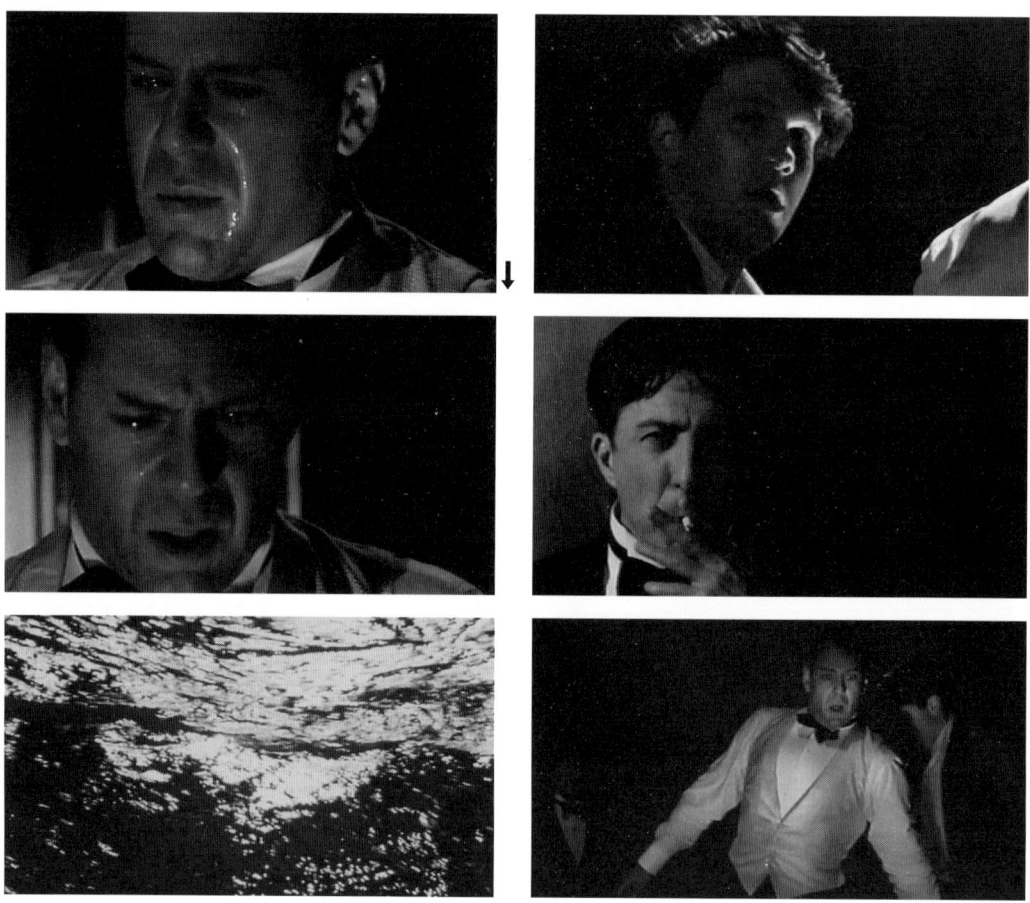

Bo Weinbergs Ende im Hudson

Am Ende schafft es Billy, sich von seinem Vorbild abzunabeln. Er läßt sich von der in Shultz' Besitz gewechselten Gangsterbraut Mrs. Preston (Nicole Kidman als schöne, selbstbewußte und darum gar nicht dem Klischee verhaftete Frauenfigur des Genres) verführen und darf die Gefahr zwischen den Fronten spüren. Dutch und seine Jungs werden vom cleveren Lucky Luciano (Stanley Tucci) und seiner Gang mit guten alten Maschinenpistolen niedergemäht. Billy überlebt und kann sich auch der Exekution durch Luciano mittels einer weiteren Denunziation entziehen. Er ist erwachsen geworden. Die Unterwelt hat einen neuen, überlebensfähigeren Typus an der Spitze, nur gleicht der dem klassischen Gangster, der anfangs noch so thesenartig in Form des cleveren Bruce Willis im Hudson versenkt wurde. ❑

The Last Boy Scout (1991)

Von Milan Pavlovic

Drei Halbwüchsige nähern sich einem Auto. In dem abgewrackten Gefährt liegt ein nicht minder abgewrackter Mann.
Die amüsierten Pubertierenden werfen ein totes Eichhörnchen in
den Wagen. Keine Reaktion. Erst als sie versuchen, die Armband-
uhr des Schlafenden zu entwenden, wacht er auf, greift einen der
Strolche mit der einen Hand und hält ihm instink-
tiv mit der anderen seine Waffe an den Hals. Fast
ebenso schnell läßt er von dem Jugendlichen wieder ab. Es dauert schon etwas länger, bis er das
tote Tier aus dem Auto befördert.

Kann ein Held tiefer am Boden sein als Joe
Hallenbeck zu Beginn von THE LAST BOY SCOUT?
In Minutenschnelle macht der Film klar, daß dem
Mann alles abhanden gekommen ist, was ihm etwas bedeutete: der Job, die Frau, die Zuneigung
der Tochter sowie der letzte Rest an Stolz und
Selbstachtung. Gepaart mit der Eingangssequenz
des Films (dem Selbstmord eines Football-Stars
nach einem mit der Waffe erzwungenen Touch-
down während eines live übertragenen *Monday
night*-Spiels) und der kurzen Vorstellung von Jimmy Dix (Damon Wayans), Hallenbecks späterem
Partner, der ebensowenig wie das Publikum verstehen kann, warum er seine bildhübsche Freundin Corey (Halle Berry) betrogen hat, steigt der
Film auf dem tiefstmöglichen Punkt ein. Dix sagt
Hallenbeck ins Gesicht: »Du bist ein Niemand«.
Aber das kann den Beleidigten kaum schocken,
schließlich hat er kurz zuvor im Auto in den Rückspiegel geblickt und selbst das vernichtende Urteil
gefällt: »Niemand mag Dich. Alle hassen Dich. Du
bist ein Verlierer.«

Das ist er letztlich natürlich nicht, weil er von Bruce Willis
gespielt wird und Hollywood ihm 1991 die schier irrsinnige Summe von 12 Millionen Dollar zahlte, um das zu tun, was er am
besten kann: den gebrochenen Helden spielen, der über die eigene
zerbrochene Seele triumphiert. Weil Drehbuchautor Shane Black
diese Wiederauferstehung mit Tonnen von fliegendem Blei und
einer Menge markiger Sprüche versehen hat, ist der Film bei
seiner Premiere als plumper Macho-Dreck abgestempelt worden.
Das war übereilt, denn hinter der harten Schale steckt ein kom-

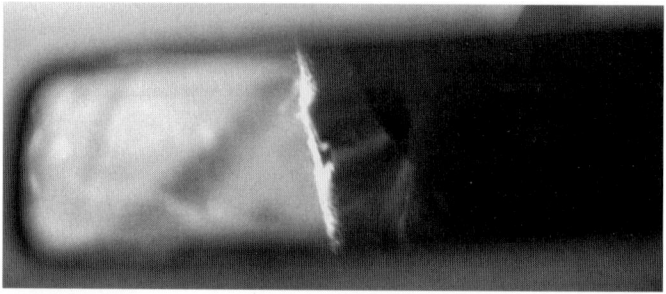

»Du bist ein Verlierer«:
Joe Hallenbeck

promißloser Kern, der auf ungewohnt unbarmherzige Art zeigt, wie viele Niederschläge und Demütigungen der Held einstecken muß und wie sehr seine Erlösung auf Kosten anderer geht. Hallenbeck geht über Leichen. Auch wenn er die meisten Menschen vor allem aus Selbstschutz umbringt, ist das Töten in diesem Film nicht bloß cool, sondern auch ziemlich abschreckend – vor allem in der Szene, in der Hallenbeck dem schlagfreudigen Zigarettenspender Rufus Sewell am Pool das Nasenbein ins Hirn drischt.

Der abgrundtiefe Zynismus des gesamten Films ist eine Maske für die Verzweiflung darüber, daß die Kommunikation eingestellt worden ist und keiner dem anderen mehr etwas zutraut, geschweige denn ihm vertraut. »Ich glaube an die Liebe – aber ich glaube auch an Krebs«, ist einer von Hallenbecks kernigsten Sätzen. Und später sagt er, der scheinbar gerne seine andere Wange auch noch hinhält: »Na los, schlag' mir in die Fresse, Du kleiner Schisser.« Es geht darum, wer seine Schmerzen am besten ertragen kann. Das wirkt natürlich wie eine Macho-Pose, ist aber in einer Welt, in der Larmoyanz tödlich sein kann, schlichtweg eine Frage des Überlebens: »Wenn Du Dich genügend selbst bemitleidet hast – die Tür ist da vorne«, reagiert Hallenbeck auf Dix' Schilderung, wie er drogensüchtig wurde und aus der Liga katapultiert wurde.

Regisseur Tony Scott, dessen Manie für wehende Vorhänge und expressives Licht bei diesem Tempo ausnahmsweise nicht negativ ins Gewicht fällt, sowie Autor Black waren clever genug, die Exposition durch zwei enorm wichtige Details anzureichern: Sie zeigen gleich zu Beginn, wie gut Willis in seinem Beruf ist. Ein hochgeklappter Toiletten-Sitz und ein verdampftes Bad genügen ihm zu erkennen, daß seine Frau ihn soeben hintergangen und der Liebhaber sich gerade noch in den Schrank geflüchtet hat. Außerdem etablieren sie Joe gerade optisch als Underdog, der zu anderen aufschauen muß, und sei es zu dem Plakat des feisten Senators, der Joe den Job des Secret-Service-Experten kostete. Das Auge der Kamera blickt lange bevorzugt auf Hallenbeck herab, wenn es den Blick von Dix oder den beiden Killern übernimmt, die wegen ihrer Überlegenheit nachlässig werden – und bald darauf tot sind. Denn Hallenbeck nutzt seinen erbarmungswürdigen Zustand als Tarnung und Waffe: Er reißt Witze, macht sich lächerlich und läßt sich erniedrigen, bevor er zurückschlägt. Sein Lächeln wirkt auf seine Gegner, als habe er sich damit abgefunden, daß alles noch viel schlimmer kommen wird, als man denkt.

Nur einmal, wenn Hallenbeck sich entscheidet, wirklich Ernst zu machen und (sehr) kurz keine Witze macht, fährt die Kamera aus der Untersicht auf ihn zu, als ob er der klassische Held wäre. Diese Zeiten sind längst vorbei, doch wenn Bruce Willis so gut ist wie in diesem Film, dann macht einem das kurzzeitig nichts aus.   ❑

Der Underdog, der zu anderen aufschauen muß

The Player (1992)

Von Annette Kilzer

*»Was wir vermarkten können, ist Action, Humor,
Drama, Suspense, Witz, Nacktheit, Sex, Gewalt.
Und ›happy endings‹. Vor allem ›happy endings‹.«*
(Griffin Mill)

Ein Film im Film im Film. Ein Film über, aus und mit Hollywood. Tim Robbins ist Griffin Mill, *executive producer* und Vizepräsident eines Filmstudios. Ein Player. Einer, der in der obersten Liga spielt. Jeder will ihm eine Filmidee verkaufen, kurz zusammengefaßt in zwei, drei Sätzen. *High Concept:* ein Star, eine Handlungsidee. *Pitchen* nennt man das in einer weiteren Analogie zum Baseball (obwohl das Filmgeschäft, so wird sich rasch zeigen, mehr mit Mord als Sport zu tun hat). Doch Hollywood sind die Ideen ausgegangen, es kursieren nur noch Remakes, Sequels und Variationen, und Griffin kennt das alles so zur Genüge, daß er schon nach den ersten Worten das Genre und die Twists jeder Story erkennt.

Alan Rudolph, zum Beispiel, schlägt dem Produzenten einen neuen Bruce-Willis-Film vor, »eine übersinnliche, zynische, politische Thriller-Komödie mit Herz«, an deren Ende jemand stirbt, weil das bei Politthrillern schließlich immer so ist. Und der geht dann so: Bruce Willis als Senator, ein *bad guy*, der nach einem Unfall übersinnliche Fähigkeiten entwickelt. Er kann nun Gedanken lesen, doch als er den Präsidenten trifft, stellt er fest, daß dessen Kopf ... – völlig leer ist!

Daß es doch ganz anders kommen soll, das liegt an anonymen Morddrohungen gegenüber Griffin, daran, daß er jemanden (den Falschen) umbringt und sich in dessen Freundin verliebt, und an der Konkurrenz, die ihm mit dem naßforschen Karrieristen Larry Levy (Peter Gallagher) erwächst. So unterkühlt, emotionslos, glatt und funktionstüchtig sich der Player stets gibt, so wenig läßt er einen spüren, wovor er größere Angst hat: vor dem Tod oder vor einem Flop. Doch da Regisseur Robert Altman mit seiner Verfilmung des gleichnamigen Romans von Michael Tolkin (der sich in einer Sze-

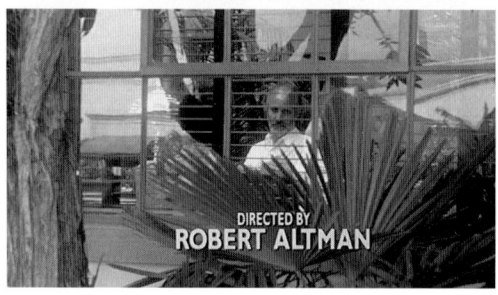

»No Stars«: Willis und Julia Roberts im Film im Film

ne selbst als *pitcher* in Griffins Büro einfindet) eine kulturkritische Satire anstrebt, muß es letzteres sein, und also wagt Griffin etwas wirklich Ikonoklastisches, etwas, das für das Studiosystem tatsächlich provozierend und neu ist: einen Film ganz ohne große Namen. »No stars, just talent.«

Doch ohne ein Aufgebot an Stars, egal, ob sie sich selbst oder eine Rolle spielen, hätte THE PLAYER ebensowenig funktioniert wie andere große Filme über das Filmemachen in Hollywood, wie SUNSET BOULEVARD (Boulevard der Dämmerung; 1950; R: Billy Wilder) oder THE BAD AND THE BEAUTIFUL (Stadt der Illusionen; 1952; R: Vincente Minnelli). Das gehört zu den dekonstruktivistischen Momenten von Altmans Film. Zu den bitterbösen gehört, daß in ihm all die guten Ambitionen, das System zu unterlaufen, auf den Kopf gestellt werden. Denn statt ohne Stars wird der Film im Film am Ende mit ausgerechnet den zwei größten gedreht: mit Julia Roberts (als buchstäbliche Unschuld in der schon saunaheißen Gaskammer) und Bruce Willis (als ihr breitschultriger Retter in letzter Sekunde). Zumindest Griffins Film kommt so – im Gegensatz zu Altmans Kulturpessimismus – schließlich doch zum Happy-End. Und während wir Zuschauer angesichts des plakativ parodistischen Spiels von Willis und Roberts noch schmunzeln, treibt der Film seine dekonstruktivistische Schraube noch eine Umdrehung weiter, ganz selbständig diesmal und ohne daß Altman sie anzöge. Der Zauberlehrling-Effekt: Denn Bruce und Julia – wäre das nicht wirklich ein netter *pitch* ...?   ❑

Death Becomes Her (1992)

Von Helmut Merschmann

She's sensational«, sind Bruce Willis' erste Worte in Robert Zemeckis schwarzer Slapstick-Komödie DEATH BECOMES HER. Mit seiner Einschätzung steht der angesehene Beverly-Hills-Schönheitschirurg Ernest Menville allerdings ziemlich allein da, mitten in einem Theatersaal, laut johlend und wild in die Hände klatschend. Die restlichen Zuschauer sind von Madeline Ashtons (Meryl Streep) jämmerlicher Showdarbietung wenig begeistert und verlassen mißgestimmt das Haus. Als Ernest mit seiner Verlobten, der Erfolgsautorin Helen Sharp (Goldie Hawn), die Künstlerin in ihrer Theatergarderobe aufsucht, kann er seine Augen nicht von Madeline lassen. Wenig später sind die beiden verheiratet. Nach sieben Jahren schwört die inzwischen verwahrloste, fettleibige Helen Sharp bittere Rache an Ashton. Doch müssen sieben weitere Jahre vergehen, bevor sie zum Gegenschlag ausholt.

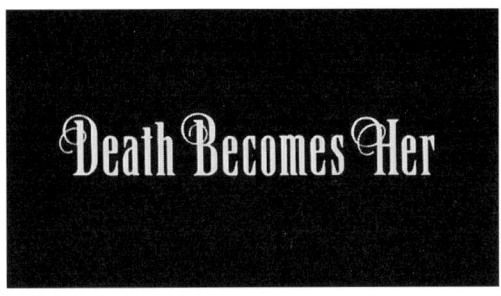

Daß Helen mit einem Mal gertenschlank und auf rätselhafte Weise verjüngt erscheint, will Madeline, die sich zu ihrer neuen Buchpräsentation einfindet, nicht ganz geheuer vorkommen. Die alternde Schauspielerin ficht selbst den aussichtslosen Kampf gegen die Falten und Krähenfüße in ihrem Gesicht. Augenscheinlich sind ihre besten Jahre vorüber, und als sie zudem von ihrem jugendlichen Liebhaber verlassen wird, da kommt ihr eine mysteriöse Offerte von Seiten der exotischen Lisle Von Rhomans (Isabella Rossellini) gerade recht: Wie bereits Helen wird ihr ein kostspieliges Elixier angeboten, das ewige Jugend verspricht. »A touch of magic in this world obsessed

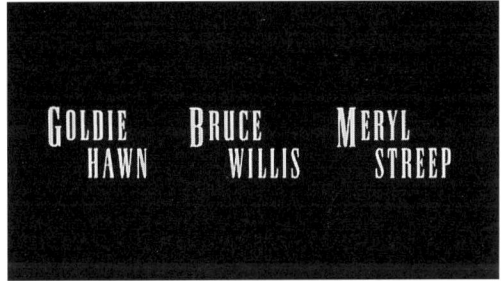

with science«, preist die schöne Lisle ihren Zaubertrank an. Madeline zögert nicht lange und stürzt den Trunk herunter. Vor dem Spiegel erlebt sie voller Entzücken, wie ihr Körper wieder alte Konturen annimmt, wie Haut, Brust und Po sich straffen: »I'm a girl again.«

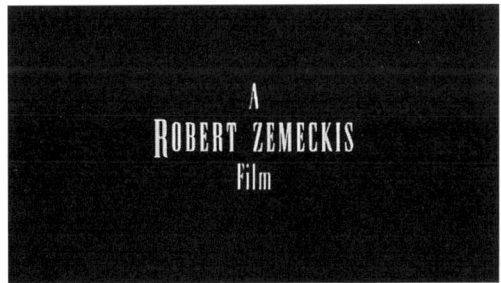

Wenn es der Blick der Männer ist, dem Frauen gefallen wollen, dann ist es in diesem Fall ein Blick aus zwei glasigen, schnapsstarren Augen. Unter der Fuchtel von Madeline ist der biedere Ernest schnell zum Taugenichts und Trinker verkommen. »She has turned

Ernest Menville entscheidet sich für die Sterblichkeit: Willis mit Goldie Hawn und Meryl Streep

a brillant surgent into an undertaker«, ist die eifersüchtige Helen überzeugt. Und tatsächlich: Menvilles vielversprechende Karriere als Chirurg, unter dessen Skalpell sich einst die Schickeria Hollywoods begab, hat ihren Zenit schon lange überschritten. Vom Operationssaal mußte Menville wegen seines Alkoholproblems in die Leichenhalle wechseln, wo er letzte Retuschen an den Toten vornimmt – mit Make-up und Mascara.

Mit sichtlichem Spaß gibt Bruce Willis den schmierigen Schönheitschirurgen und scheint seine Anti-Besetzung regelrecht zu genießen. Von allem Action-Heldenpathos befreit, verleiht Willis seiner Figur ein markant komisches *loser*-Image: Schnauzbärtig, mit einem Kassenbrillengestell auf der Schnapsnase und wenigen Haare, die wirr in alle Richtungen weisen, kommt er als eine Mischung aus *mad professor* und vertrotteltem Ehemann daher. Als Madeline ihn eines Tages als »tragic, boozy, flacid clown« charakterisiert und behauptet, sie würde seine Leichen ihm vorziehen, die seien wenigstens *stiff* – da ist es mit seiner devoten Geduld allerdings vorbei. Tatsächlich verbirgt sich seine Männlichkeit für ihn nicht sichtbar hinter einem prallen Schmerbauch. Doch »flacid«, schlaff – nein, wirklich: Das geht ihm zu weit. Er stößt sie von der Treppe.

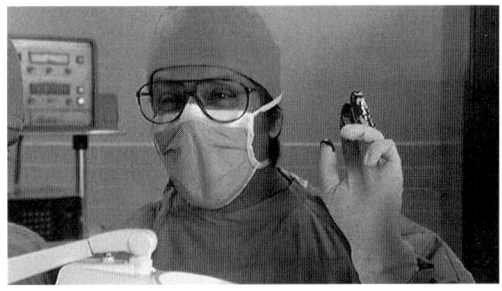

Unten angekommen, mit verrenkten Gliedern und Gelenken, zeigt das eingenommene Jugendelixier seine eigentümliche Wirkung. Von den Toten wiederauferstanden, geistert Madeline nun als Zombie durchs Geschehen. Die Schönheitschirurgie-Satire hat damit ebenfalls eine kuriose Wendung genommen und sich zur Special-Effects-Klamotte gemausert. Die Schlachten, die sich Madeline Ashton und Helen Sharp fortan liefern, entstammen allesamt der Trickkiste des Computers: Ashton kann ihren Hals um 540 Grad verdrehen und so ihren Allerwertesten von vorne betrachten, Sharp ziert ein kanonenkugelgroßes Loch im Bauch. Die beiden lebenden Leichen versuchen, den entsetzten Ernest auf ihre Seite zu ziehen und ihn zum Elixier zu überreden. Doch vergebens: Dem Schrecken entronnen, zieht der ein zweites Leben als Prediger vor und erreicht ein biblisches Alter. ❑

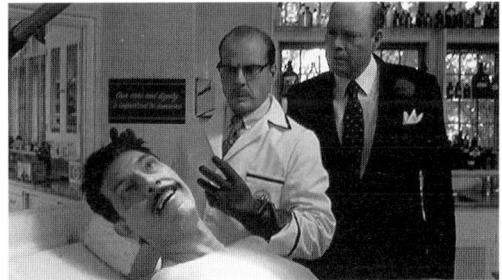

Etappen eines Abstiegs: Vom Operationssaal in die Leichenhalle

Loaded Weapon 1 (1993)

Von A.K.

Wenn Cops schon Colt und Luger heißen, verschießen sie zwangsweise auch viel Pulver – in diesem Film aus der *National Lampoon's*-Schmiede allerdings eher mit flachen Sprüchen als mit scharfer Munition. Das Salt 'n' Pepper-Duo Emilio Estevez und Samuel L. Jackson spielt die Hauptrollen in dieser durchgeknallten Parodie auf LETHAL WEAPON (Zwei stahlharte Profis; 1986; R: Richard Donner), THE SILENCE OF THE LAMBS (Das

Schweigen der Lämmer; 1990; R: Jonathan Demme), BASIC IN-STINCT (1991; R: Paul Verhoeven) und eine Menge anderer Actionthriller. Da hilft Charlie Sheen schon mal als Parkboy aus, repariert James Doohan alias *Star Trek*-Scotty die Kaffeemaschine, gibt Bestseller-Psychologin Dr. Joyce Brothers die Gerichtsmedizi-

nerin und zeigt sexy-hexy Blondine Kathy Ireland beim Polizei-
verhör ihren »Bären«. Und neben Whoopi Goldberg, Bond-Girl
Denise Richards oder F. Murray Abraham absolviert auch Bruce
Willis einen Gastauftritt. Zwar stirbt er nicht langsam, doch als ihm
sein Strandhaus um die Ohren fliegt, bleibt ihm nicht mehr als sein
legendäres Feinripp-Unterhemd ...

Als die Gangster sein Heim vom Helikopter aus mit MG-Salven
perforieren, kriecht Willis nach einer gewaltigen Explosion aus den
Trümmern, am Leib nicht mehr als eine verdreckte Hose und das
arg mitgenommene Shirt. »Was, zum Teufel, soll das?« faucht er
den Schützen an. »Ist das Pacific Coast Highway 1014?« – »Hä?« –
»Ist das Pacific Coast Highway 1014?« – »Nein, das ist Pacific
Highway 814. 1014 ist zwei Blocks weiter rauf.« – »Tut mir leid,

»Zwei Blocks weiter rauf«:
Einmal mehr am falschen Ort

mein Fehler.« – »Ja, kein Problem«, zuckt er bloß fatalistisch mit
den Schultern, »kein Problem.« Da war er wohl mal wieder der
richtige Mann am falschen Ort ...

Bruce Willis' Los-Angeles-Heim steht übrigens tatsächlich am
Pacific Coast Drive. ❑

Striking Distance (1993)

Von Andreas Georg Hesse

Loyality above all else – except honor!« Nach dieser werte-schwangeren Maxime lebt und handelt der aufrichtige Pitts-burgher Police Detective Tom Hardy (Bruce Willis), sogar dann noch, als sein Vater, der Polizeichef, bei einer furiosen, BULLITT (1969; R: Peter Yates) zur Ehre gereichenden Verfolgungsjagd auf

den flüchtigen Polish-Hill-Killer tödlich verletzt wird und Tom in dieser peinigenden Lage vor Ge-richt gegen seinen Partner und Cousin Jimmy De-tillo aussagt, der sich daraufhin das Leben nimmt. Damit zieht Hardy die Ressentiments seiner Fami-lie und des gesamten Polizeiapparates – was wegen der langen Familientradition als Cops das gleiche ist – auf sich. Obwohl das Dezernat mittlerweile einen Verdächtigen festgenommen hat, bleibt er zudem bei seiner Behauptung, der Serienmörder sei immer noch flüchtig und aufgrund seiner *dri-ving skills* ein Polizist, und macht sich dank seiner noblen Auffassung von Ehre und Wahrheit das Le-ben inmitten der Cops äußerst schwer. Zuviel der Ehre. Er wird degradiert und zur Wasserschutzpo-lizei versetzt.

Die Änderung der Location bietet Regisseur Rowdy Herrington einen gravierenden Vorteil. Denn nun kann er die Action-Komponente seines Films nach der rasanten *car-chase*-Sequenz noch um drehzahlstarke Wasserspiele auf dem Fluß er-weitern, die souverän über einige Handlungslöcher hinweghelfen.

Zwei Jahre nach den Polish-Hill-Morden be-ginnt eine neue Reihe grausamer Tötungsdelikte, deren »Abfallprodukte« grundsätzlich in dem Ge-wässer entsorgt werden, auf dem nun Hardy sei-nen River-Rescue-Dienst schiebt. Tom Hardy ist mittlerweile zu einem verbitterten Renegaten im Polizeiboot degeneriert, der sich mit seinem ri-giden moralischen Verhaltenskodex nur weitere Komplikationen eingehandelt hat.

Eine Paraderolle für Bruce Willis. Als irisch-republikanischer Alkoholiker begegnet er den widerspenstigsten Situationen mit der für ihn typischen Mixtur aus Zynismus, Cool-ness und Whiskey, die mit obligatorisch präzisen und einfältigen

One-Linern und dem smarten Lächeln garniert wird. Katholische Selbstkasteiung inmitten einer aus den Fugen geratenen Welt. Ablehnend reagiert er anfänglich auch auf Jo Christman (Sarah Jessica Parker), die ihm als neue Partnerin ins Boot gesetzt wird und deren einzige Aufgabe es ist, als Hardbody für den notwendigen Hormonschub zu sorgen (was sie allerdings mit Bravour erledigt), und die Hardy so aus seiner alkoholisierten Lethargie reißt.

Hardy und Christman teilen sich nun Boot und Bett, wenngleich die Mordserie eine neue Qualität erreicht und direkten Einfluß auf Hardys Leben nimmt. Denn alle Opfer des sadistischen Mörders rekrutieren sich aus dem Arsenal seiner Ex-Freundinnen, sehr zum Argwohn seiner ehemaligen Kollegen vom Morddezernat, die unter der Führung seines Onkels, Detective Nick Detillo (Dennis Farina), in den Fällen ermitteln. Zeitgleich mit den Morden erscheint auch der Ex-Cop Danny Detillo (Tom Sizemore), Toms

Angefeindet: Willis als Tom Hardy mit Brion James (oben, 2.v.l.), Dennis Farina und Tom Sizemore

Die Partnerin Jo Christman
(Sarah Jessica Parker)

Cousin, Nicks Sohn und der Bruder des suizidalen Jimmy Detillo,
wieder auf der Bildfläche – einer jener genretypischen Zufälle der
frühen Neunziger-Jahre-Serien-Killer-Filme, die durch trickreiche
Plot-Twists und meist uninspirierte Vexierspiele bei der Whodunit-
Frage gefallen wollten. Jeder versierte Fan weiß, daß Danny Detillo
demnach nicht der Täter sein kann, so daß sich Tom Hardy weiterhin routiniert gegen Anfeindungen und Anklagen zur Wehr setzen
muß, bis er die Wahrheit aufdecken, seine früheren Behauptungen
bestätigen und dem grausamen Serienmörder in einem weniger
fulminanten Showdown das Handwerk legen kann.

»Loyality above all else – except honor?« Mit einiger Wahr-
scheinlichkeit dürfte Bruce Willis STRIKING DISTANCE aus Loyalität zu seinen Rollen in DIE HARD und THE LAST BOY SCOUT
übernommen haben, die den Archetypus des gebrochenen markigen Actionhelden mit sensitiven Charakterzügen als Identifikations-
figur für ihr dosenbiertrinkendes Zielpublikum geschaffen haben.
Obgleich der Plot im Handlungsverlauf zunehmend unglaubwürdi-
ger wird, schafft es dieses Bruce-Willis-konsolidiert-sich-als-Super-
star-Vehikel dank der solide inszenierten Verfolgungsjagden zu Land
und zu Wasser zu unterhalten. Hinzu kommt die grandiose Besetzung mit so illustren Darstellern wie Dennis Farina, Tom Sizemore
und Brion James, die im Spiel mit Willis ihr Können unter Beweis
stellen. Ein Wasserballett mit einer hochkarätigen Darstellerriege
aus Hollywoods zweiter Reihe, samt routiniert agierendem Hauptdarsteller in der Rolle des einsamen Wolfs, das ansonsten durch die
präzise Beschreibung des irisch dominierten Polizeidienstes, oder
wie man ihn sich vorstellt, gefällt und da aufhört, wo COPLAND
(1997; R: James Mangold) kohärenter fortfährt.   ❏

Pulp Fiction (1994)

Von Frank Schnelle

Nach zwanzig Filmminuten sieht man ihn zum ersten Mal, in einer langen, unbewegten Nahaufnahme. Hart und distanziert wirkt er. Ein wortkarger *tough guy* mit grimmigem Blick. Nach einer Weile verschiebt sich jedoch der Eindruck: Dieser Mann ist gar nicht so cool, er müht sich vielmehr, unter den Augen des Gangsterbosses Marsellus Wallace (Ving Rhames) zugleich den starken Mann zu markieren und den nötigen Respekt zu zollen. Wie ein Schüler, der eine Standpauke über sich ergehen lassen muß, lauscht er Marsellus' Anweisungen, und dabei hat er nur zu reden, wenn ihm das Wort erteilt wird. Als er auf die Frage des Gangsters, ob dieser auf ihn zählen könne, schließlich seinen ersten Satz sagt, ist dieser vielsagender, als er sein müßte: »It certainly appears so.«

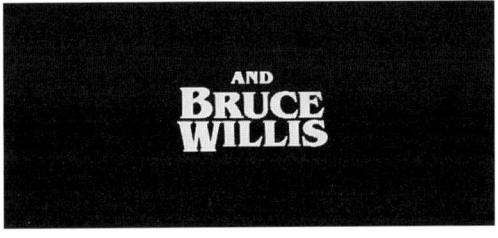

Butch Coolidge ist ein amerikanischer B-Movie-Held; in Quentin Tarantinos Potpourri der Stile, Genres und Epochen repräsentiert er den *Film noir* der vierziger und fünfziger Jahre. Einen Kampf soll der in die Jahre gekommene Boxer verlieren, zu Boden gehen in der fünften Runde. Dafür überreicht ihm Marsellus eine Handvoll Dollar und appelliert an Butch, auf Stolz und Ehrgefühl zu pfeifen. Daß Butch ein doppeltes Spiel spielt, deutet sein Hinweis an, er mache eben nur *scheinbar* mit. Und daß er der letzte Mann auf Erden ist, dem Stolz und Ehrgefühl gleichgültig wären, zeigt kurz darauf die Begegnung mit Vincent Vega (John Travolta) an der Bar. Wegen einer respektlosen, gleichwohl lächerlich unbedeutenden Bemerkung Vegas wird Butch so wütend, daß er Vega am liebsten gleich hier und jetzt an den Kragen ginge. Man sieht, wie er diesem Impuls nur mit größter Mühe widersteht.

Finstere Entschlossenheit verdunkelt seine Miene, rohe Gewalt blitzt in seinen Augen – der Film kann es sich eine Dreiviertelstunde später leisten, den Boxkampf elliptisch auszusparen, denn wir haben das Tier in Butch Coolidge bereits gesehen, jene unbezähmbare Energie, die seinen Gegner das Leben und seinen Auftraggeber eine Menge Geld kostet. Anstatt die würdelose Niederlage hinzunehmen, verdrischt Butch sein Gegenüber so erbarmungslos, daß dieser noch im Ring dahinscheidet. Und zuvor, das deutet der Film

Willis' erster Auftritt

nun peu à peu an, hat Butch auf seinen eigenen Sieg gewettet und damit das von Marsellus bereitgestellte Kapital vervielfacht.

Jetzt befindet er sich auf der Flucht, und alles scheint zu klappen wie geschmiert. Die Taxifahrerin, die ihn sofort durchschaut (Angela Jones), ist so fasziniert von seiner animalischen Tat, daß sie ihn nur zu gern in die Freiheit chauffiert. Und in dem Motel irgendwo in den Suburbs von L.A. wartet schon Fabienne (Maria de Medeiros), die kleine Französin, mit der Butch ein neues Leben anfangen will. Die Abreise ist für den nächsten Tag geplant, und so bleibt noch Zeit für romantisches Gesäusel, liebevollen Sex und ein wenig Alberei unter der Dusche.

Butchs Jähzorn scheint gerade überwunden, da entdeckt er das Fehlen seiner goldenen Uhr; Fabienne hat sie beim Packen in Butchs Apartment vergessen. Eine Rückblende hatte die Uhr zuvor als wichtiges Familienerbstück etabliert, nun dient sie als MacGuffin, um Butch in jene Welt zurückzuzwingen, von der er sich für immer verabschiedet zu haben glaubte. Vor lauter Wut zertrümmert Butch den Fernseher. Natürlich könnte er die Uhr sausen lassen und auf Nummer Sicher gehen – aber für Butch wäre das in etwa gleichbedeutend mit einem gefaketen K.O. in der fünften Runde. Also fährt er fluchend und tobend zurück in die Stadt, schleicht sich in die Wohnung, findet die Uhr – und eine Maschinenpistole, die der Wache schiebende Vincent Vega für seine Klopause in der Küche abgelegt hat. So wird Vega von jenen Kugeln durchsiebt, die eigentlich dem abtrünnigen Boxer zugedacht waren. Butch sagt dabei kein Wort und verzieht keine Miene; vielleicht geht ihm durch den Kopf, daß er mit Vega sowieso noch eine Rechnung zu begleichen hatte.

Als Butch wieder in seinem Auto sitzt, lacht er erleichtert: Jetzt kann nichts mehr schiefgehen. Doch in einem Film, der fortwährend Abseitiges ins Zentrum rückt, Nebensächliches zur Hauptsache erklärt und Kurioses als Normalität verkauft, muß jederzeit mit dem Schlimmsten gerechnet werden. An einer roten Ampel erlebt Butch einen PSYCHO-Moment [1]: Wie seinerzeit Janet Leigh sieht auch er völlig unverhofft seinen Boß direkt vor dem Auto die Straße überqueren. Butch aller-

Vincent Vegas folgenschwere Klopause

Auf den Spuren von Travis Bickle:
Den Wahnsinn in den Augen

dings bleibt nicht unerkannt und hat keine andere Wahl, als das Gaspedal voll durchzutreten. Einen Blechschaden und eine aberwitzige Verfolgungsjagd später prügeln sich die beiden in einer Pfandleihe und werden vom bewaffneten Ladenbesitzer überwältigt. Jetzt erst beginnt der wahre Alptraum, der Abstieg in die Hillbilly-Hölle. Im Keller der Pfandleihe, in einer bizarren Welt aus Leder, SM und Bondage, erlebt Marsellus Wallace einen DELI-VERANCE-Moment, während Butch sich befreien und fliehen kann. An der Ladentür überlegt er es sich allerdings anders; wiederum diktieren Stolz und Ehrgefühl sein Handeln, wo andere sich lediglich dem reinen Pragmatismus verpflichtet hätten. Butch sucht sich eine geeignete Waffe, findet einen Hammer, einen Baseball-Schläger, eine Kettensäge und schließlich ein Samuraischwert, mit dessen Hilfe er Marsellus' Peiniger überwältigt. Wenn er in das Kellerverlies eindringt, den ersten Widersacher niedermetzelt und den zweiten in Schach hält, hat Butch eine verblüffende, auch physische Ähnlichkeit mit dem amoklaufenden Travis Bickle am Ende von TAXI DRIVER: blutverschmiert und den Wahnsinn in den Augen, seltsam entrückt und zu allem entschlossen.

Daß er einen Wimpernschlag später gemeinsam mit Fabienne auf einem Chopper in ein ungetrübtes Happy-End fährt, gehört zu den ebenso schönen wie unglaublichen Wendungen in PULP FICTION. Wenn die beiden davonbrausen, geht der Film zwar noch weiter, die Geschichte aber, in ihrer chronologischen Folge, ist hier zu Ende. ❏

Anmerkung

1   PSYCHO (1960; R: Alfred Hitchcock); DELIVERANCE (Beim Sterben ist jeder der Erste; 1971; R: John Boorman); TAXI DRIVER (1975; R: Martin Scorsese).

North (1994)

Von Marcus Stiglegger

In einem Akt kindlicher Rebellion beschließt der ebenso hochbegabte wie materiell verwöhnte amerikanische Mittelstandsjunge North (Elijah Wood), sein Elternhaus zu verlassen, um sich ein neues Zuhause zu suchen. Er sehnt sich nach Bezugspersonen, die ihm endlich die vermißte Aufmerksamkeit gönnen, und möchte sich vor Gericht von seinen Eltern freisprechen lassen. Dies ist die Grunddisposition von Rob Reiners bewußt naiver Komödie und zugleich das erste Problem des Films: Norths Eltern (Julia Louis-Dreyfuss und Jason Alexander) leben mit ihrem Sohn in einem pompösen, nach amerikanischen Begriffen nahezu idyllischen Vorstadthaus, und ihre wesentliche Sünde besteht darin, sich beim Essen mit ihren eigenen Problemen zu befassen statt ihrem Kind zuzuhören. Der kleine North ist ein hübscher, intelligenter Musterknabe, so daß seine Auflehnung gegen den gesellschaftlichen Konsens einen Medienskandal verursacht.

In einer hemmungslos überzogenen Sequenz geht der Junge vor Gericht, wo ihm der Richter (Alan Arkin) tatsächlich erlaubt, sich neue Eltern zu suchen, zumal seine eigenen seit der Vorladung ins Koma gefallen sind. Mit Hilfe des windigen Anwalts Arthur Belt (Jon Lovitz) begibt sich der Junge auf eine Odyssee: Er experimentiert mit Eltern von Hawaii bis Alaska, die im Film von einer Reihe oft mehr oder weniger fehlbesetzter oder – weit tragischer – hoffnungslos unkomischer Schauspieler verkörpert werden. Was als ethnische oder regionale Karikatur angelegt sein mag, erstickt in überkommenen Klischees und beinahe rassistischen Witzen. Da gibt es, zum Beispiel, chaotische, völlig verwirrte Hawaiianer, menschenverachtende Eskimos, langweilige Amishleute, exotisch-bizarre Chinesen oder Afrikaner, mit denen man allenfalls »*Onkel Toms Hütte* spielen könne«. Endlich scheint North dennoch die idealen Eltern zu finden – und auch hier entlarvt sich der banale Subtext des Films: Es ist die weiße Vorzeigefamilie Nelson (Faith Ford und John Ritter) mit zwei Kindern und Hund, die dem Jungen ihre ganze Zuwendung widmet. Doch etwas fehlt …

Das heimliche Herz des Films: ...

Nicht erst an dieser Stelle bekommt Bruce Willis seinen großen Auftritt. Willis fällt in diesem Film die Rolle von Norths moralischem Schutzengel sowie des Off-Erzählers zu, doch was in den Rezensionen oft als *sidekick* beschrieben wurde, ist in Wirklichkeit das heimliche Herz des Films, auch wenn es ebenso wenig im Gesamtkontext funktioniert wie die restlichen Elemente. Bruce Willis hat seine erste »Inkarnation« in Form eines riesigen rosa Osterhasen, der North in einem Kaufhaus anspricht, in das sich der Junge vor seinen Eltern zurückgezogen hat. Im Stil des ironisch-abgeklärten Off-Kommentars, der den Film begleitet, präsentiert Willis diese Rolle mit gewohnt kumpelhafter Lässigkeit. In seinem ausgepolsterten Plüschkostüm mit wippenden Hasenohren bewegt er sich schwerfällig, läßt sich ins Sofa fallen und legt unwillkürlich die Füße auf den Tisch. Seine verbale Zuwendung steht dieser Buddy-Geste in nichts nach: »Irgendwas knabbert doch an dir ...« Als er mit wackelndem Hintern wieder aufbricht, lautet sein Rat bereits: »Trab' heimwärts und vertrag' dich wieder.« Doch hier soll die Reise erst beginnen. In seinem nächsten Auftritt nähert sich Willis seiner Rollengeschichte deutlich an: Er spielt den zunächst großmäuligen Revolverhelden Cabbie, der jedoch in der Glut des Sonnenuntergangs besinnlich auf seinem Grashalm kaut, über Norths Initiation reflektiert und dem Jungen eine durchschossene Münze als Glücksbringer schenkt. Mit offenem Hemd, Sonnenbrille und Kopftuch tritt er dann als Münzsucher am Strand von Hawaii auf, um schließlich als Cabaret-Komiker in einem New Yorker Nachtclub den Jungen zur Rückkehr überreden zu können. In all diesen Auftritten verleiht Willis der eigentlich albernen, wichtigtuerischen Figur physische Präsenz (in der Garderobe darf er sich natürlich bis aufs Unterhemd entkleiden), doch wie der Rest des Films changiert auch sein Part zwischen billigen Klischees.

Wie die seiner Co-Stars gehen auch die Auftritte von Bruce Willis im überzogenen Gesamtkonstrukt unter und appellieren mit ihren ironischen Brüchen an eine Medienkompetenz, an der es dem kindlichen Zielpublikum mangeln muß. Dasselbe gilt für die filmhistorischen Verweise von GIANT (Giganten; 1955; R: George Stevens) bis TAXI DRIVER (1976; R: Martin Scorsese). Bruce Willis kommt die undankbare Aufgabe zu, die Moral des Films schließlich wörtlich zu formulieren: »Die Nelsons waren gute Leute. Aber sie

sind nicht *deine* Leute.« Trotz Intrigen gelingt North schlußendlich
die Wiedervereinigung mit den eigenen Eltern, die aus dem Koma
erwachen und ihn fortan verwöhnen wollen.

    Als NORTH 1994 in die amerikanischen Kinos kam, war die
Kritikerresonanz vernichtend. Von Mitleid mit dem peinlich kon-
struierten Handlungsgerüst bis zur Bloßstellung sämtlicher Darsteller reichten die Reaktionen. NORTH war vermutlich als kindliche
Variante einer an FORREST GUMP (1994; R: Robert Zemeckis)
orientierten Odyssee eines naiven Gemüts gedacht, gereichte jedoch keinem der Beteiligten, einschließlich des »Schutzengels«
Bruce Willis, zum Vorteil.   ❏

... Willis mit Elijah Wood

Color of Night (1994)

Von Sebastian Selig

You should prepare yourself for bad news.
(Bruce Willis als Dr. Bill Capa)

Ü ber COLOR OF NIGHT schreiben, heißt auch über Willis' Haare schreiben. An ihnen zeichnet sich wohl am deutlichsten ab, was für ein kathartisches Erlebnis der Sex-Thriller für ihn gewesen ist. Nach COLOR OF NIGHT kam das Toupet runter, und sowohl in PULP FICTION als auch TWELVE MONKEYS ist ihm deutlich anzusehen, was für ein befreiendes Gefühl dies gewesen sein muß.

Womöglich hatte es zunächst ja noch so ausgesehen, als könnte dieser kleine, schmutzige Sex-Thriller mehr sein als nur die Hoffnung auf ein weiteres, vermeintlich erfolgreiches Aufkochen der BASIC INSTINCT-Formel (1992; R: Paul Verhoeven). Man stelle sich bildlich vor, wie *executive producer* Andrew G. Vajna Willis wohl davon überzeugt hat, die Rolle anzunehmen. »Der Part hat alles. Du bist der *good guy*, aber nicht so 08/15, richtig mit Tiefgang, ein Psychiater, ein Intellektueller, und Du hast was wirklich Furchtbares erlebt. Etwas, was Dich Deinen Glauben an Dich selbst, Deinen Job, eben an alles verlieren läßt. Ich sehe da ganz große Szenen vor mir, wo Du richtig Gefühl, ja, richtig Tiefe zeigen kannst. Große Schauspielermomente. Und dann ist da natürlich noch dieses kleine französische Bunny, die hat schon mit Annaud gedreht (THE LOVER [Der Liebhaber; 1992; R: Jean-Jacques Annaud]). Hier hab' ich ein Tape für Dich, glaub' mir, das popt, aber eben mit europäischer Tiefe, und die Liebesgeschichte zwischen Euch, die werden wir ebenfalls ganz europäisch durchziehen, da wird die MPAA ganz schön ins Schwitzen kommen. Wir machen einen großen Film, einen Schauspielerfilm, aber Action und Spannung wird er auch haben. Was sagt Dir der Name Richard Rush? Nichts? Ging mir bis vor zwei Wochen genauso, dann habe ich den hier auf Kabel gesehen (übergibt ihm ein Tape von THE STUNT MAN [Der lange Tod des Stuntman Cameron; 1980]. Action und Tiefgang,

Peter O'Toole war nie besser, glaub' mir, dieser Rush ist hungrig darauf, so einen Stunt noch mal durchzuziehen!«

Das Ergebnis ist ein Musterbeispiel des mißglückten Konzeptfilms. Ein gnadenloses Patchwork verschiedener Genrezutaten, deren Zusammenstellung einzig dem Auswertungsbogen eines Testscreenings unterworfen gewesen zu sein scheint. Zu Beginn etwas Psychodrama: Nachdem eine seiner Patientinnen mit einem Sprung durch die Panoramascheibe seiner im Penthouse eines Wolkenkratzers gelegenen Psychologiepraxis vorzeitig die Therapie abbricht, befallen Dr. Bill Capa (Willis) nicht nur grundlegende Selbstzweifel, sondern mit Blick auf ihren über den Asphalt verteilten Körper auch eine eigentümliche Rot-Blindheit. Willis reist nach L.A., weil er sich Hilfe von einem befreundeten Kollegen (Scott Bakula) erhofft. Kaum angekommen, wird dieser in recht heftiger Slasher-Manier von einem maskierten Killer niedergemetzelt, der seiner Therapiegruppe entsprungen zu sein scheint. Um den Mörder auf eigene Faust zu ermitteln, übernimmt Willis die Patienten seines Freundes, und wer schon einmal einen Blick auf die Passagierliste einer Boeing mit brennenden Triebwerken geworfen hat, bei der eine tapfere Stewardeß das Steuer übernimmt, nachdem der Rest der Crew einer Fischvergiftung zum Opfer gefallen ist, kann sich vorstellen, wie sich die Gruppe der üblichen Verdächtigen zusammensetzt. Clark (Brad Dourif) dreht durch, wenn Bücher nicht alphabetisch ins Regal sortiert sind, Sondra (Lesley Ann Warren) ist eine Nymphomanin, die zudem gerne Aschenbecher mitgehen läßt. Ex-Cop Buck (Lance Henriksen) hat ein Aggressionsproblem, seit er »auf tragische Weise« Frau und Tochter verloren hat. Ritchie stottert und hat nicht nur deshalb keine Freunde, und Casey schließlich malt und leidet als »Künstler« natürlich unter einem Hang zur Selbstzerstörung. Ehe man »Whodunit!« rufen kann, taucht Jane March auf, die wohl wegen ihres aussagekräftigen Tattoos auf dem Pfirsichhintern den schönen Namen »Rose« bekommen hat, und beginnt, Dr. Willis den Kopf zu verdrehen. Dramaturgischer Höhepunkt ist natürlich die Liebesszene zwischen ihr und Willis, die im Whirlpool ihren Anfang nimmt und in der dank

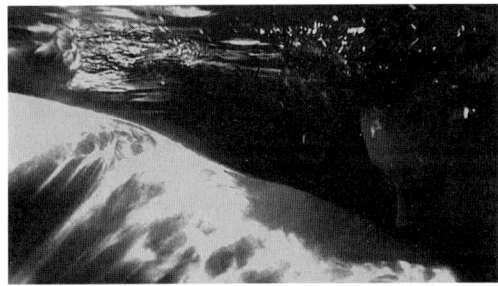

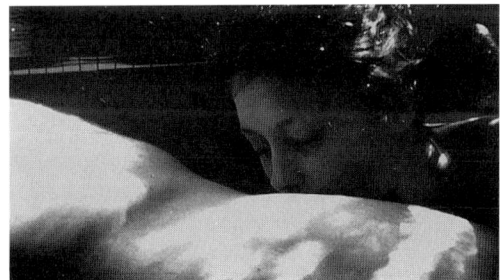

Ein Fall für die Zensur: Spiele im Pool

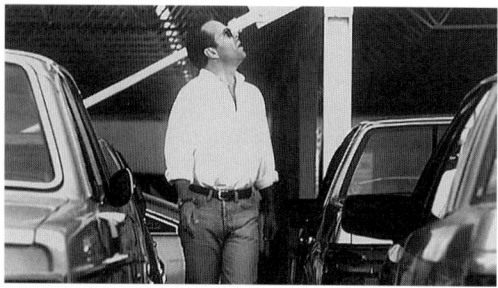

Action für den Trailer

einer Unterwasserfahrt nicht nur Willis Schwell-
körper kurz durchs Bild wippt [1], sondern vor
allem die brennende Frage unzweifelhaft beantwortet wird, ob sein Toupet auch den Unterwas-
sertest besteht.

Dies wird in etwa der Moment gewesen sein,
in dem einer der insgesamt fünf Produzenten gerufen haben muß: »Halt! Wir haben Bruce Willis,
laßt uns zumindest ein paar Autos kaputt machen.«
Mit der Folge, daß, wann immer Dr. Bruce das
Mercedes-Cabrio seines Freundes besteigt, ein böser roter Sportwagen aus dem Nichts auftaucht
und versucht, ihn von der Straße zu drängen, und
zwar genau so oft, bis ein paar actiontaugliche Einstellungen für den Trailer dabei herausspringen.
COLOR OF NIGHT darf sich somit völlig zu Recht
rühmen, zwei der unmotiviertesten Actionszenen
der Filmgeschichte zu beinhalten.

Zum guten Schluß endet dann alles in einem
haarsträubenden Finale à la VERTIGO (Vertigo –
Aus dem Reich der Toten; 1958; R: Alfred Hitchcock), bei dem man sich allerdings durchaus auch
an Mel Brooks' Hitchcock-Persiflage HIGH AN-
XIETY (Mel Brooks' Höhenkoller; 1977) erinnern
fühlen darf.

Nun ist COLOR OF NIGHT beileibe kein Film,
der seiner durchaus tapferen Besetzung Raum zum
Leuchten bieten könnte. Wie gerne würde man
schreiben, Willis schlage sich tapfer, und über weite Strecken trifft dies auch durchaus zu. Am lok-
kersten und natürlichsten wirkt er, wenn er mit
Schirmmütze und verschwitztem Träger-Shirt
Mountainbike fährt, und auch die Bodengymnastik
mit der kleinen Französin zieht er recht cool und
ohne größere Peinlichkeiten durch. Etwas schmerz-
haft bleiben einem einzig zwei »Gefühlsausbrü-
che« in Erinnerung, bei denen er sein Trauma in
Worte fassen muß beziehungsweise den Tod seines Freundes beklagt. Dann schweift sein Blick ins
Leere, die Stirn faltet sich, und mit an Lächer-
lichkeit grenzendem Ernst werden Tränen unter-
drückt.

Es spricht einiges dafür, daß Willis COLOR OF
NIGHT als kreativen Tiefpunkt in seiner Karriere
empfunden hat. Sehr viel härter noch als das
schlechte Abschneiden an der Kinokasse (einem
Produktionsbudget von rund 40 Millionen US-

Dollar stand ein US-Einspielergebnis von gerade einmal 19,721 Millionen Dollar gegenüber) muß ihn getroffen haben, daß allgemein der Vorwurf laut wurde, es sei ja wohl der Gipfel der Unglaubwürdigkeit, »Action-Star« Willis in die Rolle eines Psychiaters zu stecken. Eine Behauptung, die Willis mittlerweile gleich doppelt widerlegt hat. In der TV-Serie *Ally McBeal* persifliert er seine COLOR OF NIGHT-Rolle, als er Allys Therapeuten in der Folge *Love Unlimited* vertritt. Nach der Sitzung läßt er sich von Ally sogar ein Dokument unterschreiben, welches ihn von sämtlichen Anschuldigungen freispricht, sollte diese nun den Drang verspüren, sich aus dem Fenster zu stürzen. Es muß für Willis zudem auch eine besondere Genugtuung gewesen sein, daß es ihm ausgerechnet mit der Rolle eines Psychiaters in THE SIXTH SENSE gelang, nicht nur einen überragenden kommerziellen Erfolg zu erzielen, sondern auch auf breiter Ebene zu recht Kritikerlob einzufahren.   ❏

Anmerkung

1   Von COLOR OF NIGHT gibt es unterschiedliche Versionen: Die *un-rated* US-Video- und Laserdisc-Version enthält im Gegensatz zu der in den USA im Kino gezeigten *R-rated* Version zusätzliche 17 Minuten Film (laut *Internet Movie Database*). Ein Großteil dieser Szenen wurde allerdings nur entfernt, um die Handlung zu straffen, einzig die Szene, in welcher Bruce Willis nackt von vorne zu sehen ist und die Sequenz, in welcher die lesbische Beziehung zwischen Jane March und Lesley Ann Warren genauer betrachtet wird, mußten in der US-Kino-Version aufgrund der *R-rated*-Altersfreigabe entfernt werden. Die europäische Version entspricht im wesentlichen der ungeschnittenen US-Video- beziehungsweise Laserdisc-Version, erlaubt also einen, wenn auch nur sehr kurzen Blick auf Bruce Willis' Penis. In der Liebesszene im Swimming-Pool taucht die Kamera gemeinsam mit Jane March an Willis' Körper hinab und ist dabei etwas schneller als die kleine Französin. In der italienischen Kinoversion wurde diese kurze Einstellung ebenfalls entfernt, ist auf der Videoversion allerdings wieder enthalten.

Angestrengt, natürlich: Willis als Dr. Bill Capa

Nobody's Fool (1994)

Von Lars-Olav Beier

Auf den Straßen liegt der Schnee von gestern. Die Atemfahnen sind dicht wie Nebelschwaden und liegen noch in der Luft, wenn die Menschen, die sie hinterlassen haben, schon dabei sind, sich am heimischen Herd wieder aufzuwärmen. Ein Baum, der draußen bleiben muß, gibt den Widerstand gegen die eisige Kälte auf und stürzt um: *dead of winter*. Keinen Hund würde man bei diesem Wetter vor die Tür jagen, doch der Film NOBODY'S FOOL kennt gegenüber seinem Helden keine Gnade. Donald Sullivan (Paul Newman) hat seit einem Arbeitsunfall ein demoliertes Knie und muß dennoch bei Wind und Wetter hinaus, um Schnee zu räumen, Steine aufzuladen oder die geistig verwirrte Nachbarin zurückzuholen. Sully ist der Mann, den man hinausschickt, während man mit beiden Händen die heiße Tasse Tee umklammert und die Augen zusammenkneift, um durch die beschlagene Scheibe zu blicken. Man sieht dann, wie er humpelt und stolpert. Doch stürzen wird er nicht. Sully mag wanken, denn er ist ein bißchen wurzellos. Aber er ist aus dem rechten Holz geschnitzt.

Der Bauunternehmer Carl Roebuck (Bruce Willis) ist der Mann, der Sully für sich laufen läßt. In dem Städtchen North Bath, New York, wo Richard Russo seine Romanvorlage ansiedelt, ist er der einzige, der alles, was er anfaßt, in Geld verwandelt. Meist zwar auch nur in Kleingeld, aber immerhin. Regisseur Robert Benton gibt ihm eine Präsenz, die man spürt, ohne ihn zu sehen. Wenn Roebucks Sekretärin Sully im Vorzimmer abzuwimmeln versucht, wissen wir, daß er nicht weit sein kann. Als Sully ihn ein zweites Mal aufsucht, hören wir seine Stimme schon auf der Straße. Später, bei einer Beerdigung, als Roebuck zusammen mit fünf anderen Männern den Sarg trägt, wechselt Benton in eine Totale. Die einzelnen Männer können wir kaum noch erkennen, hören aber klar und deutlich Roebucks Stimme, bevor der Schnitt die Sequenz beendet: Roebuck hat in diesem Film das erste und das letzte Wort.

Robert Benton stellt seinem Nebendarsteller Willis in den meisten Szenen einen Stuhl hin, auf dem dieser thronen darf, um Newman eine Audienz zu gewähren. Der eine steht, der andere nicht, so einfach ist das. Willis lehnt sich zurück oder stemmt die Füße gegen die Schreibtischkante, er macht es sich bequem, wann immer Newman bei ihm auftaucht, erst den Raum durchqueren muß und einige Zeit braucht, bis er Halt und seinen Platz gefunden hat. Zwischen Sullys Bittgesuchen in Roebucks Büro treffen sich die beiden auf neutralem Terrain: am Kartentisch. Da sitzen sie direkt nebeneinander, so daß die Kamera sie erstmals im Bild verei-

nen kann. Doch in diesen Einstellungen werden die Unterschiede zwischen ihnen noch offenkundiger. In den Händen ein blendendes Blatt, das ihm viel Geld einbringen wird, im Rücken eine Blondine, die ihn hingebungsvoll krault, weiß sich Roebuck allseits auf der Gewinnerstraße. Wenn er mit Sully redet, schaut er ihn fast nie an, kann aber sicher sein, daß alle, auch wenn sie sich auf ihre Karten zu konzentrieren vorgeben, irgendwann neidvoll zu ihm hinüberschielen werden.

Roebuck scheint immer etwas Besseres zu tun zu haben, als mit Sully zu reden. Benton gibt Willis in den Szenen mit Newman anfangs stets noch andere Beschäftigungen, läßt ihn Essen verspeisen, Karten sortieren oder ins Telefon sprechen. So kann Willis eine seiner größten Stärken ins Bildfeld führen: aus den Augenwinkeln heraus zu spielen. Den direkten Blick, der einen treffen kann wie eine doppelläufige Flinte, reserviert er für die Momente der offe-

Der eine steht, der andere nicht: Carl Roebuck und Donald Sullivan (Paul Newman)

Irgend etwas ist immer schief

nen Konfrontation. Doch meistens ist irgend etwas schräg oder schief: sein Blick, sein Lächeln oder die Kopfhaltung. Wenn er die Augen zusammenkneift (wie der leicht kurzsichtige Clint Eastwood), über seine Schulter den Schneepflug ins Visier nimmt, den Sully ihm geklaut hat, und mit heiserer Stimme (die auch so weich sein kann wie die Eastwoods) seinen Verdacht äußert, liegt darin jene Mischung aus Coolness und Fragilität, die Willis so unwiderstehlich macht.

Als Sully nach Hause kommt, liegt Roebuck in T-Shirt und Unterhose auf der Couch und schnarcht. Sully humpelt ins Nebenzimmer, holt eine Decke und legt sie auf den Schlafenden. Roebuck läßt Sully für sich laufen – sogar wenn er schläft. Die beiden brauchen einander, ohne sie würde North Bath nicht nur im Schnee, sondern auch in Langeweile versinken. Ein Rollenspiel zum Zeitvertreib: Der eine weiß immer alles besser, der andere macht immer alles falsch. Doch auch wenn Sullys Knie noch so sehr schmerzt, er möchte nicht mit Roebuck tauschen, der vor kurzem im Krankenhaus war, um sich einen Bypass legen zu lassen. Sullys zunehmende Gelassenheit gegenüber seinem liebsten Feind ist das Kontrastmittel, das die Unruhe Roebucks zum Vorschein bringt. Etwas zu schnell verschlingt der sein Essen, etwas zu gierig zieht er an seiner Zigarette. Roebuck will den Rest seines Lebens zusammenraffen wie das Geld auf dem Kartentisch.

Zwischen Daumen und Zeigefinger hält Willis in NOBODY'S FOOL meist seine Zigarette und schirmt sie mit der Hand ab – als wolle er diesen Genuß mit niemandem teilen. Willis spielt Roebuck als einen Spitzbuben, der soeben erfahren mußte, daß er sterblich ist, kurz in Panik gerät, sich aber nicht lange grämt. Was soll's: Das Leben ist eine Baustelle, auf der man dem Tod ab und zu von der Schippe springen muß. Dann setzt Roebuck wieder dieses schiefe Lächeln auf, das Richard Russo schon in seinem Buch so beschreibt, als habe kein anderer als Bruce Willis dafür Modell gestanden, und plant seine nächste kleine Schweinerei. Am Ende sitzt er, von seiner Frau verlassen, splitternackt am Kartentisch, ausgezogen, wie es scheint, bis auf den letzten Cent. Doch wir brauchen uns um ihn keine Sorgen zu machen. Diesem nackten Mann kann man in die Tasche greifen, und zwar ziemlich tief. ❑

Die Hard with a Vengeance (1995)

Von Georg Seeßlen

Die DIE HARD-Filme, das ist in den ersten beiden Teilen klar geworden, handeln von einem Kerl, der einfach nicht totzukriegen ist. Aber der (bisher) letzte Teil der Trilogie ist, anders als DIE HARD 2, keine Variation des Grundschemas, sondern eine vergleichsweise eigenständige Geschichte. Nicht die Struktur, sondern lediglich die Details sind diesmal dem selbstreferentiellen Spiel unterworfen. Nur in diesem Teil seiner Geschichte hat man das Gefühl, McClane hätte auch von einem anderen Schauspieler als von Bruce Willis dargestellt werden können.

Nach Los Angeles und Washington ist New York der dritte »mythische« Schauplatz der Serie, er markiert die Rückkehr McClanes an seinen Ursprungsort und bietet zum ersten Mal ein Setting, das nicht als synthetische Neben- und Unterwelt, sondern als beinahe organisches Labyrinth erscheint.

Willis ist in DIE HARD WITH A VENGEANCE dort, wo zu landen er in den beiden ersten Filmen gerade noch vermeiden konnte, im privaten und beruflichen Abseits. Nun ist es doch noch geschehen, er ist suspendiert worden und hat sich daraufhin vollaufen lassen (und niemand kann einen verkaterten Menschen so überzeugend spielen wie Bruce Willis). McClane ist diesmal auch keiner mehr, der als Außenseiter das Überraschungsmoment auf seiner Seite hat. Er wird zu einer Marionette in den Händen des Terroristen Simon (Jeremy Irons), der sich dafür rächen will, daß McClane einst (im ersten Teil) seinen Bruder vom Dach des Hochhauses ins Jenseits beförderte.

Der schwarze *sidekick* ist diesmal Zeus (Samuel L. Jackson), der in Harlem einen Laden betreibt und so etwas wie ein inoffizieller Ordnungshüter ist. Er hilft ihm zunächst aus der Klemme, als McClane sich, augenscheinlich wahnsinnig, der größten Gefahr aussetzt: Da steht er, in Boxershorts wie bester *white trash*, mit einem Schild um den Hals, auf dem in roter Farbe zu lesen ist: *I Hate Niggers*. Simon benutzt Kinderreime, um die beiden durch das Labyrinth der Stadt zu jagen, wo sie an brisan-

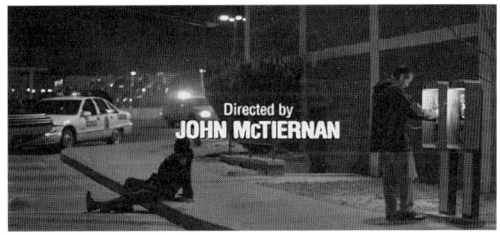

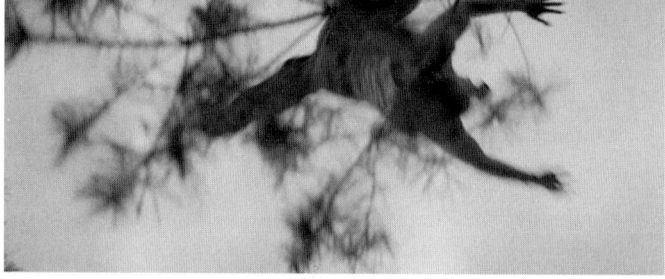

Beschleunigte Parodie: ...

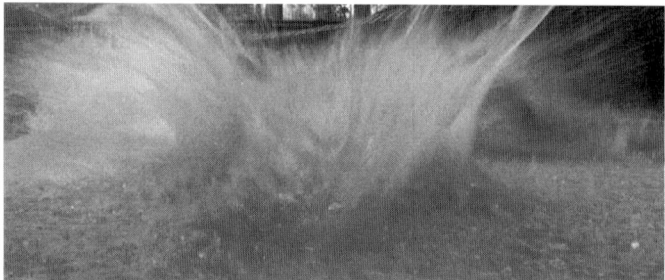

ten Punkten jeweils höchst gefährliche Bomben zu entschärfen
haben. Zeus, der ehemalige Taxifahrer, kennt jeden Winkel der
Stadt, und nach und nach stellt sich das Regelwerk von Simons
teuflischem Spiel heraus, das einem ganz anderen, rationalen Ziel
dient. Der Partner, ein wenig Scout, ein wenig Sheriff, wird wieder
zum Lenker des Helden. Aber für den geht es diesmal zunächst
vielmehr darum, das System zu durchschauen, bevor er es stören
kann. Die ganze Stadt ist nun zu einem Röhren- und Schachtsystem
geworden, das wir aus den beiden ersten Filmen kennen. Und
Simon ist wieder ein Deutscher (genauer gesagt: ein ehemaliger
Stasi-Mann, also wiederum Vertreter eines einst funktionierenden
Systems, das seinen Sinn verloren hat und nun seine Geschöpfe auf
die organische Welt des gewordenen Amerika losläßt). Der große
Plan wird schließlich sichtbar: Die Bomben haben nur den einen
Zweck, die Polizei zu beschäftigen. Das eigentliche Ziel des Gang-

... John McClane zum Dritten

sters ist die *Federal Reserve Bank* und die 150 Milliarden Dollar in Gold, die es dort zu holen gibt.

Nur John McTiernans Meta-Story, die Geschichte von einem, der sich gegen ein System, gegen eine Architektur stellt, ist noch vorhanden, ansonsten verhält sich DIE HARD WITH A VENGEANCE zu den ersten beiden Teilen auch wie eine beschleunigte Parodie: Schmutz und Blut verunstalten/zieren/erhöhen Willis' Männerkör-per nun mit alarmierender Geschwindigkeit. Wenn in DIE HARD 2 90 Minuten bleiben, um das Flugzeug mit Holly zu retten, so hat McClane diesmal nur 30 Minuten Zeit, um ganz New York zu durchqueren. Wieder ist in die fulminante Aktion eine groteske Sehnsucht nach Ruhe und »Normalität« eingeschlossen. Das kleine Glück, nach dem sich der geschundene Held sehnt, besteht nun nicht einmal mehr in dem Happy-End mit seiner Frau, sondern in einem heißen Bad, einer Mütze Schlaf und etwas Aspirin. Daß

Verwundbar, aber nicht kleinzukriegen: ...

Willis' Körper »anders« ist als der Muskelpanzer der Schwarzeneggers, ist hier beinahe das Hauptthema des Films. Und das Spiel mit den Ähnlichkeiten ist nun eines mit den Umkehrungen geworden: War das Schrecklichste für Willis/McClane in DIE HARD 2 die Kälte, so ist es nun die sengende Hitze in der Stadt, und natürlich hören wir dazu *Hot Time, Summer in the City*. Die Konzentration auf einen Ort und eine Technologie (Hochhaus, Flugplatz) ist einer Vielzahl von technischen Fortbewegungsarten gewichen, und an die Stelle von McClanes Instinkten tritt das Lösen kindischer Rätsel. Damit aber funktioniert der Film nicht mehr wie die vorangegangenen, in denen sich die Lädierung eines Männerkörpers, der nicht sterben will, analog zu einem klaustrophobisch besetzten Ort entwickelt, der in ein Trümmerfeld verwandelt wird. (Tatsächlich konnte für den Willis-Actioncharakter dann ja auch nur ein wahrer Katastrophenfilm als Betätigungsfeld folgen.) Zudem ist Willis hier schon in der ersten Einstellung so heruntergekommen, daß es auch dafür kaum mehr eine Steigerung gibt. Das hat nicht nur Konsequenzen für die Rolle und ihren Darsteller, sondern auch für die innere Moral der Serie. In den beiden ersten Filmen kommen wir McClane umso näher, je mehr er verschmutzt, lädiert, blutend ist (Bruce Willis wird, wenn man so will, durch diesen Vorgang einfach »schöner« als es sein stiernackiges, holzköpfiges Auftreten zu Beginn vermuten läßt), in DIE HARD WITH A VENGEANCE dagegen ist es wirklich *white trash*, der zurückschlägt. Aber seit dem ersten Auftreten McClanes im Jahr 1988 sind ja nun auch schon sieben Jahre vergangen, und weder die rechten noch die linken Hoffnungen, die in die ersten beiden Filme und ihren Helden zu setzen waren, haben sich erfüllt. So wird, anders als der repetitiv spielende DIE HARD 2, McTiernans Rückkehr zu seinem Helden ein wenig leer, und nach dem ersten Drittel spult sich das Geschehen gleichsam nach dem Lehrbuch für Action-Standardsituationen ab.

Natürlich unterscheidet sich der dritte Teil von seinen Vorgängern auch durch den mittlerweile bereits übererfüllten Star-Status von Bruce Willis. Ist er im ersten Teil einer, der gerade zum Star wird, und in der Fortsetzung ein Star, der sein

Leinwand-Imago kanonisiert, so kehrt er nun eher
widerwillig zu einer Formel zurück, die er in anderen Filmen längst verlassen hat. Von seinem Auftritt in PULP FICTION einmal abgesehen, stellt auch
TWELVE MONKEYS dieses Körperbild in einen anderen Zusammenhang. So ist der Umstand, daß er
bereits am Anfang so demoliert ist, eine Pointe,
die nur den Star Bruce Willis, nicht aber die Handlung des Films betrifft.

In der DIE HARD-Trilogie war Bruce Willis der
Star, der den amerikanischen Actionfilm rettete,
indem er seinen Helden noch einmal neu definierte. Er gab ihm etwas (aber nicht zuviel!) von seiner
verlorenen Menschlichkeit zurück, er brachte ihn
dem weißen Herzen Amerikas wieder näher, und
er ermöglichte eine Form von Ironie, die bei der
Konkurrenz, bei Stallone, Schwarzenegger und –
mit Einschränkungen bei Eastwood – nur um den
Preis der Selbst-Parodie und damit verbunden gar
der eigenen Demontage zu haben war. Bruce Willis
hatte in den DIE HARD-Filmen wenn nicht die
äußere Wirklichkeit, so doch wenigstens eine Körperlichkeit gerettet, die zugleich als sinnliches Signal wirkte (Bruce Willis, das ist in seinen Action-
filmen immer auch so etwas wie eine sadomaso-
chistische Inszenierung an einem Männerkörper,
der in Form gebracht, aber eben nicht »gestählt«
ist) und als nationale Metapher: verwundbar, aber
nicht kleinzukriegen.

Nirgendwo sonst – sieht man einmal von PULP
FICTION ab – hat Bruce Willis so deutlich gemacht,
daß sein Held eine Rückkehr der fünfziger Jahre in
das Hollywood war, das seine Krisen selber nicht
verstand. Alles an ihm spricht von einer Authentizität, die sich gegen die Virtualisierung des Lebens
sträubt, sein Kampf geht darum, ein »echter Mann
mit einer wahren Seele« (Quentin Tarantino) zu
sein. Aber da wiederholt sich noch etwas anderes
aus den Fünfzigern in diesen achtziger Jahren, denen die DIE HARD-Filme so erfolgreich entsprechen (und genau darin wiederholt sich noch einmal ein amerikanisches Trauma, das sich in der
Pioniergesellschaft des Westens ereignet hat): daß
gerade diejenigen zu Opfern der neuen ökonomischen Prosperität werden, die am meisten für die
Rekonstruktion des Landes gekämpft haben, daß
die mythischen Schöpfer des amerikanischen Trau-

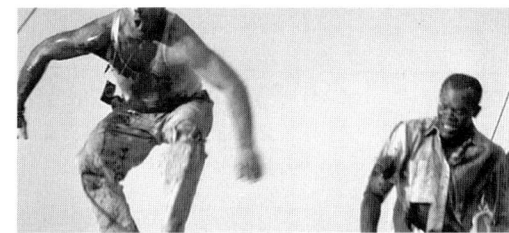

... McClane mit Zeus (Samuel L. Jackson)

mes außen vor bleiben. Und genau so einer ist der Polizist McClane: Man sieht ihm die Kämpfe an, die er geschlagen hat, um sich und sein Land aus den Verzweiflungen und Exaltationen der siebziger Jahre herauszuführen, und man sieht ihm an, was der Lohn dafür war: Jeder Sesselfurzer und jedes kleine Arschloch meint, auf ihm herumtrampeln zu können. Aber während seine Vorgänger sich als Rächer der Modernisierungsopfer inszenierten und ihrem Destruktionstrieb eine Ideologie der großen Erlösung beipackten, bleibt Willis/McClane den bescheidenen Idealen und Träumen seiner Klasse treu. Natürlich leidet er neben allen ökonomischen und politischen Ungleichheiten auch und gerade unter dem Wandel der Geschlechterrollen in der Gesellschaft, aber er verweigert sich der paranoiden Frauenfeindschaft ebenso wie der Rückkehr zum männerbündischen Ideal. So seltsam es klingen mag angesichts der Destruktionsorgien und der alarmierenden Frequenz des Sterbens in den DIE HARD-Filmen: Willis/McClane plädiert nicht für Gewalt, nicht für bedingungslose Reaktion, sondern für Hartnäckigkeit.

Bruce Willis ist die Rückkehr des »mythischen Arbeiters«, wie ihn das Kino von Zeit zu Zeit hervorbringt. Poetisch wie Jean Gabin, neurotisch wie Marlon Brando. Ein Männerkörper, eine Gestik, ein Blick, der sich in der Arbeit erfüllen möchte und zugleich sehnsuchtsvoll durch sie hindurchsieht. Natürlich ist die Figur des mythischen Arbeiters, des schönen Proleten, in höchster Gefahr, ganz einfach durchzudrehen, sich eine manische Betätigung zu suchen, den Krieg im Innen oder im Außen, und vermutlich ist es nichts anderes als das, wovon der amerikanische Actionfilm in der Zeit seit dem Siegeszug des Neoliberalismus und dem Schwinden aller Hoffnungen auf eine sozialdemokratische (oder »carteristische«) Verbesserung der Welt handelt. Der Bruce-Willis-Charakter zu dieser Zeit zeigt, daß er gewillt ist, die Kontrolle nicht vollends zu verlieren; er kann, er muß seine Aktionen begrenzen, weil er, anders als seine Kollegen, noch eine Zukunft hat. Gerade deshalb ist es notwendig, jeden Schmerz zu spüren, sich in den Blessuren selber näherzukommen, nicht unempfindlich zu werden in diesem nicht erklärten Bürgerkrieg. Ob Willis in den DIE HARD-Filmen dabei trotzdem noch rechte, chauvinistische und sexistische Träume erfüllt, wie es die Kritik scharfsichtig erkannte, sei dahingestellt. In allererster Linie indes verkörpert er buchstäblich die Rückkehr zum Pragmatismus. So hat Bruce Willis von beidem etwas in sich, von dem tragischen Folklore-Helden eines John Ford und vom *professional* aus den Filmen von Howard Hawks. Vor ihm hat nur einer so perfekt die beiden Seiten des amerikanischen Nationalhelden in sich vereinen (und entzweien) können, John Wayne. ❑

Four Rooms (1995)

Von Rolf Peter Kahl

Ein Hotelpage (Tim Roth) erlebt in einer Silvesternacht die abgefahrensten Dinge, die ein Hotel einem Angestellten bieten kann, und stolpert von einer absurden Geschichte in die nächste. Das Hotel trägt den Namen *Mon Signor* und erinnert an die großen Rock 'n' Roll-Hotels dieser Welt. Es ist das *Chateau Marmont* auf dem Sunset Boulevard in Hollywood, das auch in Wirklichkeit wie die Kulisse für einen plüschigen Gangsterfilm aussieht, und es fanden hier reale, aufregende Episoden statt: Madonna kettete den nackten Sean Penn an einen Stuhl und ging shoppen; John Belushi legte sich nach einem Drogencocktail zum Sterben neben die Badewanne; und das noble Penthouse unterm Dach erlebte diverse After-Show-Parties der Extra-Klasse.

Quentin Tarantino drehte die letzte der vier Episoden von FOUR ROOMS, die den Titel *The Man from Hollywood* trägt. Er selbst spielt eine der Hauptrollen. Daß seine Performance oft als Selbstbeweihräucherung beschrieben wurde, hat er sich selbst zuzuschreiben: Tarantino spielt überzogen und steht dazu noch immer im Mittelpunkt. Neben Tim Roth als Page und Paul Calderon als schwarzer Kinostar Norman, der, wie es heißt, gleich mit seiner ersten Hauptrolle als *The Wacky Detective* zum Shooting Star Hollywoods avanciert ist, spielt Bruce Willis den Produzenten Leo. Alle drei waren schon bei Tarantinos Riesenerfolg PULP FICTION dabei. Jennifer Beals als die Freundin vom Pool mit Bademantel komplettiert die Besetzung.

Bruce Willis als *special guest*. Doch weder in den Credits zu Beginn des Films noch im Abspann ist sein Name zu finden, obwohl seine Rolle ziemlich umfangreich ist. Nur einmal, ganz klein im Abspann, taucht sein Name auf: im Credit für seine Hairstylistin. Willis nahm die Rolle in diesem Low-Budget-Film an, um Quentin Tarantino einen Gefallen zu tun. Was belegt, daß die Arbeit und das Ergebnis von PULP FICTION auch für Bruce Willis eine Besonderheit darstellen müssen. Willis drehte FOUR ROOMS zwischen DIE HARD WITH A VENGEANCE und TWELVE MONKEYS – also als eine Art Erholungsurlaub mit Freunden.

Zur Handlung: Der Hotelpage Tim Roth wird zu einer Party von Filmmenschen in das Penthouse gerufen. Der Regisseur Chester Rush (Tarantino) feiert mit Freunden Silvester. Standesgemäß verlassen zwei nackte Girls das Penthouse, als der Page mit den

Paul Calderon, Tim Roth, Willis in
FOUR ROOMS

Worten »Room Service« eintritt. Ungewöhnliche Utensilien wie ein Hackbrett und ein Beil, Bindfaden und Nägel mußte der Page mitbringen und wird sanft gezwungen, gegebenenfalls einen Wetteinsatz zu vollstrecken: Norman den kleinen Finger abzuhacken. Am Ende ist der Finger ab und die lustige Runde vorbei ...

Die Idee des Plots beruht auf einer Folge der berühmten TV-Serie *Alfred Hitchcock Presents* mit Peter Lorre und Steve McQueen. Ansonsten geht es wie auf allen privaten Filmparties um Champagner und Betrunkensein, um Schnuppen (wird hier nicht gezeigt), Autos und ein Filmquiz.

Bruce Willis' Auftritt ist klassisch und einem Star angemessen. Kein Frontalangriff. Stattdessen ist er zunächst gar nicht mal zu sehen, sondern telefoniert im Nebenzimmer. Man hört ihn im Hintergrund, während sich im Vordergrund Tarantino abarbeitet. Willis streitet mit seiner Frau, in der linken Hand ein Glas mit hartem Stuff. Sie scheint ihn zu nerven und legt dann wegen eines Anrufes auf der anderen Leitung auf. Leo alias Willis knallt durch. Es folgt ein Ausbruch von ihm wie aus dem Nichts. Ohne jegliche Vorbereitung und ohne Schnitt. Das ist fabelhaft. Er bearbeitet mit geübten Griffen die Einrichtung des eleganten, geräumigen Penthouses – in der Hand immer das Glas haltend. Das zeigt Größe. Auch im Gegensatz zu Tarantino, der einige Augenblicke vorher absichtsvoll den Champagner verschüttete. Denn man merkt Tarantino an, daß er nicht wirklich locker war, sondern versuchte, den Schaden gering zu halten, wohl weil er wußte, daß er mehrere Klappen bräuchte. (Man kann sich nach Willis' Performance gut vorstellen, wie dieser in der Realität auf seine echte Ehefrau Demi Moore nach deren Nacht mit Leonardo DiCaprio reagierte ...)

Der Plot ist dann nicht sehr stimmig: Obwohl die Handlung in Echtzeit spielt, ist Willis plötzlich ziemlich betrunken, obschon er gerade noch sehr nüchtern wirkte. Es ist eine der schwierigsten Aufgaben, »betrunken sein« zu spielen, ohne peinlich zu wirken. Aber Willis kriegt es mit einem alten Schauspielertrick hin, indem er nicht das Betrunkensein spielt, sondern das Ankämpfen dagegen. Als Star der Episode bekommt er den wichtigsten Part der Handlung: Er erklärt die Wette: kleiner Finger oder großes Auto. Willis' Klasse wird immer wieder dadurch deutlich, daß er bei diesem Ensemblespiel nie versucht, unnötig im Vordergrund zu agieren. Selbst wenn Tarantino bildfüllend agiert, findet Willis die Lücke und spielt damit den *main act* Tarantino glatt an die Wand. ❑

Twelve Monkeys (1995)

Von Katja Nicodemus

Wenn jemand so sehr und im wahrsten Sinne des Wortes Fremdkörper ist wie Willis' Figur in diesem Film, dann ergibt sich die Passionsgeschichte eigentlich ganz von selbst. James Cole ist wie eine Zelle, die sich in einen fremden Organismus verirrt hat und deshalb fortwährend abgestoßen, in Schach gehalten und bekämpft wird. Auf Willis' Gesicht schlägt sich diese Fremdheit als ausdruckslose Starre nieder – tatsächlich lacht er in TWELVE MONKEYS kein einziges Mal, ein müdes Lächeln ist das höchste der Gefühle: Einer, der nie weiß, wo und wann er als nächstes im Zeitenstrom aufwachen wird, gibt sich lieber keine Blöße.

Aus der Zukunft in unsere Gegenwart geschickt, um den Fortbestand der Menschheit zu sichern, landet Cole in der falschen Zeit (dem Ersten Weltkrieg, wo er prompt eine Kugel ins Bein geschossen bekommt), an falschen Orten (zum Beispiel in der Psychiatrie), trägt die falschen Sachen (Unterhosen, schmutzige T-Shirts, durchsichtigen Plastikfummel oder gar nichts) und trifft ständig die falschen Leute (brutale Irrenhauswärter, Terroristen, arrogante Ärzte, cholerische Zuhälter).

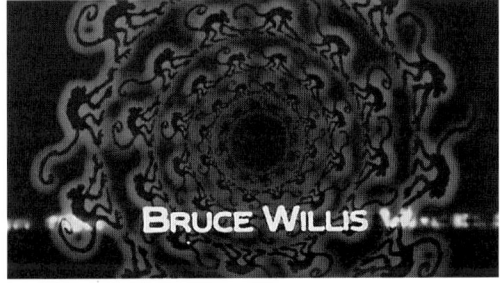

Natürlich, auch in anderen Filmen muß Willis schier Unendliches einstecken. Als Action-Ikone ist er der Kerl, der es allen zeigt, aber auch verletzbar ist (wie seine von Glasscherben verunstalteten Füße in DIE HARD). In TWELVE MONKEYS kippt diese Einsteckerqualität zum ersten und einzigen Mal ins Märtyrerhafte. Nicht nur, weil er die vielen Blutergüsse und Wunden an Gesicht und Kopf kaum wahrnimmt, sondern auch, weil alle Verletzungen nach der nächsten Zeitreise stets spurlos verschwunden sind – eben wie die Stigmata einer Heiligenfigur.

Willis, der Superstoiker, der in seinen Actionfilmen immer ein wenig neben sich steht: Seine un-amerikanische Weltfremdheit und nonchalante Ideologieresistenz werden in TWELVE MONKEYS auf die Spitze getrieben als eigentliche Qualität der Hauptfigur. Als fast vorbildlich existenzialistisches In-die-Welt-geworfen-Sein eines Helden, der tatsächlich den ganzen Film über nur herumgestoßen wird.

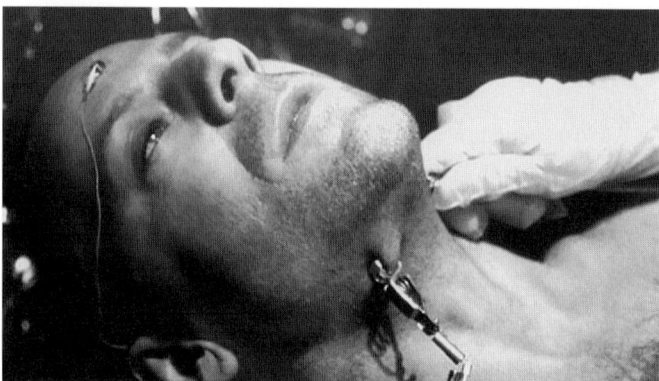

Vermessen und kontrolliert,
geschunden und gejagt: ...

Cole gehört nirgendwohin, weder in eine Gegenwart, deren Untergang er nicht mehr aufhalten kann, noch in eine technokratisch-totalitäre Zukunft, die seine Sehnsucht nach sinnlichem Empfinden noch mit einem kitschigen Landschaftsgemälde verhöhnt, die ihn versklavt, mißbraucht, mit Schimären und Versprechungen betrübt. Das eigentlich Tragische an diesem Typen ist nicht die Hoffnungslosigkeit seiner Situation, sondern seine Heimatlosigkeit. Er ist der ewige Fremdling, ein Alien und Outcast.

Regisseur Terry Gilliam verwendet einen Großteil seiner Inszenierung darauf zu zeigen, mit welchen aggressiven Strategien die Umwelt Coles Körper bedrängt. Untersuchen, vermessen, einordnen – immer wieder sehen wir, wie Cole im Irrenhaus gewaschen, mit kaltem Wasser abgespritzt, nach Läusen und anderen Parasiten abgesucht wird. Regulieren, beschwichtigen, erziehen – selbst die Psychologin Kathryn Railly (Madeleine Stowe), der einzige Mensch, dem Cole vertraut, benimmt sich ihm gegenüber meistens wie eine Mutter, die ihrem Kind eine fremde Welt erklärt, indem sie Cole ständig sagt, was man tut und was nicht – mit mäßigem Erfolg. Dabei erschließt sich das Ungezogensein dieses schutzbedürftigen

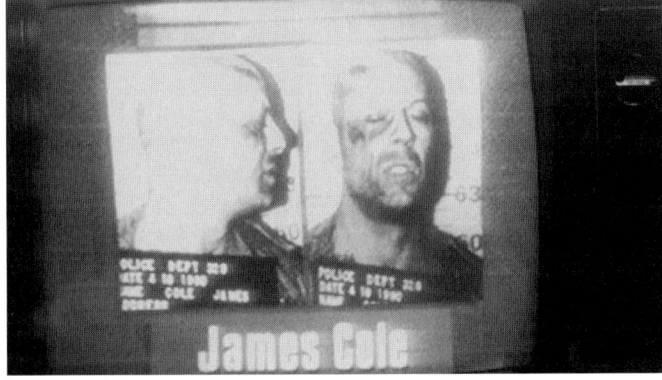

... Willis als James Cole

Riesenkindes kontextuell ziemlich klar: Für jemanden, der weiß, das in ein paar Tagen fünf Milliarden Menschen an einem Virus sterben werden, ist es nun mal nichts besonderes, einem ausgerasteten Zuhälter den Schädel mit dem Telefon einzuschlagen, einen verblendeten jungen Politaktivisten halbtot zu prügeln oder auf Polizisten loszugehen. Immer wieder wird Cole ruhiggestellt, mit Spritzen, Fesseln, Schläuchen, Handschellen, Zwangsjacken, hinter Gittern, Zäunen und in Gummizellen. Willis wirkt dabei die ganze Zeit entweder wie ein Baby oder wie ein Berseker vor dem nächsten Ausbruch – mal hält er die Hände vors Gesicht oder zieht die Schultern schutzbedürftig zusammen, mal geht er auf alles los, was sich ihm in den Weg stellt. Man ist geradezu erleichtert, wenn er sich gegen Ende, als es für kurze Zeit sogar nach einem Happy-End aussieht, mit blonder Perücke und angeklebtem Schnurrbart camoufliert. Endlich ist da so etwas wie ein kleiner Schutz zwischen diesem verlorenen Gesicht und der Außenwelt.

Coles Dilemma: Einerseits ist er der unverstandene Prophet aus der apokalyptischen Zukunft, der die Welt – wer weiß? – vielleicht doch noch retten könnte, andererseits ist es nicht ganz unverständ-

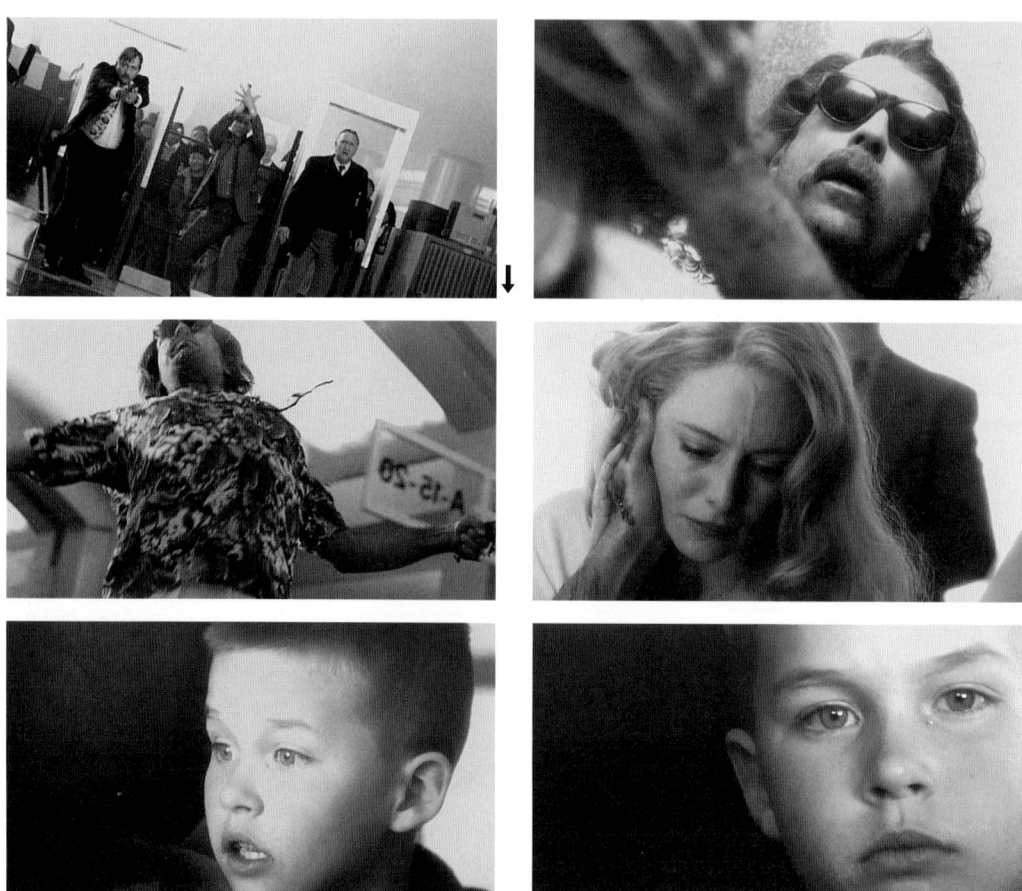

Dem eigenen Tod zusehen:
Cole camoufliert und als Kind

lich, daß kein Mensch einem verwirrten Penner glauben will, der mit besessenem Blick von einer dubiosen Affen-Armee faselt. Die Armee der zwölf Affen zu finden, so lautet sein Auftrag im Operationsgebiet 1990. Daß Cole selbst und ohne es zu wissen, dem Irrenhausinsassen und zukünftigen Chef-Terroristen Jeffrey Goines (Brad Pitt) die Idee zur Weltvernichtung in den Kopf setzt, gehört zu den Paradoxa, die solche Zeitspiele nun Mal mit sich bringen. (Die Idee zu TWELVE MONKEYS beruht auf Chris Markers futuristischem, in Standfotos erzähltem Film LA JETÉE [Am Rande des Rollfelds; 1962].)

Willis in TWELVE MONKEYS – ein geschundenes Stück Schlachtvieh, das zwischen den Zeitebenen hin- und her transportiert wird. Für immer in einer seltsamen Schleife gefangen. Eigentlich ist Cole nur in einem einzigen Moment wirklich zu Hause, einem immer wiederkehrenden Moment der Erinnerung. In diesem einen kurzen Augenblick, wenn er seinen eigenen Tod als Kind mit ansieht. ❑

The Hamster Factor and Other Tales of Twelve Monkeys (1996)

Von Annette Kilzer

Was für einen Film wollen wir machen? Einen, den die Zuschauer nach dem Abspann abhaken, oder einen, über den sie noch auf der Heimfahrt im Auto diskutieren? Der ihnen am Ende eine Lösung präsentiert oder der mehrdeutig bleibt? (Bruce Willis)

E s ist, wie so oft, bloß ein Detail. Ein nur kurzer Moment, der dennoch die ganze Aufmerksamkeit auf sich zieht. Ein Bild mit Widerhaken, das sich in der Erinnerung festsetzt und einen noch beschäftigt, wenn der Film längst zu Ende, der Abspann durchs Bild gelaufen ist. Bruce Willis raucht. Das ist in diesen politisch korrekten Zeiten ohnehin ein seltener, vor allem aber ist es ein sehr privater und intimer Anblick.

Ein Take ist abgedreht, Regisseur Terry Gilliam tritt zu den Schauspielern, um die Szene noch einmal mit ihnen durchzusprechen, da greift Bruce Willis ganz unwillkürlich in sein Kostüm und fördert eine Zigarette und ein Feuerzeug zutage. Ein Mann, der sich nach getaner Abend genüßlich eine Kippe gönnt, wie wahrscheinlich Millionen andere zur gleichen Zeit auch. Nichts Besonderes. Eigentlich. Doch diese Marginalie öffnet einen ganzen Diskurs über die Qualität und Selektion der Bilder, die man gemeinhin vom Superstar Bruce Willis erhält, seien es Film- oder PR-Aufnahmen. Denn hier ist nichts inszeniert, arrangiert oder choreographiert. *It's the man himself.* Bruce pur.

THE HAMSTER FACTOR ist ein Film über das, was geschieht, wenn die Filmkameras ausgeschaltet sind.

Als Terry Gilliam die Regie von TWELVE MONKEYS übernahm, beauftragte er Keith Fulton und Louis Pepe mit der Erstellung eines *making of*. Zum einen wollte er den kreativen Entstehungsprozeß des Films von der *pre-production* über die eigentlichen Dreharbeiten bis hin zum Schnitt und dem Erarbeiten von PR-Strategien dokumentieren; zum anderen legte er Wert darauf, seine Version (und Vision) des Films festgehalten zu wissen für den Fall, daß es – wie seinerzeit bei BRAZIL (1984) – zu »künstlerischen Differenzen« zwischen ihm und Universal Pictures kommen und der Film eventuell in einer nicht von ihm autorisierten Fassung ins Kino kommen sollte. Denn TWELVE MONKEYS war, ungewöhnlich für Gilliam, eine Auftragsarbeit. Das ehemalige *Monty Python*-Mitglied wurde erst an Bord geholt, als das Buch bereits geschrieben und die Hauptrollen besetzt waren. So versammelt die Dokumentation denn auch

Terry Gilliam mit Madeleine Stowe und Willis

weniger das übliche EPK (*Electronic Press Kit*)-Material, mit dem Studios und Verleiher die Berichterstattung über einen Film steuern, indem sie Kritikern nur ausgewählte Szenen und Interviewausschnitte zur Verfügung stellen, in denen jeder jeden euphorisch lobt. Stattdessen singt der Film ein Hohelied auf Gilliam und seine Obsession als Filmemacher. Von der Detailversessenheit des Regisseurs rührt auch der Titel: Als James Cole (Bruce Willis) sich im Labor selbst eine Blutprobe abnimmt, erkennt man in der Kameratotalen – wenn man ganz genau hinschaut –, daß auf einem Regal ein Hamsterkäfig steht. Also: Bruce Willis spielt die Szene, alles funktioniert auch wie besprochen – bloß der Hamster läuft nicht in seinem Rad, wie er es eigentlich soll. Gilliam läßt die Aufnahme wiederholen – doch erneut macht der Hamster keinen Mucks. Wieder und wieder läßt Gilliam den Take neu einrichten, bis der Nager endlich tut, was man von ihm erwartet. »A bit of a detail that probably doesn't mean anything to anyone but myself«, gesteht Kontrollfreak Gilliam.

THE HAMSTER FACTOR offenbart aber auch Zweifel: Sich in seiner Position eines *director of hire* sichtlich unwohl fühlend, überlegt Terry Gilliam laut, ob er sich damit in den Schlund des Hollywood-Studio-Systems begebe oder ob er tatsächlich »a European art film for a major studio« schaffen könne. Er konstatiert, daß offensichtlich Furcht der Motor des Filmemachens in Hollywood sei, und gesteht, den Film irgendwann »total verloren« zu haben, je fanatischer er sich auf technische Details und den visuellen Stil konzentrierte.

Obwohl diese Dokumentation also nur wenig mit den für Promotionszwecke kühl kalkulierten *behind-the-scenes*-Produktionen und ihrer Hochglanzästhetik gemein hat, mußten Fulton und Pepe ihren Film vor der Veröffentlichung von Gilliam, vom Produzenten Charles Roven sowie den Stars Bruce Willis, Madeleine Stowe und Brad Pitt absegnen lassen. Was natürlich einmal mehr bestätigt, daß Willis auch über die Veröffentlichung eines vornehmlich intimen Moments wie die oben geschilderte Zigarettenpause die volle Kontrolle hält. Dahingegen bestand er auf das Entfernen einer zwei Minuten langen Sequenz mit dem Titel

Old Habits Never Die, in der Gilliam einige un-schöne Bemerkungen über den Schauspielstil sei-nes *leading man* zum besten gibt [1]. Aber auch ohne diese Szene spürt man als Zuschauer sehr genau, daß der Regisseur mit der ruhigen und kon-zentrierten Art von Stowe viel besser zurechtkam als mit Bruce' selbstbewußten und engagierten Vorschlägen, wie er was noch besser spielen kön-ne. Offensichtlich ist auch Gilliams Erleichterung darüber, daß Pitt erst nach Abschluß der Drehar-beiten zu TWELVE MONKEYS durch LEGENDS OF THE FALL (Legenden der Leidenschaft; 1994; R: Edward Zwick) und INTERVIEW WITH THE VAM-PIRE (Interview mit einem Vampir; 1994; R: Neil Jordan) zum Teenie-Idol avancierte (so hatten die Sicherheitskräfte vor allem damit zu tun, fanati-sche Bruce-Willis-Verehrer vom Set fernzuhalten). Auf Willis aber referiert Gilliam – immerhin sie-ben Jahre nach John McClanes erstem Hochhaus-Einsatz – stets als DIE HARD-Star.

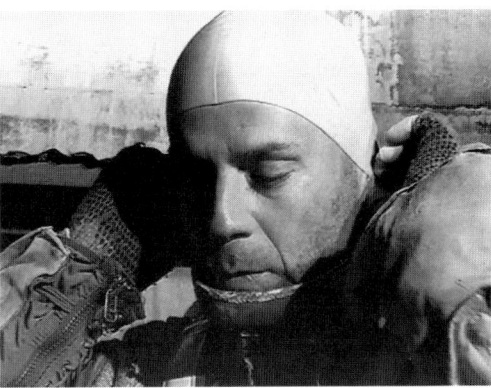

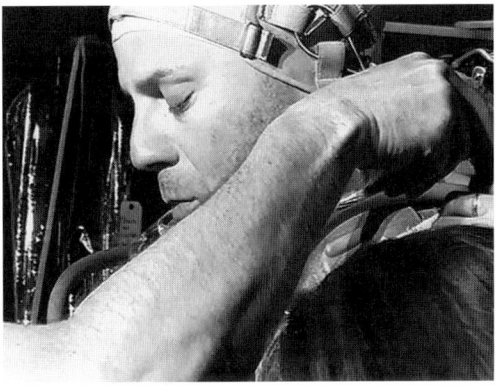

Mußte er sich mit dem »großen« Bruce notge-drungen arrangieren, durfte Gilliam den »kleinen« Bruce selbst casten. Für den Part des jungen John Cole, der auf dem Flughafen seinen eigenen Tod beobachtet, wählte er einen Jungen mit eindrucks-vollen, großen Augen, entgegen dem Rat seines Produzenten, der das nötige Talent vermißte. Und tatsächlich: Als die Szene gedreht werden sollte, verzweifelte Gilliam zusehends. Seine Wahl offenbarte sich als klare Fehlentscheidung. Da zauberte der Produzent seinen Wunsch-kandidaten für die Rolle hervor, den er in den Kulissen für den Notfall versteckt gehalten hatte, und innerhalb weniger Minuten war die Szene, wie der junge John durch die Sicherheitskontrolle läuft und sich dabei verwundert und irritiert umblickt, im Kasten. Dieser Junge hatte zwar nicht die wunderschönen Augen des ersten, aber er wirkte relaxter, *down to earth*. Gilliams von visuellen Extravaganzen bestimmtes Konzept gegen Willis' Bodenständigkeit – am Ende ha-ben sich in TWELVE MONKEYS beide durchgesetzt. ❑

Der »DIE HARD-Star« beim Dreh

Anmerkung

1   Vgl. James Berardinelli: The Hamster Factor and Other Tales of Twelve Monkeys. Internet: www.cybernex.net/~berardin.

Bruno the Kid (1996)

Von Annette Kilzer

Kleiner Mann, ganz groß. BRUNO THE KID ist »the world's smallest but smartest secret agent«: Im Auftrag der Geheimorganisation G.L.O.B.E. – die so geheim ist, daß wir ihre Mitglieder stets nur als Silhouette sehen – bietet er dem karibischen Diktator Castrato Paroli, stoppt den arabischen Terrorführer Couscous oder spürt explodierendes Spielzeug unter den Christbäumen auf, mit dem sich der Weihnachtsmann dafür rächen will, daß er nie etwas geschenkt bekommt. Was nur sein treuer Weggefährte Jarlsburg weiß: Hinter dem putzigen Spitznamen verbirgt sich tatsächlich ein echter, ungefähr zehn Jahre alter Junge mit großen Brillengläsern. Brunos Eltern ahnen nichts vom Doppelleben ihres Sohnes und vermuten ihn auf Klassenfahrt oder im Feriencamp, während er in Wirklichkeit mal wieder den Weltfrieden rettet. Selbst seine Auftraggeber kennen ihren stets zu einem coolen Spruch aufgelegten Topagenten nur von Videokonferenzen, für die sich das aufgeweckte Kerlchen ein computergeneriertes virtuelles Alter ego entworfen hat – mit den Zügen von Bruce Willis. Für diese Live-Schaltungen aber denkt er sich stets etwas Besonderes aus: Mal sieht man ihn umgeben von heißen Dreamgirls, mal in einem schnittigen Sportflitzer oder beim wohlverdienten Angelurlaub. Denn Bruno the Kid weiß, wie Erwachsene denken: Nur ein Playboy-Spion ist ein guter Spion. Mit seinem verschmitzten Humor erinnert der Junge an David Addison – oder daran, wie der Detektiv wohl als Sechstklässler gewesen sein muß. *Max Headroom meets Moonlighting.*

Der kleine und der große Bruno. Bruce Willis schenkte Bruno sein Gesicht und seine Stimme, schrieb und sang den Titelsong und fungierte – gemeinsam mit seinem jüngeren Bruder David und Phil Roman (*The Peanuts*, *The Simpsons*) – als Produzent der Zeichentrickserie. Die Idee zu der Kinderserie kam Bruce und David, als sie bei einem Familientreffen auf Willis' Farm in Idaho Bruces Töchtern beim Spielen zusahen und darauf zu sprechen kamen, daß die drei von der Arbeit ihres Vaters kaum etwas kennen, gerade einmal LOOK WHO'S TALKING oder alte Episoden von MOONLIGHTING, die im Fernsehen wiederholt wurden. »Denn ansonsten«, so David, »dreht Bruce doch fast nur Filme mit einem R-Rating.«

BRUNO THE KID wurde 1996 als 30-Minuten-Format im US-Fernsehen ausgestrahlt. 1997 erschien zudem ein aus drei Episoden zusammengeschnittener Film auf Video. In ihm kämpft Bruno gegen seinen Erzfeind, den bösen Dr. von Trapp, der mit der gleichnamigen singenden Familie indes soviel gemein hat wie Demi Moores BH-Körbchengröße mit einem natürlichen Gottesgeschenk. Willis'

Deutschlandbild scheint dabei weniger von seiner Mutter Marlene als durch die üblichen Leinwandklischees geprägt zu sein: Der schurkische Doktor trägt ein Monokel, ist abgrundtief böse und spricht mit hartem preußischen Akzent. »Kinderspy« tituliert er Bruno verächtlich mit scharfem »S« – Generationen von Hollywood-Nazis lassen schön grüßen. Einmal muß sich Bruno als bayerischer Pfadfinder verkleiden. Nach dem Motto der Truppe gefragt, antwortet er: »I was only following orders.« Okay, passieren! – Da sollten sich Rumer, Scout und Tallulah Belle doch lieber heimlich DIE HARD-Videos ihres Daddys anschauen ... ❑

Der kleine und der große Bruno

Last Man Standing (1996)

Von Eckhard Vollmar

Rote Erde. Ry Cooders Steel-guitar. Zum ersten Mal sehen wir ihn von hinten, im Staub der Wüstenstraße, wie vor ihm schon Toshiro Mifune und Clint Eastwood. Der hat was zu verbergen, der zeigt sein Gesicht nicht gern. Die erste Großaufnahme auf ihn ist durch die staubige Windschutzscheibe seines Ford Studebaker gefilmt. Fenster, Scheiben: Der Blick von und auf

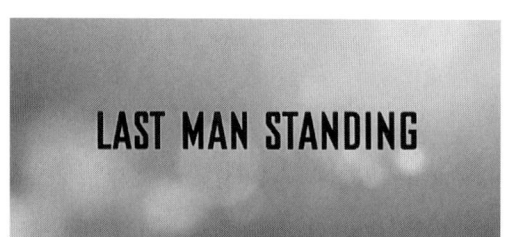

Bruce Willis muß in diesem Film fast immer erst durch Glas dringen, meist gefolgt von einer Kugel und einem sterbenden Mann. Es bricht und splittert, ganz so, als fühle sich Willis in der Enge der Räume und der Großaufnahmen nicht recht wohl, als müsse er sich gewaltsam einen Weg bahnen zurück ins Freie.

LAST MAN STANDING ist ein Remake von Akira Kurosawas YOJIMBO (Yojimbo – Der Leibwächter; 1961), den Sergio Leone 1964 als PER UN PUGNO DI DOLLARI (Für eine Handvoll Dollar) plagiiert hatte, dies als »die Wiedererfindung des Westerns aus dem Geist des italienischen Schelmenromans und des japanischen Samurai-Films« [1]. Kurosawas literarische Vorlage war Dashiell Hammetts 1929 erschienener Gangsterroman *Red Harvest* (dt. *Bluternte* bzw. *Rote Ernte*). Walter Hill, der große knorrige Nostalgiker Hollywoods, der die Kinogeschichte kennt und plündert und immer wieder auf das für ihn Wesentliche reduziert, läßt seinen Film all dies sein: (Italo-)Western, Samurai-Moritat, Gangsterfilm.

Der ewige Staub – feinkörniger *Fuller's Earth*-Spezialsand aus der Windmaschine [2] – hat die Farbe aus den Bildern geschliffen, bis sie im rotbraunen Dämmerlicht alter Schwarzweißfotografien verschwimmen, passend zur Geschichte, die 1931 spielt, während der Prohibitionszeit in einer texanischen *ghosttown*. Zwei Banden herrschen hier, die Iren um den wieseligen Doyle (David Patrick Kelly) und die Italiener um den öligen Strozzi (Ned Eisenberg), die beim Kampf um das Schmuggelmonopol in einen *Mexican stand-off* geraten sind. Wie ein *tumbleweed* driftet Bruce Willis in die Stadt Jericho, deren Mauern – die auch im Film stets so aussehen wie Fassaden – er zum Einsturz bringen wird. Ein

John Smiths Ankunft in Jericho: Blick durch Glas

Seraphim also, ein Racheengel, »John Smith«. Unbeschrieben und unbenannt, und wenn sich gleich im ersten Bild von LAST MAN STANDING eine Mexikanerin in einer verfallenen Kirche bekreuzigt, dann kann seine Ankunft nicht mehr weit sein. »No matter how low you sink, there's still a right and a wrong and you always end up choosing.« Smith, der Ronin, der selbst so tief gesunken ist, sich den *crimelords* anzudingen, wechselt zwischen den feindlichen Linien immer wieder die Seiten und zettelt dadurch einen blutigen Bandenkrieg an.

Bruce Willis' heiseres, gequältes Wispern gibt dem Film seine Stimme, als Off-Monolog. Vielleicht wollte Hill damit auch seine Nähe zu Hammett hervorkehren: »It was all right out of some dime novel«, entfährt es Willis, wenn er die Armee der Gangster aufmarschieren sieht. (Bei Hammett handelte der Ich-Erzähler noch für eine übergeordnete *Continental Agency*, im Auftrag eines »Old Man«, dem er am Ende einen geschönten Bericht über seine Aktionen vorlegt [3]). Doch die durchgängigen Kommentare, die die Handlung stets noch einmal erklären und Willis einen inneren Konflikt unterstellen, wo keiner ist, neutralisieren irgendwann die starken, kargen Bilder durch ihre Geschwätzigkeit.

Mag Hill selbst seinem schweigsamen Helden nicht trauen, so verläßt sich zumindest Kameramann Lloyd Ahern ganz auf Willis' Gesicht, auf dessen zusammengekniffene Augen unter der Krempe des grauen Borsalino, auf die schmalen, mißtrauisch geschürzten Lippen. Auch all die kleinen Willis-Manierismen finden sich, das Schmatzen, das kurze Schnaufen vor einer Antwort, so als hätte er gerade die Whiskeyflasche abgesetzt. Viel Raum läßt Willis die Rolle nicht, Ahern meißelt ihn zu einem jener prototypischen Hill-Heroen, dem versteinerten amerikanischen *loner*, der Grazie nur beim Kämpfen zeigt. Da wird aus seinem x-beinigen Schlurfen ein Wirbeln und Springen, da fliegt er durch die Luft, die Kugeln beidhändig in den Gegner stoßend, schnaubend und pustend wie Oliver Kahn im Tor. Der Ökonom Willis reduziert auch hier sein Tun auf das Nötigste, wie ein Boxer, der die Hände erst nach oben nimmt, wenn der Gong ertönt.

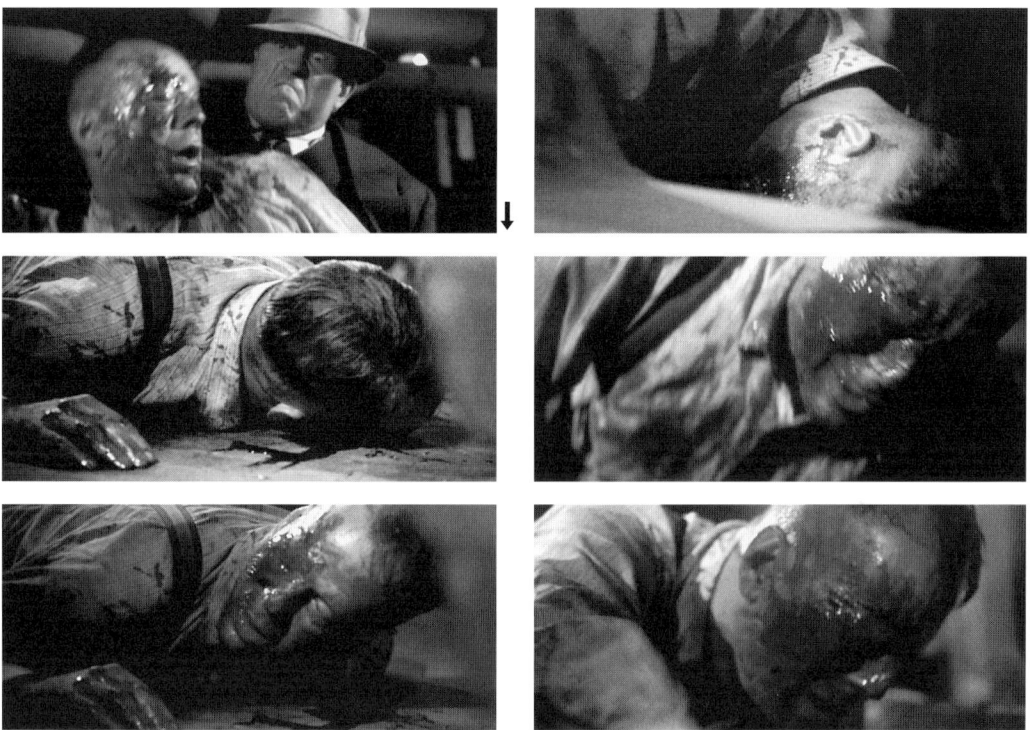

Er strauchelt, natürlich, durch eine Frau, jene Heilige aus der Kirche (Karina Lombard), und durch einen, der ihm als Gegner ebenbürtig ist: den Killer Hickey, gespielt von Christopher Walken [4], dessen Auftritt begleitet ist vom Aufschnappen eines Messers. Willis, der *tough guy*, muß büßen für seinen *soft spot*. Bei der Verbissenheit, mit der er bei der Folter bearbeitet wird, drängt sich die Frage auf, ob der penible Stilist Hill versucht, seinem Film Kontur zu verleihen, indem er das Gesicht seines Stars deformiert. Gleichzeitig setzt Willis das ewige Martyrium seiner Filmcharaktere fort. Doch das ist nicht mehr die Qual eines um die eigene Künstlichkeit wissenden Machodarstellers, der es sich gestattet, aus zugeschwollenen Augen noch ironisch zu zwinkern, wenn er dem harten Holz, aus dem sein Image geschnitzt ist, ein paar Wunden schlägt. Willis' Leid ist hier so humorlos wie der ganze Film.

Am Schluß, nach einem antiklimaktisch inszenierten Showdown, steht er vor einer verkohlten Ruine mitten in der Wüste. Er ist schwer gezeichnet: das markante Kerlsgesicht nun eine schmutzige, zerdellte Fresse, leer vor Müdigkeit. Nie zuvor ist Willis so übel zugerichtet worden wie hier, in dieser kunstvoll vergilbten,

Deformiert: John Smith nach der Folter

Der unspektakuläre Showdown mit
Hickey (Christopher Walken)

fast schon parodistisch überzeichneten Männerphantasie. Vielleicht
ist das die Strafe für einen, der die harte Schale – die Coolness, die
Pose – nicht mehr unterscheiden kann vom harten Kern. Egal, alle
anderen sind tot, er bleibt der *last man standing*.   ❑

Anmerkungen

1   Joe Hembus: Das Western-Lexikon. München 1976, S. 224.
2   Vgl. Der Spiegel, 28.10.1996, S. 260.
3   Dashiell Hammett: Red Harvest. New York 1929, S. 216.
4   Produzent Arthur Sarkissian hatte bereits 1988 die Remake-Rechte di-
     rekt von Kurosawa erworben. Ursprünglich sollte Abel Ferrara Regie
     führen, der die Geschichte als Science-fiction-Film inszenieren wollte,
     jedoch ein (für Sarkissian) unverfilmbares Drehbuch ablieferte. Ferrara
     drehte dann im gleichen Jahr wie Hill, 1996, seinen eigenen Dreißiger-
     Jahre-Gangsterfilm, THE FUNERAL (Das Begräbnis), mit Christopher
     Walken in der Hauptrolle. Auch dort ging es um die Frage, wie sich
     Moral und Männlichkeit in einer von Brutalität bestimmten Welt be-
     wahren lassen.

The Fifth Element (1997)
Von Jürgen Laarmann und Tobias Remberg

Nachdem Hollywood ihm in der Vergangenheit eher läppi-sche Aufgaben zugedacht hatte, etwa die Errettung eines Hochhauses, eines Flughafens samt einer vollbesetzen Passagierma-schine oder schließlich von ganz New York, immerhin!, durfte Bruce Willis bei seinem europäischen Gastspiel in Luc Bessons Science-fiction-Märchen erstmals die ganze Welt in der fernen Zukunft retten. Offenbar mit Erfolg: Für Hollywood durfte er daraufhin in ARMAGED-DON nochmal die Welt vor dem Untergang be-wahren, diesmal in der Gegenwart.

Da ausgewiesene Hollywood-Action-Helden meist kein ganz taufrisches Alter mehr haben, kommt es ihnen entgegen, daß sie im Drehbuch stets das ausgemusterte Mitglied einer Spezialein-heit sind, das außerhalb seiner Spezialeinheiten-welt ein meist tristes, heruntergekommenes Le-ben führt und seine Ruhe haben will, bis sie von ehemaligen Vorgesetzten mal wieder hervorgezerrt werden, wenn nichts und niemand anderes mehr hilft. Denn, wie immer, versagen die offiziellen Streitkräfte auf ganzer Linie, und das Teamwork vereinter Nationen geht grundsätzlich schief, so daß es mal wieder im wesentlichen an Bruce liegt, die Sache noch auf die Reihe zu bringen – nicht zuletzt deswegen ist er für manche der amerikani-sche Prolo-James-Bond.

In THE FIFTH ELEMENT ist Willis Korben Dal-las, ein New Yorker Taxifahrer – ein Job, der heute schon nicht allerhöchste Lebensqualität verspricht, in der Film-Zukunft im 23. Jahrhundert mit dra-matisch gesteigerten Verkehrsaufkommen und Luft-taxis auf Dutzenden von Ebenen allerdings noch mieser eingestuft werden muß. Fünf Punkte vom Führerscheinent-zug entfernt (und Punkte gibt's in der Zukunft schnell), von quä-kenden Bordcomputern überwacht, von Frau und Anwalt bezie-hungsweise Frau wegen Anwalt verlassen, die nervige Mutter am Mobiltelefon und von miesen Kleingangstern im South Brooklyner Wohncontainer bedroht – Luc Besson läßt nichts aus, um die Aus-gangssituation für unseren Weltenretter richtig desolat zu gestalten.

Zumal die Situation für die Erde nicht so gut ausschaut. Alle 5000 Jahre wird unser liebenswerter Planet von einer fremden

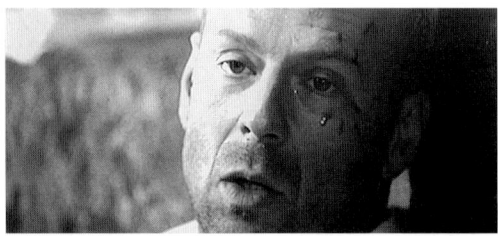

Willis, Milla Jovovich, Gary Oldman, Chris Tucker

Macht heimgesucht, dem absolut »Bösen«, und wenn sie am Start ist, »dann wandelt sich Licht in Dunkelheit und Leben in Tod«. Die Menschen besitzen allerdings Freunde in Form von blechernen Außerirdischen mit winzigen Köpfen, den Mondoshawans, die wiederum Kontakt zu Priestern halten, die über Generationen das Geheimnis der Böse-Macht-Abwehr weiterreichen. Dies besteht darin, ein paar Steine in eine Pyramide zu plazieren, wobei jeder Stein für eines der Elemente Feuer, Wasser, Erde und Wind sowie einem ominösen fünften Element steht, das in der Mitte abgelegt werden muß. Und schwupps entsteht ein Schutzschild, und die böse Macht hat ausgeschissen. Normalerweise klappt das alle 5000 Jahre ganz prima, doch diesmal läuft so einiges schief. Das Böse rückt in Form eines fetten glühenden Planeten der Erde bedrohlich nah, und immer, wenn das Militär draufbombt, wird der Planet nur fetter, denn »Böses gebiert nur wieder Böses«, und »mit jedem Schuß wird es mehr Macht bekommen«, wie der aktuell zuständige Priester weiß, auf den man erst hört, nachdem das Spacemilitär versagt hat.

Die Situation verschlimmert sich, denn das Mondoshawan-Raumschiff, das zur Hilfe unterwegs war, wird abgeschossen von Bösewicht Zorg (Gary Oldman als eine Art Space-Hitler) und seinen Helfern, den Mangalores, einer anderen Spezies, bei der alle so aussehen wie kleine Jabba-the-Huts, sich aber in Menschen verwandeln können. Übrig bleibt nur ein ganz kleiner Gen-Rest von einem Mondoshawa, und der wird in einem Labor der US-Armee wieder aufgepäppelt, wandelt sich vom Blechmännchen logischerweise in Top-Model Milla Jovovich, die höchstpersönlich das fünfte Element ist und – wieder schwupps – aus dem Labor in einem Thermalband-Bondageanzug ausbricht und durchs Dach in Korben Dallas' Taxi kracht.

Naja, was dann folgt, kann sich jeder denken. Ständiges Hin und Her um die Steine, jede Menge Leeloo (Milla) und wilde Verfolgungsjagden über mehrere Planeten, tausend tote Freunde und noch mehr tote Feinde verschiedener Spezies, wilde Ballereien und mal wieder Rettung in allerletzte Sekunde. Ach so, und das fünfte Element ist natürlich »Die Liebe«, und Bruce/Korben vernascht zum Schluß Milla/Leeloo.

Als der Präsident »Dankeschön« sagen will, üben sie sich gerade in einer Box im Geschlechtsverkehr – so gesehen ist Bruce Willis tatsächlich der amerikanische James Bond, denn der ließ schon seit GOLDFINGER (1964; R: Guy Hamilton) seine Filme so oder so ähnlich ausklingen.

Doch Details der Handlung, nein, eigentlich die gesamte Handlung wird ohnehin durch Luc Bessons bombastische Inszenierung zugeschüttet, die maßgeblich von irren Charakteren, wie dem vollkommen durchgeknallten TV-Moderator Ruby Rhod (Chris Tucker) und seinem Team sowie von grandiosen Kostümen und Special-Effects lebt und ein Fest für die Augen liefert.

Nur Bruce als vom Spektakel mittelschwer genervter Spezialagent und Vollstrecker ist hier das vertraute Element und so gesehen bei aller Action ruhiger Fixpunkt der Handlung. Und dennoch hat man das Gefühl, daß sich Luc Besson für seinen Helden wenig interessiert. Die Attraktion des Films ist nicht Willis, sondern das »fünfte Element« Jovovich. Während sie Zorgs Jabba-Mangalore-Wesen im Takt zu den Klängen einer außerirdischen Opernsängerin mit kunstvollen Karatekicks erledigt, ist Bruce der stumpfe Rumballerer, das »ewig schmutzige Unterhemd«, ohne den's natürlich nicht geht, der aber lange nicht so *tricky* und elegant ist wie die Fabelwesen um ihn herum.

THE FIFTH ELEMENT verkörpert eine grandiose kommerzielle Strategie: Die Europäer freuen sich über die farbenfrohe Welt, die Hollywood so nicht hingekriegt hätte, und darüber, daß der Amiheld im Grunde wie ein dummer Bauer aussieht, die Amis freuen sich, daß ihr Hero inmitten der ganzen manierierten Jean-Paul-Gaultier-Schwuletten mal so richtig aufräumt und der einzige ist, auf den man sich verlassen kann. ❑

Das vertraute Element: Willis bei den Dreharbeiten

Mad About You:
»The Birth« (1997)

Von A.K.

Wieder mal muß er sich vor Verfolgern verstecken, Überwachungskameras austricksen und durch enge Versorgungsschächte robben. Bloß diesmal nicht im verschwitzten Macho-Feinripp-Unterhemd, sondern im kochfesten Krankenhauslätzchen, mit Kopfverband und Pflaster über der Stirn. Denn Bruce Willis ist vom Gerüst gefallen. Ein kleiner Unfall während der Dreharbeiten zu seinem neuesten Film *Stirb endlich*. Jetzt ist das Krankenhaus großräumig abgesperrt, und eine Pressemeute belagert die Eingangshalle. Keine Chance für Paul (Paul Reiser), zu seiner Frau Jamie (Helen Hunt) zu gelangen, die auf der Entbindungsstation in den Wehen liegt. Schließlich schleicht er sich durch einen Seiteneingang ins Gebäude und irrt nun verloren durch den Lager- und Versorgungstrakt.

Hier entdeckt er Bruce, wie er im Nachthemd auf einer Toilette hockt, Mundharmonika spielt und sich vor den Wachleuten versteckt. »Sind Sie vom Krankenhaus?« fragt Willis. – »Nein.« – »Sicherheitsdienst?« – »Nein.« Bei seiner nächsten Frage reißt Bruce angewidert die Nasenlöcher auf, als läge plötzlich ein unangenehmer Gestank in der Luft: »Presse?« Nee, bloß ein werdender Vater, den man nicht zu seiner Frau läßt. Sowas kann Familienmensch Bruce natürlich nicht zulassen, und schon führt er seinen neuen Buddy auf den rechten Weg, nicht ohne ihn dabei mit jeder Menge guter Tips für die Zukunft zu versorgen: Trauben etwa stets zu halbieren, »weil Kinder nämlich eine verdammt enge Luftröhre haben.« – wohl eine Anspielung auf ein Interview, das der britische Journalist Douglas Thompson Anfang der neunziger Jahre mit Demi Moore führte und in dem er sie auf ihre hinreichend kolportierten Primadonna-Allüren und ihre Entourage ansprach: »Was sind berechtigte Ansprüche und was ist schon Megalomanie? Wo liegt die feine Grenze zwischen Sunset Boulevard und einer Verwöhntheit à la ›Schäl-mir-eine-Traube, Darling‹«? Demi war über die Frage gar nicht *amused* ...

Bruce Willis versucht sich in einer Komödie. Daran hegt man spätestens seit HUDSON HAWK meist peinsame Erinnerungen. Je bulliger und durchtrainierter Willis' Statur im Laufe der Jahre wurde – noch ein gutes Argument für die Renaissance des ärmellosen Proleten-Shirts, lechz! –, desto flüchtiger scheint die Erinnerung an die Peter-Pan-Leichtigkeit und das schnoddrige Laissez-faire, mit denen er in MOONLIGHTING den charmanten Filou und Tunicht-

gut gab. Souverän absolviert Bruce Willis selbst die zynischsten *search and destroy*-Streifen mit einem Lächeln im Mundwinkel und entlarvt mit seinem verschmitzten, schiefen Grienen noch den taffsten Kerl als sensiblen *loner* hinter der harten Attitüde. Er bricht und ironisiert en passant verkrustete Action-Klischees, als sei das eine seiner leichtesten Übungen. Doch wehe, wenn er eine ausgewiesene Comedy-Nummer aufs Parkett legen darf, dann chargiert er so hemmungslos und albern, daß man ihm für seine aufgeblasene Selbstherrlichkeit einerseits am liebsten einen *wake-up call* mitten in die Fresse plazieren will; andererseits leidet man mit ihm wie mit einem Alleinunterhalter, der sich redlich abmüht, aber von seinem Publikum mit eisigem Schweigen gestraft wird.

Von seinem Unfall am Set hat Bruce Willis eine Gehirnerschütterung davongetragen – eine Drehbuchidee, die für einen Schauspieler so was wie eine *carte blanche* bedeutet. Er darf sich so *strange* geben wie er will, darf jeden Manierismus genüßlich auskosten – doch all das macht die Sache in diesem Fall nicht unbedingt komischer. Im Gegenteil. Wenn Willis mit großen Augen desorientiert in die Welt blickt, wirkt er auf eine eher beängstigende denn

Gehirnerschütterung: Willis darf herumalbern

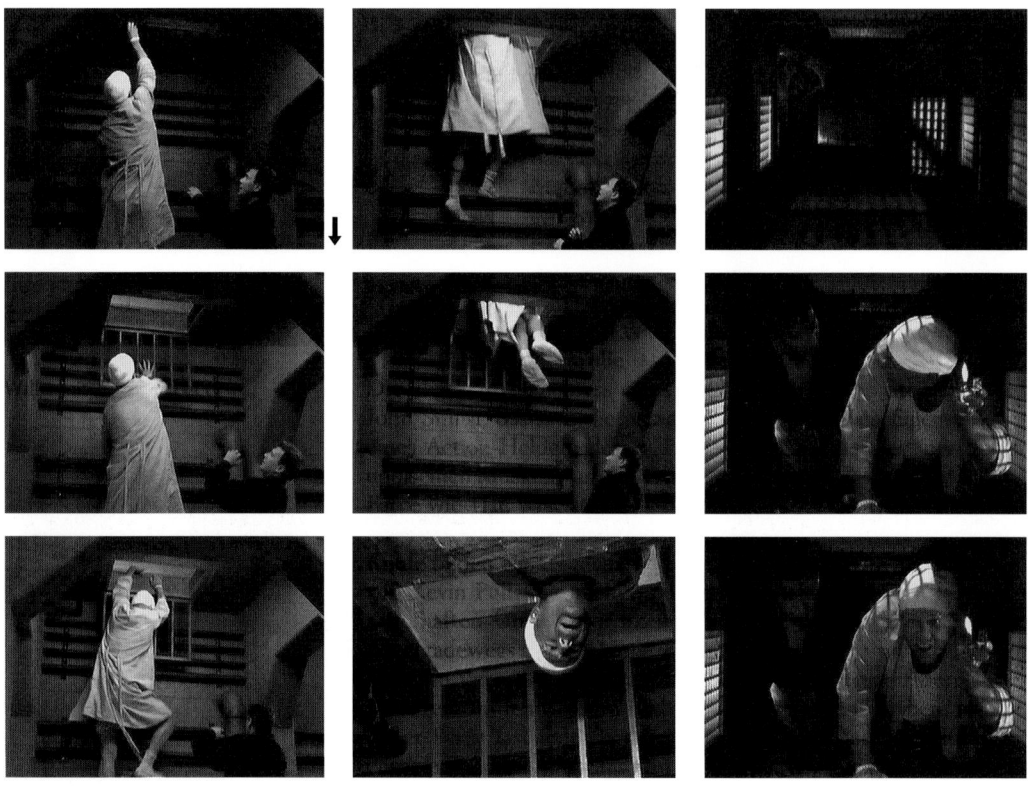

Spiel mit dem DIE HARD-Image:
Willis im Versorgungsschacht

belustigende Art unheimlich. Er spricht wirres Zeugs, will Paul umarmen, küssen und gerne sogar noch ein bißchen weitergehen ... Lustig wird's indes immer dann, wenn Willis die Gags nicht selbst herausspielt, sondern die Pointe dem gnadenlos entlarvenden und (selbst-)ironischen Script überläßt.

So schmerzlich Bruce Willis in seiner Gastrolle in MAD ABOUT YOU dann auch – einmal mehr – an der Darstellung einer komischen Figur scheitert, so locker und leichtfüßig reflektiert er sein Image als *tough guy* und schwieriger, verwöhnter Star, der sich *down to earth* gibt und dabei längst jede Bodenhaftung verloren hat. Während Willis durch ein Schachtgitter kraxelt, erkundigt er sich, ob Paul und Jamie sich schon einen Namen für ihr Baby überlegt hätten. Reiser: »Namen? Wir wissen noch nicht. Haben Sie vielleicht eine Idee? Wie heißen Ihre Kinder?« – »Rumer, Scout und Tallulah Belle.« – »Naja, uns wird schon was einfallen.« Touché! ❑

The Jackal (1997)

Von Lars Penning

Auf dem Gesicht des »Schakals« zeichnet sich das typische Bruce-Willis-Grinsen ab: die Augen leicht zusammengekniffen, zuckt der rechte Mundwinkel spöttisch nach oben. Gerade hat der Auftragskiller mit reichlich Getöse einige FBI-Agenten umgenietet und die sympathische russische Geheimdienstmajorin Valentina Koslova (Diane Venora) durch einen Bauchschuß niedergestreckt, nun gibt er der tapferen Agentin sarkastisch noch ein paar Tips, wie sie den Tod eventuell um ein Stündchen hinauszögern kann.

Bruce bleibt Bruce, wie er mordet und grinst: So sehr diese Szene die Action-Fans befriedigen mag, so dringlich wirft sie die Frage auf, warum Regisseur Michael Caton-Jones und Drehbuchautor Chuck Pfarrer für ihren dramaturgisch überaus konventionellen Actionfilm ausgerechnet auf Frederick Forsyths 1971 erschienenen Roman *The Day of the Jackal* und Fred Zinnemanns gleichnamige Verfilmung aus dem Jahr 1972 als Vorlagen [1] zurückgegriffen haben. Denn während Caton-Jones seinen Film ganz auf Willis' Starpräsenz – und das heißt: trotz seiner vielfältiger Verkleidungen auf Gesten, Blicke und Mienenspiele mit Wiedererkennungswert – abstellt, erzählt Forsyths Thriller die Geschichte eines professionellen Mörders, der für seine Verfolger weder Gesicht noch Identität besitzt.

Von der rechtsextremen Terrororganisation OAS im Jahre 1963 mit der Ermordung des französischen Staatspräsidenten Charles de Gaulle beauftragt, sichert dem »Schakal« gerade diese Anonymität eine penible und nahezu ungestörte Vorbereitung des Anschlags. Seine Kontrahenten sind

die gleichfalls anonymen Polizeiapparate in Frankreich und England: kleine Beamte, die durch ebenso sorgfältige wie unspektakuläre Ermittlungen dem Killer langsam näher rücken.

In der mit mechanischer Präzision ablaufenden Verfilmung von Fred Zinnemann – der Inhalt bedingt die Form – sorgt die strenge Parallelkonstruktion für unkonventionelle Spannung: Weil der »Schakal« und seine Verfolger vor dem Finale nicht aufeinander treffen, gibt es so gut wie keine Action. Und da de Gaulle bekanntermaßen keinem Attentat zum Opfer fiel, stellt sich in THE DAY

Lust an der Verkleidung: Willis als »Schakal«

OF THE JACKAL (Der Schakal [1972]) auch niemals die Frage, ob, sondern lediglich woran der Mordanschlag am Ende scheitert.

Um die Anonymität des »Schakals« noch zu unterstreichen, entschied sich Zinnemann, den Killer nicht mit einem Star zu besetzen. Wie der Regisseur in seiner Autobiographie schreibt, besaß der damals noch relativ unbekannte Hauptdarsteller Edward Fox den Vorzug, nicht aufdringlich zu wirken und sich in der Menge verlieren zu können [2]. Die Rollen der Verfolger gingen an britische und französische Charakterdarsteller, deren Gesichter dem Zuschauer ebenso geläufig wie unauffällig erscheinen.

Michael Caton-Jones beschreitet in seiner Verfilmung des Stoffes den entgegengesetzten Weg. Nicht nur, daß der Attentäter von dem neben Arnold Schwarzenegger wohl populärsten Action-Star der Gegenwart verkörpert wird, auch seine Widersacher sind prominent besetzt: Diane Venora und Sidney Poitier vertreten die russische und amerikanische Polizei; Richard Gere und Mathilda May spielen die ehemaligen Terroristen Declan und Isabella, die bei der Identifikation des »Schakals« helfen sollen.

Sodann entwirft der Film ein Geflecht von persönlichen Beziehungen: Einst hatte der »Schakal« die beiden Ex-Terroristen bei

einem Waffendeal betrogen und Isabella angeschossen, die daraufhin ihr Kind verlor. Nun tötet der Killer auch noch Majorin Koslova
– gerade als sich eine Beziehung zwischen ihr und Declan anzubah-
nen scheint. Somit wird die Jagd auf den »Schakal« zu einer privaten Rachegeschichte, während das geplante Attentat – ein von der
russischen Mafia initiierter Racheakt an einer fiktiven amerikanischen First Lady – mehr und mehr in den Hintergrund rückt.

In gleichem Maße, wie der Film Identifikationsfiguren auf Seiten
der Verfolger aufbaut, ändert sich zwangsläufig der Charakter des
»Schakals«. War der Killer in Edward Fox' Interpretation durchweg
höflich, eiskalt und vor allem unbeteiligt, so erscheinen Bruce Willis'
Sanftheit und ausgesuchte Höflichkeit von Beginn an nur als eine der
vielen Masken des »Schakals«, die er irgendwann zwangsläufig fallen
lassen muß, um als genau jener zynische Schlächter hervorzutreten,
als den man ihn – seien wir ehrlich – eigentlich auch erwartet.

Doch die Diskrepanz zwischen dem angeblich so planvoll agie-
renden Profikiller, der sich – ausschließlich sein Ziel vor Augen –
äußerst penibel auf alle Eventualitäten vorbereitet, und dem Ver-
brecher, dem sowohl seine »Arbeit« als auch das Privatduell mit
Declan ungeheuren Spaß machen, vermag der Film nicht aufzulö-

Alte Feinde: Die Begegnung des »Schakals« mit Declan (Richard Gere)

sen. Warum sucht der Mann, der sich zwecks Er-
füllung seines Auftrags tunlichst von der Polizei
fernhalten sollte, plötzlich deren Nähe und besei-
tigt Majorin Koslova und ihre Kollegen? Weil in
der Ermordung Koslovas ein ziemlich läppischer
Hinweis auf das potentielle Attentatsopfer liegt?
Oder wurde es gerade wieder einmal Zeit für einen Actionhöhepunkt?

Die schlampige Konstruktion des Films erweist
sich denn auch schnell als generelles Handicap: Da
gibt es eine ganze Reihe von ziemlich verwirrenden
Schauplatzwechseln, die in aller Regel lediglich eine
neue Verkleidung des »Schakals« motivieren, fer-
ner eine Szene, in der er plötzlich von Figuren verfolgt wird, über deren Herkunft und späteren Ver-
bleib der Film keinerlei Auskunft gibt, und ein Finale, in dem Isabella als *Deus ex machina* auftreten
muß, um Declan noch vor dem Tod zu bewahren.

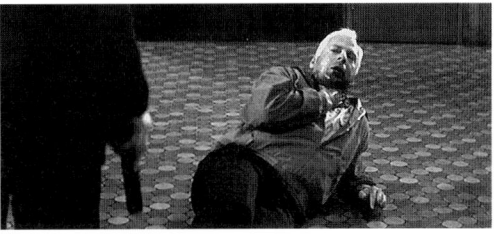

Deus ex machina: Isabellas
(Mathilda May) finaler
Rettungsschuß

Zudem wird im Vergleich zur Vorlage ausschließlich nach dem
Motto »größer, lauter, plakativer« verfahren. Wenn der »Schakal« in
Zinnemanns Film sein neuerworbenes Präzisionsgewehr ausprobiert
und dabei seelenruhig eine Melone mit einem grob aufgemalten
Gesicht zu Mus schießt, entsteht ein Moment subtilen Horrors. Bei
Caton-Jones durchlöchert der Killer in der gleichen Situation mit
einer fernlenkbaren Superkanone einen Menschen im Dauerfeuer,
während er sich gelangweilt im Ohr bohrt – und erzielt damit lediglich die Wirkung einer unfreiwilligen Parodie auf bessere Actionfilme.

Was dem Film dennoch einen Sonderplatz in Bruce Willis'
Filmographie zuweist, sind die verschiedenen Verkleidungen, in
denen er als »Schakal« auftritt: Man sieht ihn mit gewellten, dünnen blonden Haaren als vermeintlichen Angler, als ständig schwitzenden jovialen Dicken mit Brille und Schnauzbart, als Bilderbuch-
Argentinier mit Riesenschnurrbart, oder auch mal als ganz coolen
Typen mit Pferdeschwanz und verspiegelter Sonnenbrille. Einsamer Höhepunkt der Maskerade ist jedoch sein Auftritt als Mickey-
Rourke-Lookalike mit einem Gesicht, als hätte er gerade auf eine
saure Zitrone gebissen. Das ist zwar einigermaßen lustig, erscheint
jedoch als *Raison d'être* einer zweistündigen Großproduktion ein
wenig zu dürftig.   ❏

Anmerkungen

1   Im Vorspann heißt es: »based on the motion picture screenplay *The Day
    of the Jackal* by Kenneth Ross«. Ross schrieb das Script zu Zinnemanns
    Film.
2   Fred Zinnemann: An Autobiography. London 1992, S. 213-217.

Broadway Brawler
(1997, nicht fertiggestellt)

Von Annette Kilzer

Nach 20 Drehtagen zog Bruce Willis die Reißleine. Ursprünglich war er von dem Film *Broadway Brawler* so sehr begeistert, daß er für die Rolle eines Hockeyspielers, der den Zenit seiner Karriere überschritten hat und sich in eine alleinerziehende Mutter verliebt, auf einen Teil seiner üblichen Gage verzichtete und zudem als Produzent in das mit 30 Millionen Dollar veranschlagte Projekt einstieg [1]. Doch dann feuerten er und *executive producer* Andrew Vajna (Chef der Produktionsfirma Cinergi) die Regisseurin Lee Grant (die für SHAMPOO [1975; R: Hal Ashby] einen *Oscar* als *Best Supporting Actress* gewonnen hatte), ihren Mann, den Produzenten Joe Feury, sowie den Kameramann William Fraker. Zu seinen Gründen wollte sich Willis gegenüber der US-Presse nicht äußern – vielleicht hatte er Angst, seiner Karriere mit einem weiteren Flop à la HUDSON HAWK, BONFIRE OF THE VANITIES, NORTH, LAST MAN STANDING und COLOR OF NIGHT den endgültigen Todesstoß zu versetzen, vor dem ihn auch kein zweiter Quentin Tarantino mehr würde retten können.

Lediglich Grant äußerte sich öffentlich enttäuscht: »This was our project: we worked on it two years and got Bruce interested,« erklärte sie gegenüber *Mr. Showbiz*, »it was so strange: one minute you're doing great – and the next minute, when some kind of whim can destroy it, it was like a tornado. But on the other hand, that's life, and you go on and do other stuff. I tried to do my best – my best shot – and I lost. If you lose, you lose.« [2]

Kurzzeitig war Dennis Dugan, der Willis schon bei MOON-LIGHTING inszeniert hatte, als neuer Regisseur im Gespräch. Am liebsten aber wollte Willis den Film für immer in der Versenkung verschwinden lassen und beauftragte seinen Agenten Arnold Rifkin (damals noch Chef der *William Morris Agency*), jemanden zu finden, der ihn freikaufen würde.

Rifkin handelte mit Disney-Chef Joe Roth folgenden Deal aus: Disney würde die zwölf Millionen Dollar aufbringen, die nötig waren, um alle Beteiligten auszubezahlen (tatsächlich mußten später ca. 17 Millionen gezahlt werden); als Gegenleistung schloß Willis einen *three picture deal* mit Roth ab. Pro Film erhielt er eine Gage von »nur« 15 Millionen Dollar, wovon zudem jeweils sechs Millionen an Disney als Abzahlung der *Brawler*-Schulden zurückfließen würden. Außerdem würde Willis bei dem ersten der drei Filme auf seine übliche 15-prozentige Umsatzbeteiligung verzichten.

Dreharbeiten zu Broadway Brawler

Roth ging das Risiko ein. Ein Risiko, das unkalkulierbar war. Denn wer wollte ihm schon garantieren, daß er am Ende nicht mit einem 17 Millionen Dollar teuren halbfertigen Film und einem abgehalfterten Ex-Star, den niemand mehr sehen wollte, dastehen würde? Doch manchmal erzählt die Traumfabrik nicht nur Märchen, manchmal erlebt sie auch welche. Denn ausgerechnet dieser aus der Not geborene Handel entpuppte sich sowohl für das Studio als für Willis als ausgesprochen lukrative Entscheidung.

Disney suchte damals verzweifelt nach einem kassenträchtigen Star für sein Sci-fi-Spektakel ARMAGEDDON, das im Wettlauf gegen Dreamworks SKGs Meteoritenfilm DEEP IMPACT (1998; R: Mimi Leder) entstand. Jetzt war er gefunden. ARMAGEDDON spielte weltweit über 500 Millionen Dollar ein – was bedeutet, daß Disney Willis, hätten sie ihn zu seinen normalen Konditionen engagiert, 45 Millionen als *gross profit cut* hätten zahlen müssen. Schon hatte sich das Investment in einen Film, der wahrscheinlich nie das Licht der Leinwand erblicken wird, ausgezahlt.

War ARMAGEDDON schon ein Hit erster Güte, so war der zweite Film eine Erfolgsstory, wie sie Hollywood kaum schöner hätte ersinnen können. Ein junger Agent bei William Morris, Carl Waynberg, war so begeistert von M. Night Shyamalans Drehbuch zu THE SIXTH SENSE, daß er Rifkin quasi auf Knien anbettelte, es ebenfalls zu lesen. Sollte Rifkin nicht ebenfalls meinen, dies sei eine großartige Rolle für Willis, wollte Waynberg noch am nächsten Tag freiwillig seinen Schreibtisch räumen. Nun, er behielt seinen Job. Und Disney, die das Script für 2,25 Millionen Dollar gekauft hatten, entschieden sich, das Budget von den ursprünglich geplanten zehn Millionen auf 55 Millionen Dollar aufzustocken. »The ideal person was a superstar who was hungry – who had something to prove« (M. Night Shyamalan [3]).

THE SIXTH SENSE belegte mit einem Einspielergebnis von fast 300 Millionen Dollar allein in den USA schließlich Platz zwölf in der Liste der erfolgreichsten Filme aller Zeiten. Disney erzielte erneut einen fetten Profit. Doch diesmal machte auch Bruce Willis seinen Schnitt. Sein Gewinn soll sich auf 60 Millionen Dollar belaufen. Von dem unbezahlbaren Kritikerlob für seine sensible Darstellung ganz zu schweigen ...   ❏

Anmerkungen

1   Laut deutscher Verleihankündigung sollte *Broadway Brawler* folgenden Inhalt haben: »Der rauhbeinige Hockeyprofi Eddie [Willis] wird aus Altersgründen aus seinem Team ausgeschlossen. Eddie ist entsetzt und versucht, seinen Frust mit Alkohol zu ertränken, und in seinem Rausch landet er im Vorgarten des Hauses von Tyler, die sich als alleinerziehende Mutter zweier lebhafter Kinder durchs Leben boxt. Eddie wird von Tyler unter der Bedingung aufgenommen, daß er vorgibt, ihr Ehemann zu sein, damit sie das Sorgerecht für ihre Kinder behält. Das gemeinsame Leben verläuft chaotisch, doch für die Kinder ist Eddie ein richtiger Kumpel und schließlich erliegt auch Tyler seinem Charme.« (Internet: www.movieline.de)
2   Internet: www.mrshowbiz.go.com, 4.3.1997.
3   John Horn: Triumph of the Willis. In: Premiere, 1/2000, S. 35f.

Mercury Rising (1998)

Von Christoph Haas

Der neunjährige Simon (Miko Hughes) blättert in einem Rätselheft, folgt mit einem roten Filzstift mühelos den Linien eines Labyrinths vom Rand bis in die Mitte und vertieft sich dann in ein chaotisches Gewirr von Buchstaben, Zahlen und mathematischen Zeichen. Er greift zum Telefon und wählt eine Nummer. Eine Tonbandstimme begrüßt ihn: »Congratulations! You reached the puzzle center. You solved one of our master puzzles.« Eine Lüge – und dennoch die Wahrheit. Denn Simon, ein Autist, hat gerade den neuesten Geheimcode der *National Security Agency* geknackt. Lieutenant Colonel Nicholas Kudrow (Alec Baldwin), der verbrecherische Chef der Organisation, ist hiervon so wenig entzückt, daß er nicht nur Simons Eltern und alle Mitarbeiter, die von der Panne wissen, ermorden läßt, sondern auch dem Jungen nach dem Leben trachtet. Der aber findet einen schußwechselerfahrenen Schutzengel in dem degradierten FBI-Agenten Art Jeffries (Bruce Willis), der alles tut, um Simon vor seinem Schicksal zu bewahren.

Man meets boy: Die Hollywoodformel, die den Kern von MERCURY RISING ausmacht, ist schon in Westernklassikern wie THE PLAINSMAN (Der Held der Prärie; 1936; R: Cecil B. DeMille) und SHANE (Mein großer Freund Shane; 1953; R: George Stevens) erprobt worden. Ihre Wirkung entfalten kann sie freilich nur, wenn den Mann und das Kind eine wechselseitige Faszination an der Welt und den Werten des jeweils anderen verbindet. Ein magischer Austausch, der in MERCURY RISING unmöglich ist, weil Simons Autismus nur als ein halb sentimentaler, halb grotesker Gag erscheint und Art mit der Rettung seines Schützlings nur die schmerzliche Erinnerung an ein früheres Versagen lindern will: In der Eingangssequenz des Films fällt ein jugendlicher Bankräuber, zu dem der als verdeckter Ermittler arbeitende Agent väterliche Zuneigung gefaßt hat, den Kugeln eines übereifrigen Einsatzkommandos zum Opfer.

Das Szenario von MERCURY RISING ist nicht nur oberflächlich, es steckt auch voller Ungereimtheiten. Daß ein Geheimdienst die Unangreifbarkeit eines Codes gerade dadurch zu testen versucht,

Lässig: Willis mit Simon
(Miko Hughes)

daß er ihn in einer Zeitschrift veröffentlicht – daran zu glauben, fällt selbst dann schwer, wenn man bereit ist, Computerspezialisten ein ungewöhnliches Maß an *freakiness* zuzugestehen. Und warum soll Simon unbedingt sterben – wäre es nicht sinnvoller, den Code neu zu konzipieren?

MERCURY RISING ist ein Starvehikel und funktioniert nur als Starvehikel. Wenn Bruce Willis am Anfang des Films *like a raging bull* über eine Straße stürmt und seinen unfähigen Vorgesetzten beim Kragen packt; wenn er die Strafversetzung auf einen unbedeutenden Posten mit einem kurzen, bedrohlichen Zusammenziehen der Augen quittiert; wenn er mit hängenden Lidern an der Bar sitzt oder mit einem lässigem Schulterzucken eine Tür aufbricht – dann leuchtet die diesem Star spezifische Aura mächtig auf. Auf der mondänen Geburtstagsparty des glattgefönten Baldwin erscheint er in T-Shirt, Jeans und Windjacke. – »He's not very presentable«, kommentiert einer der Bodyguards indigniert. Willis trinkt aus der Flasche, beschwert sich über den korkigen Geschmack eines Pomerol, und bei seinem effektvollen Abgang wirft er ein Kellerregal um, in dem Weine für Tausende von Dollars lagern.

Die Anabolika-Heroen Schwarzenegger, Stallone und van Damme sind fleischgewordene Comicfiguren. Bruce Willis ist indes am überzeugendsten immer dann, wenn er den schlagkräftigen, etwas proletarischen Mieter von gegenüber verkörpern kann. Schade, daß er so sehr unter der Ungnade der späten Geburt zu leiden hat! In den Vierzigern und Fünfzigern wäre er ein wunderbarer B-Movie-Star gewesen. Einer wie John Payne oder Barry Sullivan, ein Mann für Phil Karlson, Sam Fuller und Don Siegel.

Auf der Flucht vor den Häschern macht Jeffries die Bekanntschaft einer jungen Frau. Eine Zeitlang scheint es, als könnten er, Simon und Stacey (Kim Dickens) eine neue, glückliche Familie bilden. Am Ende des Films sind die beiden Männer, der große und der kleine, aber wieder allein. Art besucht Simon in der Sonderschule. Er fordert ihn auf: »Look in my eyes! Look in my eyes!«, und als der Junge ihn schüchtern umarmt, füllen sich die Augen des hartgesottenen Cops mit Tränen. ❑

»Korkig«: Art Jeffries bei der Weinprobe (mit Alec Baldwin)

Armageddon (1998)

Von Sven Fortmann

U-S-A, U-S-A
(Homer Simpson)

Gab man sich im Blockbuster-Sommer 1997 in VOLCANO (R: Mick Jackson) und DANTE'S PEAK (R: Roger Donaldson) noch damit zufrieden, einzelne Landstriche von einem erhöhten Magmapegel bedrohen zu lassen, ging es bereits ein Jahr später ums Ganze. 1998 feierte der gute alte Katastrophenfilm endgültig seine waghalsige Renaissance, ließen doch sowohl DEEP IMPACT (1998; R: Mimi Leder) als auch ARMAGEDDON einen Asteroiden erheblichen Ausmaßes unaufhaltsam in Richtung Erde donnern. Doch während sich Ms. Leder bei dem Versuch, ein möglichst realistisches Endzeitszenario zu entwerfen, in bigotten Hippie- und Sozialpädagogik-Allegorien verlor, knallte uns Regisseur Michael Bay einen perfekten Testosteron-No-Brainer um die Ohren.

ARMAGEDDON ist dabei weniger ein Bruce-Willis-Vehikel als vielmehr eine Jerry-Bruckheimer-Produktion, sprich: Der geneigte Zuschauer kriegt, was er verlangt. Oder verdient. *Stars & Stripes galore*, mehr oder weniger knackige Oneliner, Plotlücken in der Größe des herannahenden extraterrestischen Gesteins, aseptische weibliche Staffage und so viel Videoclip-Ästhetik, als ob sie ab morgen verboten wäre, dazu Explosionen, Detonationen und Implosionen bis zum Abwinken. Die Person auf dem Regiestuhl ist dabei austauschbar, mag sie nun Bay, Simon West oder Tony Scott heißen, und dient lediglich der Komplettierung der Crew.

Doch zum Inhalt: Ein kleinerer Meteoritenschauer beschert New York City seinen ersten Luftangriff, und bevor das Prodigium überhaupt interpretiert werden kann, überbringt NASA-Executive Dan Truman (Billy Bob Thornton) auch schon die nächste schlechte Nachricht. Denn der Schauer war nur ein kleiner Vorgeschmack; ein Asteroid von der Größe Texas' rast mit einer Geschwindigkeit von 22.000 Meilen auf die Erde zu und könnte sich als der vielzitierte globale Killer erweisen. Was also liegt näher, als den weltbesten

Grüße an *Greenpeace*

Ölbohrer Harry S. Stamper (Bruce Willis) samt seiner aus lauter Freaks zusammengesetzten Crew in ein Space Shuttle zu verfrachten und auf dem Asteroiden abzusetzen, wo sie so tief bohren sollen, daß ein im Innern gezündeter Nuklearsprengkopf den Brokken in abertausende Kiesel zerreißt? Eben. Nun konnte Willis ja bereits in TWELVE MONKEYS und THE FIFTH ELEMENT beweisen, daß man auf ihn bauen kann, wenn es darum geht, das Ende der Welt, wie wir sie kennen, noch einmal abzuwenden. Man kann sich also ganz entspannt zurücklehnen, denn man weiß, man ist in guten Händen.

Niemand anderes ist in der Lage, den über sich hinauswachsenden *average working class*-Typ so charmant darzustellen wie

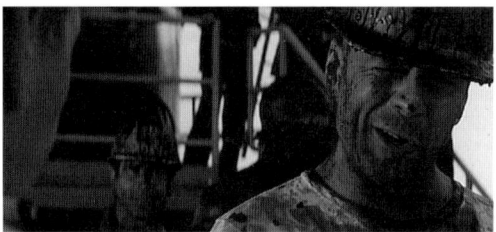

Willis als Harry S. Stamper

Willis. ARMAGEDDON bildet da keine Ausnahme. Willis macht, was er am besten kann: Er spielt sich selbst. Trotz seines *frat boy*-Charmes mit dem unnachahmlichen coolen Grinsen wirkt er stets autoritär und schaltet, obwohl dies seine x-te Rolle nach bekanntem Schema ist, nie auf Autopilot. So muß man ihn, zum Beispiel, einfach dafür lieben, wie er von der Plattform seiner Bohrinsel mit Golfbällen auf Umweltschützer zielt. Und alles endlich wieder ohne peinlichen *hairdo*.

Einerseits überrascht es, daß fünf Autoren sowie vier Script-Doktoren nötig waren, um ein völlig ideenarmes Drehbuch zusammenzuschustern, dessen einziger Clou darin besteht, Bruce Willis am Ende in das Martyrium zu schicken. Andererseits ist genau dieses Script in seinem Patchwork-Grundtenor derartig abstrus und unverfroren, daß man es fast schon wieder als genial bezeichnen kann. THE DIRTY DOZEN (Das dreckige Dutzend; 1967; R: Robert Aldrich) trifft auf THE RIGHT STUFF (Der Stoff, aus dem die Helden sind; 1983; R: Philip Kaufman): alles gut geschüttelt, mit Zitaten aus der jüngsten Pop-Kultur angereichert und viel Pathos und falschem Sentiment aufgegossen. Wen stört es, daß der Asteroid in etwa so bedrohlich wirkt wie ein überdimensionaler Themenpark inklusive *canyon jumping* und *deep hole drilling*? Wen kümmert's, daß allein Thornton und Willis sich die Mühe machen, mit Würde gegen die CGI-Effekte anzuspielen? Wer stößt sich an dem zarten Zynismus, der sich offenbart, wenn man die Namen der beiden Weltretter kombiniert (Harry S. Stamper + Dan Truman = Harry S. Truman, der US-Präsident, der zwecks Rettung der freien Welt den Abwurf der Atombombe auf Japan veranlaßte)? Und wer will sich wirklich darüber aufregen, daß die Weltpolizei USA mal wieder im Alleingang den Sack zumacht, während der Rest der Welt wie eine putzige Folkloregruppe andächtig gen Himmel blickt und nach dem Ausfegen ihrer Lehmhütten ganz fest die Daumen drückt?

ARMAGEDDON ist Blockbuster-Kino in Reinkultur, dessen bombastischer Inszenierungsstil und maximaler Camp-Faktor nun mal keinen Platz für ausgefeilte Charaktere oder intelligente Dialoge bietet, ein »dicke-Eier-Film« par excellence, ein wahres Event-Movie, das auf Biegen und Brechen unterhalten will. Sich über den Mangel an Logik, Subtilität und Fingerspitzengefühl zu echauffieren, hieße sich nach dem Kauf einer transparenten Wundertüte über deren Inhalt zu beklagen. ❏

The Siege (1998)

Von Marc Bodmer

In Anzug und Krawatte, geschniegelt bis zum bürokratischen Anschlag, erscheint der Retter in spe General William Deveraux (Bruce Willis) vor dem überforderten FBI-Agenten Anthony Hubbard (Denzel Washington). Wie zwei Hunde beschnüffeln sich die Männer in den kargen Büroräumlichkeiten, tauschen Floskeln aus und schauen mit Bedacht darauf, einander nicht auf die Füße zu pinkeln. Wobei klar ist, daß Deveraux mehr Biß hat. Schließlich ist er ein persönlicher Berater des Präsidenten und schreibt dem Führer der freien Welt alles, was er über den Mittleren Osten wissen muß, auf seinen Spickzettel.

Hub, wie der übereifrige und paragraphensichere Bundespolizist kollegial genannt wird, steckt über beide Ohren in einem blutigen Schlamassel, das islamische Fundi-Terroristen in New York City angerichtet haben, um ein von den Amerikanern gekidnapptes, islamisches Oberhaupt freizupressen. Als Appetizer servierten die religiösen Fanatiker eine blaue Farbbombe in einem Bus und zur ersten Vorspeise eine tödliche Variation: Vor den Augen der versammelten New Yorker Cops und der Presse sprengten sie einen vollbesetzten Bus.

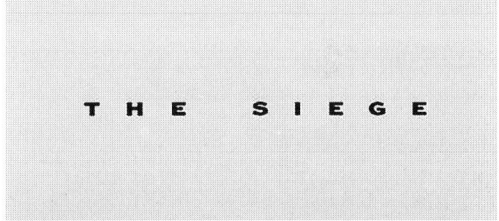

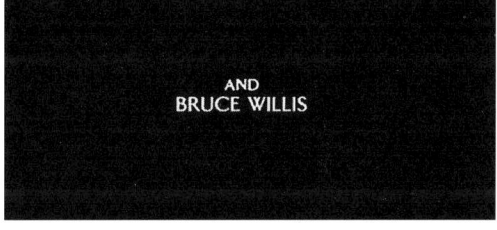

Als die islamischen Chaos-Köche mit dem Anschlag auf eine gutbesuchte Gala-Kinovorführung ein weiteres Bombengericht auffahren und Hubbard nur in einer riskanten Aktion das Schlimmste an einer Schule verhindern kann, scheint das FBI ausgedient zu haben. Politische Hardliner fordern den Einsatz des Militärs in New York City, doch Willis als General Deveraux, mit bunten Brustplatten besetzt, die jeden großen Malkasten ausstechen, warnt: »The Army is a broadsword, not a scalpel. Trust me, Senator, you do not want the Army in an American city.«

Doch als mit der fast vollständigen Zerstörung des Federal-Plaza-Gebäudes, dem Sitz des FBI, und einer Opferzahl von 600 der Hauptgang serviert wird, sind die mahnenden Worte des Generals vergessen. Über New York City wird das Kriegsrecht verhängt. Der Präsident hat seinen großen, bösen Hund Deveraux von der Leine gelassen, und dieser bellt den Tarif in seinem neuen Revier durch: »This is the land of opportunity. The opportunity to turn yourself in.« Wer

Die Gegenspieler: Anthony Hubbard
(Denzel Washington) und William Deveraux

dem Aufruf, der alle mittelöstlichen Männer betrifft, nicht folgt, wird von der Armee aufgegriffen und in Gefangenenlager eingepfercht, die in Football-Stadien errichtet wurden.

In einer ersten Machtdemonstration setzt der General auch seine Prophezeiung um. Eine subtile, von Hubbard eingeleitete FBI-Aktion geht in einem Feuerball unter, als Armee-Helikopter ein Gebäude einäschern, in dem Terroristen vermutet werden. Nun haben der selbstgerechte Hub und seine CIA-Gespielin Alice Kraft (Annette Bening) einen neuen, gemeinsamen Feind: General Deveraux, denn dieser scheint wirklich bereit, New York City mit dem militärischen Zweihänder kurz und klein zu schlagen, nur um seinem Motto gerecht zu werden: »We will hunt down the enemy. We will find the enemy. We will kill the enemy.«

Ähnlich wie der garstige General verfügt Regisseur Edward Zwick über kein besonders leichtes Händchen. In Schwarten wie GLORY (1989), LEGENDS OF THE FALL (Legenden der Leidenschaft; 1994) und COURAGE UNDER FIRE (Mut zur Wahrheit; 1996) zelebrierte Zwick politisch mehr oder weniger korrekten Schund. Mit THE SIEGE aber vergriff er sich für arabische Interessengruppen in den USA im Register und wurde als Reaktionär angeschwärzt. Ausgerechnet Zwick, der am liebsten mit dem schwarzen Hollywood-Star Denzel Washington zusammenarbeitet und ihn in THE SIEGE bereits zum dritten Mal zum Helden erhebt. Diese Rolle ist üblicherweise für dessen Gegner reserviert: Bruce Willis. Gegen den Typ besetzt, gibt Willis den rassistischen Fanatiker, der gar im Dienste seines Landes einen seiner Gefangenen zu Tode foltert. Die Augen zu Sehschlitzen verengt, die Lippen verkniffen zusammengeschnurpft, als gälte es mit chirurgischer Gefühlskälte einen Pickel der Menschheit zu entfernen, macht er sich an die schändliche Arbeit. Alles weitere geschieht hinter verschlossenen Türen, durch die entsetzliche Schreie dringen. Als diese verstummt sind, tritt schließlich ein gelangweilt wirkender General in den Gang. Emotionsleer sind die eben noch stechenden Augen, non-chalant wischt sich der Militär das Blut von den Händen. General Deveraux ist nicht ein Karriere-*bad guy* wie die Rolle des Terminators für Arnold Schwar-

zenegger. Der Fascho ist nicht cool, auch wenn er einmal stallone-
mäßig proklamiert: »I am the law!« Sehnlichst wünscht man sich
John McClane in seinem blutverkrusteten Schweißshirt herbei,
möge er doch das Problem »Deveraux« auf seine verschmitzt lä-
chelnde Art lösen. Doch Bruce Willis bleibt das Arschloch bis zum
bitterem Ende.   ❏

Denzel Washington, Annette Bening
– und Willis als Folterer

Ally McBeal:
»Love Unlimited« (1999)

Von A.K.

Averunsichert. So ist sie ihrem Kollegen John Cage (Peter Mac-Nicol) denn auch unendlich dankbar, als er ihr anbietet, seinen Termin bei der Psychotherapeutin Tracy mit ihr zu teilen, schließlich ähneln sich ihre Symptome – die Angst vor einer Beziehung. Doch Tracy ist in Kalifornien, »wo sie Tofu vertickt und bestimmt auch eine Fernsehshow macht«, wie ihre Sprechstundenvertretung Dr. Nickle grummelnd kundtut [1].

Ganz akademischer Dünkel in einer jagdgrünen Strickweste, mit Nickelbrille (sic) und Fliege, zelebriert Bruce Willis in ALLY MCBEAL einen seiner knackigsten Gastauftritte, dessen Resultat der offizielle *episode guide* der Serie ein wenig schnöde, aber der Situation angemessen knochentrocken in einem Satz zusammen-

Willis zu Gast bei ...

faßt: »But the chemistry just isn't the same, and Ally decides to wait until Tracy returns.« [2] Einmal mehr mit seinem Nörgler- & »Dies ist nicht mein Tag«-Image jonglierend, legt Willis eine Attitüde an den Tag, die mit barsch noch recht euphemistisch beschrieben ist. Abschätzig und wohlkalkuliert zielt er mitten ins Herz seines Gegenübers – also ausgerechnet auf Allys empfindsamste Stelle ...

»Hört zu«, herrscht er seine beiden Patienten an, »ich würde gerne helfen, aber bei zwei kleinen Bekloppten, die als Tandem auftreten und sich weigern, ihre Hymne zu singen ... Seh' ich aus wie ein Wunderheiler?« Unschuldig fällt Ally ihm ins Wort: »Ist das

da ...?« – »KLAPPE! Ich bin noch nicht fertig. Wenn Sie im Kino sind, motzen Sie da auch die Leinwand an?« – »Nein, aber manchmal gehe ich einfach raus.« So souverän Ally auf einmal ist, so kackfreundlich gibt sich plötzlich Dr. Nickle. Er bittet sie lediglich noch, eine Erklärung zu unterschreiben, die ihn von jeder Verantwortung befreit, sollte sie den Drang verspüren, sich aus dem Fenster zu stürzen: eine Anspielung auf seine Psychiaterrolle in COLOR OF NIGHT. Fünf Jahre nach jenem Mega-Flop scheint Bruce Willis seine traumatische Erfahrung soweit verarbeitet zu haben, daß er Witze drüber reißen kann. Freud sei Dank.　❑

... Ally McBeal

Anmerkungen

1　Auch für die nächste Episode stand Tracey Ullman nicht als Psychotherapeutin Tracy nicht zur Verfügung, so daß Rosie O'Donnell für sie einsprang.

2　Internet: www.fox.com.

Breakfast of Champions (1999)

Von Alexander Bickel

Muß scheußlich sein, dieser säuerlich-beißende Geschmack von kaltem Stahl und Waffenöl auf der Zunge. Lange hält das niemand aus. Dwayne Hoover schon gar nicht, frühmorgens im dunklen Anzug zusammengekrümmt auf der Toilette, den eigenen Revolver im Mund, die Rechte am Abzug. Und so nimmt er die sperrige Waffe wieder zwischen den Zähnen hervor, ganz vorsichtig, damit der Dorn an der Spitze des Laufes nicht gegen die Lippen schrammt. Dwayne Hoover, den im Umkreis von etlichen Meilen jeder kennt, Dwayne Hoover, dem die Menschen vertrauen, weil er ihnen Autos zu fairen Preisen verkauft – und weil er so glaubwürdig lächeln kann. Die Stimme seiner Haushälterin hat ihn zur Besinnung gebracht: »Breakfast's ready«.

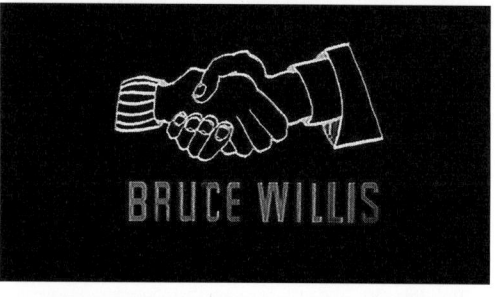

Katerfrühstück. Bruce Willis spielt den Autohändler Hoover in Alan Rudolphs BREAKFAST OF CHAMPIONS als sei diesem sein Geld, sein gewinnendes Lächeln und das devote Verhalten seiner Angestellten plötzlich aufs Gemüt geschlagen wie eine durchzechte Nacht. Dwayne torkelt mehr als er geht; der Asphalt vor seinem großen Autohaus scheint jedem Schritt nachzugeben und an den Sohlen zu kleben wie Melasse. Die Augen hinter der feinrandigen Brille mal von verzweifeltem Staunen geweitet, mal ungläubig blinzelnd, ringt der angeschlagene Strahlemann mit einem mühsam aufgesetzten Grienen um Fassung. Und ist dann wieder ganz plötzlich der Alte. Aber nur für einen Moment. Schon wölbt sich Willis' lange Oberlippe ein wenig nach innen – als ob ihm die Erinnerung an den Morgen noch immer im Mund liege: der fiese Geschmack des Revolvers und der ganze Wahnsinn des Lebens.

Es sind die giftigen Chemikalien in Dwayne Hoovers Kopf, die ihn plötzlich zweifeln lassen am Sinn seiner Existenz, bemerkt Kurt Vonnegut in der gleichnamigen Romanvorlage für BREAKFAST OF CHAMPIONS knapp und läßt offen, woher der psychedelische Giftcocktail stammt. Aber vielleicht ist es auch gar nicht Dwayne, der allmählich den Verstand verliert, sondern der Rest der Welt: sein Sohn (Lukas Haas) etwa, der sich Bunny nennt

Angeschlagener Strahlemann: ...

und Hammond-Orgel spielend wie ein Karnickel in einem Erdloch verschanzt; sein Verkaufsleiter Harry (Nick Nolte), dessen heimlicher Drang, Frauenkleider zu tragen, nur noch von seiner Angst, entdeckt zu werden, übertroffen wird; oder Dwaynes Ehefrau Celia (Barbara Hershey), die apathisch vor dem Fernseher sitzt und etwas von einem »Blauen Montag« faselt. – Dwayne versteht das alles *nicht mehr*. Und kommt zu dem Schluß, nur er selbst, Dwayne Hoover, sei ein Mensch aus Fleisch und Blut, ein fühlendes Wesen – alle anderen dagegen Roboter.

Ein Buch über Normalität als Fortsetzung des Wahnsinns mit anderen Mitteln. Oder umgekehrt – ganz nach Belieben. Ein Buch für die ganze kaputte amerikanische Familie: *Frühstück für Helden*, 1973 erschienen, ist wie die meisten von Vonneguts Romanen ein unaufgeräumtes Kabuff von einem Text, vollgestopft mit Witzen, Notizen und Kritzeleien, allerhand unbequemen Fragen und eini-

... Willis als Dwayne Hoover

gen noch unbequemeren Antworten. 20 Jahre hat Alan Rudolph die Idee, das Buch zu verfilmen, mit sich herum getragen, ehe das Projekt mit Hilfe von Bruce Willis' Produktionsfirma Summit Entertainment Mitte der neunziger Jahre endlich zustande kam.

Das Ergebnis fällt für einen Film von Alan Rudolph ungewöhnlich ernüchternd und zugleich auf überraschende Weise spannend aus: wie ein Bruce-Willis-Film, der keiner sein will, ein satirisches Ensemblestück, das keines ist. »This film would absolutely not work if you try to hang the story on one character«, sagt Willis selbst (US-Presseheft). Ganz recht. Nur erweist sich der Versuch, ihn kostümiert mit Brille und Dreiteiler samt Einstecktuch in einem ganzen Strauß berühmter Co-Stars zu »verstecken«, als Fehlkalkulation. Die Maskerade lenkt die Aufmerksamkeit des Zuschauers nämlich erst recht auf die Figur des Autohändlers Dwayne Hoover und macht ihn zur grotesken Hauptfigur einer überdrehten Charade, die sich auch und vor allem als eine Charade mit der Leinwandpersona des »unkaputtbaren« [1] Actionhelden Bruce Willis entpuppt – als ob unter Hoovers kariertem Maßanzug das weiße Feinripp-Unterhemd von John McClane aus DIE HARD oder Korben Dallas' enges orangefarbenes Dress aus THE FIFTH ELEMENT durchschienen.

BREAKFAST OF CHAMPIONS ist so laut und wirr und wenig komisch, daß seine Qualitäten beim ersten Sehen kaum auffallen. Genauer betrachtet aber erweist sich der Film als eine – dank Willis – sehr wirkungsvolle ironische Paraphrase auf eines der Erzählprinzipien des modernen Actionkinos: die solipsistische Phantasie des *last man standing*. Die ist, läßt einen BREAKFAST OF CHAMPIONS vermuten, nichts weiter als eine psychotische Störung, wie sie auch einem Autohändler im mittleren Westen gelegentlich widerfährt. Oder, mit Vonneguts marodierender Logik der lakonischen Feststellungen: ein Haufen giftiger Chemikalien im Kopf. ❑

Anmerkung

1   Regine Welsch in: Cult, Nr. 6 (Sommer 1998), S. 12.

The Sixth Sense (1999)

Von Hans Schifferle

Ein Film über die *Twilight Zone*. Ein kalter Hauch weht von Anfang an durch das gemütliche Haus der Crowes in Philadelphia. Malcolm Crowe (Bruce Willis), ein erfolgreicher Kinderpsychologe, feiert zusammen mit seiner Frau Anna (Olivia Williams) die Verleihung eines Preises für seine Arbeit. Die beiden trinken Wein, und eine Stimmung der Nachdenklichkeit herrscht, als sie den Preis betrachten, der einer Gedenktafel ähnelt. Ihre Gesichter spiegeln sich in der eingerahmten Glasplatte. Die Trophäe wird zu einem Spiegel, der von Cocteau oder Lewis Carroll sein könnte, zu einem Spiegel also, der ins Reich der Träume oder des Todes führt. Ein Alptraum wird bald Wirklichkeit, als die Crowes im Badezimmer einen fast nackten jungen Mann entdecken: einen ehemaligen Patienten von Malcolm namens Vincent Gray (Donnie Wahlberg). Der verzweifelte Gray, der wie ein Monster aus dem Unterbewußtsein des Psychologen wirkt, versichert Malcolm noch, daß er weniger wisse, als er glaube. Dann schießt er auf ihn und jagt sich anschließend selbst eine Kugel in den Kopf. Der verletzte Malcolm Crowe, das ist Bruce Wilis bei seiner zweiten Tour nach TWELVE MONKEYS ins schwindelerregende *Vertigo*-Land. Aber war er in Terry Gilliams Film noch ein richtiger Haudegen, so ist er bei Shyamalan ein reflektierender Held der inneren Action. In einer schönen, bizarren Mischung aus Nonchalance und Tristesse tritt er dem Unerklärlichen entgegen.

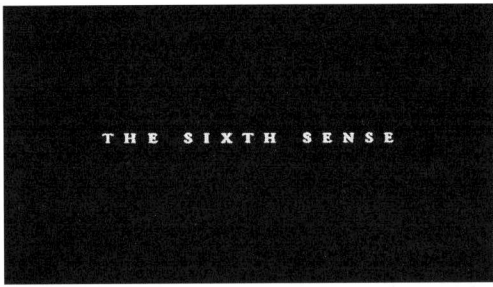

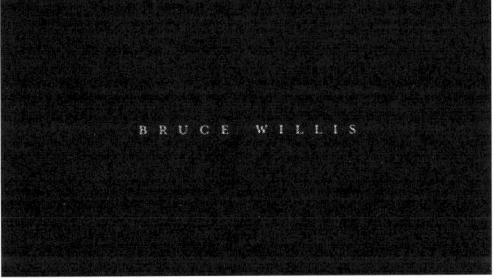

Eine Geschichte der zweiten und letzten Chance. Knapp ein Jahr ist seit dem seltsamen Vorfall vergangen, und es ist wieder Herbst in Philadelphia. Malcolm Crowe betreut einen neuen Fall, den des neunjährigen, seelisch gestörten Jungen Cole Sear, der nach der Scheidung der Eltern bei der Mutter lebt. Malcolm geht behutsam und sorgfältig vor, weil er etwas gutmachen will. Er will Fehler vermeiden, wie er sie vielleicht bei Vincent gemacht hat. Die Annäherung zwischen Malcolm und Cole wird beinahe zärtlich gespielt von Willis und Haley Joel Osment. Etwas ist zu spüren in ihrem Spiel von der Melancholie der Kindheit, in der man schwankt

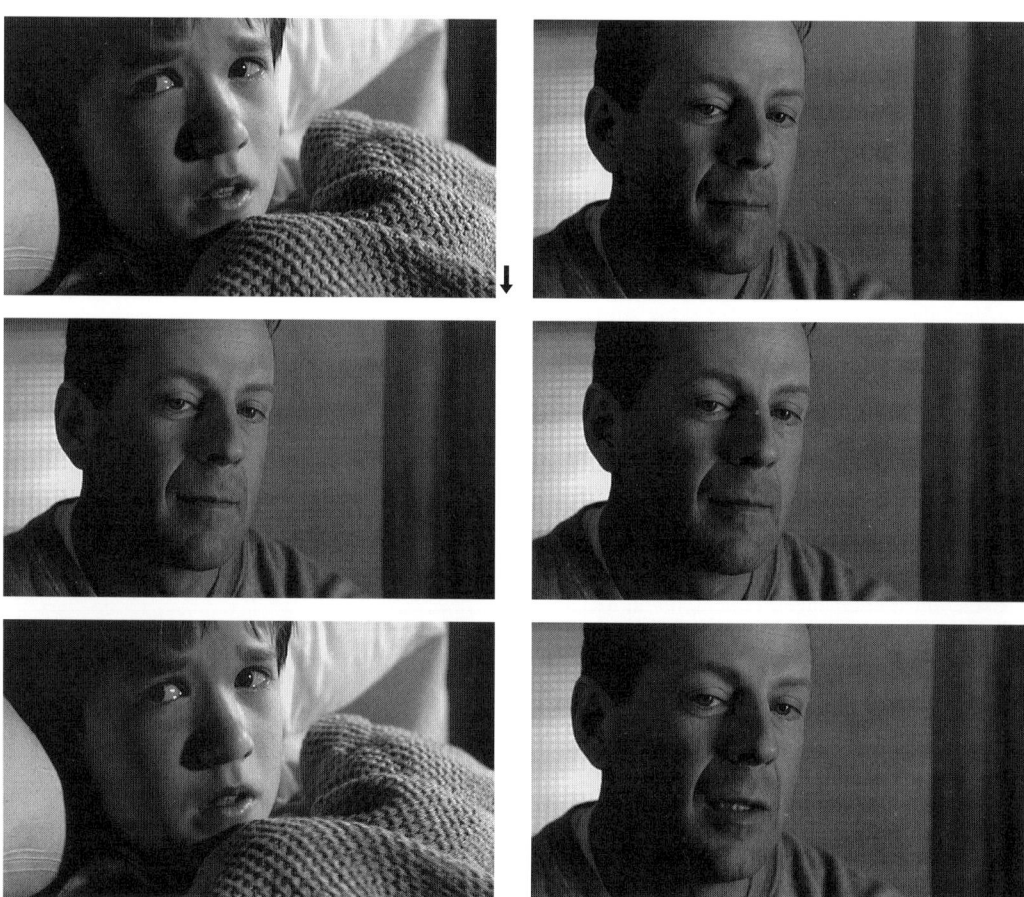

»Ich sehe tote Menschen«:
Cole (Haley Joel Osment)
und Malcolm Crowe

zwischen Vertrauen und Verschlossenheit, zwischen Begeisterung und Angst. Der kleine Cole gibt Malcolm langsam seine Geheimnisse preis. Und Willis stellt das Erstaunen darüber ganz stark dar: Den Kopf gehoben, die Augen leicht gesenkt, ist er ungläubig und erschrocken über das, was er hört. Und zugleich hat er Angst vor seiner eigenen Arroganz. Er wisse weniger, als er glaube. Vincent Grays Satz klingt ihm noch im Ohr.

Bericht aus der *Dead Zone*. Dem kleinen Cole erscheinen die Toten, jene vor allem, die noch etwas zu erledigen haben, im Diesseits. Er sieht Tote aus der blutigen Geschichte Philadelphias und auch solche, die gerade erst verstorben sind, ein von der eigenen Mutter vergiftetes Teenage-Girl beispielsweise. Auch wenn er sich in seiner Höhle, einem Zelt im Kinderzimmer, verkriecht, kann er den unheimlichen Toten nicht entfliehen. Erst als Malcolm ihm rät, auf ihre Hilferufe einzugehen, lernt er mit seinem »zweiten Ge-

sicht« umzugehen. Mit Hilfe von Malcolm klärt er die Ermordung des Teenagers auf.

Ein Essay über verlorene Seelen. Nicht nur Cole ist gefährdet, auch seine deprimierte Mutter, die gespielt wird von der wunderbaren Toni Colette. Letztendlich wirken auch Malcolm und vor allem seine Frau Anna, die traurig und abwesend erscheint, verloren.

Bruce im Wunderland. Es gibt einen allmählichen Perspektivenwechsel in THE SIXTH SENSE. Ist Malcolm am Anfang noch Subjekt, wird er langsam zum Objekt. Er wird zu einer Spielfigur in Coles Welt. Natürlich wird er zu einer besonderen Figur, einer Art Joker, wie ihn Willis immer wieder gern in seiner Karriere gespielt hat.

DIE HARD oder *Being Bruce Willis*. Mit Ausnahme von Cole wird Malcolm kaum noch von seinen Mitmenschen wahrgenommen. Seine Frau scheint ihn gar nicht mehr zu sehen. Man fühlt sich

Der Moment der Erkenntnis

gar an Demi Moore in GHOST (Nachricht von Sam; 1990; R: Jerry Zucker) erinnert. Wie der Junge flüchtet auch er sich in seine Höhle: in sein Arbeitszimmer im Keller, zu dem eine Tür führt mit einem purpurroten Knauf. Während Cole vor seinen Visionen flüchtet, versucht Malcolm, seiner zunehmenden Unsichtbarkeit zu entkommen. Willis gibt dabei ein subtiles Portrait entschwindender Körperlichkeit.

Malcolm Crowe, der Nachname erinnert an »Crow«, auch an James O'Barrs gleichnamigen Comic-Helden. Aber Willis braucht keine Maske, um den Wanderer zwischen den Welten zu spielen. Als entrückter Held trägt er einen Mantel wie Robin Williams in WHAT DREAMS MAY COME (Hinter dem Horizont; 1998; R: Vincent Ward). Ein cooler Typ, der sich gegen die Kälte wappnet.

Orphée 2000. Zuletzt wird Bruce Willis' Malcolm wieder zum Subjekt. Die Lösung des letzten Rätsels hat zurück zu ihm selbst geführt. Er wisse nicht so viel ...

Das ist vielleicht der ultimative Horror: die Erkenntnis, der Weg ins Ich.   ❏

The Story of Us (1999)

Von Sathyan Ramesh

Besonders zuverlässig war er ja noch nie. Ein Hattrick wie BLIND DATE / SUNSET / DIE HARD (und das alles noch zu Zeiten von MOONLIGHTING!) ist Bruce Willis seither nicht mehr gelungen, und wer auf eine zumindest mutige Burleske wie DEATH BECOMES HER den blöde kalkulierten STRIKING DISTANCE folgen läßt, auf die Kostbarkeit NOBODY'S FOOL den affigen COLOR OF NIGHT und auf das dunkle Poem TWELVE MONKEYS einen Kaiserschmarren wie FOUR ROOMS, dem kann man weder ein großes Verantwortungsgefühl für sein Publikum noch ein gutes Auge für Drehbücher unterstellen.

So ist es zwar einerseits ein Schock und andererseits halt doch keine so gewaltige Ernüchterung, daß das letzte Kinojahr des vergangenen Jahrtausends für Willis eben nicht mit dem Meilenstein THE SIXTH SENSE endete, sondern mit dem exakten Pendant: einem abgetakelten, schwindsüchtigen Ehedrama, wie es sich künstlerisch erbarmungswürdiger nicht mehr denken läßt.

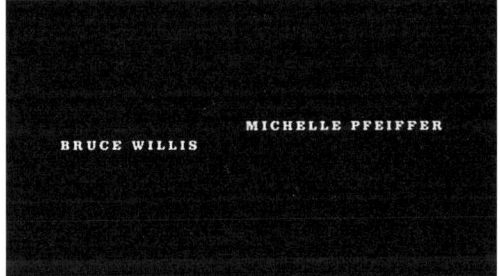

Der Titel THE STORY OF US ist schon ein Witz für sich, denn von einer Story erkennt man hier nicht die Spur – der Film ist eine wenig raffiniert verschachtelte Collage aus Krisenszenen und Glücksreminiszenzen. Und wenn man plötzlich merkt, daß wir auf das Geheimnis der Zerrüttung zwischen Ben (Willis) und Katie (Michelle Pfeiffer) nicht mehr stoßen werden, weil der Film auf einmal und ziemlich plötzlich nach gräßlichen 94 Minuten schon wieder vorbei ist, dann wird man nochmal richtig sauer, denn den ganzen Firlefanz hat das Paar angeblich nur deshalb losgetreten, weil sie ein bißchen unspontan ist und er ein Bruder Leichtfuß.

– Hallo?

Rob Reiner, der Mann, der uns einen ewig gültigen Film über Teenagerliebe (THE SURE THING [Der Volltreffer; 1984]) einen herrlich verspielten über die große Liebe (THE PRINCESS BRIDE [Die Braut des Prinzen; 1987]) und einen immer noch wegweisenden über platonische Liebe (WHEN HARRY MET SALLY ... [Harry und Sally; 1989]) geschenkt hat, will uns plötzlich weismachen, eine Ehekrise sei tatsächlich nur auf die Frage zurückzuführen, wer die

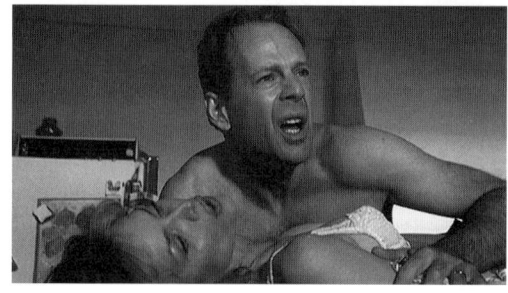

Szenen einer Ehe im Lauf der Zeit

berühmte Zahnpastatube nicht zugemacht hat? Aber andererseits ist das auch keine dolle Überraschung, hat doch Rob Reiner im Gegensatz zu Willis eben nicht immer abwechselnd einen wunderbaren und einen miesen Film gemacht, sondern stracks nacheinander sechs schöne (ab THIS IS SPINAL TAP [1983] bis MISERY [1990]) und dann leider (seit A FEW GOOD MEN [A Few Good Men – Eine Frage der Ehre; 1992]) überhaupt nur noch Larifari. So ist THE STORY OF US für Bruce Willis garantiert nur ein Zwischentief – aber unser früher heißgeliebter Rob Reiner könnte hier tatsächlich endgültig Schiffbruch erlitten haben.

In Struktur, Atmosphäre und Thema hat THE STORY OF US viel von dem herrlichen kleinen Juwel FORGET PARIS (1984), inszeniert von Rob Reiners Weggefährten Billy Crystal, nur daß Reiners Werk dabei einem bei der Zangengeburt verunstalteten Zwilling gleicht, den man besser im Keller wegschließt, wenn Gäste kommen. Schon die Konzeption ist ziemlich balaballa: Reiner und seine schmerzend mediokren Autoren Alan Zweibel und Jessie Nelson wollten wohl anscheinend die Epiphanien und die Depressionen einer ganz normalen Ehe skizzieren – um dann die Ehe eines Schriftstellers mit einer Kreuzworträtselautorin zu erdrechseln und die beiden dann auch noch mit den *most desirable people on earth* Bruce Willis und Michelle Pfeiffer zu besetzen. Hey – normaler ging's wohl nicht?

Der Punkt ist nicht das Casting; beide haben bereits in Coups wie NOBODY'S FOOL und THE FABULOUS BAKER BOYS (Die fabel-

haften Baker Boys; 1989; R: Steve Kloves) bewiesen, daß sie in
Alltagsdramen glaubwürdig sein können. Doch sowohl die Dialoge
als auch die Aufmachung und bedauerlicherweise sogar das Spiel
der beiden kranken hier tödlich an einer welt- und lebensfernen
Künstlichkeit, die aus der Angst entstanden sein muß, Realismus sei
langweilig. So wirken die Wortwechsel viel zu geschliffen und dabei
nicht mal komisch, das Make-up entweder zu glamourös oder – in
den Rückblenden – geradezu absurd karnevalistisch, und der Alltag
dieser stinkreichen, niemals beruflich gestreßten Kleinbürger ist
ungefähr so alltäglich wie ein Benefizdinner mit Hannibal Lecter.
Während man ganz nüchtern feststellen muß, daß die zwischen den
Ehepartnern behandelten Konflikte von einer Brisanz sind, die sie
schon in der Pubertät hinter sich hätten lassen müssen. Dieses
realistisch gemeinte Ehedrama (SHOOT THE MOON [Du oder beide; 1982; R: Alan Parker], anyone?) zeigt im Grunde, wie weit man
sich vom echten Leben entfernen kann, wenn man nur noch unter
Hollywoodstars abhängt. Daheim sterben die Leut', aber mag noch
jemand Hummer & Schampus?   ❑

The Whole Nine Yards (2000)

Von Sascha Westphal

Martin Blank macht kein Geheimnis aus seinem Job. Beim zehnjährigen Klassentreffen verrät er jedem, der fragt, daß er sein Geld als Profikiller verdient – so als wäre das ein Beruf wie jeder andere. Und vielleicht ist er das auch. Denn all die Autoverkäufer und Immobilienmakler reagieren auf seine Offenbarung mit einer amüsierten Selbstverständlichkeit, die man nicht nur der

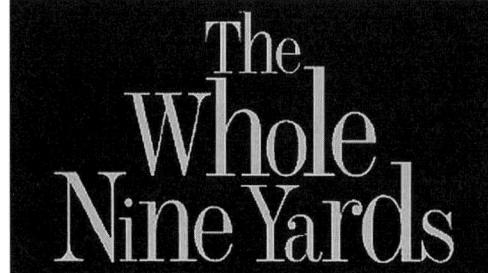

Tatsache zuschreiben kann, daß John Cusack diesen *hit man* ohne Eigenschaften spielt. Das Geschäft mit dem Tod ist in GROSSE POINTE BLANK (Ein Mann – ein Mord; 1997; R: George Armitage) eben auch bloß eine Art, sein Geld zu verdienen, und wer mehr darin sieht, blickt einfach aus der falschen Perspektive auf diese Form von Arbeit.

Die richtige Perspektive auf sein Leben als Profikiller hat Jimmy »The Tulip« Tudeski. Als sein neuer Nachbar und Freund Nicholas »Oz« Oseransky, ein recht unbedarfter Zahnarzt, einmal eine Bemerkung darüber macht, daß Jimmy 17 Menschen getötet und damit kein Recht habe, andere Leute als schlecht zu bezeichnen, sagt dieser nur: »It's not important that I've killed them. What's important is how I get along with the people who are still alive.« Ein besonderer Pragmatismus, eine ganz und gar amerikanische Professionalität spricht aus dieser Antwort, aber eben auch ein ganz eigener Sinn für Freundschaft und andere menschliche Beziehungen. Einer, der so zum Leben und zum Tod steht, wird eine Freundschaft stets höher achten als andere.

Bruce Willis hat immer wieder Killer gespielt, kaltblütige Mörder, die für Geld töten wie der »Schakal«, und Männer mit dubioser Vergangenheit, die – wenn es sein muß – auch über Leichen gehen wie John Smith, der *last man standing*. Meist war er cool in diesen Rollen. Einer, der nicht viele Worte verliert und lieber handelt; manchmal war er aber auch ziemlich kaputt, einer, der zuviel gesehen und einiges getan hat, worauf er nicht gerade stolz ist. Bo Weinberg (in BILLY BATHGATE) und der »Schakal«, Joe Hallenbeck (in LAST BOY SCOUT) und John Smith – Erinnerungen an all diese Figuren schwingen in THE WHOLE NINE YARDS mit. Aber Jimmy »The Tulip« ist mehr als die Summe dieser Charaktere. In ihm kreuzen sich die Linien, die sich durch Bruce Willis' bisheriges Werk ziehen; in dieser Figur kommt zusammen, was die ganze Zeit über parallel nebeneinander herzulaufen schien.

Ein Mann mit Vergangenheit: Jimmy »The Tulip« Tudeski und Nicholas »Oz« Oseransky (Matthew Perry)

Willis mit Amanda Peet

John McClane meets Peter Fallow, den abgehalfterten, trunksüchtigen Boulevardjournalisten aus BONFIRE OF THE VANITIES. Wenn er einmal warten muß, verkürzt sich Jimmy die Zeit meist mit einem Martini. Das Glas lässig in der Hand haltend, verrät er mehr Stil, als man es einem Mafia-Killer aus Chicago je zugetraut hätte. Aber seinen und Oz' Triumph, der in erster Linie der einer alle Widersprüche und Widrigkeiten überwindenden Männerfreundschaft ist, feiert er – wie unter Kumpeln üblich – mit Dosenbier.

Zum ersten Mal spielt Willis hier den nie die Kontrolle verlierenden Killer in einer Komödie. Die abgeklärte Coolness eines John McClane, das Stoische eines John Smith, das sind die beinahe schon klassischen Eigenschaften eines Action-Helden, dessen Präsenz sich nicht nur seiner Statur und seinen Muskeln verdankt. Doch sie passen auch sehr gut in eine Farce wie THE WHOLE NINE YARDS, in der offenbar fast alle Figuren völlig außer Kontrolle geraten sind. Bruce Willis' Lakonie und Kühle bilden ein Gegengewicht zu der blindwütigen Tobsucht des von Kevin Pollak gespielten polnischen Mafiabosses, zu der schon sagenhaften Unausstehlichkeit Rosanna Arquettes als eine Furie, die geradewegs aus der Hölle zu kommen scheint, und auch zu den hilflosen Verrenkungen von Matthew Perry als Personifizierung des Biederen. In dem wüsten und völlig überdrehten Treiben, in dem außer Perry fast jeder bereit ist, zu morden oder einen Killer zu engagieren, bekommt das für Willis' Action-Persona so typische Understatement eine andere Qualität. Ist es in Filmen wie DIE HARD oder LAST MAN STANDING selbstverständlich und cool, wirkt es nun komisch.

Nur die wenigen Momente, in denen Jimmy seine Fassung verliert und sich über Mayonnaise auf Hamburgern oder über Männer, die mit der Frau ihres Freundes schlafen, aufregt, beschwören Gedanken an Bruce Willis' frühere, oft mit Überzeichnungen arbeitende Auftritte in Komödien herauf. Sie passen sich zwar perfekt in Jonathan Lynns Konzept ein, aber in stärkerer Erinnerung wird Jimmys unterkühlte, keinerlei Emotionen verratende Seite bleiben. Eine ironische Distanz zu den Charakteren, die ihn zu einem der größten Stars der letzten 20 Jahre gemacht haben, ist hier zu spüren. Doch Willis verrät sie dabei nicht einen Moment lang, er bleibt ihnen treu. Nur ist die Perspektive, aus der man sie betrachtet, hier etwas verschoben. Und wie nebenbei entwickelt sich in seinem Zusammenspiel mit Amanda Peet, die von Jimmy die Profession des Auftragskillers erlernen will, eine der zartesten und romantischsten Liebesgeschichten in Willis' gesamtem Œuvre. ❑

Filmographie

THE FIRST DEADLY SIN (1980)
Die erste Todsünde

Produktion: Artanis Productions, Cinema VII. *Produzent:* Fred C. Caruso. *Associate Producer:* Elliott Kastner. *Executive Producers:* George Pappas, Mark Shanker, Frank Sinatra. *Regie:* Brian G. Hutton. *Drehbuch:* Mann Rubin, nach einem Roman von Lawrence Sanders. *Kamera:* Jack Priestley. *Musik:* Gordon Jenkins. *Schnitt:* Eric Albertson. *Production Design:* Woods Mackintosh. *Costume Design:* Theoni V. Aldredge. *Set Decoration:* Robert Drumheller. *Casting:* Louis DiGiaimo.

Darsteller/innen: Frank Sinatra (Edward Delaney), Faye Dunaway (Barbara Delaney), David Dukes (Daniel Blank), George Coe (Dr. Bernardi), Brenda Vaccaro (Monica Gilbert), Martin Gabel (Christopher Langley), Anthony Zerbe (Captain Broughton), James Whitmore (Dr. Sanford Ferguson), Joe Spinell (Charles Lipsky), Anna Navarro (Sunny Jordeen), Jeffrey DeMunn (Sergeant Fernandez Correlli), John Devaney (John Rogers), Robert Weil (Sol Appel), Hugh Hurd (Ben Johnson), Jon De-Vries (Calvin Samtell), Eddie Jones (Officer Curdy), Victor Arnold (Officer Kendall), Frank Bongiorno (Nick), Reuben Green (Bill Garvin), Tom Signorelli (Carl Lucas), Richard Backus (Walt Ashman), Frederick Rolf (Judge James Braggs), Carol Gustafson (Matron), Michael Ingram (Bernard Gilbert), Bill Couch (Albert Feinberg), **Bruce Willis** (betritt eine Bar [uncredited]) u.a.
Länge: 112 Min. *US-Kinostart:* Okt. 1980. *Dt. Kinostart:* 5.3.1981.

THE VERDICT (1982)
The Verdict – Die Wahrheit und nichts als die Wahrheit

Produktion: 20th Century Fox. *Produzenten:* David Brown, Richard D. Zanuck *Regie:* Sidney Lumet. *Drehbuch:* David Mamet, nach einem Roman von Barry Reed. *Kamera:* Andrzej Bartkowiak. *Musik:* Johnny Mandel. *Schnitt:* Peter C. Frank. *Supervising Sound Editor:* Louis Cerborino. *Production Design:* Edward Pisoni. *Art Director:* John Kasarda. *Costume Design:* Anna Hill Johnstone.

Darsteller/innen: Paul Newman (Frank Galvin), Charlotte Rampling (Laura Fischer), Jack Warden (Mickey Morrissey), James Mason (Edward J. Concannon), Milo O'Shea (Judge Hoyle), Lindsay Crouse (Kaitlin Costello Price), Ed Binns (Bishop Brophy), Julie Bovasso (Maureen Rooney), Roxanne Hart (Sally Doneghy), James Handy

(Dick Doneghy), Wesley Addy (Dr. Towler), Joe Seneca (Dr. Thompson), Lewis Stadlen (Dr. Gruber), Kent Broadhurst (Joseph Alito), Colin Stinton (Billy), Burtt Harris (Jimmy, der Bartender), Scott Rhyne (junger Priester), Susan Benenson (Deborah Ann Kaye), **Bruce Willis** (Courtroom Observer [uncredited]) u.a.
Länge: 129 Min. *Dt. Kinostart:* 31.3.1983.

MIAMI VICE (1984; TV-Serie)
Miami Vice

Episode: *No Exit* (weitere Titel: *Three-Eyed Turtle* und *Rita*) (1. Staffel, 7. Folge)
Blinde Wut

Produktion: Universal TV. *Produzent:* John Nicolella. *Associate Producer:* Patti Kent. *Executive Producers:* Michael Mann, Anthony Yerkovich. *Co-Produzenten:* Richard Brams, George E. Crosby. *Creator:* Anthony Yerkovich. *Regie:* David Soul. *Drehbuch:* Maurice Hurley, Story von Charles R. Leinenweber. *Kamera:* Duke Callahan. *Musik:* Jan Hammer. *Featured Music:* Teddy Pendergrass (*Stay With Me*), Phil Collins (*I Don't Care Anymore*). *Schnitt:* Robert A. Daniels. *Executive Story Editor:* Joel Surnow. *Art Director:* Jeffrey Howard. *Costume Design:* Jodie Tillen. *Set Decoration:* Robert Lacey Jr. *Casting:* Bonnie Timmerman, Dee Miller. *Stunt Coordinator:* Paul Nuckles.

Darsteller/innen: Don Johnson (Detective James »Sonny« Crockett), Philip Michael Thomas (Detective Ricardo Tubbs), Edward James Olmos (Martin Castillo), Saundra Santiago (Detective Gina Navarro Calabrese), Olivia Brown (Detective Trudy Joplin), Michael Talbott (Detective Stan Switek). *Guest Stars:* **Bruce Willis** (Waffenhändler Tony Amato), Katherine Borowitz (Rita Amato), Tom Mardirosian (McIntyre), Andy Hernandez (= Coati Mundi) (Ramone), Robert Paisley (F.B.I. Agent Paul), Norman Parker (Pappas), Nestor Serrano (Lester). *Länge:* 60 Min. *US-Erstausstrahlung:* 9.11.1984. *Dt. Erstausstrahlung:* Jan. 1987.

MOONLIGHTING (1985; TV-Pilotfilm)
Das Model und der Schnüffler

Produktion: American Broadcasting Company. *Produzenten:* Glenn Gordon Caron, Jay Daniel. *Associate Producers:* Artie Mandelberg, Pauline Miller. *Regie:* Robert Butler. *Drehbuch:* Glenn Gordon Caron. *Kamera:* Michael D. Margulies. *Musik:* Lee Holdridge. *Schnitt:* Artie Mandelberg. *Production Design:* William Hiney. *Costume Design:* Robert Turturice.

Darsteller/innen: Cybill Shepherd (Madelyn »Maddie« Hayes), **Bruce Willis** (David Addison), Allyce Beasley (Agnes DiPesto), Robert Ellenstein (Heinz), Jim McKrell (Alan), James Karen (Plastic Surgeon), Rebecca Stanley

(Susan Kaplan), Dennis Lipscomb (Simon), Frederick Coffin (Pawnbroker), Mary Hart (Herself), Henry G. Sanders (Investigator #1), Liz Sheridan (Selma), Dennis Stewart (Blond Mohawk), Joseph Whipp (Investigator #2), Jean Adams (Old Lady), Rachel Bard (Grandma), Blake Clark (Newsstand Man), Suzanne Fagan (Female Driver), Sam Hennings (Jonathan Kaplan), Joan Mc-Murtrey (Mother), Ira S. Rosenstein (Bartender), John Medici (Andre), Brian Thompson (Simon's Man), Tricia Tomicic (Jennifer), Michael Voletti (Maitre D') u.a. *Länge:* 93 Min. *US-Erstausstrahlung:* 3.3.1985. *Dt. Erstausstrahlung:* 21.3.1990.

MOONLIGHTING (1985-89; TV-Serie)
Das Model und der Schnüffler

Produktion: Picturemaker Productions, ABC Circle Films. *Produzenten:* Jay Daniel (1985-87), Charles H. Eglee (1987-89), Barbara A. Hall (1988-89), Artie Mandelberg (1987-89), Philip Carr Neel (1988-89), Ron Osborn (1987-88), Jeff Reno (1987-88), Christopher T. Welch (1987-89). *Executive Producer:* Glenn Gordon Caron (1985-88), Jay Daniel (1987-89). *Kamera:* Gerald Perry Finnerman. *Musik:* Alf Clausen, Richard Lewis Warren, Lee Holdridge (Theme Music), Al Jarreau (Lyrics). *Casting:* Karen Vice. *Production Design:* James J. Agazzi. *Costume Design:* Robert Turturice.
Darsteller/innen: Cybill Shepherd (Madelyn »Maddie« Hayes), **Bruce Willis** (David Addison), Allyce Beasley (Agnes DiPesto), Curtis Armstrong (Herbert Viola [1986-89]), Jack Blessing (MacGillicuddy [1986-89]), Charles Rocket (Richard Addison), Eva Marie Saint (Virginia »Ginny« Hayes), Robert Webber (Alexander Hayes) u.v.a. *Länge:* 66 Folgen, jeweils ca. 45 Min. *Beginn der US-Erstausstrahlung:* 5.3.1985. *Beginn der dt. Erstausstrahlung:* 28.3.1990.

Episodenführer
(US=US-Erstausstrahlung)
1. Staffel
1: Gunfight at the So-So Corral. *Regie:* Peter Werner. *Drehbuch:* Michael Petryni. *Guest Stars:* Pat Corley, Tim Robbins, Tony Burton, Gary Graham (Michael Wrye), Kim North, John Sinclair. *US:* 5.3.1985.
2: Read the Mind ... See the Murder. *Regie:* Burt Brinkerhoff. *Drehbuch:* Joe Gannon. *Guest Stars:* Cotter Smith (Brian Baker), Lenore Kasdorf (Vivian Baker), Bill Morey, Joe Lambie. *US:* 12.3.1985.
3: The Next Murder You Hear. *Regie:* Peter Werner. *Drehbuch:* Peter Silverman. *Guest Stars:* Gregg Henry (Paul McKane), Barbara Stock (Laura Boyd), James Sloyan (Sonny Brezner). *US:* 19.3.1985.
4: Next Stop Murder. *Regie:* Kevin Connor. *Drehbuch:*

Ali Marie Matheson, Kerry Ehrin. *Guest Stars:* Vincent Schiavelli (Rodney), Rick Jason, Ben Slack, Lisa Blake Richards, Leonard Frey (Skyler Cantrell, Michael E. Dawdy. *US:* 26.3.1985.
5: The Murder's in the Mail. *Regie:* Peter Werner. *Drehbuch:* Maryanne Kasica, Michael Scheff. *Guest Stars:* Jon Cedar, Arthur Taxier, Michael Halsey (The Blond Man), James Walch, Nick Angotti, Robert Moberly, Patricia Allison, Will Gill Jr., Art Koustik, Raymond O'Keefe, Bill Saito, Lomax Study, Rio Fukuda. *US:* 2.4.1985.

2. Staffel
1: Brother, Can You Spare a Blonde? *Regie:* Peter Werner. *Drehbuch:* Glenn Gordon Caron. *Guest Stars:* Jonathan Stark, Ed O'Ross (Mr. Navarone), Gene Ross, Terry Wills, Beau Billingslea, Russell Hines, Patrick Alan, Adriano Rebora. *US:* 24.9.1985.
2: The Lady in the Iron Mask. *Regie:* Christopher Leitch. *Drehbuch:* Roger Director. *Guest Stars:* Judith Hansen, Joel Polis, Dennis Christopher (Benjamin Wylie), Paul Willson, Howard Mann, Jim Doughan, Richard Kuhlman, Wyatt Johnson, Doug Dupuy, Stan Barnett, Angelica Torres. *US:* 1.10.1985.
3: Money Talks – Maddie Walks. *Regie:* Christian I. Nyby II. *Drehbuch:* Kerry Ehrin, Ali Marie Matheson. *Guest Stars:* Mark Lonow, Alan Blumenfeld, Rick Fitts, Anthony Gordon, Robert Zdar, Tony Giorgio, Anthony Alexander, Charles Seixas, Paco Vela, France Mayotte. *US:* 8.10.1985.
4: The Dream Sequence Always Rings Twice. *Regie:* Peter Werner. *Drehbuch:* Debra Frank, Carl Sautter. *Guest Stars:* Jack Bannon, Phil Rubenstein, Raleigh Bond, Frank McCarthy (Lt. Matthews), Freeman King, Bill Handy, Nick Demauro, Orson Welles (Himself). *US:* 15.10.1985.
5: My Fair David. *Regie:* Will MacKenzie. *Drehbuch:* Bruce Franklin Singer. *Guest Stars:* Barbara Bain (Emily Greydon), Robert Joy, Billy Drago, Will Nye, Irwin Keyes. *US:* 29.10.1985.
6: Knowing Her. *Regie:* Peter Werner. *Drehbuch:* Jay Reno & Ron Osborn. *Guest Stars:* Dana Delany (Jillian), Joel Colodner, Richard McGonagle, Diane Turley Travis, Bill Marcus, James A. Williams, Tyra Ferrell, Freddie Dawson. *US:* 12.11.1985.
7: Somewhere under the Rainbow. *Regie:* Peter Crane. *Drehbuch:* Debra Frank, Carl Sautter. *Guest Stars:* Alexandra Johnson (Kathleen Kilpatrick), David Patrick Kelly, Danny Dayton, Sam Whipple, Robert Alan Browne, Vivian Bonnell, Billy Beck, Anthony Defonte. *US:* 19.11.1985.
8: Portrait of Maddie. *Regie:* Peter Werner. *Drehbuch:* Kerry Ehrin, Ali Marie Matheson. *Guest Stars:* Dan Lau-

ria, John Calvin, Paul Rudd, Carlos Gary Cervantes. *US:* 26.11.1985.

9: Atlas Belched. *Regie:* Christian I. Nyby II. *Drehbuch:* Roger Director. *Guest Stars:* George Coe, Sid Conrad, Mark Linn-Baker (Phil West), Gene Ross, J. D. Hall, Mindi Iden, Jeffrey Lampert. *US:* 10.12.1985.

10: T'was the Episode before Christmas. *Regie:* Peter Werner. *Drehbuch:* Glenn Gordon Caron. *Guest Stars:* Richard Belzer, Leslie Wing, James Avery, Daniel Chodos, John Hostetter, Ralph Meyering Jr., Brian Libby. *US:* 17.12.1985.

11: The Bride of Tupperman. *Regie:* Christian I. Nyby II, Will Mackenzie. *Drehbuch:* Jeff Reno, Ron Osborn. *Guest Stars:* Nora Heflin, Deborah Wakeham, Lieux Dressler, Sydney Lassick, Boyd, Robina Suwol, Jensen Collier, Joe Howard, Bunny Summers, Sue Bugden, Julie Hayek, Lorrie Marlow, Carole Tru Foster, Jodey Lee Olhava, Chris Rennolds, Darrah Meeley, Tammy Brewer, Kelly Hine, Christine Haber, Terri Lynn, Brenda McKinley, April Wayne, Bob Tzudiker, Larry Stewart. *US:* 14.1.1986.

12: North by North DiPesto. *Regie:* Christopher Hibler. *Drehbuch:* Debra Frank, Carl Sautter. *Guest Stars:* Jim Haynie, Marshall Teague, Charlie Stavola, Bill Marcus, Doug Warhit (Doug), Bob Goldstein, Joseph Carafello, John Durbin, Peter Trencher, Victoria Dakil, Marc Christopher. *US:* 21.1.1986.

13: In God We Strongly Suspect. *Regie:* Will Mackenzie. *Drehbuch:* Scott Spencer Gordon. *Guest Stars:* J. A. Preston, K Callan (Mrs. Carolyn Kandinski), F. William Parker, Eddie Quillan, Dominic Barto, Barry Cutler, Hettie Lynne Hurtes, David Ellzey. *US:* 4.2.1986.

14: Every Daughter's Father Is a Virgin. *Regie:* Christopher Hibler. *Drehbuch:* Bruce Franklin Singer. *Guest Stars:* Rosanna Huffman, Kate Murtagh, Dante D'Andre, Eduardo Ricard, Tammy Brewer, Alain St. Alix, Chris Rennolds, Ben Hartigan. *US:* 18.2.1986.

15: Witness for the Execution. *Regie:* Paul Krasny. *Drehbuch:* Jeff Reno, Ron Osborn. *Guest Stars:* Ellen Geer, Michael Macrae, Maurice Sneed, Roberts Blossom (Lawrence Everette), Judith Searle, Corinne Carroll. *US:* 11.3.1986.

16: Sleep Talkin' Guy. *Regie:* Christopher Hibler. *Drehbuch:* Debra Frank, Carl Sautter. *Guest Stars:* Lisa Blount (Toby), Steven Keats (Jerry), David Wells, Frantz Turner, David Ankrum, William Martin Burns, Clinton Allmon, Randall Bowers, Carol King, Rob Wickstrom. *US:* 1.4.1986.

17: Funeral for a Door Nail. *Regie:* Allan Arkush. *Drehbuch:* Jeff Reno, Ron Osborn, Charles H. Eglee. *Guest Stars:* Granville Van Dusen, Teri Hafford, Leslie Ackerman, Jeffrey Demunn, Allan Arkush, Charles Walker, Patty Lotz. *US:* 29.4.1986.

18: Camille. *Regie:* Peter Werner. *Drehbuch:* Roger Director. *Guest Stars:* Judd Nelson (Camille's police officer), David Paymer, Edie McClurg, Gerry Gibson, Whoopi Goldberg (Camille Brand), Leigh Webb, Eve Smith, Monty Ash, Sid Kane, Lawrence Trimble, J. P. Bumstead, Mik One, Michael Francis Clarke, Marianne Muellerleile, Danna Hansen, Betty Bunch, Ray O'Conner, Billy Barty. *US:* 13.5.1986.

3. Staffel

1: The Son Also Rises. *Regie:* Allan Arkush. *Drehbuch:* Ron Osborn, Jeff Reno. *Guest Stars:* Paul Sorvino (David Addison Sr.), Brynn Thayer, F.J. O'Neil, Edith Fields, Duncan McLeod, Susan Brabeau. *US:* 23.9.1986.

2: The Man Who Cried Wife. *Regie:* Christian I. Nyby II. *Drehbuch:* Kerry Ehrin. *Guest Stars:* Stephen Godwin, Alley Mills (Claire), Patricia Duff, Richard Tyson, John Bower, Read Morgan, Constance Pfeiffer, Jensen Collier. *US:* 30.9.1986.

3: Symphony in Knocked Flat. *Regie:* Paul Lynch. *Drehbuch:* Dale Gelineau, Pauline Miller. *Guest Stars:* Will MacMillan, Linda Thorson, Steve James, Thom McFadden, Jan B. Daley, Mario Roccuzzo, Allan Kolman, Xander Berkeley, Frank Miller, King (Himself), Jon Menick, Ernie Banks, E. Hampton Beagle, Lou Filippo, Mae Marmy, Roderick Vann, Jade Roberts (Celebrity Lookalike). *US:* 21.10.1986.

4: Yours, Very Deadly. *Regie:* Christian I. Nyby II. *Drehbuch:* Roger Director. *Guest Stars:* Paul Roebling, Brooke Bundy, Martin Ferrero, John Kassir, Beau Starr, Mike Narz, Chino »Fats« Williams. *US:* 28.10.1986.

5: All Creatures Great ... And Not So Great. *Regie:* Christian I. Nyby II. *Drehbuch:* Charles H. Eglee. *Guest Stars:* Brad Dourif (Father McDonovan), Jessica Harper, Richard Beymer, Stan Ross, Santos Morales, John Gallogly. *US:* 11.11.1986.

6: Big Man on Mulberry Street. *Regie:* Christian I. Nyby II. *Drehbuch:* Karen Hall. *Guest Stars:* Marilyn Jones, Andra Akers, Betty McGuire, Rick Ducommun, Michael Laskin, Sandahl Bergman, Allan Katz, Bill Applegate, Radu Gavor. *US:* 18.11.1986.

7: Atomic Shakespeare. *Regie:* Will MacKenzie. *Drehbuch:* Ron Osborn und Jeff Reno, nach einer Idee von William »Budd« Shakespeare. *Guest Stars:* Kenneth McMillan (Baptista), Ralph Drischell, Joseph Medalis, Hap Lawrence, Colm Meany (The First Suitor), Sterling Holloway, Daniel Frishman, Danny Stone, Frank Collison, Rob Wickstrom, Clinton J. Allmon, Raymond Guth. *US:* 25.11.1986.

8: It's a Wonderful Job. *Regie:* Ed Sherin. *Drehbuch:* Debra Frank, Carl Sautter. *Guest Stars:* Richard Libertini (Albert the Guardian Angel), Cheryl Tiegs (Herself),

Wally Taylor, Patti Cohoon, Lionel Stander (Max, the Hart Agency Employee), Lucy Lee Flippin, Patty Dworkin, Richard Balin, Suzanne Dunn, Kristen Jensen, Leigh Webb, Scanlon Gail, William Hubbard Knight, Eric Poppick, Tim Ryan, James F. Kelly, Eric Love. *US:* 16.12.1986.
9: The Straight Poop. *Regie:* Jay Daniel. *Drehbuch:* Glenn Gordon Caron. *Guest Stars:* Rona Barrett (Herself), Pierce Brosnan, Peter Bogdanovich. *US:* 6.1.1987.
10: Poltergeist III — DiPesto Nothing. *Regie:* Chris Hibler. *Drehbuch:* Karen Hall, Charles H. Eglee. *Guest Stars:* Rhoda Gemignani, John Lehne, Karen Kondazian, H. Richard Greene, Ian Abercrombie. *US:* 13.1.1987.
11: Blonde on Blonde. *Regie:* Jay Daniel. *Drehbuch:* Kerry Ehrin. *Guest Stars:* Donna Dixon (Joan Tenowitz), Andrew Masset, Sam McMurray, Jeffrey Osterhage, John McCook, Abraham Alvarez, Steve Eastin, Robert Wuhl, Mark Harmon (Sam Crawford), Wendee Winters, Steve Nevil, Ken Phillips, J. Bill Jones, David McKnight, Michelle Reese, Nick Chavez, Ron Porterfield, Frank Pangborn. *US:* 3.2.1987.
12: Sam & Dave. *Regie:* Sam Weisman. *Drehbuch:* Charles H. Eglee, Roger Director. *Guest Stars:* Caitlin Clarke (Elaine Johnson), Milt Jamin, Randall »Tex« Cobb (the guy who holds David upside-down), Mark Harmon (Sam Crawford), Bill Washington, Julia Jennings, Howard Mann, Jeff Jarvis (Himself). *US:* 10.2.1987.
13: Maddie's Turn to Cry. *Regie:* Allan Arkush. *Drehbuch:* Roger Director, Ron Osborn und Jeff Reno. *Guest Stars:* Caitlin Clarke (Elaine Johnson), Mark Harmon (Sam Crawford), Cole (Alan McClafferty), Julia Jennings, Biff Wiff. *US:* 3.3.1987.
14: I Am Curious ... Maddie. *Regie:* Allan Arkush. *Drehbuch:* Glenn Caron, Jeff Reno. *Guest Stars:* Mark Harmon (Sam Crawford), Jack Goode Jr., *US:* 31.3.1987.
15: To Heiress Human. *Regie:* Sam Weisman. *Drehbuch:* Kerry Ehrin. *Guest Stars:* Ann Hearn (Margaret Kendall), Scott Paulin (Robert Murphy), William Hickey (Mr. Kendall), Bill Marcus. *US:* 5.5.1987.

4. Staffel
1: A Trip to the Moon. *Regie:* Allan Arkush. *Drehbuch:* Glenn Gordon Caron. *Guest Stars:* Ray Charles (Himself), Dr. Joyce Brothers (Herself), Harold J. Surratt, Stephanie Shroyer. *US:* 29.9.1987.
2: Come Back Little Shiksa. *Regie:* Allan Arkush. *Drehbuch:* Jeff Reno, Ron Osborn. *Guest Stars:* Kay Lenz (Melissa/Ellen), John Goodman (Donald Chase), Frances E. Nealy. *US:* 6.10.1987.
3: Take a Left at the Altar. *Regie:* Sam Weisman. *Drehbuch:* Karen Hall. *Guest Stars:* Terry O'Quinn (Bryant Wilbourne), Jane Daly (Mrs. Gerardi), Amanda Plummer (Jackie Wilbourne), Maggie Egan, David Combs, Tony Pierce, Ted Rogers. *US:* 13.10.1987.

4: Tale of Two Cities. *Regie:* Allan Arkush. *Drehbuch:* Charles H. Eglee, Roger Director. *Guest Stars:* R.H. Thompson (Dr. Steven Hill), Walter Olkewicz, Will Nye, Pamela Bowen (Rita Corley), Romy Windsor (Genevieve), Cleavant Derricks (Leonard Haven), Lisa Mende, April Dawn, Stan Yale, Jean Speegle Howard, Buddy Powell, Clinton J. Allmon. *US:* 3.11.1987.
5: Cool Hand Dave (Parts I, II). *Regie:* Allan Arkush. *Drehbuch:* Roger Director, Charles H. Eglee. *Guest Stars: Part I:* Ronald G. Joseph, Tracey Walter, Tony Bill, Al White, Tom O'Brien, David Clover, Rocky Giordani Sr., Jack Murdock, Cheryl Carter, Fred Ottaviano, Darwyn Swalve, Cletus Young. *Part II:* Ronald G. Joseph, Tracey Walter, Tony Bill, Dick Miller, Leo V. Gordon, Charles Parks, Penny Santon, Rocky Giordani Sr., Ken Foree, Jack Murdock, Jack Blessing (MacGillicuddy), Darwyn Swalve, Fred Ottaviano, Tom Reese, Raymond Ma, Matt McKenzie, Toni Sawyer, Wren Brown, Etan Boritzer, R.J. Arterburn, Steven Brian Smith, John Paul Gamoke, Howard Schechter, Michael Novack, Joseph Romeo, Gerard T. Doyle, Frank Rosch. *US:* 17.11.1987.
6: Father Knows Last. *Regie:* Allan Arkush. *Drehbuch:* Kerry Ehrin. *Guest Stars:* R.H. Thompson (Dr. Steven Hill), Pamela Bowen (Rita Corley), Tom Lacy, Cleavant Derricks (Leonard Haven), Harry Moses, Beverly Hart, Jackey O'Shaughnessy, Jonathan Ames, Kristine Kauffman, Willie Brown, Daniel Fitzpatrick. *US:* 15.12.1987.
7: Los Dos DiPestos. *Regie:* Gerald Perry Finnerman. *Drehbuch:* Douglas Steinberg. *Guest Stars:* Reni Santoni, Imogene Coca (Clara DiPesto), Ellen Albertini Dow (Mrs. Baer), Ron Troncatty (Paul Burden), Gary Epper (Man in Cantina), Gonzalez Gonzalez (Mexican Singer), Robin Welch (Ballerina), Tom Ashworth (Shaving Man), Katherine James (Housewife). *US:* 5.1.1988.
8: Fetal Attraction. *Regie:* Allan Arkush. *Drehbuch:* Charles H. Eglee, Roger Director. *Guest Stars:* Janet MacLachlan, Mimi Cozzens, Sandra Bogan, Brooke Adams (Terry Knowles), Jason Ross (Delivery Man), Gwen Van Dam (Waitress), Anna Garduno (Nurse), Clinton Allmon (Mr. Purdy). *US:* 19.1.1988.
9: Tracks of my Tears. *Regie:* Paul Krasny. *Drehbuch:* Judith Kahan. *Guest Stars:* Dennis Dugan (Walter Bishop), Henry G. Sanders (Passenger #4?), Pat Boone (The New David), Geoffrey Lardner (Waiter), Ivy Jones (Passenger #1), Mark Voland (Passenger #2), Dave Nicolson (Passenger #3). *US:* 2.2.1988.
10: Eek! A Spouse!. *Regie:* Artie Mandelberg. *Drehbuch:* Ron Osborn, Charles H. Eglee. *Guest Stars:* Cristine Rose (Lauren Baxter), Gerald Anthony (Anthony Baxter), Kathleen Layman (Bridget Graves), John C. Anders, James F. Dean, Patricia Lee Willson. *US:* 9.2.1988.

11: Maddie Hayes Got Married. *Regie:* Paul Krasny. *Drehbuch:* Charles H. Eglee, Roger Director. *Guest Stars:* Brooke Adams (Terry Knowles), Bruce French, Nancy Parsons, Allan Kolman, Melanie Vincz, Dennis Dugan (Walter Bishop), Katherine Huston (Nurse #2). *US:* 1.3.1988.

12: Here's Living with You, Kid. *Regie:* Artie Mandelberg. *Drehbuch:* Jeff Reno, Ron Osborn. *Guest Stars:* Ben Piazza, Johnny Brown, Jack Blessing, Eric Sinclair (Customer #1), Don Draper (Customer #2), Shelly DeSai (Customer #3), Kristine Kauffman (Employee), Marc Tubert (Bartender), H. Cannon-Lopez (Maitre D'), John David Conti (Technician). *US:* 15.3.1988.

13: And the Flesh Was Made Word. *Regie:* Paul Krasny. *Drehbuch:* Kerry Ehrin. *Guest Stars:* Brooke Adams (Terry Knowles), Ana-Alicia (Mary), Stan Ivar, Mark Arnott, Dennis Dugan (Walter Bishop), Raymond Forchion (Policeman). *US:* 22.3.1988.

5. Staffel

1: A Womb with a View. *Regie:* Jay Daniel. *Drehbuch:* Glenn Gordon Caron, Charles H. Eglee. *Guest Stars:* Joseph Maher (Jerome), Sagan Lewis (Dr. Weed). *US:* 6.12.1988.

2: Between a Yuk and a Hard Place. *Regie:* Dennis Dugan. *Drehbuch:* Kerry Ehrin. *Guest Stars:* Nicholas Cascone, Cristina Raines-Crowe (Joan Spring), Rod McCary, Teresa Willis (Nice Blonde Girl), Paul Marin (Bald Man), Carmine Iannaccone (Dreamy-Eyed Man), Chris Weatherhead (Reserved Woman), Yvonne Farrow (Misty-Eyed Woman), Kate Murtagh (Elderly Woman). *US:* 13.12.1988.

3: The Color of Maddie. *Regie:* Artie Mandelberg. *Drehbuch:* Barbara Hall. *Guest Stars:* Karen Landry (Nora Cooper), Graham Beckel (Maximillian Petrovsky), Alan McRae, Drew Pillsbury, Gene Hartline (The Biker). *US:* 20.12.1988.

4: Plastic Fantastic Lovers. *Regie:* Allan Arkush. *Drehbuch:* Jerry Stahl. *Guest Stars:* Andrew Robinson (Leslie Hunziger), Nicholas Pryor, Michelle Johnson (Michelle Hunziger), Monty Bane, Jennifer Tilly (Nurse Saundra), Stanley DeSantis (Desk Clerk). *US:* 10.1.1989.

5: Shirts and Skins. *Regie:* Artie Mandelberg. *Drehbuch:* Roger Director. *Guest Stars:* Jayne Atkinson (Robin Fuller), Joan Pringle, Lora Staley, Jeff Allin, Tony Abatemarco, Melissa Weber (Arlene), Jerry Hauck (Gary Coombs), Jeff Rochlin (Mr. Plusky). *US:* 17.1.1989.

6: Take My Wife, for Example. *Regie:* Dennis Dugan. *Drehbuch:* James Kramer. *Guest Stars:* Colleen Dewhurst (Betty Russell), Lawrence Pressman (Nathan Kraft), Jane Hallaren, John Moskoff, James Staley, Thomas Murphy (Judge), Samantha Knight (Saleslady), Philip Persons (Salesman), David Kristin (Waiter), Robert Kim (Doctor), Paunita Nichols (Nurse), Steve Jones (Bailiff). *US:* 7.2.1989.

7: I See England, I See France, I See Maddie's Netherworld. *Regie:* Paul Krasny. *Drehbuch:* Chris Ruppenthal. *Guest Stars:* Michael Flynn, John Korkes, Phil Simms, Gloria Cromwell, Ron Howard George, The Kipper Kids, Fritz Bronner (Paramedic #1), Randy Olea (Paramedic #2), Martin Charles Warner (Delivery Man), Kenneth J. Martinez (Doctor), Stuart Nelson (Paramedic #3), Don Maxwell (Man), Eddie Hailey (Orderly). *US:* 14.2.1989.

8: Those Lips, Those Lies. *Regie:* Dennis Dugan. *Drehbuch:* James Kramer, Chris Ruppenthal. *Guest Stars:* Rita Wilson (Carla), Stephanie Dunnam, Debra Sandlund, Stephen Burleigh, Dan Gilvezan, Shannon Farnon (Woman), Ed White (Man in Restroom), Michael Speero (Benny Largo), Zack Phifer (Waiter #1), Rafael A. Nazario (Waiter #2), Lisa Stahl (Model). *US:* 2.4.1989.

9: Perfetc. *Regie:* Gerald Perry Finnerman. *Drehbuch:* James Kramer, Chris Ruppenthal, Jerry Stahl. *Guest Stars:* Tim Thomerson, Lee Bryant, Bill Erwin, David Ruprecht, Ingram (Lt. Fontana), Lenny Garner (Reporter #1), Julie Bennett (Woman), Candy Darling (Reporter #2), Dore Keller (Producer), Cary-Hiroyuki Tagawa (Artist). *US:* 9.4.1989.

10: When Girls Collide. *Regie:* Dennis Dugan. *Drehbuch:* Leo Tecate, nach einer Geschichte von Charles H. Eglee, Leo Tecate. *Guest Stars:* Virginia Madsen (Lorraine Anne Charnock), Ron Vernan, Beverly Sanders, Jay Goldenberg (Waiter), Granville Ames (Man in Elevator), Francis Coady (Man in Restaurant), Demi Moore (The Girl in the Elevator). *US:* 16.4.1989.

11: In 'n Outlaws. *Regie:* Christopher T. Welch. *Drehbuch:* Marc Abraham. *Guest Stars:* Val Avery, Eddie Mekka, Ford Rainey, Patti Deutsch, John Capodice, Terry Beaver, Victor Bevine, Charles Lanyer, Susan French, Jonathan Hole (Chip), Fritzi Burr (Aunt Lenora), Charlie Holliday (Hennessey), Howard Goodwin (Hotel Clerk), John Lafayette (Bailiff), Victoria Perry (Jury Woman #2), Anne Bellamy (Jury Woman #3), Clinton Allmon (Jury Man #1), Richmond Harrison (Jury Man #2), Dwight Wheaton-Werle (Coroner), Ronald L. Colby (Foreman), Joe Costanza (Man in Convertible), Debra Christofferson (Francesca), Joey D. Vieira (Delivery Man), Pat Crawford Brown (Cleaning Lady), Joel Simon (Jury Man #3), Connie Fredericks (Jury Woman #1). *US:* 23.4.1989.

12: Eine Kleine Nacht Murder. *Regie:* Jay Daniel. *Drehbuch:* Barbara Hall. *Guest Stars:* Virginia Madsen (Lorraine Anne Charnock), Joseph Hacker, Ray Wise, Barbara Tarbuck, Richard Camphuis, Paul Mendoza, Marcia Burrs (Cooking Teacher), Zack Phifer (Waiter), Andrew

Reilly (Desk Clerk), William Jack Phillips (Delivery Boy), Kendall McCarthy (Cop). *US:* 30.4.1989.

13: Lunar Eclipse. *Regie:* Dennis Dugan. *Drehbuch:* Ron Clark. *Guest Stars:* Virginia Madsen (Lorraine Anne Charnock), James Stephens, Joe Grifasi, Mark L. Taylor, George D. Wallace, Dennis Dugan (Walter Bishop), Timothy Leary (Wynn Deaupayne), Fred E. Baker (Sergeant), Frank Noon (Workman), Jack Boyle (Man in Mall), Jamie Taylor, Jonathan Ames, Kristine Kauffman, Dan Fitzpatrick (Detective O'Neil), Willie Brown, Inez Edwards. *US:* 14.5.1989.

THE TWILIGHT ZONE (1985; TV-Serie)
Twilight Zone

Episode: *Shatterday / A Little Peace and Quiet* (1. Staffel, 1. Folge)

Die bessere Hälfte / Ein bißchen Ruhe und Frieden
Produktion: Persistance of Vision, CBS Television. *Supervising Producer:* James Crocker. *Producer:* Harvey Frand. *Associate Producer:* James Heinz. *Executive Producer:* Philip DeGuere, Michael MacMillan, Mark Shelmerdine. *Creator:* Rod Serling. *Regie:* Wes Craven. *Drehbuch:* Alan Brennert, nach einer Kurzgeschichte von Harlan Ellison. *Kamera:* Bradford May. *Musik:* Marius Constant (Original Theme). *Music & New Title Theme:* Greatful Death & Merl Saunders. *Music by:* Merl Saunders, Jerry Garcia, Bob Weir, Mickey Hart. *Schnitt:* Tom Pryor, Susan B. Browdy. *Production Sound Mixer:* Lowell Harris. *Sound Editor:* Sam Horta. *Production Design:* John B. Mansbridge. *Art Director:* Ward Preston. *Costume Supervisor:* Robert Moore. *Make-up:* Jack Wilson. *Hair Style:* Ellen Powell, Delree Todd, Gloria Montemayer. *Special Effects Coordinator:* K. Gooney. *Visual Effects Coordinator:* Bruno George. *Casting:* Gary M. Zuckerbrod.
Darsteller/innen: **Bruce Willis** (Peter Novin), John Carlyle (Clerk), Dan Gilvezan (Bartender), Seth Isler (Alter Ego), Anthony Grumbach (Bellboy), Charles Aidman (Erzähler).
Länge: 45 Min. *US-Erstausstrahlung:* 27.9.1985. *Dt. Erstausstrahlung:* 31.7.1987.

THE RETURN OF BRUNO (1987; TV)
Produktion: HBO, Split Screen, Hudson Hawk Films. *Produzent:* Paul Flattery. *Drehbuch:* Paul Flattery, Bob Hart, **Bruce Willis**, James Yukich, Bruce Die Mattia. *Regie:* James Yukich. *Executive Producer:* **Bruce Willis.** *Kamera:* Jeff Zimmerman. *Camera Operators:* Matt Alper, Bob Campbell, Mike Culp, Sam Drummy, Paul Jackson, Bob Keys, Dave Miller, Javier Munoz, Bruce Oldham, Wayne Pascal, Hector Ramierez, John Rypsinski, Bob San Martin, Jeff Zimmerman. *Musik:* Robert Kraft. *Musical Director:* Robert Kraft. *Schnitt:* Jerry

Behrens, David Foster, Jim Yukich. *Production Design:* Rhaz Zeizler. *Choreographer:* Brad Jeffries. *Technical Director:* Terry Donohue. *Audio:* Patrick Hanson, Dana McClure, Chuck Fitzpatrick. *Concert Conductor:* Steve Thoma. *Costume Design:* Fiona Spence, Charles Mercuri. *Casting:* Janet Cunningham. *Bruce Willis' Hair:* Josie Normand. *Bruce Willis' Make-up:* David Grayson, Valli O'Reilly. *Assistant to Bruce Willis:* Deborah Johnson.
Darsteller/innen: **Bruce Willis** (Bruno Radolini); *alle als sie selbst:* Joan Baez, The Bee Gees, Jon Bon Jovi, Dick Clark, Phil Collins, Clive Davis, Michael J. Fox, Bill Graham, Wolfman Jack, Elton John, Chip Monck, Graham Nash, Gene Simmons, Paul Stanley, Ringo Starr, Stephen Stills, Grace Slick, The Temptations.
Länge: 55 Min.

BLIND DATE (1987)
Blind Date – Verabredung mit einer Unbekannten
Produktion: TriStar Pictures. *Produzent:* Tony Adams. *Associate Producer:* Trish Caroselli. *Executive Producer:* Gary Hendler, Jonathan D. Krane. *Co-Executive Producer:* David Permut. *Regie:* Blake Edwards. *2nd Unit Director:* Joe Dunne. *Drehbuch:* Dale Launer. *Kamera:* Harry Stradling Jr. *Camera Operator:* Richard Tim Va. *Musik:* Henry Mancini. *Schnitt:* Robert Pergament. *Supervising Sound Editor:* William L. Stevenson. *Production Design:* Rodger Maus. *Art Director:* Peter Landsdown Smith. *Set Decoration:* Carl Biddiscombe. *Costume Design:* Tracy Tynan. *Costume Supervisors:* Charles Maguire Jr., Nancy Martinelli. *Casting:* Nancy Klopper. *Stunt Coordinator:* Joe Dunne.
Darsteller/innen: Kim Basinger (Nadia Gates), **Bruce Willis** (Walter Davis), John Larroquette (David Bedford), William Daniels (Judge Harold Bedford), George Coe (Harry Gruen), Mark Blum (Denny Gordon), Phil Hartman (Ted Davis), Stephanie Faracy (Susie Davis), Alice Hirson (Muriel Bedford), Graham Stark (Jordan the Butler), Joyce Van Patten (Nadia's Mother), Jeannie Elias (Walter's Secretary), Sacerdo Tanney (Minister), Georgann Johnson (Mrs. Gruen), Sab Shimono (Mr. Yakamoto), Momo Yashima (Mrs. Yakamoto), Armin Shimerman (French Waiter), Brian George (Maitre d'), Ernest Harada (Japanese Gardner), Emma Walton (Muggette #1), Elaine Wilkes (Muggette #2), Susan Lentini (Muggette #3), Barry Sobel (Gas Station Attendant), Timothy Stack (Grant), Arlene Lorre (Court Stenographer), Jack Gwyllim (Artist), Diana Bellamy (Maid), Seth Isler (Delivery Driver), Paul Carafotes (Disco Dancer), Bob Ari (Bailiff), Stanley Jordan (Himself), Billy Vera (Himself).
Länge: 95 Min. *US-Kinostart:* März 1987. *Dt. Kinostart:* 27.8.1987.

DOLLY (1987; TV-Show)

Regie: Jeff Margolis. *Mitwirkende:* Dolly Parton (Host), Ritch Brinkley (Charlie), Sal Lopez (Carlos), Walter Olkewicz (Bubba), **Bruce Willis**, Oprah Winfrey. *Länge:* 60 Min.

Fernsehshow der Countrysängerin Dolly Parton (»It takes a lot of money to make me look this cheap.«) mit zahlreichen Gästen, darunter Bruce Willis. Die Sendung lief wöchentlich von September 1987 bis Mai 1988 auf ABC.

SUNSET (1988)
Sunset – Dämmerung in Hollywood

Produktion: TriStar Pictures. *Produzent:* Tony Adams. *Associate Producer:* Trish Caroselli. *Regie:* Blake Edwards. *Second Unit Director:* Joe Dunne. *Drehbuch:* Rodney Amateau, nach einer Story von Blake Edwards. *Kamera:* Anthony B. Richmond. *Camera Operator:* Joseph Montgomery. *Musik:* Henry Mancini. *Schnitt:* Robert Pergament. *Supervising Sound Editor:* Milton C. Burrow. *Production Design:* Rodger Maus. *Art Director:* Robert Y. Haman. *Set Decoration:* Marvin March. *Costume Design:* Patricia Norris. *Special Effects:* Danny Cangemi. *Visual Effects Supervisor:* William Mesa. *Casting:* Nancy Klopper. *Stunt Coordinator:* Joe Dunne. *Assistentin von Bruce Willis:* Deborah Johnson.

Darsteller/innen: **Bruce Willis** (Tom Mix), James Garner (Wyatt Earp), Malcolm McDowell (Alfie Alperin), Mariel Hemingway (Cheryl King), Kathleen Quinlan (Nancy Shoemaker), Jennifer Edwards (Victoria Alperin), Patricia Hodge (Christina Alperin), Richard Bradford (Captain Blackworth), M. Emmet Walsh (Chief Dibner), Joe Dallesandro (Dutch Kieffer), Andreas Katsulas (Arthur), Dann Florek (Marty Goldberg), Bill Marcus (Hal Flynn), Michael C. Gwynne (Mooch), Dermot Mulroney (Michael Alperin), Miranda Garrison (Spanish Dancer), Liz Torres (Rosa), Castulo Guerra (Pancho), Dakin Matthews (William Singer), Vernon Wells (Australian Houseman), Dennis Rucker (Paul), John Dennis Johnston (Ed), Kenny Call (Cowboy Fred), Jack Garner (Cowboy Henry), Jerry Tullos (Leo Vogel), Steem Tanney (Conductor), Peter Jason (Frank Coe).

Länge: 107 Min. *US-Kinostart:* April 1988. *Dt. Kinostart:* 18.8.1988.

DIE HARD (1988)
Stirb langsam

Produktion: 20th Century Fox, Gordon Compagny, Silver Pictures. *Produzent:* Charles Gordon. *Associate Producers:* Beau Marks, Joel Silver. *Executive Producer:* Lawrence Gordon. *Regie:* John McTiernan. *2nd Unit Director:* Beau Marks. *Drehbuch:* Roderick Thorp, nach seinem Roman *Nothing Lasts Forever*, Jeb Stuart, Steven E. De Souza. *Kamera:* Jan de Bont. *Musik:* Michael Kamen. *Schnitt:* John F. Link, Frank J. Urioste. *Supervising Sound Editor Sound Effects:* Richard Shorr. *Production Design:* Jackson De Govia. *Art Director:* John R. Jensen. *Set Designer:* E.C. Chen, Roland Hill. *Set Decoration:* Philip Leonard. *Costume Design:* Marilyn Vance-Straker. *Set Costumer:* Michael Voght, Barbara Siebert. *Costumer von Bruce Willis:* Charles Mercuri. *Hair Stylist für Bruce Willis:* Josée Normand. *Casting:* Jackie Burch. *Stunt Coordinator:* Charlie Picerni. *Stunt Double von Bruce Willis:* Keii Johnston (uncredited). *Trainer von Bruce Willis:* Keith Cubba. *Assistentinnen von Bruce Willis:* Clare Leavenworth, Deborah Johnson.

Darsteller/innen: **Bruce Willis** (John McClane), Bonnie Bedelia (Holly Gennero McClane), Reginald VelJohnson (Sergeant Al Powell), Paul Gleason (Dwayne T. Robinson), De'voreaux White (Argyle), William Atherton (Richard Thornburg), Hart Bochner (Ellis), James Shigeta (Takagi), Alan Rickman (Hans Gruber), Alexander Godunov (Karl), Bruno Doyon (Franco), Andreas Wisniewski (Tony), Clarence Gilyard Jr. (Theo), Joey Plewa (Alexander), Lorenzo Caccialanza (Marco), Gérard Bonn (Kristoff), Dennis Hayden (Eddie), Al Leong (Uli), Gary Roberts (Heinrich), Hans Buhringer (Fritz), Wilhelm von Homburg (James), Robert Davi (Big Johnson), Grand L. Bush (Little Johnson), Bill Marcus (City Engineer), Rick Ducommun (City Worker), Matt Landers (Captain Mitchell), Carmine Zozzora (Rivers), Dustyn Taylor (Ginny), George Christy (Hasseldorf), Anthony Peck (Young Cop), Cheryl Baker (Woman), Richard Parker (Man), David Ursin (Harvey Johnson), Mary Ellen Trainor (Gail Wallens) u.a.

Länge: 131 Min. *US-Kinostart:* 15.7.1988. *Dt. Kinostart:* 10.11.1988.

THAT'S ADEQUATE (1989)

Produzenten: Harry Hurwitz, John Manocherian, Irving Schwartz. *Regie:* Harry Hurwitz. *Drehbuch:* Harry Hurwitz. *Production Manager:* William Tasgal. *Kamera:* João Fernandes. *Schnitt:* Patricia »Sandy« Bennet. *Sound Mixer:* Rolf Pardula. *Production Design:* John Lawless. *Art Director:* Peter Knowlton. *Set Design:* Tyrone Brown. *Set Dresser:* Sonja Roth. *Costume Design:* Lynn Tonneson. *Hair Design:* Phil Leto, Kathy Estocin. *Make-up:* Bob O'Broadovich, Cynthia Cruz. *Casting:* Joy Todd.

Darsteller/innen: Ina Balin (Sister Mary Enquirer), Anne Bloom (Maid Marlan), Marshall Brickman, James Coco (Max Rosbling), Martha Coolidge (Herself), Irwin Corey, Susan Dey (Southern Belle), Robert Downey Jr. (Albert Einstein), Joe Franklin, Budd Friedman, Richard Lewis (Pimples Lapedes), Chuck McCann (Lowell Westbrook), Maureen McCormick, Anne Meara (Charlene Lane), Rick

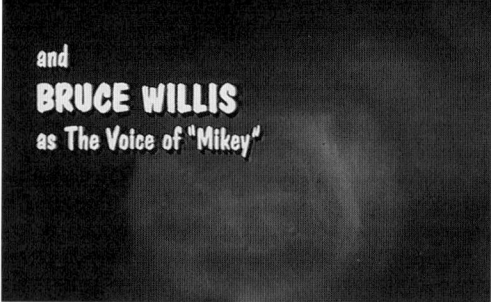

(Lou), Brenda Crichlow (Secretary), Andrea Mann (Salesgirl), Douglas Tuck (Cab Stealer), Alex Bruhanski (Street Worker), Casey Grant (Admitting Clerk), Oscar B. Ramos (Hospital Worker), Aurelio Dinunzio (Orderly), Jeff Irvine (Admitting Doctor), Shirley Barclay (Nurse), William B. Davis (Drug Doctor), David Berner (Mr. Impatience), Jerry Wasserman (Mr. Aral), Daliah Novak (Carrie), Zena Darawalla (Lupe), Nicholas Rice (Harry), Neal Israel (Mr. Russ), Blu Mankuma (Director), William Britos (Home Orderly), Dee Jay Jackson (Burly Orderly), Isa Burner (Lady), Bea Cartwell (Lady), Eleanor Haines (Lady), Mollie Israel (Little Girl), Ryan McIntosh (Little Boy), Gerry Bean (Pilot Friend), Deryl Hayes (Pilot Friend), Enid Saunders (Ester) u.a.
Länge: 93 Min. *US-Kinostart:* Okt. 1989. *Dt. Kinostart:* 3.5.1990.

IN COUNTRY (1989)
Zurück aus der Hölle
Produktion: Yorktown Productions, Warner Bros. *Produzenten:* Michael Jewison, Richard A. Roth. *Associate Producer:* Norman Jewison. *Executive Producer:* Charles Mulvehill. *Regie:* Norman Jewison. *Drehbuch:* Cynthia Cidre und Frank Pierson, nach einem Roman von Bobbie Ann Mason. *Kamera:* Russell Boyd. *Camera Operator:* Ralph Gerling. *Musik:* James Horner. *Schnitt:* Antony Gibbs, Lou Lombardo. *Supervising Sound Editors:* Sharon Lackie, Michael O'Farrell. *Production Design:* Jackson De Govia. *Art Director:* John R. Jensen. *Set Decoration:* Thomas L. Roysden. *Costume Design:* Aggie Guerard Rodgers. *Bruce Willis' Hair Stylist:* Josée Normand. *Casting:* Howard Feuer. *Assistent von Bruce Willis:* Daneen Lagrone Conroy.
Darsteller/innen: Emily Lloyd (Samantha Hughes), **Bruce Willis** (Emmett Smith), Joan Allen (Irene), Kevin Anderson (Lonnie), John Terry (Tom), Jim Beaver (Earl Smith), Stephen Tobolowsky (Pete), Peggy Rea (Mamaw), Richard Hamilton (Grampaw), Judith Ivey (Anita), Dan Jenkins (Dwayne), Ken Jenkins (Jim Holly), Heidi Swedberg (Dawn), Jonathan Hogan (Larry), Patricia Richardson (Cindy), Kimberly Faith Jones (Donna), Don Young (Speaker), Joe Ross (Principal) u.a.
Länge: 120 Min. *US-Kinostart:* Dez. 1989. *Dt. Videostart:* 28.2.1992.

DIE HARD 2 (1990)
Stirb langsam 2
Produktion: 20th Century Fox, Gordon Compagny, Silver Pictures. *Produzenten:* Charles Gordon, Lawrence Gordon, Joel Silver. *Associate Producer:* Suzanne Todd. *Executive Producer:* Lloyd Levin, Michael Levy. *Co-Produ-*

Overton, Stuart Pankin (Sigmund Freud), Tony Randall (Host), Peter Riegert, Rita Rudner, Sinbad (Himself), Robert Staats, Jerry Stiller (Sid Lane), Renée Taylor (Herself), Brother Theodore, Robert Townsend, Robert Vaughn (Adolf Hitler), **Bruce Willis** (Himself) u.a.
Länge: 82 Min.

LOOK WHO'S TALKING (1989)
Kuck mal, wer da spricht!
Produktion: TriStar Pictures. *Produzent:* David Enson. *Associate Producer:* Bob Gray. *Co-Produzent:* Simon R. Lewis. *Regie:* Amy Heckerling. *Drehbuch:* Amy Heckerling. *Kamera:* Thomas Del Ruth. *Musik:* David Kitay. *Additional Songs:* Pete Townshend. *Schnitt:* Debra Chiate. *Sound Effects Supervisor:* Victor Iorillo. *Art Directors:* Reuben Freed, Graeme Murray. *Set Decoration:* Barry W. Brolly. *Costume Design:* Molly Maginnis. *Casting:* Jeff Greenberg, Sid Kozak.
Darsteller/innen: John Travolta (James Ubriacco), Kirstie Alley (Mollie), Olympia Dukakis (Rosie), George Segal (Albert), Abe Vigoda (Grandpa), **Bruce Willis** (Stimme von Mikey), Twink Caplan (Rona), Jason Schaller (Mikey), Jaryd Waterhouse (Mikey), Jacob Haines (Mikey), Christopher Aydon (Mikey), Joy Boushel (Melissa), Don S. Davis (Dr. Fleisher), Louis Heckerling

zent: Steve Perry. *Regie:* Renny Harlin. *2nd Unit Director:* Charlie Picerni. *Drehbuch:* Steven E. De Souza, Doug Richardson, nach dem Roman *58 Minutes* von Walter Wager. *Kamera:* Oliver Wood. *Camera Operator:* Bill Roe. *Musik:* Michael Kamen. *Schnitt:* Stuart Baird, Robert A. Ferretti. *Supervising Sound Editor:* Robert G. Henderson. *Production Design:* John Vallone. *Art Director:* Christiaan Wagener. *Set Designer:* Carol Bentley. *Set Decoration:* Robert Gould. *Costume Design:* Marilyn Vance-Straker. *Key Costumer von Bruce Willis:* Charles Mercuri. *Hair Stylist von Bruce Willis:* Josée Normand. *Special Effects Coordinator:* Al Di Sarro. *Casting:* Jackie Burch. *Stunt Coordinator:* Charlie Picerni. *Stunt Double von Bruce Willis:* Keii Johnston. *Stand-in von Bruce Willis:* P. Randall Bowers. *Assistenten von Bruce Willis:* Clare Leavenworth, Todd Pflug.

Darsteller/innen: **Bruce Willis** (John McClane), Bonnie Bedelia (Holly McClane), William Atherton (Richard Thornburg), Reginald VelJohnson (Sergeant Al Powell), Franco Nero (General Ramon Esperanza), William Sadler (Colonel Stuart), John Amos (Major Grant), Dennis Franz (Captain Carmine Lorenzo), Art Evans (Leslie Barnes), Fred Dalton Thompson (Trudeau), Tom Bower (Marvin), Sheila McCarthy (Samantha »Sam« Coleman), Don Harvey (Garber), Tony Ganios (Baker), Peter Nelson (Thompson), Robert Patrick (O'Reilly), Michael Cunningham (Sheldon), John Leguizamo (Burke), Tom Verica (Kahn), John Costelloe (Cochrane), Vondie Curtis-Hall (Miller), Mark Boone Jr. (Shockley), Ken Baldwin (Mulkey) u.a.
Länge: 124 Min. *US-Kinostart:* 4.7.1990. *Dt. Kinostart:* 25.10.1990.

LOOK WHO'S TALKING TOO (1990)
Kuck mal, wer da spricht 2

Produktion: TriStar Pictures. *Produzent:* Jonathan D. Krane. *Co-Produzent:* Bob Gray. *Regie:* Amy Heckerling. *Drehbuch:* AmyHeckerling, Neal Israel. *Kamera:* Thomas Del Ruth. *Musik:* David Kitay. *Schnitt:* Debra Chiate. *Production Design:* Reuben Freed. *Art Director:* Richard Wilcox. *Costume Design:* Molly Maginnis. *Casting:* Stuart Aikins.
Darsteller/innen: John Travolta (James Ubriacco), Kirstie Alley (Mollie), Olympia Dukakis (Rosie), Elias Koteas (Stuart), Twink Caplan (Rona), **Bruce Willis** (Stimme von Mikey), Roseanne Barr (Stimme von Julie), Damon Wayans (Stimme von Eddie), Gilbert Gottfried (Joey), Mel Brooks (Stimme des Mr. Toilet Man), Lorne Sussman (Mikey) u.a.
Länge: 81 Min. *US-Kinostart:* Dez. 1990. *Dt. Kinostart:* 28.3.1991.

THE BONFIRE OF THE VANITIES (1990)
Fegefeuer der Eitelkeiten

Produktion: Warner Bros. *Produzent:* Brian De Palma. *Associate Producer:* Monica Goldstein. *Executive Producer:* Peter Guber, Jon Peters. *Co-Produzent:* Fred C. Caruso. *Regie:* Brian De Palma. *2nd Unit Director:* Eric Schwab. *Drehbuch:* Michael Cristofer, nach dem gleichnamigen Roman von Tom Wolfe. *Kamera:* Vilmos Zsigmond. *Camera Operator:* Douglas Ryan. *Musik:* Dave Grusin. *Schnitt:* Bill Pankow, David Ray. *Supervising Sound Editor:* Maurice Schell. *Production Design:* Richard Sylbert. *Art Directors:* Gregory Bolton, Peter Landsdown Smith. *Set Decoration:* Joe D. Mitchell, Justin Scoppa Jr. *Costume Design:* Ann Roth. *Hair Stylist von Bruce Willis:* Josée Normand. *Casting:* Lynn Stalmaster.
Darsteller/innen: Tom Hanks (Sherman McCoy), **Bruce Willis** (Peter Fallow), Melanie Griffith (Maria Ruskin), Kim Cattrall (Judy McCoy), Saul Rubinek (Jed Kramer), Morgan Freeman (Judge Leonard White), John Hancock (Reverend Bacon), Kevin Dunn (Tom Killian), Clifton James (Albert Fox), Louis Giambalvo (Ray Andruitti), Barton Heyman (Det. Martin), Norman Parker (Det. Goldberg), Donald Moffat (Mr. McCoy), Alan King (Arthur Ruskin), Beth Broderick (Caroline Heftshank), Kurt Fuller (Pollard Browning), Adam LeFevre (Rawlie Thorpe), Richard Libertini (Ed Rifkin), Andre Gregory (Aubrey Buffing), Mary Alice (Annie Lamb), Robert Stephens (Sir Gerald Moore), Marjorie Monaghan (Evelyn Moore), Rita Wilson (P.R. Woman), Kirsten Dunst (Campbell McCoy), Troy Winbush (Roland Auburn), Patrick Malone (Henry Lamb), Emmanuel Xuereb (Filippo Chirazzi), Scotty Bloch (Sally Rawthrote) u.a.
Länge: 123 Min. *US-Kinostart:* 21.12.1990. *Dt. Kinostart:* 2.5.1991.

MORTAL THOUGHTS (1991)
Tödliche Gedanken

Produktion: Columbia Pictures, New Visions Entertainment, Polar Entertainment, Rufglen Films. *Produzenten:* John Fiedler, Mark Tarlov. *Executive Producer:* Stuart Benjamin, Taylor Hackford. *Co-Produzentin:* Demi Moore. *Regie:* Alan Rudolph. *2nd Unit Director:* Greg Walker. *Drehbuch:* William Reilly, Claude Kerven. *Kamera:* Elliot Davis. *Musik:* Mark Isham. *Schnitt:* Tom Walls. *Supervising Sound Editor:* Richard King. *Production Design:* Howard Cummings. *Art Director:* Robert K. Shaw Jr. *Set Decoration:* Beth Kushnick. *Costume Design:* Hope Hanafin. *Make-up:* Janet Flora. *Key Hair Stylist:* Francesca Paris. *Casting:* Donna Isaacson, John S. Lyons. *Stunt Coordinator:* Greg Walker.
Darsteller/innen: Demi Moore (Cynthia Kellogg), Glenne Headly (Joyce Urbanski), **Bruce Willis** (James Urban-

ski), John Pankow (Arthur Kellogg), Harvey Keitel (Det. John Woods), Billie Neal (Linda Nealon), Frank Vincent (Dominic Marino), Karen Shallo (Gloria Urbanski), Crystal Field (Jeanette Marino), Marianne Leone (Aunt Rita), Marc Tantillo (Usher), Doris McCarthy (Pat, Cynthia's Mom), Christopher Scotellaro (Joey Urbanski), Ron J. Amodea (Band Leader), Leonid Merzon (Yuri), Kelly Cinnante (Cookie), Christopher Peacock (Irish Kid #1), Bruce Smolanoff (Irish Kid #2), Elain R. Graham (Woman Police Sgt.), Thomas Quinn (Det. Seltzer), Brandon Messemer (Cynthia's Baby), Richard Messemer (Cynthia's Baby), Larry Attile (Sidney Levitt), Roger Shamas (Krishna Kolhatker), Star Jasper (Lauren) u.a.
Länge: 99 Min. *US-Kinostart:* April 1991. *Dt. Kinostart:* 19.9.1991.

HUDSON HAWK (1991)
Hudson Hawk – Der Meisterdieb

Produktion: TriStar Pictures. *Produzent:* Joel Silver. *Associate Producers:* Suzanne Todd, David Willis. *Executive Producer:* Robert Kraft. *Co-Produzent:* Michael Dryhurst. *Regie:* Michael Lehmann. *Drehbuch:* Steven E. De Souza und Daniel Waters, nach einer Story von **Bruce Willis** und Robert Kraft. *Kamera:* Dante Spinotti. *Musik:* Michael Kamen, Robert Kraft. *Schnitt:* Chris Lebenzon, Michael Tronick. *Production Design:* Jackson De Govia. *Art Director:* John R. Jensen. *Costume Design:* Marilyn Vance-Straker. *Visual Effects Supervisor:* John Knoll. *Casting:* Jackie Burch. *Stunt Coordinator:* Charlie Picerni. *Stunt Double von Bruce Willis:* Keii Johnston.
Darsteller/innen: **Bruce Willis** (Hudson Hawk), Danny Aiello (Tommy Five-Tone), Andie MacDowell (Anna Baragli), James Coburn (George Kaplan), Richard E. Grant (Darwin Mayflower), Sandra Bernhard (Minerva Mayflower), Donald Burton (Alfred), Don Harvey (Snickers), David Caruso (Kit Kat), Andrew Bryniarski (Butterfinger), Lorraine Toussaint (Almond Joy), Burtt Harris (Gates), Frank Stallone (Cesar Mario), Carmine Zozzora (Antony Mario), Stefano Molinari (Leonardo Da Vinci), Enrico Lo Verso (Apprentice), Remo Remotti (Guy on Donkey), Giselda Volodi (Mona Lisa), P. Randall Bowers (Prison Clerk), Arthur M. Wolpinsky (Security Guard), Frank Page (Mario's Driver), Bob Vasquez (Big Stan), Michael Klastorin (Dean), Scott H. Eddo (Jerry) u.a.
Länge: 100 Min. *US-Kinostart:* 17.5.1991. *Dt. Kinostart:* 25.7.1991.

BILLY BATHGATE (1991)
Billy Bathgate

Produktion: Warner Bros., Touchstone Pictures. *Produzenten:* Robert F. Colesberry, Arlene Donovan. *Regie:* Robert Benton. *Drehbuch:* Tom Stoppard, nach einem Roman von E.L. Doctorow. *Kamera:* Néstor Almendros. *Musik:* Mark Isham. *Schnitt:* Alan Heim, Robert M. Reitano. *Supervising Sound Editor:* Dan Sable. *Production Design:* Patrizia von Brandenstein. *Art Directors:* Dennis Bradford, Tim Galvin. *Set Decoration:* George DeTitta Sr., Hilton Rosemarin. *Costume Design:* Joseph G. Aulisi. *Hair Sylist:* Cydney Cornell. *Make-up:* Richard Dean, Rosemary Zurlo. *Casting:* Howard Feuer. *Stunt Coordinatoren:* John Robotham, Michael Russo.
Darsteller/innen: Dustin Hoffman (Dutch Schultz), Nicole Kidman (Drew Preston), Loren Dean (Billy Bathgate), **Bruce Willis** (Bo Weinberg), Steven Hill (Otto Berman), Steve Buscemi (Irving), Billy Jaye (Mickey), John Costelloe (Lulu), Timothy Jerome (Dixie Davis), Stanley Tucci (Lucky Luciano), Mike Starr (Julie Martin), Robert F. Colesberry (Jack Kelly), Stephen Joyce (Mr. Hines), Frances Conroy (Mary Behan), Moira Kelly (Rebecca), Kevin Corrigan (Arnold); *Billy's Gang:* Noel Derecki, Josh Phillip Weinstein, Danny Zorn, Rob Kramer; Simon Jutras (Hotel Manager), Kenny Vance (Dutch's Thug), Paul Herman (Dutch's Thug), Teddy Cleanthes (Supervisor), William Jay Marshall (George), Harry O'Reilly (Fire Inspector), Xander Berkeley u.a.
Länge: 106 Min. *US-Kinostart:* Nov. 1991. *Dt. Kinostart:* 20.2.1992.

THE LAST BOY SCOUT (1991)
The Last Boy Scout – Das Ziel ist überleben

Produktion: Geffen Pictures, Silver Pictures, Warner Bros. *Produzenten:* Joel Silver, Michael Levy. *Associate Producer:* Carmine Zozzora. *Executive Producer:* Shane Black, Barry Josephson. *Co-Produzent:* Steve Perry. *Regie:* Tony Scott. *Drehbuch:* Shane Black, nach einer Story von Shane Black, Greg Hicks. *Kamera:* Ward Russell. *Musik:* Michael Kamen. *Schnitt:* Stuart Baird, Mark Goldblatt, Mark Helfrich. *Production Design:* Brian Morris. *Art Directors:* Thomas L. Roysden, Christiaan Wagener. *Set Decoration:* John H. Anderson. *Costume Design:* Marilyn Vance-Straker. *Make-up:* Scott H. Eddo. *Special Effects:* Al Di Sarro. *Casting:* Marion Dougherty. *Stunt Coordinator:* Charlie Picerni. *Stunt Double von Bruce Willis:* Keii Johnston (uncredited).
Darsteller/innen: **Bruce Willis** (Joe Hallenbeck), Damon Wayans (Jimmy Dix), Chelsea Field (Sarah Hallenbeck), Noble Willingham (Sheldon Marcone), Taylor Negron (Milo), Danielle Harris (Darian Hallenbeck), Halle Berry (Cory), Bruce McGill (Mike Matthews), Badja Djola (Alley Thug), Kim Coates (Chet), Chelcie Ross (Senator Baynard), Joe Santos (Bessala), Clarence Felder (McCoskey), Tony Longo (Big Ray Walston), Frank Collison (Pablo), Bill Medley (Himself), Vern Lundquist (Himself), Dick Butkus (Himself), Lynn Swann (Himself),

Billy Blanks (Billy Cole), Ken Kells (Head Coach) u.a. *Länge:* 105 Min. *US-Kinostart:* 13.12.1991. *Dt. Kinostart:* 12.3.1992.

THE PLAYER (1992)
The Player

Produktion: Guild, Spelling Entertainment, Avenue Pictures Productions. *Produzenten:* David Brown, Michael Tolkin, Nick Wechsler. *Associate Producer:* David Levy. *Executive Producer:* Cary Brokaw. *Co-Produzenten:* Scott Bushnell, William S. Gilmore. *Regie:* Robert Altman. *Drehbuch:* Michael Tolkin, nach seinem gleichnamigen Roman. *Kamera:* Jean Lépine. *Musik:* Thomas Newman. *Schnitt:* Maysie Hoy, Geraldine Peroni. *Supervising Sound Editor:* Michael P. Redbourn. *Production Design:* Stephen Altman. *Art Director:* Jerry Fleming. *Set Decoration:* Susan Emshwiller. *Costume Design:* Alexander Julian. *Make-up:* Deborah K. Larsen. *Hair Stylist:* Scott Williams. *Special Effects:* John C. Hartigan.
Darsteller/innen: Tim Robbins (Griffin Mill), Greta Scacchi (June Gudmundsdottir), Fred Ward (Walter Stuckel), Whoopi Goldberg (Detective Susan Avery), Peter Gallagher (Larry Levy), Brion James (Joel Levison), Cynthia Stevenson (Bonnie Sherow), Vincent D'Onofrio (David Kahane), Dean Stockwell (Andy Civella), Richard E. Grant (Tom Oakley), Sydney Pollack (Dick Mellon), Lyle Lovett (Detective DeLongpre), Dina Merrill (Celia), Angela Hall (Jan), Leah Ayres (Sandy), Paul Hewitt (Jimmy Chase), Randall Batinkoff (Reg Goldman), Jeremy Piven (Steve Reeves), Gina Gershon (Whitney Gersh), Frank Barhydt (Frank Murphy), Mike E. Kaplan (Marty Grossman), Kevin Scannell (Gar Girard), Margery Bond (Witness), Susan Emshwiller (Detective Broom), Brian Brophy (Phil / Blackmailer [Stimme]), Michael Tolkin (Eric Schecter), Stephen Tolkin (Carl Schecter), Natalie Strong (Natalie), Peter Koch (Walter), Pamela Bowen (Trixie), Jeff Weston (Rocco); *alle als sie selbst:* Harry Belafonte, Shari Belafonte, Robert Carradine, Cher, James Coburn, Cathy Lee Crosby, Peter Falk, Jeff Goldblum, Elliott Gould, Joel Grey, Angelica Huston, Jack Lemmon, Marlee Matlin, Andie MacDowell, Malcolm McDowell, Nick Nolte, Burt Reynolds, Julia Roberts, Mimi Rogers, Alan Rudolph, Jill St. John, Susan Sarandon, Rod Steiger, Lily Tomlin, Robert Wagner, **Bruce Willis** u.a.
Länge: 123 Min. *Uraufführung:* Mai 1992 (Filmfest Cannes). *Dt. Kinostart:* 2.7.1992.

DEATH BECOMES HER (1992)
Der Tod steht ihr gut

Produktion: Universal Pictures. *Produzenten:* Robert Zemeckis, Steve Starkey. *Co-Produzentin:* Joan Bradshaw. *Regie:* Robert Zemeckis. *Drehbuch:* Martin Donovan,

David Koepp. *Kamera:* Dean Cundey. *Camera Operator:* Raymond Stella. *Musik:* Alan Silvestri. *Schnitt:* Arthur Schmidt. *Production Design:* Rick Carter. *Art Director:* William James Teegarden. *Costume Design:* Joanna Johnston. *Special Effects Supervisor:* Ken Ralston. *Casting:* Karen Rea. *Stunt Double von Bruce Willis:* Terry Jackson (uncredited).
Darsteller/innen: Meryl Streep (Madeline Ashton), **Bruce Willis** (Ernest Menville), Goldie Hawn (Helen Sharp), Isabella Rossellini (Lisle Von Rhoman), Ian Ogilvy (Chagall), Adam Storke (Dakota), Nancy Fish (Rose), Alaina Reed Hall (Psychologist), Michelle Johnson (Anna), Mary Ellen Trainor (Vivian Adams), William Frankfather (Mr. Franklin), John Ingle (Eulogist), Clement von Franckenstein (Opening Man), Petrea Burchard (Opening Woman), Jim Jansen (Second Man), Mimi Kennedy (Second Woman), Paulo Tocha (Landlord), Mark Davenport (Eviction Cop), Thomas Murphy (Eviction Cop) u.a.
Länge: USA 103 Min. *US-Kinostart:* 31.7.1992. *Dt. Kinostart:* 17.12.1992.

LOADED WEAPON 1 (1993)
Loaded Weapon 1

Produktion: 3 Arts Entertainment, New Line Cinema. *Produzenten:* Suzanne Todd, David Willis. *Executive Producers:* Howard Klein, Michel Roy, Erwin Stoff. *Co-Executive Producer:* Michael De Luca. *Regie:* Gene Quintano. *2nd Unit Director:* Charlie Picerni. *Drehbuch:* Don Holley, Gene Quintano. *Kamera:* Peter Deming. *Camera Operator:* Peter Deming. *Musik:* Robert Folk. *Schnitt:* Christopher Greenbury. *Production Design:* Jaymes Hinkle. *Art Director:* Alan E. Muraoka. *Set Decoration:* Sarah Burdick Stone. *Costume Design:* Jacqueline G. Arthur. *Key Make-up:* Jeanne Van Phue. *Key Hair Stylist:* Mary Ann Valdes. *Supervising Sound Editor:* Bob Newlan. *Special Effects Coordinator:* Lou Carlucci. *Casting:* Ferne Cassel. *Stunt Coordinator:* Charlie Picerni.
Darsteller/innen: Emilio Estevez (Jack Colt), Samuel L. Jackson (Wes Luger), Jon Lovitz (Tim Beckard), Tim Curry (Jigsaw), Kathy Ireland (Destiny Demeanor), Frank McRae (Captain Doyle), William Shatner (General Morters), Dhiru Shah (Translator), Gokul (Hindu), Tom Bruggeman (Mini-Mart Punk), Danny Castle (Mini-Mart Punk), Lance Kinsey (Irv), Bill Nunn (Police Photographer), Dr. Joyce Brothers (Coroner), Lin Shaye (Witness), Robert Willis (Armanied Cop), Vito Scotti (Tailor), Ken Ober (Dooley), James Doohan (Scotty), Lauren Abels (Police Psychiatrist), Richard Moll (Prison Attendant), F. Murray Abraham (Harold Leacher), Tommy Le (Vietnamese Lover), Charlie Sheen (Valet), Denis Leary (Mike McCracken), J.P. Hubbell (Megaphone Cop), Corey Feldman (Young Cop), Phil Hartman (Comic

Cop), J.T. Walsh (Desk Clerk), Erik Estrada (Himself), Larry Wilcox (Himself), Paul Gleason (FBI Agent), Jake Johannsen (Drug Dealer), Mile Lajeunesse (Mr. Jerricho), Sherry Bilsing (Cookie Receptionist), Allyce Beasley (Spinach Destiny), Whoopi Goldberg (Sergeant York), **Bruce Willis** (Wrong Mobile Home Owner [uncredited]) u.a. *Länge:* 83 Min. *US-Kinostart:* 5.2.1993. *Dt. Kinostart:* 22.7.1993.

STRIKING DISTANCE (1993)
Tödliche Nähe

Produktion: Columbia Pictures Corporation. *Produzenten:* Hunt Lowry, Arnon Milchan, Tony Thomopoulos. *Associate Producer:* Marty Kaplan. *Executive Producer:* Steven Reuther. *Co-Produzent:* Carmine Zozzora. *Regie:* Rowdy Herrington. *Drehbuch:* Rowdy Herrington, Marty Kaplan. *Kamera:* Mac Ahlberg. *2nd Unit Director:* Todd Hallowell. *Musik:* Brad Fiedel. *Schnitt:* Pasquale Buba, Mark Helfrich. *Supervising Sound Editor:* Sandy Berman. *Production Design:* Gregg Fonseca. *Art Director:* Bruce Alan Miller. *Set Decoration:* Jay Hart. *Costume Design:* Betsy Cox. *Make-up:* Scott H. Eddo, Jeannee Josefczyk. *Hair Style:* Paul Abascal, Jeffrey A. Rubis. *Special Effects:* Allen Hall. *Casting:* Pam Dixon Mickelson. *Stunt Coordinator:* Mickey Gilbert.
Darsteller/innen: **Bruce Willis** (Tom Hardy), Sarah Jessica Parker (Jo Christman / Det. Emily Harper), Dennis Farina (Det. Nick Detillo), Tom Sizemore (Danny Detillo), Brion James (Det. Eddie Eiler), Robert Pastorelli (Det. Jimmy Detillo), Timothy Busfield (Tony Sacco), John Mahoney (Lt. Vincent Hardy), André Braugher (District Attorney Frank Morris), Tom Atkins (Uncle Fred), Mike Hodge (Captain Penderman), Jodi Long (Kim Lee), Roscoe Orman (Sid), Robert Gould (Douglas Kesser), Gareth Williams (Chick Chicanis), Ed Hooks (Attorney Gunther), Lawrence Mandley (Bailiff), Julianna McCarthy (Judge), Sally Wiggin (Newscaster), Andrea Martin (Newscaster), Suzanne Vafiadis (Newscaster), Ken Rice (Newscaster), Michael Canavan (Cousin Gary) u.a. *Länge:* 105 Min. *US-Kinostart:* Sept. 1993. *Dt. Kinostart:* 20.1.1994.

PULP FICTION (1994)
Pulp Fiction

Produktion: A Band Apart, Jersey Films, Miramax Films. *Produzent:* Lawrence Bender. *Executive Producers:* Danny DeVito, Michael Shamberg, Stacey Sher. *Co-Executive Producers:* Richard N. Gladstein, Bob Weinstein, Harvey Weinstein. *Regie:* Quentin Tarantino. *Drehbuch:* Quentin Tarantino, nach einer Story von Roger Avary und Quentin Tarantino. *Kamera:* Andrzej Sekula. *Camera Operator:* Michael Levin. *Schnitt:* Sally Menke. *Supervising Sound*

Editor: Stephen Hunter Flick. *Production Design:* David Wasco. *Art Director:* Charles Collum. *Set Decoration:* Sandy Reynolds-Wasco. *Costume Design:* Betsy Heimann. *Special Effects Coordinator:* Larry Fioritto. *Casting:* Ronnie Yeskel, Gary M. Zuckerbrod. *Stunt Coordinator:* Ken Lesco.
Darsteller/innen: John Travolta (Vincent Vega), Samuel L. Jackson (Jules Winnfield), Uma Thurman (Mia Wallace), Harvey Keitel (Winston Wolf), Tim Roth (Pumpkin), Amanda Plummer (Honey Bunny), Maria de Medeiros (Fabienne), Ving Rhames (Marsellus Wallace), Eric Stoltz (Lance), Rosanna Arquette (Jody), Christopher Walken (Captain Koons), **Bruce Willis** (Butch Coolidge), Quentin Tarantino (Jimmie), Frank Whaley (Brett), Laura Lovelace (Waitress), Phil LaMarr (Marvin), Burr Steers (Roger), Paul Calderon (Paul), Bronagh Gallagher (Trudy), Jerome Patrick Hoban (Ed Sullivan Look-alike), Michael Gilden (Phillip Morris Page), Gary Shorelle (Ricky Nelson Look-alike), Susan Griffiths (Marilyn Monroe Look-alike), Eric Clark (James Dean Look-alike), Joseph Pilato (Dean Martin Look-alike), Brad Parker (Jerry Lewis Look-alike), Steve Buscemi (Surly Buddy Holly Waiter),

Lorelei Leslie (Mamie Van Doren Look-alike) u.a.
Länge: 154 Min. *Uraufführung:* Mai 1994 (Filmfest Cannes). *US-Kinostart:* 14.10.1994. *Dt. Kinostart:* 3.11.1994.

NORTH (1994)
North
Produktion: Castle Rock Entertainment, Columbia Pictures Corporation, New Line Cinema. *Produzenten:* Rob Reiner, Alan Zweibel. *Executive Producers:* Andrew Scheinman, Jeffrey Stott. *Regie:* Rob Reiner. *Drehbuch:* Alan Zweibel und Andrew Scheinman, nach einem Roman von Alan Zweibel. *Kamera:* Adam Greenberg. *Camera Operator:* M. Todd Henry. *Musik:* Marc Shaiman. *Schnitt:* Robert Leighton. *Supervising Sound Editor:* Robert Grieve. *Production Design:* J. Michael Riva. *Art Director:* David F. Klassen. *Set Decoration:* Michael Taylor. *Costume Design:* Gloria Gresham. *Special Effects Coordinator:* Terry D. Frazee. *Stunt Coordinator:* Ronnie Rondell Jr.
Darsteller/innen: Elijah Wood (North), Jason Alexander (North's Dad), Julia Louis-Dreyfus (North's Mom), Marc Shaiman (Piano Player), Jussie Smollett (Adam), Taylor Fry (Zoe), Alana Austin (Sarah), Peg Shirley (Lehrer), Chuck Cooper (Umpire), Alan Zweibel (Coach), Donavon Dietz (Assistant Coach), Teddy Bergman (Teammate), Michael Cipriani (Teammate), Joran Corneal (Teammate), Joshua Kaplan (Teammate), **Bruce Willis** (Erzähler), James F. Dean (Dad Smith), Glenn Walker Harris Jr. (Jeffrey Smith), Nancy Nichols (Mom Jones), Ryan O'Neill (Andy Wilson), Kim Delgado (Dad Johnson), Tony T. Johnson (Steve Johnson), Matthew McCurley (Winchell), Carmela Rappazzo (Receptionist), Jordan Jacobson (Vice President), Rafale Yermazyan (Austrian Dancer), Jon Lovitz (Arthur Belt), Mitchell Group (Dad Wilson) u.a.
Länge: 87 Min. *US-Kinostart:* Juli 1994. *Dt. Videostart:* 19.4.1995.

COLOR OF NIGHT (1994)
Color of Night
Produktion: Hollywood Pictures. *Produzenten:* Buzz Feitshans, David Matalon. *Executive Producer:* Andrew G. Vajna. *Co-Produzenten:* David Willis, Carmine Zozzora. *Regie:* Richard Rush. *Drehbuch:* Matthew Chapman, Billy Ray. *Kamera:* Dietrich Lohmann. *Camera Operator:* Anthony Gaudioz. *Musik:* Dominic Frontiere. *Schnitt:* Jack Hofstra. *Production Design:* James L. Schoppe. *Art Director:* Jack Morrisey. *Set Decoration:* Cynthia McCormac. *Costume Design:* Jacqueline G. Arthur. *Key Make-up:* John Blake. *Special Effects Coordinator:* Terry W. King. *Casting:* Wendy Kurtzman.

Darsteller/innen: **Bruce Willis** (Dr. Bill Capa), Jane March (Rose/Richie/Bonnie), Rubén Blades (Martinez), Lesley Ann Warren (Sondra), Scott Bakula (Bob Moore), Brad Dourif (Clark), Lance Henriksen (Buck), Kevin J. O'Connor (Casey), Andrew Lowery (Dale), Eriq La Salle (Anderson), Jeff Corey (Ashland), Kathleen Wilhoite (Michelle), Shirley Knight (Edith Niedelmeyer), John Bower (Medical Examiner), Avi Korein (Bouncer), Steven R. Barnett (Cop), Roberta Storm (Receptionist) u.a.
Länge: 123 Min. (Director's Cut: 140 Min.). *US-Kinostart:* Aug. 1994. *Dt. Kinostart:* 23.2.1995.

NOBODY'S FOOL (1994)
Nobody's Fool – Auf Dauer unwiderstehlich
Produktion: Capella International, Cinehaus, Paramount Pictures. *Produzenten:* Arlene Donovan, Scott Rudin. *Associate Producer:* Scott Ferguson. *Executive Producer:* Michael Hausman. *Regie:* Robert Benton. *Drehbuch:* Robert Benton, nach einem Roman von Richard Russo. *Kamera:* John Bailey. *Musik:* Howard Shore. *Schnitt:* John Bloom. *Supervising Sound Editor:* Maurice Schell. *Production Design:* David Gropman. *Art Director:* Dan Davis. *Set Decoration:* Gretchen Rau. *Costume Design:* Joseph G. Aulisi. *Casting:* Ellen Chenoweth. *Stand-in für Bruce Willis:* Terry Jackson (uncredited).
Darsteller/innen: Paul Newman (Sully), Jessica Tandy (Miss Beryl), **Bruce Willis** (Carl Roebuck), Melanie Griffith (Toby Roebuck), Dylan Walsh (Peter), Pruitt Taylor Vince (Rub Squeers), Gene Saks (Wirf), Josef Sommer (Clive Peoples Jr.), Philip Seymour Hoffman (Officer Raymer), Philip Bosco (Judge Flatt), Catherine Dent (Charlotte), Alexander Goodwin (Will), Carl J. Matusovich (Wacker), Jay Patterson (Jocko), Jerry Mayer (Ollie Quinn), Angela Pietropinto (Cass), Alice Drummond (Hattie), Margo Martindale (Birdy), Angelica Torn (Ruby), Richard Mawe (Ralph), Joe Paparone (Rufus), Shannah Laumeister (Didi), John Leighton (Funeral Director), Kenneth Frawley (Horace Yaney), Marcus Powell (Whit), Frank W. Inness (Garbage Man), Page Johnson (C.W. Lomax) u.a.
Länge: 105 Min. *US-Kinostart:* 23.12.1994 (Vorpremiere), 13.1.1995. *Dt. Kinostart:* 23.11.1995.

DIE HARD WITH A VENGEANCE (1995)
Stirb langsam: Jetzt erst recht
Produktion: 20th Century Fox, Cinergi. *Produzenten:* John McTiernan, Michael Tadross. *Associate Producer:* Robert H. Lemer. *Executive Producers:* Buzz Feitshans, Joe Gareri, Robert Lawrence, Andrew G. Vajna. *Co-Produzenten:* David Willis, Carmine Zozzora. *Regie:* John McTiernan. *2nd Unit Director:* Terry Leonard. *Drehbuch:* Jonathan Hensleigh. *Kamera:* Peter Menzies Jr.

2nd Unit Director of Photography: Tom Priestley Jr. *Musik:* Michael Kamen. *Schnitt:* John Wright. *Sound Design und Sound Supervisor:* Mark A. Mangini. *Production Design:* Jackson De Govia. *Art Directors:* John R. Jensen, Woods MacIntosh. *Set Decoration:* Leslie Bloom. *Costume Design:* Joseph G. Aulisi. *Make-up von Bruce Willis:* Christina Bartolucci. *Hair Stylisten von Bruce Willis:* Audree Futterman, Carol Meikle. *Special Effects Supervisors:* Richard W. Cross, William H. Schirmer. *Visual Effects Supervisors:* Scott E. Anderson, John E. Sullivan. *Digital Visual Effects Supervisor:* Serge Sretschinsky. *Casting:* Pat McCorkle. *Stunt Coordinator:* Terry Leonard. *Assistenten von Bruce Willis:* Stephen J. Eads, Louise Weber.

Darsteller/innen: **Bruce Willis** (John McClane), Jeremy Irons (Simon Gruber / Peter Krieg), Samuel L. Jackson (Zeus Carver), Graham Greene (Joe Lambert), Colleen Camp (Connie Kowalski), Larry Bryggman (Chief Cobb), Anthony Peck (Ricky Walsh), Nicholas Wyman (Targo), Sam Phillips (Katya), Kevin Chamberlin (Charles Weiss), Sharon Washington (Officer Jane), Stephen Pearlman (Dr. Schiller), Michael Alexander Jackson (Dexter), Aldis Hodge (Raymond), Mischa Hausserman (Mischa), Edwin Hodge (Dexter's Friend), Robert Sedgwick (Rolf), Tony Halme (Roman), Bill Christ (Ivan) u.a.
Länge: 128 Min. *US-Kinostart:* 19.5.1995. *Dt. Kinostart:* 22.6.1995.

FOUR ROOMS (1995)
Four Rooms
Produktion: A Band Apart, Miramax Films. *Produzent:* Lawrence Bender. *Executive Producer:* Alexandre Rockwell, Quentin Tarantino. *Co-Produzenten:* Paul Hellerman, Scott Lambert, Heidi Vogel.
Darsteller in allen Episoden: Tim Roth (Ted the bellhop).
Episodenfilm: 1: The Missing Ingredient (Die fehlende Zutat); 2: The Wrong Man (Der falsche Mann); 3: The Misbehavers (Die Strolche); 4: The Man from Hollywood (Der Mann aus Hollywood).
The Missing Ingredient
Regie, Buch: Allison Anders. *Kamera:* Rodrigo Garcia. *Schnitt:* Margie Goodspeed. *Darsteller/innen:* Sammi Davis (Jezebel), Amanda deCadenet (Diana), Valeria Golino (Athena), Madonna (Elspeth), Ione Skye (Eva), Lili Taylor (Raven), Alicia Witt (Kiva).
The Wrong Man
Regie, Buch: Alexandre Rockwell. *Kamera:* Phil Parmet. *Schnitt:* Elena Maganini. *Darsteller/innen:* Jennifer Beals (Angela), David Proval (Sigfried).
The Misbehavers
Regie, Buch, Schnitt: Robert Rodriguez. *Kamera:* Guillermo Navarro. *Darsteller/innen:* Antonio Banderas (Mann),

Tamlyn Tomita (Frau), Lana McKissack (Sarah), Patricia Vonne Rodriguez (Leiche), Danny Verduzco (Juancho), Salma Hayek (TV Dancing Girl).
The Man from Hollywood
Regie, Buch: Quentin Tarantino. *Kamera:* Andrzej Sekula. *Schnitt:* Sally Menke. *Darsteller/innen:* Paul Calderon (Norman), Quentin Tarantino (Chester [Rush]), Jennifer Beals (Angela), **Bruce Willis** (Leo [uncredited]).
Länge: 98 Min. *US-Kinostart:* 25.12.1995. *Dt. Kinostart:* 29.2.1996.

TWELVE MONKEYS (1995)
12 Monkeys
Produktion: Universal Pictures, Classico, Atlas Entertainment *Produzent:* Charles Roven. *Associate Producers:* Mark Egerton, Kelley Smith-Wait. *Executive Producers:* Robert Cavallo, Robert Kosberg, Gary Levinsohn. *Co-Produzent:* Lloyd Phillips. *Regie:* Terry Gilliam. *Drehbuch:* David Webb Peoples und Janet Peoples, nach dem Film LA JETÉE von Chris Marker. *Kamera:* Roger Pratt. *Camera Operator:* Craig Haagensen. *Musik:* Paul Buckmaster, Charles Olins. *Schnitt:* Mick Audsley. *Supervising Sound Editor:* Peter Joly. *Production Design:* Jeffrey Beecroft. *Art Director:* William Ladd Skinner. *Set Decoration:* Crispian Sallis. *Costume Design:* Julie Weiss. *Hair Stylist und Make-up für Bruce Willis:* Christina Bartolucci. *Visual Effects Supervisor:* Kent Houston. *Special Effects Supervisor:* Vincent Montefusco. *Casting:* Margery Simkin. *Stunt Coordinator:* Phil Neilson.
Darsteller/innen: **Bruce Willis** (James Cole), Joseph Melito (Young Cole), Joey Perillo (Detective Franki), Brad Pitt (Jeffrey Goines), Christopher Plummer (Dr. Leland Goines), Michael Chance (Scarface), Vernon Campbell (Tiny), H. Michael Walls (Botanist), David Morse (Dr. Peters), Bob Adrian (Geologist), Christopher Meloni (Lt. Halperin), Simon Jones (Zoologist), Carol Florence (Astrophysicist), Bill Raymond (Microbiologist), Ernest Abuba (Engineer), Irma St. Paule (Poet), Madeleine Stowe (Dr. Kathryn Railly), Bruce Kirkpatrick (Policeman #1), Wilfred Williams (Policeman #2), Rozwill Young (Billings), Nell Johnson (Ward Nurse), Frederick Strother (L.J. Washington), Rick Warner (Dr. Casey), Frank Gorshin (Dr. Owen Fletcher), Anthony »Chip« Brienza (Dr. Goodin) u.a.
Länge: 129 Min. *US-Kinostart:* 27.12.1995 (Premiere), 5.1.1996. *Dt. Kinostart:* 21.3.1996.

THE HAMSTER FACTOR AND OTHER TALES OF TWELVE MONKEYS (1996; Video/DVD)
Produzenten: Keith Fulton & Louis Pepe. *Associate Producers:* Lucy Darwin, Lisbeth Fouse. *Executive Producer:* Alan Glazer. *Regie:* Keith Fulton, Louis Pepe. *Kamera:* Keith Fulton, Louis Pepe. *Schnitt:* Keith Fulton, Louis

Pepe. *Ton:* Keith Fulton, Louis Pepe. *Sound Design:* Steve Rowland. *Musik:* John Benskin.

Mitwirkende: Terry Gilliam, **Bruce Willis**, Madeleine Stowe, Brad Pitt, Charles Roven u.a.

Länge: 90 Min. (Zusatzmaterial auf der TWELVE MONKEYS-Videokassette und -DVD).

BRUNO THE KID (1996; TV Serie)

Produktion: Film Roman Productions. *Supervising Producer:* Lane Raichert. *Executive Producers:* Phil Roman, **Bruce Willis**, David Willis. *Executives in Charge of Production:* Bill Schultz, Lolee Aries. *Theme Song Writer & Performer:* **Bruce Willis**. *Performed by:* Bruno and the Accelerators. *Supervising Story Editor:* David Garber. *Story Editor:* Bill Braunstein. *Musik:* Nathan Wang. *Voice Director:* Kris Zimmermen. *Recording Coordinator:* Chris Meola. *Character Design:* Jerry Popowich. *Background Layout Design:* Jordan Voth, Nollan Obena, Mary Ann Capling, Kent Laursen, David Merritt. *Bruce Willis Character Creation:* Mike Fusco, Norm Evangelista.

Stimmen: **Bruce Willis** (Bruno The Kid), Edward Asner (The Engineer), Karl Boen (Stimme), John Bower (Howard), Tim Curry (Lazlo Gigahurtz), Matt Frewer (Booby Vicious), Jennifer Hale (Leecy Davidson), Mark Hamill (Harris), Tony Jay (Jarlesburg), Dawnn Lewis (Di Archer), Ed McMahon (The Engineer's Henchman), Bronson Pinchot (General Armando Castrato), Kath Soucie (Grace), Ben Stein (Professor Wisenstein), Dee Bradley Baker, Dave Fennoy, Teresa Ganzel, Garret Graham.

Länge: ca. 30 Min. *Beginn der US-Erstausstrahlung:* Sept. 1996.

LAST MAN STANDING (1996)
Last Man Standing

Produktion: Lone Wolf, New Line Cinema, New Line Productions. *Produzenten:* Walter Hill, Arthur M. Sarkissian. *Associate Producer:* Paula Heller. *Executive Producers:* Michael De Luca Arthur Sara Risher, M. Sarkissian. *Co-Produzenten:* Ralph S. Singleton, Jeff Wincott. *Regie:* Walter Hill. *Drehbuch:* Walter Hill, nach dem Drehbuch *Yojimbo* von Ryuzo Kikushima und Akira Kurosawa. *Kamera:* Lloyd Ahern II. *Camera Operators:* Michael A. Chavez, Robert LaBonge. *Musik:* Ry Cooder. *Schnitt:* Freeman A. Davies. *Supervising Sound Editor:* Jay Wilkinson. *Production Design:* Gary Wissner. *Art Director:* Barry Chusid. *Set Decoration:* Gary Fettis. *Costume Design:* Dan Moore. *Hair Stylist von Bruce Willis:* Bunny Parker-Adamson. *Make-up von Bruce Willis:* Gerald Quist. *Special Effects Supervisor:* R. Bruce Steinheimer. *Casting:* Mary Gail Artz, Barbara Cohen. *Stunt Coordinator:* Allan Graf. *Assistenten von Bruce Willis:* Stephen J. Eads, Louise Webber.

Darsteller/innen: **Bruce Willis** (John Smith), Bruce Dern (Sheriff Ed Galt), William Sanderson (Joe Monday), Christopher Walken (Hickey), David Patrick Kelly (Doyle), Karina Lombard (Felina), Ned Eisenberg (Strozzi), Alexandra Powers (Lucy), Michael Imperioli (Giorgio), Ken Jenkins (Capt. Pickett), R.D. Call (McCool), Ted Markland (Deputy Bob), Leslie Mann (Wanda), Patrick Kilpatrick (Finn), Luis Contreras (Comandante Ramirez), Raynor Scheine (Gas Station Attendant), Tiny Ron (Jacko the Giant), John Paxton (Undertaker) u.a.

Länge: 101 Min. *US-Kinostart:* 20.9.1996. *Dt. Kinostart:* 31.10.1996.

BEAVIS AND BUTT-HEAD DO AMERICA (1996)
Beavis and Butt-head machen's in Amerika

Produktion: Geffen Pictures, MTV Productions, Paramount Pictures. *Produzent:* Abby Terkuhle. *Executive Producers:* David Gale, Van Toffler. *Co-Produzent:* John Andrews. *Regie:* Mike Judge, Yvette Kaplan (Animation). *Drehbuch:* Mike Judge und Joe Stillman, nach der TV-Serie *Beavis and Butt-head* von Mike Judge. *Musik:*

John Frizzell. *Schnitt:* Gunter Glinka, Terry Kelley, Neil Lawrence. *Animatics Editor:* Brian A. Kates. *Supervising Sound Editor:* Randle Akerson. *Art Director:* Jeff Buckland.
Stimmen: Mike Judge (Beavis / Butt-head / Tom Anderson / Mr. Van Driessen / Principal / McVicker), Robert Stack (FBI Agent Flemming), Cloris Leachman (Martha), Jacqueline Barba (Agent Hurly), Pamela Blair (Flight attendant / White House Tour Guide), Eric Bogosian (Ranger), Kristofor Brown (Man on Plane / Second Man in Confession Booth / Old Guy / Jim), Tony Darling (Mötley Crüe Roadie #2 / Tourist Man), John Donman (Airplane Captain / White House Representative), Francis Dumaurier (French Dignitary), Jim Flaherty (Petrified Forest Recording), Tim Guinee (Hoover Guide / ATF Agent), David Letterman (Motley Crue Roadie #1 [als Earl Hofert]), Toby Huss (TV Chief #2 / Concierge / Bellboy / Male TV Reporter), Sam Johnson (Limo Driver / TV Chief #1 / Man in Confession Booth #1 / Petrified Forest Ranger), Richard Linklater (Tour Bus Driver), Rosemary McNamara (Flight Attendant #2), Harsh Nayyar (Indian Dignitary), Karen Phillips (Announcer in Capitol), Dale Reeves (President Clinton), Michael Ruschak (Hoover Technician / General at Strategic Air Command), Gail Thomas (Flight Attendant #3 / Female TV Reporter), Greg Kinnear (FBI Agent Bork [uncredited]), Demi Moore (Dallas Grimes [uncredited]), **Bruce Willis** (Muddy Grimes [uncredited]) u.a.
Länge: 80 Min. *US-Kinostart:* 20.12.1996. *Dt. Kinostart:* 15.5.1997.

THE FIFTH ELEMENT /
LE CINQUIEME ELEMENT (1997)
Das fünfte Element
Produktion: Columbia Pictures Corporation, Gaumont. *Produzent:* Patrice Ledoux. *Associate Producer:* John Alan Amicarella. *Co-Produzent:* Iain Smith. *Regie:* Luc Besson. *2nd Unit Director:* Pascal Chaumeil. *Drehbuch:* Luc Besson und Robert Mark Kamen, nach einer Story von Luc Besson. *Kamera:* Thierry Arbogast. *Supervising Director of Photography:* Bill Neil. *Musik:* Eric Serra. *Schnitt:* Sylvie Landra. *Sound Supervisor und Sound Design:* Mark A. Mangini. *Supervising Dialogue Editor:* Curt Schulkey. *Production Design:* Dan Weil. *Art Directors:* Ira Gilford, Ron Gress, Michael Lamont, Jim Morahan, Kevin Phipps. *Set Decoration:* Maggie Gray, Anna Pinnock. *Costume Design:* Jean-Paul Gaultier. *Make-up von Bruce Willis:* Amanda Knight. *Hair Stylist von Bruce Willis:* Bunny Parker-Adamson. *Special Effects Supervisors:* Nick Allder, Neil Corbould. *Computer- und Video-Effects Supervisor:* Pascal Charpentier. *Supervising Visual Effects Director of Photography:* Bill Neil. *Special Visual Effects*

Supervisor: Mark Stetson. *Casting:* Lucinda Syson. *Stunt Coordinator:* Marc Boyle. *Stunt Double von Bruce Willis:* Terry Jackson. *Stand-in von Bruce Willis:* Paul Kite.
Darsteller/innen: **Bruce Willis** (Major Korben Dallas), Gary Oldman (Jean-Baptiste Emmanuel Zorg), Ian Holm (Priest Vito Cornelius), Milla Jovovich (Leeloo), Chris Tucker (Ruby Rhod), Luke Perry (Billy), Brion James (General Munro), Tom »Tiny« Lister Jr. (President Lindberg), Lee Evans (Fog), Charlie Creed-Miles (David), Tricky (Right Arm), John Neville (General Staedert), John Bluthal (Professor Pacoli), Mathieu Kassovitz (Mugger), Christopher Fairbank (Prof. Mactilburgh), Kim Chan (Thai), Richard Leaf (Neighbour), Julie T. Wallace (Major Iceborg), Al Matthews (General Tudor), Maïwenn Le Besco (Plavalaguna / The Diva), John Bennett (Priest), Ivan Heng (Left Arm), Sonita Henry (President's Aide), Tim McMullan (Scientist's Aide), Hon Ping Tang (Munro's Captain) u.a.
Länge: 126 Min. *US-Kinostart:* 9.5.1997. *Dt. Kinostart:* 28.8.1997.

MAD ABOUT YOU (1997)
Verrückt nach dir
Episode: *The Birth* (Part I) (5. Staffel, 23. Folge)
Eine schwere Geburt (Teil 1)
Supervising Producer: Victor Levin. *Coordinating Producer:* Mary Connelly. *Produzenten:* Bob Heath, Helen Hunt, Craig Knizek, Jenji Kohan, Maria Semple. *Associate Producers:* David Craig, Geof Addison. *Executive Producers:* Larry Charles, Paul Reiser, Danny Jacobson. *Co-Executive Producer:* Richard Day. *Creators:* Paul Reiser, Danny Jacobson. *Regie:* Gordon Hunt. *Drehbuch:* Larry Charles. *Kamera:* Bobby Byrne. *Schnitt:* Sheila Amos. *Sound Mixing:* Peter Damski. *Costumes:* Howard A. Sussman, Maureen Gates. *Art Director:* Robert Strohmaier.
Darsteller/innen: Paul Reiser (Paul Buchman), Helen Hunt (Jamie Buchman), Anne Ramsay (Lisa Stemple), Leila Kenzle (Fran Devanow [1992-98]), John Pankow (Ira Buchman [1993-99]), Louis Zorich (Burt Buchman [1997-99]), Cynthia Harris (Sylvia Buchman [1997-99]), Robin Bartlett (Debbie Buchman [1995-99]), Penny Fuller (Theresa Stemple [1995-99]), Suzie Plakson (Dr. Joan Herman [1996-99]), Judy Geeson (Maggie Conway [1993-99]), Lisa Kudrow (Ursula Buffay [1993-99]), Hank Azaria (Nat Ostertag [1996-97]), Jeff Garlin (Marvin), Mo Gaffney (Dr. Sheila Kleinman [1997-99]), Carroll O'Connor (Gus Stemple [1996-99]), Paxton Whitehead (Hal Conway [1994-99]) u.a. *Guest Stars:* David Dunard (Dan the Cop), John Gegenhuber (Dr. Ben), Estelle Getty (Jamies Tante), Carroll O'Connor

(Gus Stemple), Eric Stoltz (Alan), Michael Moore (Himself), **Bruce Willis** (Himself).
Länge: 30 Min. *US-Erstausstrahlung:* 20.5.1997. *Dt. Erstausstrahlung:* 20.1.1999.

THE JACKAL (1997)
Der Schakal

Produktion: Mutual Film Company, Alphaville Films. *Produzenten:* Michael Caton-Jones, Sean Daniel, James Jacks, Kevin Jarre. *Associate Producer:* Sean T. Stratton. *Executive Producers:* Terence A. Clegg, Mark Gordon, Gary Levinsohn, Hal Lieberman. *Regie:* Michael Caton-Jones. *Drehbuch:* Chuck Pfarrer, nach dem Drehbuch von Kenneth Ross für THE DAY OF THE JACKAL. *Kamera:* Karl Walter Lindenlaub. *Camera Operators:* Martin Hume, Philip Sindall. *Musik:* Carter Burwell. *Schnitt:* Jim Clark. *Supervising Sound Editor:* Richard King. *Production Design:* Michael White. *Art Directors:* Raymond Dupuis, Ricky Eyres, John Fenner, Bruton Jones. *Set Decoration:* Kate J. Sullivan. *Costume Design:* Albert Wolsky. *Hair Stylist von Bruce Willis:* Bunny Parker-Adamson. *Make-up von Bruce Willis:* Gerald Quist. *Special Effects Supervisor:* Yves De Bono. *Assistent von Bruce Willis:* Stephen J. Eads.
Darsteller/innen: **Bruce Willis** (The Jackal), Richard Gere (Declan Mulqueen), Sidney Poitier (Preston), Diane Venora (Valentina Koslova), Mathilda May (Isabella), J.K. Simmons (Witherspoon), Richard Lineback (McMurphy), John Cunningham (Donald Brown), Jack Black (Lamont), Tess Harper (The First Lady), Leslie Phillips (Woolburton), Stephen Spinella (Douglas), Sophie Okonedo (Jamaican Girl), David Hayman (Terek Murad), Steve Bassett (George Decker), Yuri Stepanov (Politovsky), Walt MacPherson (Dennehey), Ravil Issyanov (Ghazzi Murad), Maggie Castle (13jähriges Mädchen), Karen Kirschenbauer (Speaker) u.a.
Länge: 124 Min. *US-Kinostart:* 14.11.1997. *Dt. Kinostart:* 12.3.1998.

BROADWAY BRAWLER (1997,
nicht fertiggestellt)

Produzent: Joe Feury, **Bruce Willis**. *Executive Producer:* Andy Vajna. *Regie:* Lee Grant. *Kamera:* William Fraker. *Darsteller/innen:* **Bruce Willis**, Maura Tierney.

MERCURY RISING (1998)
Mercury Puzzle

Produktion: Universal Pictures, Imagine Entertainment. *Produzenten:* Brian Grazer, Karen Kehela. *Associate Producer:* Thomas J. Mack. *Executive Producers:* Ric Kidney, Joseph Singer. *Co-Produzenten:* Paul Neesan, Maureen Peyrot. *Regie:* Harold Becker. *Drehbuch:* Lawrence Kon-

ner und Mark Rosenthal, nach dem Roman *Simple Simon* von Ryne Douglas Pearson. *Musik:* John Barry. *Kamera:* Michael Seresin. *Schnitt:* Peter Honess. *Supervising Sound Editor:* Terry Rodman. *Production Design:* Patrizia von Brandenstein. *Art Directors:* Steve Saklad, James F. Truesdale. *Set Decoration:* Maria Nay. *Costume Design:* Betsy Heimann. *Make-up von Bruce Willis:* Gerald »Jerry« Quist. *Casting:* Nancy Klopper. *Stunt Coordinator:* Joe Dunne. *Assistenten von Bruce Willis:* Stephen J. Eads, Louise Weber.
Darsteller/innen: **Bruce Willis** (Arthur »Art« Jeffries), Alec Baldwin (Nicholas Kudrow), Miko Hughes (Simon Lynch), Chi McBride (Thomas »Bizzi« Jordan), Kim Dickens (Stacey), Robert Stanton (Dean Crandell), Bodhi Pine Elfman (Leo Pedranski), Carrie Preston (Emily Lang), L.L. Ginter (Peter Burrell), Peter Stormare (Stayes), Kevin Conway (Lomax), John Carroll Lynch (Martin Lynch), Kelley Hazen (Jenny Lynch), John Doman (Supervisor Hartley), Richard Riehle (Edgar Halstrom), Chad Lindberg (James), Hank Harris (Isaac), James MacDonald (SWAT Team Leader Francis), Camryn Manheim (Dr. London), Jack Conley (Detective Nichols), Maricela Ochoa (Charlayne), Peter Fontana (Pasquale) u.a.
Länge: 108 Min. *US-Kinostart:* 3.4.1998. *Dt. Kinostart:* 28.5.1998.

ARMAGEDDON (1998)
Armageddon – Das Jüngste Gericht

Produktion: Jerry Bruckheimer Films, Valhalla Motion Pictures, Touchstone Pictures. *Produzenten:* Michael Bay, Jerry Bruckheimer, Gale Anne Hurd. *Associate Producers:* Kenny Bates, Pat Sandston, Barry H. Waldman. *Executive Producers:* Jonathan Hensleigh, Chad Oman, Jim Van Wyck. *Regie:* Michael Bay. *2nd Unit Director:* Kenny Bates. *Drehbuch:* Jonathan Hensleigh und Jeffrey Abrams. *Musik:* Harry Gregson-Williams. *Kamera:* John Schwartzman. *Schnitt:* Mark Goldblatt, Chris Lebenzon, Glen Scantlebury. *Supervising Sound Editor:* George Watters II. *Production Design:* Michael White. *Art Director:* Geoff Hubbard. *Set Decoration:* Rick Simpson. *Costume Design:* Magali Guidasci, Michael Kaplan. *Hair Stylist von Bruce Willis:* Bunny Parker-Adamson. *Special Effects Supervisor:* John Frazier. *Casting:* Bonnie Timmermann. *Stunt Coordinator:* Kenny Bates. *Assistent von Bruce Willis:* Stephen J. Eads. *Stand-in von Bruce Willis:* Dusan Fager. *Costumer von Bruce Willis:* Susan Lichtman.
Darsteller/innen: **Bruce Willis** (Harry S. Stamper), Billy Bob Thornton (Dan Truman), Ben Affleck (A.J. Frost), Liv Tyler (Grace Stamper), Will Patton (Charles »Chick« Chapple), Steve Buscemi (Rockhound), William Fichtner (Colonel William Sharp), Owen Wilson (Oscar Choi), Michael Clarke Duncan (Jayotis »Bear« Kurleenbear),

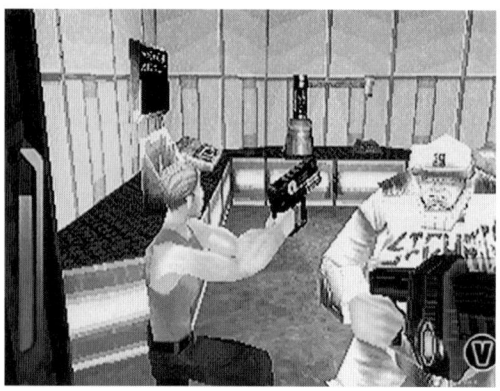

Videogame *The Fifth Element*

Videogame *Apocalypse*

Peter Stormare (Lev Andropov), Ken Hudson Campbell (Max Lennert), Jessica Steen (Co-Pilot Jennifer Watts), Keith David (General Kimsey), Chris Ellis (Walter Clark), Jason Isaacs (Ronald Quincy), Grayson McCouch (Gruber), Clark Heathcliffe Brolly (Freddy Noonan), Marshall R. Teague (Colonel Davis), Anthony Guidera (Co-Pilot Tucker), Greg Collins (Lt. Halsey), J. Patrick McCormack (General Boffer), Ian Quinn (Astronaut Pete Shelby), Christopher J. Worret (Operator #1), Adam Smith (Operator #2), John Mahon (Karl), Grace Zabriskie (Dottie), K.C. Leomiti (Samoan) u.a.
Länge: 144 Min. (Director's Cut: 153 Min.). *US-Kinostart:* 1.7.1998. *Dt. Kinostart:* 16.7.1998.

THE FIFTH ELEMENT (1998; Videospiel)
System: Play Station.
US-Veröffentlichung: Sept. 1998.

THE SIEGE (1998)
Ausnahmezustand
Produktion: Bedford Falls Productions, 20th Century Fox. *Produzenten:* Lynda Obst, Edward Zwick. *Associate Producer:* Robin Budd. *Executive Producer:* Peter Schindler. *Co-Produzent:* Jonathan Filley. Supervising *Producer:* Bruce Devan. *Regie:* Edward Zwick. *2nd Unit Director:* Peter Horton. *Drehbuch:* Lawrence Wright, Menno Meyjes und Edward Zwick, nach einer Story von Lawrence Wright. *Musik:* Graeme Revell. *Kamera:* Roger Deakins. *Camera Operator:* Michael Caracciolo. *Schnitt:* Steven Rosenblum. *Production Design:* Lilly Kilvert. *Art Director:* Chris Shriver. *Set Decoration:* Gretchen Rau. *Costume Design:* Ann Roth. *Hair Stylist von Bruce Willis:* Bunny Parker-Adamson. *Make-up von Bruce Willis:* Gerald Quist. *Special Effects Coordinator:* Paul J. Lombardi. *Special Effects Supervisor:* Chuck Stewart. *Casting:* Mary Colqu-

houn, Mary Goldberg. *Stunt Coordinator:* Joel Kramer. *Darsteller/innen:* Denzel Washington (Anthony »Hub« Hubbard), Annette Bening (Elise Kraft / Sharon Bridger), **Bruce Willis** (General William Devereaux), Tony Shalhoub (Frank Haddad), Sami Bouajila (Samir Nazhde), Ahmed Ben Larby (Sheik Ahmed Bin Talal), Mosleh Mohamed (Muezzin), Lianna Pai (Tina Osu), Mark Valley (Mike Johanssen), Jack Gwaltney (Fred Darius), David Proval (Danny Sussman), Lance Reddick (Floyd Rose), Jeremy Knaster (INS Official), William Hill (INS Uniform), Aasif Mandvi (Khalil Saleh), Frank DiElsi (Officer Williams), Wood Harris (Officer Henderson) u.a.
Länge: 115 Min. *US-Kinostart:* 6.11.1998. *Dt. Kinostart:* 21.1.1999.

APOCALYPSE (1998; Videospiel)
System: Play Station.
US-Veröffentlichung: Dez. 1998.

FRANKY GOES TO HOLLYWOOD (1999)
Produzent: Gordon Bijelonic. *Regie:* Brendan Kelley. *Music Supervisors:* Rich Dickerson, Sandy K. Tanaka, Sheli Zahnley. *Mitwirkende:* Steve Buscemi, Liv Tyler, Sensei Gravina, Billy Bob Thornton, Alison Armitage, Eddie Griffin, Jerry Bruckheimer, Kenny Bates, Billy Black, Michael Bay, **Bruce Willis.**
Länge: 12 Min. *Uraufführung:* 1999 (Slamdance Filmfestival).
Zwölf Minuten langer Kurzfilm über eine »sexuell desorientierte« Bulldogge am Set von ARMAGEDDON, mit Auftritten von Bruce Willis, Billy Bob Thornton, Liv Tyler und Steve Buscemi. »Ich bin Schauspieler, und davon lebe ich. In den letzten beiden Bruckheimer-Filmen – THE ROCK und CON AIR – hatte ich Hauptrollen. Und dann rief letztes Frühjahr jemand vom Produktionsbüro

von ARMAGEDDON an – dem neusten Bruckheimer-Projekt. Er bat mich, in der Leitung zu bleiben, weil Michael Bay, der Regisseur von THE ROCK, mit mir sprechen wolle. Da lehnte ich mich zurück und dachte daran, wie großartig ich war, als ich Sean Connery in Bays letztem Streifen den Arsch versohlt habe, und daß er mir deshalb jetzt eine Rolle anbieten würde. Naja, er erzählte mir den ganzen Film, wer alles mitspielt, und ich ließ ihn reden und wartete einfach, bis er zum Punkt kommen würde. Und dann kam es: ›Hey Brandan, ich will, daß dein Hund Franky in meinem Film auftritt.‹ Ich dachte, mich tritt ein Pferd. Aber was soll's, Hauptsache einer in der Familie schafft Geld ran.« (Regisseur Brendan Kelly im Katalog des Slamdance-Festivals 1999)

ALLY MCBEAL (1999; TV-Serie)
Ally McBeal
Episode: *Love Unlimited* (2. Staffel, 12. Folge)
Wolke Sieben
Produktion: 20th Century Fox, David E. Kelley Productions. *Produzenten:* Pamela Wisne, Steve Robin, Mike Listo. *Associate Producers:* Roseann M. Bonora-Keris, Kim Hamberg. *Executive Producer:* David E. Kelley. *Co-Executive-Producers:* Jonathan Pontell, Jeffrey Kramer. *Coordinating Producer:* Peter J. Burrell. *Creator:* David E. Kelley. *Regie:* Dennie Gordon. *Drehbuch:* David E. Kelley. *Main Titel Theme und Additional Music:* Vonda Shepard. *Score:* Danny Lux. *Kamera:* Billy Dickson. *Camera Operator:* David Harp. *Schnitt:* Craig Bench. *Production Sound Mixer:* Paul Lewis. *Supervising Sound Editor:* David Rawlinson. *Production Design:* Peter Politanoff. *Set Decoration:* Diane O'Connell. *Costume Design:* Rachael Stanley. *Original Casting:* Judith Weiner. *Casting:* Jeanie Bacharach, Sharon Jetton.
Darsteller/innen: Calista Flockhart (Ally Marie McBeal), Courtney Thorne-Smith (Georgia Thomas), Greg Germann (Richard Fish), Lisa Nicole Carson (Renée Radick), Jane Krakowski (Elaine Vassal), Vonda Shepard (Herself), Portia DeRossi (Nelle Porter), Lucy Alexis Liu (Ling Woo), Peter MacNicol, Gil Bellows. *Guest Stars:* Jesse L. Martin (Dr. Greg Butters), Lisa Thornhill (Kimberly Goodman), Caroline Aaron, Vyto Ruginis (Mr. Goodman), Francesca P. Roberts (Judge Francesca Harris), **Bruce Willis** (Dr. Nickle [uncredited]).
Länge: 45 Min. *US-Erstausstrahlung:* 18.1.1999. *Dt. Erstausstrahlung:* 16.11.1999.

BREAKFAST OF CHAMPIONS (1999)
Breakfast of Champions – Frühstück für Helden
Produktion: Rain City, Rational Packaging Company, Flying Heart Films, Sugar Creek Productions, Summit Entertainment. *Produzenten:* David Blocker, David Willis.

Executive Producer: Sandra Tomita. *Regie:* Alan Rudolph. *Drehbuch:* Alan Rudolph, nach dem Roman von Kurt Vonnegut Jr. *Musik:* Mark Isham. *Kamera:* Elliot Davis. *Schnitt:* Suzy Elmiger. *Supervising Sound Editor:* Eliza Paley. *Production Design:* Nina Ruscio. *Art Director:* Randy Eriksen. *Costume Design:* Rudy Dillon. *Set Costumer:* Carrie Bauer. *Casting:* Pam Dixon Mickelson.
Darsteller/innen: **Bruce Willis** (Dwayne Hoover), Diane Willson Dick (Rosemary Garr), Albert Finney (Kilgore Trout), Nick Nolte (Harry Le Sabre), Barbara Hershey (Celia Hoover), Glenne Headly (Francine Pefko), Lukas Haas (Bunny Hoover), Omar Epps (Wayne Hoobler), Vicki Lewis (Grace Le Sabre), Buck Henry (Fred T. Barry), Ken Campbell (Eliot Rosewater / Gilbert), Jake Johannsen (Bill Bailey), Will Patton (Moe), Chip Zien (Andy Wojeckowzski), Kurt Vonnegut Jr. (Commercials Director) u.a.
Länge: 109 Min. *Uraufführung:* 13.2.1999 (Filmfestspiele Berlin). *US-Kinostart:* 17.9.1999. *Dt. Kinostart:* 18.2.1999.

THE SIXTH SENSE (1999)
The Sixth Sense
Produktion: Spyglass Entertainment, Hollywood Pictures. *Produzenten:* Kathleen Kennedy, Frank Marshall, Barry Mendel. *Executive Producer:* Sam Mercer. *Regie:* M. Night Shyamalan. *2nd Unit Director:* Andrew Mondshein. *Drehbuch:* M. Night Shyamalan. *Musik:* James Newton Howard. *Kamera:* Tak Fujimoto. *Camera Operator:* Kyle Rudolph. *Schnitt:* Andrew Mondshein. *Supervising Sound Editor:* Michael Kirchberger. *Production Design:* Larry Fulton. *Art Director:* Philip Messina. *Set Decoration:* Susannah McCarthy, Douglas A. Mowat. *Costume Design:* Joanna Johnston. *Hair Stylist von Bruce Willis:* Bunny Parker-Adamson. *Special Effects Supervisor:* Gary Elmendorf. *Casting:* Avy Kaufman. *Stunt Coordinator:* Jeff Habberstad. *Stunt Double von Bruce Willis:* Terry Jackson.
Darsteller/innen: Haley Joel Osment (Cole Sear), **Bruce Willis** (Malcolm Crowe), Toni Collette (Lynn Sear), Olivia Williams (Anna Crowe), Glenn Fitzgerald (Sean), Mischa Barton (Kyra Collins), Donnie Wahlberg (Vincent Gray), Trevor Morgan (Tommy Tammisimo), Bruce Norris (Stanley Cunningham), Peter Tambakis (Darren), Jeffry Zubernis (Bobby), Greg Wood (Mr. Collins), Angelica Torn (Mrs Collins), Lisa Summerour (Bridemaid), Firdous Bamji (Indian Fiance), Samia Shoaib (Girl Shopping for Diamond Ring), Hayden Saunier (Darren's Mutter), Janis Dardaris (Kitchen Woman); *Visitors:* Neill Hartley, Sarah Ripard, Heidi Fischer, Kadee Strickland u.a.
Länge: 106 Min. *US-Kinostart:* 6.8.1999. *Dt. Kinostart:* 30.12.1999.

THE STORY OF US (1999)
An deiner Seite

Produktion: Castle Rock Entertainment. *Produzenten:* Jessie Nelson, Rob Reiner, Alan Zweibel. *Associate Producer:* Tammy Glover. *Executive Producers:* Frank Capra III, Jeffrey Stott. *Regie:* Rob Reiner. *Drehbuch:* Alan Zweibel, Jessie Nelson. *Musik:* Eric Clapton, Marc Shaiman. *Kamera:* Michael Chapman. *Camera Operator:* Daniel C. Gold. *Schnitt:* Alan Edward Bell, Robert Leighton. *Supervising Sound Editor:* Robert Grieve. *Production Design:* Lilly Kilvert. *Art Directors:* Christopher Burian-Mohr, Francesco Chianese, Jess Gonchor. *Set Decoration:* Sarah Jackson Burt, Francesca Caccavale, Katherine Lucas, Gretchen Rau. *Costume Design:* Shay Cunliffe. *Hair Stylist von Bruce Willis:* Bunny Parker-Adamson. *Casting:* Jane Jenkins.

Darsteller/innen: **Bruce Willis** (Ben Jordan), Michelle Pfeiffer (Katie Jordan), Tim Matheson (Marty), Rob Reiner (Stan), Rita Wilson (Rachel), Paul Reiser (Dave), Julie Hagerty (Liza), Colleen Rennison (Erin mit 10), Jake Sandvig (Josh mit 12), Jayne Meadows (Dot), Tom Poston (Harry), Betty White (Lillian), Red Buttons (Arnie) u.a. *Länge:* 94 Min. *US-Kinostart:* 13.10.1999. *Dt. Kinostart:* 23.3.2000.

THE WHOLE NINE YARDS (2000)
Keine halben Sachen

Produktion: Rational Packaging Company, Franchise Pictures, Flying Heart Films, Lansdown Films, Morgan Creek Productions. *Produzenten:* Allan Kaufman, David Willis. *Executive Producers:* Elie Samaha, Andrew Stevens. *Co-Produzenten:* Don Carmody, James A. Holt, Tracee Stanley. *Regie:* Jonathan Lynn. *2nd Unit Director:* David L. Snyder. *Drehbuch:* Mitchell Kapner. *Musik:* Randy Edelman. *Kamera:* David Franco. *Schnitt:* Tom Lewis. *Supervising Sound Editor:* Michael Hilkene. *Production Design:* David L. Snyder. *Art Director:* André Chamberland. *Set Decoration:* Mary Lynn Deachman. *Costume Design:* Edi Giguere. *Make-up von Bruce Willis:* Gerald Quist. *Casting:* Nancy Nayor.

Darsteller/innen: **Bruce Willis** (Jimmy »The Tulip« Tudeski), Matthew Perry (Nicholas »Oz« Oseransky), Rosanna Arquette (Sophie Oseransky), Michael Clarke Duncan (Frankie Figs), Natasha Henstridge (Cynthia Tudeski), Amanda Peet (Jill St. Claire), Kevin Pollak (Yanni Gogolack), Harland Williams (Officer Steve), Carmen Ferland (Sophie's Mom), Serge Christianssens (Mr. Boulez), Renee Madeline Le Guerrier (Waitress), Jean-Guy Bouchard (Mover), Howard Bilerman (Dave Martin), Johnny Goar (Hungarian Hood) u.a. *Länge:* 98 Min. *US-Kinostart:* 18.2.2000. *Dt. Kinostart:* 20.4.2000.

FRIENDS (2000; TV-Serie)
Friends

Episoden: The One Where Ross Meets Elizabeth's Dad (6. Staffel, 21. Folge) *The One Where Paul's the Man* (6. Staffel, 22. Folge) *The One With the Ring* (6. Staffel, 23. Folge) *Produktion:* Bright/Kauffman/Crane Productions, Warner Bros. TV. *Creators:* Marta Kauffman, David Crane. *Darsteller/innen:* Jennifer Aniston (Rachel Karen Greene), Courteney Cox (Monica E. Geller), Lisa Kudrow (Phoebe Buffay / Ursula Buffay), Matt LeBlanc (Joey Tribbiani), Matthew Perry (Chandler Bing), David Schwimmer (Ross Geller), Jane Sibbett (Carol Willock Geller), Charles Thomas Allen (Ben Geller), John Christopher Allen (Ben Geller).
Länge: 30 Min.

The One where Ross Meets Elizabeth's Dad
Regie: Michael Lembeck. *Drehbuch:* David J. Lagana. *Guest Stars:* **Bruce Willis** (Paul Stevens), Alexandra Holden (Elizabeth Stevens), June Gable (Estelle), Andrew Bilgore (Wayne), Brad Koepenick (The Producer). *US-Erstausstrahlung:* 27.4.2000.

The One where Paul's the Man
Regie: Gary Halvorson. *Drehbuch:* Sherry Bilsing, Ellen Plummer. *Guest Stars:* **Bruce Willis** (Paul Stevens), Alexandra Holden (Elizabeth Stevens), Merrin Dungey (The Museum Official), Ilia Volok (The Dry Cleaner), Susie Park (The Dry Cleaner's Wife). *US-Erstausstrahlung:* 4.5.2000.

The One with the Ring
Regie: Gary Halvorson. *Drehbuch:* Andrew Reich, Ted Cohen. *Guest Stars:* **Bruce Willis** (Paul Stevens), Oliver Muirhead (The Jeweler), Brian Dunkleman (The Customer), Janet S. Blake (Jeweler #2). *US-Erstausstrahlung:* 11.5.2000.

THE KID (2000)

Produktion: Chester Films. *Produzenten:* Hunt Lowry, Christina Steinberg, Jon Turteltaub. *Executive Producers:* Arnold Rifkin, David Willis. *Regie:* Jon Turteltaub. *Drehbuch:* Audrey Wells. *Musik:* Jerry Goldsmith. *Schnitt:* Peter Honess, David Rennie. *Production Design:* Garreth Stover. *Art Director:* David Lazan. *Set Decoration:* Larry Dias. *Costume Design:* Gloria Gresham. *Special Effects Coordinator und Special Effects Supervisor:* David Blitstein. *Casting:* Gail Goldberg, Donna Morong, Marcia Ross. *Stunt Double von Bruce Willis:* Terry Jackson.

Darsteller/innen: **Bruce Willis**, Spencer Breslin, Lily Tomlin, Nick Chinlund, Richard Jenkins, Chi McBride, Emily Mortimer, Jeri Lynn Ryan, Jean Smart, Steve Tom. *US-Kinostart:* 7.7.2000 (geplant).

Bibliographie

Die Bibliographie erfaßt im ersten Teil Texte, die sich direkt mit Bruce Willis beschäftigen. Im zweiten Teil wird Literatur zu einzelnen Filmen nachgewiesen, in denen Willis eine prominente Rolle spielt – hier sind auch Texte aufgeführt, in denen Willis unmittelbar keine Erwähnung findet.

Abkürzungen:
Cahiers = Cahiers du cinéma; FAZ = Frankfurter Allgemeine Zeitung; fd = film-dienst; FR = Frankfurter Rundschau; ND = Neues Deutschland; S&S = Sight & Sound; SZ = Süddeutsche Zeitung; taz = die tageszeitung; TSP = Der Tagesspiegel.

Über Bruce Willis allgemein

Bücher:
John Parker: Bruce Willis. The Unauthorised Biography. London 1997. – Berndt Schulz: Bruce Willis. Hollywoods neuer Superstar. Bergisch-Gladbach 1992.

Artikel/Aufsätze/Portraits:
(dt.:) Eberhard von Elterlein: Immer eine coolen Spruch auf den Lippen – Bruce Willis. In: Berliner Morgenpost, 15.3.1996 (Starportrait). – Franz Everschor: Hollywood spricht über ... Bruce Willis. In: fd, 5/1995, S. 41. – Franz Everschor: Hollywood spricht über ... Bruce Willis. In: fd, 24/1998, S. 58. – Felicitas Funke-Riehle: My Private Idaho. In: Cinema, 3/1998, S. 50-55 (Portrait). – Sabine Horst: Der richtige Mann am falschen Ort. In: epd Film, 4/1998, S. 24-29 (Portrait). – J.D.: Starkasten: Bruce Willis. In: ND, 21.3.1996. – Harald Keller: Bruce Willis. In: taz, 19.3.1994. – Kai Ritzmann: Bruce Willis ohne Unterhemd und andere große Momente. In: Berliner Morgenpost, 19.2.1999. – Daniel Sundermann: Wer ist Bruce Willis? In: Hollywood, April 2000, S. 36-39. – Karl Wegmann: Das Unterhemd kommt zurück. In: taz, 24.5.1995. (engl.:) o.A.: Bruce Willis. In: Stars, Sommer 1996, S. 46-47 (Biographie, Filmographie, Stills). – T. Apello: Foul for Fun. In: Village Voice, 15.7.1996. – P. Bart: An Artful Gesture. In: Variety, 4.3.1996. – Elaine Dutka: Bruce Willis Saves the White House From (Fill in Blank). In: Los Angeles Times, 30.8.1992 (über Willis' Unterstützung des Wahlkampfs von George Bush). – M. Frankel: Planet Willis. In: Movieline, Aug. 1996. – Jeff Gordinier: Nice Cop, Nasty Cop. In: Empire, Sept. 1995, S. 94-101. – Jack Matthews: Who Was that MOON-LIGHTING Detective? Maybe He Can Piece It together for Us. In: Los Angeles Times, 9.6.1991 (über Bruce Willis' Flops). – J. McInerney: Bruce Willis in the Hot Zone. In: Esquire, Mai 1995, S. 62-70. – Playboy (US), Nov. 1988 (Portrait). – The 100 Most Powerful People in Hollywood. In: Premiere (US), Mai 1995, S. 115-131. – A. Webster: Filmographies: Bruce Willis. In: Premiere (US), Juli 1996.

Interviews:
(dt.:) o.A.: Bruce Willis. In: Videoplay, 3/1998, S. 14-18. – o.A.: »Schokoeis ist nicht alles«. In: Berliner Morgenpost, 15.2.1999. – Ulrich Lössl: 10 affige Fragen an Bruce Willis. In: Jetzt, Jugendmagazin der SZ, 9.4.1996 (Interview anläßlich des Starts von TWELVE MONKEYS). – Dieter Oßwald: Vom TV-Darsteller zum Mega-Star. In: Berliner Zeitung, 21.3.1996. – Jenny Peters: Lust auf Tragik. In: Die Woche, 22.3.1996 (Interview zu TWELVE MONKEYS). (engl.:) Tom Charity: Monkey Puzzle. In: Time Out, 10.4.1996, S. 18-20. – Nina J. Easton: Bruce & Joel's Q & A Adventure. In: Los Angeles Times, 19.5.1991 (Interview mit Bruce Willis und Produzent Joel Silver zu HUDSON HAWK). – Empire, Sept. 1995, S. 94-98, 101 (Interview zu DIE HARD WITH A VENGEANCE). – Robert Macher: Bruce Willis. In: Penthouse, Aug. 1998, S. 28-33. – Dan McLeod: Never Say Die. In: Sky Magazine, Aug. 1995, S. 32-36. – StarBurst, Special, Dez. 1996, S. 24-26 (Interview zu TWELVE MONKEYS).

Sonstiges:
(dt.:) BM/AP: Tengelmannerpresser hatte Bruce Willis zum Vorbild. In: Berliner Morgenpost, 2.8.1997. – Oliver Hafke-Ahmad: Wenn Bruce Willis Goethe rezitiert. Die deutschen Synchronsprecher großer Hollywoodstars widmen sich Klassikern. In: Berliner Morgenpost, 10.2.2000. – Peter E. Müller: Ein Leinwandstar singt den rauhen Blues. Blues Willis rockt während der Berlinale. In: Berliner Morgenpost, 26.2.1996. – pem: Bei Bruce Willis stand Blues auf der Speisekarte. In: Berliner Morgenpost, 20.11.1996 (über das Willis-Konzert im Berliner Tränenpalast anläßlich der Eröffnung des *Planet Hollywood*). – Hanns-Georg Rodek: Blues für den Planeten. In: Die Welt, 19.11.1996 (über das Willis-Konzert anläßlich der Eröffnung des *Planet Hollywood*). – Helmut Voss: Schlammschlacht zwischen Bruce Willis und Demi Moore? In: Berliner Morgenpost, 1.6.1997. (engl.:) David Handelman: Soon to Be a Major Gimme-Cap-and-Sweatshirt-Dispensing Restaurant. In: Spy, September 1991, S. 73 (über *Planet Hollywood*).

Zu den einzelnen Filmen

MOONLIGHTING

Kritiken / weitere Texte:

(dt.:) Harald Keller: Kultserien und ihre Stars. Reinbek, 1999 (S. 303-305). (engl.:) o.A.: Open Space: It's Called Jo-Anne. In: Broadcast, 6.6.1986, S. 29. – o.A.: Promotion: An Extra Dimension. In: Time, 1.2.1988 (Buisness Notes). – o.A.: MOONLIGHTING. In: Television Chronicles, April 1995, S. 28-46 (die Geschichte der Serie mit Episoden Guide). – S. Brush: Three TV Shows That Captured a Decade. In: New York Times, 4.6.1989. – M.J. und P. Buhle: The Tube : Repartee for Two. In: Village Voice, 12.8.1986, S. 39. – T. Carsen: Final Eclipse of MOONLIGHTING? In: American Film, Mai 1989, S. 18. – B. Carter: Two Disappointments for ABC, Low Ratings and an Ending. In: New York Times, 9.5.1989. – M. Christensen: The Write Stuff. In: Rolling Stone, 13.2.1986, S. 29-30. – Monica Collins: Farewell to Three Originals. TIES, VICE and MOONLIGHTING Sign Off. In: Their Prime Times. They Were Magic. In: USA Today, 12.5.1989, S. 1D. – J. Curry: Can MOONLIGHTING Save ABC? In: American Film, Mai 1986, S. 48-50. – J. Gerard: TV Notes. In: New York Times, 5.12.1988. – Morgan Grendel: ABC's »Hands-Off« Experiment. In: The Los Angeles Times, 20.6.1985, Section 6, S. 1. – H. Fenwick: The Glamour-Girl and the Gumshoe. In: Radio Times, 24.5.1986, S. 9. – H. Fenwick: What a Little Moonlighting Can Do. In: Radio Times, 24.1.1987, S. 4-5. – Bob Fisher: Tendet Loving Care for MOONLIGHTING. In: American Cinematographer, Juli 1986, S. 40-46, 48 (Interierw mit Kameramann Gerald Finnerman). – J. Horn: »Moon« struck. In: Rolling Stone, 6.4.1989. – Joy Horowitz: The Madcap Behind MOONLIGHTING. In: New York Times, 30.3.1986, S. 24. – V. Jacquet-Francillon: Lee Holdridge. In: Soundtrack, Dez. 1990, S. 5-8 (Interview mit dem Komponisten Lee Holdrige). – B. Knight: Moonlighting. In: Variety, 13.3.1985. – J. Leonhard: It's Uneasy at ABC. In: New York Magazine, 25.3.1985. – J. Leonhard: Blood and Brains. In: New York Magazine, 28.10.1985. – David Marc / Robert J. Thompson: Prime Time, Prime Movers. New York 1992, S. 242. – R. Meyers: TAD on TV. In: Armchair Detective, 4/1985. – R. Meyers: TAD on TV. In: Armchair Detective, 1/1990, S. 36. – J.J. O'Connor: Escapist Entertainment Has It's Own Rewards. In: New York Times, 10.3.1985. – J.J. O'Connor: MOONLIGHTING Delivers Wit and Style. In: New York Times, 1.12.1985, S. 29. – M. Pollan: Why MOONLIGHTING Shines. In: Channels of Communications (USA), Jan./ Feb. 1986, S. 74, 76. – H. Radner: Quality Television and Feminine Narcissism: The Screw and the Covergirl. In: Genders, Sommer 1990, S. 110-128. – Brian Rose: Ma-

ster Pilot. In: DGA, März-April 1997, S. 45, 61 (Robert Bultler über Regieführen bei Pilotfilmen für Serien wie STAR TREK, HILL STREET BLUES und MOONLIGHTING). – F. Schruers: Bruce Willis Gets Serious. In: Rolling Stone, 27.3.1986, S. 49-50. – T. Teachout: Searching for Horizontal. In: National Review, 21.11.1986. – Robert J. Thompson: Television's Second Golden Age. From HILL STREET BLUES to ER. New York 1997, S. 109-121. – H.F. Walters / N.F. Greenberg: Sly and Sexy: TV's Funcouple. In: Newsweek, 8.9.1986, S. 46-52. – H.F. Walters / M. Reese: And Now, The Big Tease. In: Newsweek, 28.10.1995. – Rhonda V. Wilcox: Dominant Female, Superior Male. Control Schemata in LOIS AND CLARK, MOONLIGHTING und REMINGTON STEELE. In: Journal of Popular Film and Television, Frühjahr 1996, S. 26-33 (mit Bibliographie). – J.P. Williams: The Mystique of MOONLIGHTING. In: Journal of Popular Film and Television, Herbst 1988, S. 90-99 (mit Bibliographie). – R. Zoglin: Spring Sparring Partners. In: Time, 25.3.1985, S. 74.

BLIND DATE

Kritiken:

(dt.:) Frank Arnold, Zitty, 18/1987. – Dietmar Bittrich, Die Welt, 12.9.1987. – HS, FR, 5.9.1987. – Angelika Kaps, TSP, 10.9.1987. – Hans-Ulrich Pönack, Tip, 19/ 1987. – Martin Rabius, epd Film, 9/1987. – Claudius Seidl, Die Zeit, 4.9.1987. – Der Spiegel, Nr. 36/1987. (engl.:) Brit.: Variety, 1.4.1987. – City Limits, 13.8.1987. – Films and Filming, Aug. 1987. – Hollywood Reporter, 27.3.1987. – Listener, 13.8.1987. – Kim Newman, Monthly Film Bulletin, 8/1987. – Screen International, 15.8.1987. – Time Out, 12.8.1987. (fr.:) M.-C. Abel, Séquences, Aug. 1987. – Vincent Amiel, Positif, Nov. 1987. – Iannis Katsahnias, Cahiers, Sept. 1987. – Gérard Légrand, Positif, Feb. 1987. – Jacques Siclier, Le Monde, 18.9.1987. – Max Tessier, Revue du Cinéma, Sept. 1987.

Weitere Texte:

Peter Lehman / William Luhr: Blake Edwards' Engagement of the Slapstick Tradition in BLIND DATE. In: Film Criticism, Herbst 1988, S. 20-32 (mit Bibliographie).

SUNSET

Kritiken:

(dt.:) Michael Althen, SZ, 18.8.1988. – Frank Arnold, Zitty, 17/1988. – Volker Baer, TSP, 18.8.1988. – Lars-Olav Beier, Tip, 18/1988. – Fritz Göttler, Kölner Stadt-Anzeiger, 20.8.1988. – Susanne Kippenberger, epd Film, 9/1988. – Rainer Nolden, Die Welt, 24.8.1988. – Helmut Schmitz, FR, 19.8.1988. – Hans-Dieter Seidel, FAZ, 22.8.1988. – Claudius Seidl, Die Zeit, 19.8.1988. (engl.:) City Limits, 15.12.1988. – Richard Combs, Monthly

Film Bulletin, Dez. 1988. – Films and Filming, Jan. 1989. – M. Gray, Photoplay, Jan. 1989. – Hollywood Reporter, 29.4.1988. – Listener, 15.12.1988. – Todd McCarthy, Variety, 4.5.1988. – Screen International, 17.12.1988. **(fr.:)** Cahiers, Sept. 1988. – Danièle Heymann, Le Monde, 17.8.1988. – Raymond Lefèvre, Revue du Cinéma, Sept. 1988. – Paul Luis Thirard, Positif, Okt. 1988.
Weitere Texte:
(dt.:) Gewinner und Verlierer '88. In: Steadycam, Frühjahr 1989, S. 13. **(engl.:)** Hollywood Reporter, 8.4.1988, S. 6 (Interview mit Produzent Tony Adams). – Ron Magid: SUNSET – 1920s Movieland Myth. In: American Cinematographer, Jan. 1988, S. 54-56, 60-61.

DIE HARD
Kritiken:
(dt.:) Torsten Alisch, taz, 7.12.1988. – Michael Althen, Die Zeit, 12.11.1988. – Bodo Fründt, SZ, 21.11.1988. – Manfred Hermes, Spex, Dez. 1988. – Manfred Hobsch, Zitty, 23/1988. – HUP, Tip, 24/1988. – Milan Pavlovic, Kölner Stadt-Anzeiger, 12.11.1988. – Ritz, Neue Zürcher Zeitung, 22.11.1988. – Hans-Dieter Seidel, FAZ, 11.11.1988. – Anke Sterneborg, TSP, 12.11.1988. – Rudolf Worschech, epd Film, 12/1988. **(engl.:)** David Ansen, Newsweek, 25.7.1988. – Richard Combs, Monthly Film Bulletin, Feb. 1989. – A. Eisenberg, Cinefex, Nov. 1988. – W. Gibbons, Films in Review, Nov. 1988. – Hollywood Reporter, 11.7.1988. – IP, The Face, März 1989. – C. James, New York Times, 15.7.1988. – Jump Cut, März 1989. – K. Lally, Film Journal, Aug. 1988. – Listener, 2.2.1989. – William C. Martell, Creative Screenwriting, Winter 1995. – T. Matthews, Boxoffice, Sept. 1988. – Colette Maude, Films and Filming, Feb. 1989. – Todd McCarthy, Variety, 13.7.1988. – Adrienne McKibbins, Filmnews, Okt. 1988. – Terrence Rafferty, New Yorker, 8.8.1988. – Screen International, 20.8.1988. – Richard Schickel, Time, 25.7.1988 – J. Simon, National Revue, 30.9.1988. – G. Turner, American Cinematographer, Dez. 1988. **(fr.:)** M. Cieutat, Positif, Dez. 1988. – Martin Girard, Séquences, Nov. 1988. – Y. Lafontaine, 24 Images, Winter 1988/89. – J. Noël, Grand Angle, Okt. 1988. – R. Ross, Revue du Cinéma, Okt. 1988.
Weitere Texte:
(dt.:) o.A.: Die 32 erfolgreichsten Filme in Amerika seit Juni 1988. In: Steadycam, Sommer 1989, S. 7. – Milan Pavlovic: In Zahlen: Amerikas Kinosommer. In: Steadycam, Herbst 1988, S. 7-12. – MP: In Zahlen: Das amerikanische Kinojahr 1988. Gute Zahlen, gemischte Zeichen. In: Steadycam, Frühjahr 1989, S. 12. – MP: Die 30 erfolgreichsten US-Filme von 1988. In: Steadycam, Frühjahr 1989, S. 15. – MP: Rückspiegel. Enttäuschende Filme 1988. In: Steadycam, Frühjahr 1989, S. 54-55. –

Mark Singer: Die Joel Silver Show. In: Steadycam, Frühjahr 1995, S. 70-78 (über Joel Silver und Bruce Willis). **(engl.:)** o.A., Critical Studies in Mass Communication, Dez. 1991, S. 455-474. – o.A., American Cinematographer, Dez. 1988, S. 60-66, 68, 70 (Interview mit Visual Effects Producer Richard Edlund). – o.A., American Film, Juni 1993, S. 33, 44-45 (u.a. Interview mit Steven E. De Souza). – C. Ames: Restoring Black Man's Lethal Weapon. Race & Sexuality in Contemporary Cop Films. In: Journal of Popular Film and Television, Herbst 1992, S. 52-60 (über SHOOT TO KILL, DIE HARD und die LETHAL WEAPON-Trilogie). – Vincent Canby: DIE HARD Calls to the Kidult. In: New York Times, 2.7.1988. – Charles Deemer: The Rhetoric of Action: Five Classic Action Scenes. In: Creative Screenwriting, Winter 1995, S. 95-105 (Analyse der Struktur in den Actionszenen DIE HARD u.a.). – David Denby: Men at Work. In: New York Magazine, 1.8.1988. – D. Edelstein: Dynamite Tonight. In: Village Voice, 26.7.1988. – A. Eisenberg: Exaggerated Reality. In: Cinefex, Nov. 1988, S. 18-31. – Film Review, Special No. 16, 1996, S. 14-18 (über den Erfolg des Films). – A. Harmetz: If Willis Gets $ 5 Million, How Much for Redford? In: New York Time, 16.2.1988. – Hollywood Reporter, 11.7.1988 (Kolumne). – P.F. Parshall: DIE HARD and the American Mythos. In: Journal of Popular Film and Television, Winter 1991, S. 134-144 (mit Bibliographie). – Steven de Souza: Backstory. In: Fade In, II/4, 1996, S. 51 (Drehbuchautor de Souza über seine Arbeit an DIE HARD). – Roderick Thorp: Correspondence. In: Creative Screenwriting, Herbst 1996, S. 111-112 (Leserbrief des Autors der Romanvorlage). – George Turner: Sophisticated Visuals on Grand Scale for DIE HARD. In: American Cinematographer, Dez. 1988, S. 60-66, 68, 70, 90-92 (Interview mit Visual Effects Producer Richard Edlund).

LOOK WHO'S TALKING
Kritiken:
(dt.:) AF, Tip, 9/1990. – Sabine Carbon, TSP, 5.5.1990. – Michael Laages, Die Welt, 3.5.1990. – Hans-Joachim Neumann, Zitty, 10/1990. – Milan Pavlovic, Kölner Stadt-Anzeiger, 5.5.1990 (Kurzkritik). **(engl.:)** G. Brown, Village Voice, 24.10.1989. – Vincent Canby, New York Times, 13.10.1989. – City Limits, 5.4.1990. – David Denby, New York Magazine, 13.11.1989. – R. Granger, Film Journal, Nov./Dez. 1989. – E. Grant, Films in Review, 1-2/1990. – Listener, 3.5.1990. – John Pym, Monthly Film Bulletin, April 1990. – D. Quinlan, Film Monthly, April 1990. – Rens., Variety 18.10.1989. – Screen International, 28.10.1989. – D. Shipman, Contemporary Review, Okt. 1990. – Time Out, 4.4.1990. – Peter Travers, Rolling Stone, Okt. 1989. – L. Van Gelder, New York

Times, 10.11.1989. **(fr.:)** M. Beauchamp, 24 Images, März/April 1990. – M. Cieutat, Positif, Juni 1990. – G. Lebouc, Grand Angle, Juni 1990. – J. Nacache, Revue du Cinéma, Mai 1990. – J. Nacache, Revue du Cinéma, Hors Serie 37, 1990.

Weitere Texte:
(engl.:) Robin Brunet: Theatrical Lighting Style for »Big Talk«. In: American Cinematographer, Juni 1989, S. 32-34, 36-37 (Interview mit Kameramann Thomas Del Ruth). – R.Corliss / J. McDowell: The Whole Town's talking. In: Time, 20.11.1989. – A. Harmetz: Making a »dumb« Movie into a Hit. In: New York Times, 25.10.1989. – T. Matthews: Baby Talk. In: Boxoffice, Okt. 1989, S. 12-13. – S. Moore: Kamikaze Mission, In: New Statesman & Society, 13.4.1990. – Screen International, 27.1.1990, S. 1 (über Urheberrechtsstreitigkeiten).

IN COUNTRY
Kritiken:
(dt.:) Stefan Lux, fd, 9/1992 (Kritik zum Videostart). **(engl.:)** Pat Anderson, Films in Review, Dez. 1989. – David Ansen, Newsweek, 2.10.1989. – G. Brown, Village Voice, 19.9.1989. – City Limits, 11.1.1990. – Richard Combs, Monthly Film Bulletin, Jan. 1990. – Richard Corliss, Time, 2.10.1989. – David Denby, New York Magazine, 25.9.1989. – R. Gold [Rich.], Variety, 13.9.1989. – T. Hutchinson, Film Monthly, 26.1.1990. – C. James, New York Times, 15.9.1989. – E. Kelleher, Film Journal, Okt. 1989. – Stanley Klawans, Nation, 9.10.1989. – T. Matthews, Boxoffice, Nov. 1989. – T. Pulleine, Films and Filming, Jan. 1990. – Screen International, 23.9.1989. – Time Out, 10.1.1990. – Peter Travers, Rolling Stone, 19.10.1989. – L. Van Gelder, New York Times, 18.8.1989. – J.M. Wall, Christian Century, 25.10.1989. – Margaret Walters, Listener, 18.1.1990. **(fr.:)** Élie Castiel, Séquences, Jan. 1990. – Hubert Niogret, Positif, Mai 1990. – D. Roth-Bettoni, Revue du Cinéma, März 1990.

Weitere Texte:
(engl.:) N. Karlen: Emily Llyod's Star Is Rising in America, but ... Is America Ready for a Star like Emily Llyod? In: Rolling Stone, 5.10.1989, S. 94-97 (Interview). – Stanley Kauffmann: In Several Countries. In: New Republic, 16.10.1989. – Listener, 14.12.1989, S. 36-37 (über neuere Vietnamfilme). – B. Nightingale: The Americanization of Emily. In: New York Times, 20.8.1989. – T. O'Brien: Downhill Journeys. In: Commonweal, 3.11.1989. – M. Rothstein: In Middle America. A Movie Finds It's Milieu. In: New York Times, 28.8.1988. – J. Scott: Mirror, Mirror ... In: Film Comment, Sept./Okt. 1989, S. 11-14. **(fr.:)** M. Gisseleire / C. Latowski: Un hero comme tant d'autres. In: Grand Angle, März 1990, S. 17-18.

DIE HARD 2
Kritiken:
(dt.:) Lars-Olav Beier, Tip, 22/1990. – Andy Darling, Blitz, Sept. 1990. – Franz Everschor, fd, 21/1990. – Fritz Göttler, SZ, 27./28.10.1990. – Gerald Jung, Zitty, 22/1990. – Harald Keller, taz, 25.10.1990. – Peter Körte, FR, 25.10.1990. – Milan Pavlovic, Kölner Stadt-Anzeiger, 27./28.10.1990. – Ritz, Neue Zürcher Zeitung, 27.10.1990. – Reinhard Tschapke, Die Welt, 25.10.1990. – Rudolf Worschech, epd Film, 10/1990. **(engl.:)** Bril., Variety, 4.7.1990. – City Limits, 16.8.1990. – Nigel Floyd, Monthly Film Bulletin, Sept. 1990. – Hollywood Reporter, 28.6.1990. – Screen International, 14.7.1990. – Time Out, 8.8.1990. – Margaret Walters, Listener, 16.8.1990. **(fr.:)** 24 Images, Herbst 1990. – Écran Fantastique, Nov. 1990. – Colette Godard, Le Monde, 4.10.1990. – Positif, Okt. 1990. – Revue du Cinéma, Okt. 1990.

Weitere Texte:
(dt:) Milan Pavlovic: Kino von der Kommandobrücke. In: Steadycam, Nr. 18, S. 69-71 (Sammelkritik). **(engl.:)** David Heuring: DIE HARDER: Another Cat & Mouse Sequel. In: American Cinematographer, Aug. 1990, S. 26-28, 30, 32-35 (Interview mit Kameramann Oliver Wood). – Hollywood Reporter, 6.7.1991. S. 1, 52, 10 (über das Marketing). – Hollywood Reporter, 12.7.1991 (über eine Urheberrechtsklage). – Screen International, Feb. 1990, S. 19 (über die Adaption). – R. Seidenberg: DIE HARD 2 Fights an Uphill Battle. In: New York Times, 29.4.1990. – E.M. Steortz / E. Foreman: The Fine Art of Product Placemant. In: Harper's Magazine, April 1991, S. 24. – Time Out, 8.8.1990, S. 14-15 (über die Produktionskosten). – George Turner: DIE HARD 2: Terror Takes to the Skies. Computer Imagery Enhances DIE HARD 2. In: American Cinematographer, Dez. 1990, S. 50-52, 54-56, 58, 60-61 (Interviews zu den Visual Effects). – Mark Cotta Vaz: Maximum Impact. In: Cinefex, Feb. 1991, S. 46-63 (Produktionsbericht). **(fr.:)** Martin Girard: Les suites 1. In: Séquences, Sept. 1990, S. 48-51 (über Sequels am Beispiel von DIE HARD 2 u.a.).

LOOK WHO'S TALKING TOO
Kritiken:
(dt.:) Wolf Donner, Tip, 7/1991. – Milan Pavlovic, Kölner Stadt-Anzeiger, 30.3.1991 (Kurzkritik). – Die Welt, 28.3.1991. **(engl.:)** L.L. Cohn, Variety, 17.12.1990. – Verina Glaessner, Monthly Film Bulletin, März 1991. – M. Gray, Film Monthly, April 1991. – Hollywood Reporter, 26.6.1990. – Hollywood Reporter, 12.12.1990. – N. Kolomitz, Film Journal, Jan. 1991. – Janet Maslin, New York Times, 14.12.1990. – T. Matthews, Boxoffice, Feb. 1991. – Screen International, 18.8.1990. – Screen Inter-

national, 15.12.1990. **(fr.:)** A.A., Revue du Cinéma, Mai 1991. – Y. Alion, Revue du Cinéma, Hors Serie 1991. – M. Cieutat, Positif, Juni 1991. – P. Lefebre, Grand Angle, März 1991.

Weitere Texte:
B. Feld: Filmmaker and Stars Reunited in LOOK WHO'S TALKING-Sequel. In: Film Journal, Nov./Dez. 1990.

THE BONFIRE OF THE VANITIES

Kritiken:
(dt.:) Lars-Olav Beier, Tip, 9/1991. – Fritz Göttler, Kölner Stadt-Anzeiger, 4.5.1991. – Fritz Göttler, SZ, 21.5.1991. – Sabine Horst, epd Film, 5/1991. – Verena Kern, Zitty, 10/1991. – Andreas Kilb, Die Zeit, 3.5.1991. – Hans Messias, fd, 9/1991. – Andreas Obst, FAZ, 2.5.1991. – Josef Schnelle, FR, 2.5.1991. – Anke Sterneborg, TSP, 3.5.1991. – Ute Thon, taz, 2.5.1991. **(engl.:)** K. Acker, New Statesman & Society, 25.1.1991. – David Ansen, Newsweek, 24.12.1990. – Vincent Canby, New York Times, 21.12.1990. – Richard Corliss / Richard Schickel, Time, 24.12.1990. – David Denby, New York Magazine, 7.1.1991. – John Harkness, S&S, Mai 1991. – J. Hoberman, Village Voice, 1.1.1991. – Hollywood Reporter, 29.5.1990. – Hollywood Reporter, 17.12.1990. – Pauline Kael, The New Yorker, 14.1.1991 (Nachdruck in: Modern Review, Herbst 1991). – S. Klawans, Nation, 28.1.1991. – K. Lally, New Yorker, Jan. 1991. – Todd McCarthy, Variety, 24.12.1990. – T. Matthews, Box-office, Feb. 1991. – Terri Misky, Premiere (US), Dez. 1990. – Screen International, 21.12.1990. – Peter Travers, Rolling Stone, 24.1.1991. – James M. Welsh, Films in Review, 3-4/1991. **(fr.:)** Y. Alion, Revue du Cinéma, April 1991. – Y. Alion, Revue du Cinéma, Hors serie 39, 1991. – M. Beauchamp, 24 Images, Frühjahr 1991. – A. Cloutier, Cinéma Bulletin, 3/1991. – Jean-Michel Frodon, Le Monde, 16.3.1991. – Martin Girard, Séquences, März 1991. – I. Katsahnias, Cahiers, März 1991. – G. Lebouc / A. Hulot, Grand Angle, März 1991. – Marianne Stillwater, Cinéma (Paris), April 1991. – Laurent Vachaud, Positif, April 1991.

Weitere Texte:
(dt.:) Wolf Donner: [Über Filmpolitik und Marketing u.a. anhand von BONFIRE OF THE VANITIES und HUDSON HAWK]. In: Tip, 22/1991. **(engl.:)** o.A.: Court Ends Suit against Judge in BONFIRE Case. In: New York Times, 2.7.1992. – o.A.: Vanities, on the Bench. In: New York Times, 24.12.1990. – o.A.: New Jersey's Chief Film Critic. In: New York Times, 15.5.1990. – o.A.: *The Devil's Candy*. By Julie Salamon. In: New Yorker, 10.2.1992 (Buchkritik). – David Ansen: De Palmas Misfortune. In. Newsweek, 4.11.1991, S. 77-78. – S. Bach: Burning Money. In: New York Times, 1.10.1991. S. 14-15. – P. Bart: Bombs and Bonfires. In: Variety, 21.10.1991. – C. Bray: Money to Burn. In: New Statesman & Society, 7.2.1992 (Buchkritik). – Lesley Brill: ›A Hero for Our Times‹: FOREIGN CORRESPONDENT, HERO, and THE BONFIRE OF THE VANITIES. In: Hitchcock , 1995-96, S. 3-22 (mit Bibliographie). – P. Cliff: Movie Trax. In: Film Monthly, April 1991, S. 27 (Soundtrack-Besprechung). – Richard Corliss: A Goner from the Git-go. In: Time, 25.11.1991, S. 93. – S.F. Crawford: Rebel-Doodle Dandy. In: Journal of American Culture, 3/1991, S. 13-18 (über das Kostümdesign). – Empire, Feb. 1993, S. 42 (Interview mit De Palma). – Film Comment, März/April 1991, S. 37-38, 40-42, 44-46. – Bob Fisher: THE BONFIRE OF THE VANITIES. In: American Cinematographer, Nov. 1990, S. 45-50 (Interview mit Vilmos Zsigmond). – T. Golden: Filming Puts Bronx Vanity out of Shape. In: New York Times, 24.4.1990. – Nancy Griffin: Sherman's March. In: Premiere (US), Dez. 1990, S. 70-75 (Produktionsbericht). – N. Hasted: Disaster Movies. In: Film Monthly, April 1992, S. 27-28. – R. Huff: Barring of BONFIRE Shoot at N.J. Courthouse Ruled Unconstitutional. In: Variety, 24.12.1990. – Interview, Dez. 1990, S. 28 (Interview mit Production-Designer Richard Sylbert). – S. Isaacs u.a.: How Should It End? Sherman, Get Me Rewrite. In: New York Times, 16.12.1990. – C. James: Auteur, Auteur! The Movie Director as Star. In: Times, 9.8.1992. – C. Lehmann-Haupt: How Hollywood's BONFIRE Crashed and Burned. In: New York Times, 18.11.1991. – J. McInerney: It's a Wonderful Life. In: New York Times, 2.12.1990, S. 42. – C. Michaud: Richard Sylbert Works His Magic by Design. In: New York Times, 23.9.1990. – Barry Norman: [Über Literaturadaptionen]. In: Radio Times, 10.6.1995, S. 60. – C. Paikert: Muntains Out of Monguls. In: Nation, 23.12.1991, S. 825-826. – J.F. Sullivan: Filming Ban by Chief Justice in New Jersey Is Ruled Illegal. In: New York Times, 19.12.1990. – J.F. Sullivan: Din Echoing from Scripted BONFIRE Riot. In: New York Times, 1.10.1991. – J. Taylor / R.D. Story: The Real McCoy? In: New York Magazine, 14.5.1990 (über das Casting). – C. Troy: Building the BONFIRE. In: Interview, Dez. 1990, S. 28 (über das Production Design). – B. Weinlaub: With New Film, De Palma Tries to Rise from Ashes of BONFIRE. In: New York Times, 2.7.1992. – Armond White: Brian De Palma, Political Filmmaker. In: Film Comment, Mai/Juni 1991, S. 72-76, 78.

MORTAL THOUGHTS

Kritiken:
(dt.:) Michael Althen, SZ, 21./22.9.1991. – Heike-Melba Fendel, epd Film, 9/1991. – Fritz Göttler, Kölner Stadt-Anzeiger, 22.9.1991. – Norbert Grob, Die Zeit, 19.9.1991.

– Gerald Jung, Zitty, 20/1991. – Horst Peter Koll, fd, 18/ 1991. – Michaela Lechner, taz, 19.9.1991. – Rainer Nolden, Die Welt, 24.9.1991. – Andreas Obst, FAZ, 20.9.1991. – Frank Schnelle, Tip, 19/1991. – Anke Sterneborg, TSP, 21.9.1991. **(engl.:)** R. Allewa, Commonweal, 14.6.1991. – G. Brown, Village Voice, 30.4.1991. – A. Dawes, Variety, 29.4.1991. – Hollywood Reporter, 15.4.1991. – E. Kelleher, Film Journal, April/Mai 1991. – Janet Maslin, New York Times, 19.4.1991. – T. Orman, Cineaction, Herbst 1991. – Jonathan Romney, S&S, Nov. 1991. – J. Schwager, Boxoffice, Juni 1991. – Peter Travers, Rolling Stone, 2.5.1991. – James M. Welsh, Films in Review, 7-8/1991. **(fr.:)** M. de Blois, 24 Images, Sommer 1991. – M. Cieutat, Positif, Jan. 1992. – G. Lenne, Revue du Cinéma, Nov. 1991.

Weitere Texte:
(dt.:) Lars-Olav Beier: Frauen am Scheideweg. In: Film Bulletin, 5-6/1991, S. 47-49. **(engl.:)** CineAction!, Herbst 1992, S. 22-25 (Analyse). – Film Comment, 7-8/1992, S. 263-264 (über MORTAL THOUGHTS und THELMA AND LOUISE). – Hollywood Reporter, 26.4.1991, S. 10 (über das Marketing). – Kathleen Murphy: Only Angles Have Wings. In: Film Comment, 7-8/1991, S. 26-29 (über MORTAL THOUGHTS und THELMA AND LUISE). – S. Linfield: Demi Moore, Overnight Star at Long Last. In: New York Times, 12.5.1991, S. 17.

HUDSON HAWK
Kritiken:
(dt.:) Frank Arnold, Zitty, 16/1991. – Maria Capponi, epd Film, 8/1991. – Franz Everschor, fd, 14/1991. – Peter Körte, FR, 25.7.1991. – Roland Huschke, Tip, 15/ 1991. – Milan Pavlovic, Kölner Stadt-Anzeiger, 27.7.1991. – H.G. Pflaum, SZ, 30.7.1991. – Anke Sterneborg, TSP, 25.7.1991. – Karl Wegmann, taz, 25.7.1991. **(engl.:)** Bril., Variety, 27.5.1991. – A. Billson, New Statesman & Society, 5.6.1991. – Cinefantastique, Dez. 1991. – B. Cramer, Films in Review, 7-8/1991. – D. Denby, New York Magazine, 3.6.1991. – C. Fleming, Variety, 3.6.1991. – J. Hoberman, Village Voice, 4.6.1991. – Hollywood Reporter, 24.5.1991. – Hollywood Reporter, 28.5.1991. – T. Hutchinson, Film Monthly, Aug. 1991. – Interview, Juni 1991. – B. Lowry, Variety, 27.5.1991. – M. McDonagh, Film Journal, Juni 1991. – J. Maslin, New York Times, 2.6.1991. – J. Powers, S&S, Juli 1991. – R. Schikkel, Time, 10.6.1991. – Screen International, 28.7.1991. – H. Sheehan, S&S, Juli 1991. – StarBurst, Aug. 1991. – P. Travers, Rolling Stone, 27.6.1991. **(fr.:)** M. de Blois, 24 Images, Herbst 1991. – Colette Godard, Le Monde, 23.8.1991. – M. Lequeux, Grand Angle, Sept.-Okt. 1991. – H. Niogret, Positif, Okt. 1991. – P. Ross, Revue du Cinéma, Okt. 1991. – N. Saada, Cahiers, Okt. 1991.

Weitere Texte:
(engl.:) o.A.: Old Habits Die Hard. In: Empire, Jan. 1991 (über Schwierigkeiten bei der Produktion). – C. Flemming: HAWK Soars over Budget. In: Variety, 12.11.1990. – C. Flemming: Low-flying Hawk Triggers Turkey Shoot. In: Variety, 3.6.1991. – Richard E. Grant: When Richard Met Bruce and Joel. In: Vanity Fair, April 1996. – Richard E. Grant: With Nails, London 1996 (Drehtagebuch). – J. Greenberg: Why HUDSON HAWK Budget Soared so High. In: New York Times, 15.6.1991. – Lucy Kaylin: The Hollywood Education of Michael Lehmann. In: GQ, Okt. 1995, S. 228-233, 254. – Janet Maslin: Bruce Willis as Hip Cat Buglar. In: New York Times, 24.5.1991. – Janet Maslin: Is a Movie Really Awful? Let Us Count the Ways. In: New York Times, 2.6.1991. – John Powers: Look Upon a Star. In: S&S, Juli 1991, S. 4 (Kommentar zum Mißerfolg des Films). – Cyndi Stivers: The Golen Machine. In: Premiere (US), Mai 1991, S. 56-61, 64 (Bericht von den Dreharbeiten, besonders über Bruce Willis).

BILLY BATHGATE
Kritiken:
(dt.:) Frank Arnold, Zitty, 5/1992. – Franz Everschor, fd, 3/1992. – Bodo Fründt, SZ, 25.2.1992. – Norbert Grob, Die Zeit, 21.2.1992. – Sabine Horst, FR, 27.2.1992. – Peter Körte, epd Film, 2/1992. – Carla Rhode, TSP, 28.2.1992. – Jürgen Richter, FAZ, 26.2.1992. – David Simmons, Kölner Stadt-Anzeiger, 22.2.1992. – Ralph Umard, Tip, 4/1992. – Roland Vogler, Zoom, 3/1992. – M. Walder, Filmbulletin, 1/1992. – Karl Wegmann, taz, 20.2.1992. **(engl.:)** David Ansen, Newsweek, 4.11.1991. – Vincent Canby, New York Times, 1.11.1991. – Richard Corliss, Time, 4.11.1991. – David Danby, New York Magazine, 11.11.1991. – S. Farell, Scarlet Street, Winter 1992. – A. Frank, Film Monthly, Jan. 1992. – Peter Galvin, Filmnews, 4/1992. – J. Hoberman, Village Voice, 5.11.1991. – Hollywood Reporter, 25.9.1990. – Hollywood Reporter, 28.10.1991. – Caryn James, New York Times, 3.11.1991. – Stanley Kauffmann, New Republic, 25.11.1991. – S. Klawans, Nation, 2.12.1991. – K. Lally, Film Journal, Dez. 1991. – Todd McCarthy, Variety, 4.11.1991. – M. Moss, Boxoffice, Dez. 1991. – Screen International, 29.9.1990. – Screen International, 15.11.1991. – H. Sheehan, S&S, Jan. 1992. – S&S, Aug. 1992 (Kritik zum Videostart). – Peter Travers, Rolling Stone, 28.1.1991. – James M. Welsh, Films in Review, 3-4/1992. **(fr.:)** B. Benoliel, Revue du Cinéma, Feb. 1992. – J. Graye / J. Noël, Grand Angle, Jan. 1992. – C. Nevers, Cahiers, Feb. 1992. – N. Provencher, Séquences, Jan. 1992. – Michel Sineux, Positif, Feb. 1992. – T.S., Le Monde, 17.1.1992.

Weitere Texte:

(dt.:) Milan Pavlovic: In Zahlen: Wie schlecht war '91 an der US-Kinokasse. In: Steadycam, Frühjahr 1992, S. 14-18. (engl.:) David Ansen: A Billy-less »Bathgate«. On Screen E.L. Doctorow's Novel Loses It's Voice. In: Newsweek, 9.12.1991. – Rick Baker: Almendros Illuminates BILLY BATHGATE. In: American Cinematographer, Nov. 1991, S. 26-28, 30, 32-33 (Drehbericht mit Anmerkungen des Kameramanns Nestor Almendros). – Brian Case: Dutch Courage. In: Time Out, 8.1.1992, S. 24 (Robert Benton über Dustin Hoffman). – C. James: A Hole in the Heart of BATHGATE. In. New York Times, 3.11.1991. – S. Talty: Inside Billy Bathgate. In: American Fim, Juli 1991, S. 32-35, 44. – B. Weinraub: With »Kevin's Gate« und »Billygate«: Filmdom's Love of Gossip Blooms. In: New York Times, 17.9.1991.

(fr.:) Bill Krohn: Histoires de gangster, histoire d'Amérique. In: Cahiers, Feb. 1992, S. 76-80.

THE LAST BOY SCOUT

Kritiken:

(dt.:) Frank Arnold, Zitty, 6/1992. – Lars-Olav Beier, Tip, 6/1992. – Dieter Bertz, ND, 20.3.1992. – Heike-Melba Fendel, epd Film, 3/1992. – Peter Körte, FR, 14.3.1992. – Milan Pavlovic, Kölner Stadt-Anzeiger, 14.3.1992. – Hans Schifferle, SZ, 18.3.1992. – Peter Strotmann, fd, 5/1992. – Karl Wegmann, taz, 12.3.1992. (engl.:) A. Billson, New Statesman & Society, 28.2.1992. – Vincent Canby, New York Times, 13.12.1991. – N. Floyd, Film Monthly, März 1992. – Hollywood Reporter, 9.4.1991. – Hollywood Reporter, 9.12.1991. – Brian Lowry, Variety, 16.12.1991. – M. McDonagh, Film Journal, Jan. 1992. – J. Schwager, Boxoffice, Feb. 1992. – Philip Strick, S&S, März 1992. – M. Udovitch, Village Voice, 21.1.1992. (fr.:) H.B., Le Monde, 14.2.1992. – M. Cieutat, Positif, April 1992. – M. Girard, Séquences, März 1992. – J. Graye / J. Noël, Grand Angle, Feb. 1992. – P. Ross, Revue du Cinéma, März 1992.

Weitere Texte:

(dt.:) Milan Pavlovic: Alphabet Cinema. Ein Streifzug durch neue amerikanische Filme. In: Steadycam, Frühjahr 1992. – Milan Pavlovic: In Zahlen: Wie schlecht war '91 an der US-Kinokasse. In: Steadycam, Frühjahr 1992, S. 14-18. – Frank Schnelle: [Interview mit Joel Silver u.a über LAST BOY SCOUT]. In: Tip, 7/1992, S. 58. (engl.:) Erik Bauer: Sex, Violence and Spec-Scripts. In: Creative Screenwriting, Winter 1996, S. 29-36 (Drehbuchautor Shane Black über Sex und Gewalt in THE LAST BOY SCOUT, LETHAL WEAPON und THE LONG KISS GOODNIGHT). – L. Van Gelder: At the Movies In: New York Times, 12.7.1991. – B. Weinlaub: What Hollywood Got for Chrismas. In: New York Times, 19.1.1992. (fr.:) Bill Krohn: Histoires de gangsters, histoire d'Amérique. In: Cahiers, Feb. 1992, S. 76-80.

DEATH BECOMES HER

Kritiken:

(dt.:) Michael Althen, SZ, 22.12.1992. – Franz Derendinger, Zoom, 12/1992. – Brigitte Desalm, Kölner Stadt-Anzeiger, 19.12.1992. – che., Neue Zürcher Zeitung, 1.1.1993. – Ulrike Kowalsky, Tip, 26/1992. – Reinhard Lüke, fd, 25/1992. – Jochen Metzner, TSP, 17.12.1992. – Helmut Schmitz, FR, 17.12.1992. – Frank Schnelle, epd Film, 1/1993. – Rainer Schweinfurth, Zitty, 26/1992. – Hans-Dieter Seidel, FAZ, 18.12.1992. – Karl Wegmann, taz, 17.12.1992. (engl.:) David Ansen, Newsweek, 17.8.1992. – K.H. Bartholomew, Film Journal, Aug. 1992. – Richard Corliss, Time, 3.8.1992. – David Denby, New York Magazine, 10.8.1992. – Empire, Juli 1992. – Empire, Jan. 1993. – Fatal Visions, Mai/Juni 1993. – Lizzie Francke, S&S, Dez. 1992. – Interview, 8/1992. – A. James, Christian Century, 9.9.1992. – Stanley Kauffmann, New Republic, 17.8.1992. – David D. Kim, Village Voice, 11.8.1992. – Todd McCarthy, Variety, 27.7.1992. – Janet Maslin, New York Times, 31.7.1992. – M. Moss, Boxoffice, Okt. 1992. – Andy Pawelczak, Films in Review, 9-10/1992. – J. Romney, New Statesman & Society, 4.12.1992. – David Rooney, Filmnews, Dez./Jan. 1992/93. – Ray Sawhill, Modern Review, Dez./Jan. 1992/93. – Screen International, 21.2.1992. – M. Sragow, New Yorker, 24.8.1992. – StarBurst, Dez 1992. – G.J. Svehla, Midnight Marquee, Sommer 1993. – Peter Travers, Rolling Stone, 20.8.1992. (fr.:) M.-F. Dupagne, Grand Angle, Dez. 1992. – Jean-Michel Frodon, Le Monde, 25.12.1992. – M. Girard, Séquences, Nov. 1992. – Frédéric Strauss, Cahiers, Jan. 1993. – Laurent Vachaud, Positif, Feb. 1993.

Weitere Texte:

(dt.:) 30 erfolgreiche Filme in Amerika 1992 (Statistik). In: Steadycam, Frühjahr 1993, S. 11. – Milan Pavlovic: In Zahlen: Der Mann mit der magischen Lampe. Was 1992 den Verleihern brachte. In: Steadycam, Frühjar 1993, S. 10-15. (engl.:) Geoff Andrew: Streep Talking. In: Time Out, 25.11.1992, S. 16-17 (Interview mit Meryl Streep). – Teresa Carpenter: Hope I Die Before I Get Old. In: Premiere (US), Sept. 1992, S. 68-78 (Produktionsbericht). – David J. Fox: The Vanishing. DEATH BECOMES HER and the Lost Ullman Ending. In: Los Angeles Times, 9.8.1992 (über Tracy Ullmans entfernten Part). – Hollywood Reporter, 7.8.1992, S. 12 (Interview mit Produzent Steve Sparkey). – N. Leaf: Expert Witness: DEATH BECOMES HER. In: Premiere (US), Feb. 1993, S. 89 (Kommentar eines Chirurgen). – Kevin H. Martin: Life Neverlasting. In: Cinefex, Nov. 1992 (über die Special Effects). – Barry Norman: Comedy Becomes Her In: Radio Times,

28.11.1992, S. 26-28 (Interview mit Meryl Streep). –
StarBurst, Dez. 1992, S. 14-18 (Interview mit Meryl
Streep). – StarBurst, Jan. 1993, S. 25-29 (Bericht über
einen Vortrag von Steve Williams vom ILM auf dem Lon-
don Film Festival 1992, u.a. über DEATH BECOMES HER,
JURASSIC PARK und TERMINATOR 2). – StarBurst, Feb.
1993, S. 14-18 (Interview mit Regisseur Zemeckis). **(fr.:)**
Grand Angle, Feb. 1993 (Soundtrack-Besprechung). – Jean-
Marc Lalanne: À quoi rêve en Luna Park? In: Mensuel du
Cinéma, 10/1993, S. 64-70 (über JURASSIC PARK, TOTAL
RECALL, DEATH BECOMES HER u.a.).

STRIKING DISTANCE
Kritiken:
(dt.:) Frank Arnold, epd Film, 2/1994. – Eberhard von
Elterlein, Die Welt, 20.1.1994. – Rolf-Rüdiger Hamacher,
fd, 1/1994. – Steffen Jacobs, TSP, 22.1.1994. – Milan
Pavlovic, Kölner Stadt-Anzeiger, 23.1.1994. – Jürgen Mül-
ler, FR, 21.1.1994. – Hans Schifferle, SZ, 25.1.1994. –
Frank Schnelle,Tip, 2/1994. – Horst E. Wegener, Zitty,
4/1995. **(engl.:)** Vincent Canby, Times, 17.9.1993. –
Empire, Mai 1994. – Philip Kemp, S&S, Mai 1994. –
Brian Lowry, Variety, 27.9.1993. – M. McDonagh, Film
Journal, Okt./Nov. 1993. – E. Williams, Boxoffice, Nov.
1993. **(fr.:)** J. Darrigol, Mensuel du Cinéma, Jan. 1994.
– V. Magnee, Grand Angle, Jan. 1994. – Hubert Niogret,
Positif, März 1994.

Weitere Texte:
(dt.:) Milan Pavlovic: In Zahlen: Ein Rekordjahr hinterläßt bei näherer Betrachtung schlechte Aussichten. In:
Steadycam, Frühjar 1996, S. 8-10. **(engl.:)** C. Fleming:
Col Gives Go to $30 Mil Willis Pic. In: Variety, 17.2.1992.

PULP FICTION
Kritiken:
(dt.:) Michael Althen, SZ, 3.11.1994. – Gunter Blank, Die
Woche, 4.11.1994. – Brigitte Desalm, Kölner Stadt-An-
zeiger, 5.11.1994. – Hans-Günther Dicks, ND, 3.11.1994.
– Angie Dullinger, Abendzeitung München, 3.11.1994. –
Eberhard von Elterlein, Die Welt, 3.11.1994. – Manfred
Etten, fd, 22/1994. – Antonio Gattoni, Zoom, 6/1994. –
Otto Heuer, Rheinische Post, 4.11.1994. – Sabine Horst,
epd Film, 11/1994. – Peter W. Jansen, TSP, 9.11.1994. –
Thomas Klingenmeier, Stuttgarter Zeitung, 5.11.1994. –
Peter Körte, FR, 3.11.1994. – Stefan Reinecke, Berli-
ner Zeitung, 10.11.1994. – Hans-Dieter Seidel, FAZ,
5.11.1994. – Christoph Terhechte, tip, 23/1994. – Mar-
kus Tschiedert, Berliner Morgenpost, 10.11.1994. – Su-
sanne Weingarten, Der Spiegel, 31.10.1994. **(engl.:)** R.
Alleva, Commonweal, 18.11.1994. – David Ansen, Newsweek, 10.10.1994. – R.A. Blake, America, 12.11.1994. –
David Denby, New York, 3.10.1994. – S. Farber, Movie-

line, Sept. 1994. – Film Ireland, Dez. 1994. – Film Ireland, Feb./März 1995. – Film Threat, Dez. 1994. – Films
in Review, Jan./Feb. 1995. – R. Greene, Boxoffice, Dez.
1994. – James Hoberman, Village Voice, 11.10.1994. –
Stanley Kauffmann, New Republik, 14.11.1994. – S.
Klawans, The Nation, 17.10.1994. – K. Lally, Film Jour-
nal (US), Juli 1994. – A. Lane, New Yorker, 10.10.1994.
– Amanda Lipman, S&S, Nov. 1994. – Tim Lucas, Video
Watchdog, 32/1996 (Videokritik). – Todd McCarthy,
Variety, 23.5.1994. – R. Meyers, Armchair Detective, 2/
1996. – Andy Pawelczak, Films in Review, Jan./Feb.
1995. – John Simon, National Review, 21.11.1994. –
Peter Travers, Rolling Stone, 6.10.1994. – T. Young,
Modern Review, Okt./Nov. 1994. **(fr.:)** Laurent Bachet,
Télérama, 26.10.1994. – Gérard Camy, Jeune cinéma,
Okt./Nov. 1994. – Michel Ciment, Positif, Juli/Aug. 1994.
– Danielle Dumas, Avant-Scène cinéma, Juli 1994. –
Christophe D'Yvoire, Studio, Nov. 1994. – J.-M. F., Le
Monde, 27.10.1994. – T. Horguelin, 24 Images, Sept./
Okt. 1994. – Johanne Larue, Séquences, Nov./Dez. 1994.
– Vincent Ostria, Cahiers, Nov. 1994. – Jean-François
Rauger, Cahiers, Juni 1994. – L. Rebouillon, Avant-Scène
cinéma, Juli 1994. – Vincent Remy, Télérama, 26.10.1994.
– D. Roth-Bettoni, Mensuel du cinéma, Juni 1994. –
Phillippe Rouyer, Positif, Nov. 1994. – Séquences, Juli/
Aug. 1994. – Laurent Vachaud, Positif, Nov. 1994. –
Marc Weizman, Premiere (F), Nov. 1994.

Weitere Texte:
(dt.:) o.A.: Top 10 1994. In: Steadycam, Frühjahr 1995,
S. 13-15. – Rudolf Benda (Hg.): PULP FICTION. Projekt
Filmprogramm 73 (Broschüre), Januar 1995. – Sabine
Horst: Kult, Kunst oder Hype? Anmerkungen zu PULP
FICTION und zur Tarantinoisierung des Kinos. Vortrag. –
Andreas Kilb: Zum Töten geboren, zum Schauen bestellt.
In: Die Zeit, 28.10.1994 (über NATURAL BORN KILLERS
und PULP FICTION). – Milan Pavlovic: Kann Cannes ohne
Hollywood auskommen? In: Steadycam, Sommer 1994,
S. 79-89. – Georg Seeßlen: Pulp & Country, Western &
Fiction. In: Freitag, 18.11.1994 (über PULP FICTION und
THE THING CALLED LOVE). **(engl./fr.:)** Zahlreiche wei-
tere engl. und fr. Texte sind nachgewiesen in: Robert
Fischer / Peter Körte / Georg Seeßlen: Quentin Tarantino.
Berlin 2000 (3. Auflage).

NORTH
Kritiken:
(dt.:) J. Lederle, fd, 14/1995 (Kritik zum Videostart).
(engl.:) K. Ames, Newsweek, 1.8.1994. – G. Brown,
Village Voice, 2.8.1994. – Cinefantastique, 1.12.1994. –
Empire, Aug. 1994. – Lizzie Francke, S&S, Aug. 1994. –
S. Garland, S&S, Sept. 1994. – Hollywood Reporter, Juni
1993. – Interview, 7/1994. – E. Kelleher, Film Journal,

Aug. 1994. – L. Klady, Variety, 18.7.1994. – Peter Matthews, Modern Review, Aug./Sept. 1994. – Andy Pawelczak, Films in Review, 9-10/1994. – Premiere (US), Juli 1993. – Screen International, 22.7.1994. – Richard Schickel, Time, 1.8.1994. **(fr.:)** E. Beauchemin, Séquences, Sept.-Okt. 1994. – P. Berthomieu, Positif, Okt. 1995. – J.-M. Lalanne, Cahiers, Sept. 1995. – Télérama, 9.8.1995.

Weitere Texte:

(engl.:) J. Carrocino: NORTH. In: Film Score Monthly, Aug. 1994 (Soundtrack-Besprechung). – C. Glines: Heading NORTH. In: Boxoffice, Juni 1994, S. 17. – Premiere (UK), Aug. 1994, S. 30-31 (Interview mit Rob Reiner).

COLOR OF NIGHT
Kritiken:

(dt.:) Frank Arnold, Tip, 6/1995 (Kurzkritik). – Franz Everschor, fd, 24/1994. – Mariam Niroumand, taz, 5.4.1995. – Milan Pavolic, Kölner Stadt-Anzeiger, 25.2.1995. – Georg Seeßlen, epd Film, 3/1995. – Hans-Dieter Seidel, FAZ, 25.2.1995. – Horst E. Wegener, Zitty, 4/1995.

(engl.:) Hollywood Reporter, 6.7.1993. – Interview, 8/1994. – K. Lally, Film Journal, Sept. 1994. – Todd McCarthy, Variety, 22.8.1994. – Kim Newman, S&S, Okt. 1994. – Terrence Rafferty, New Yorker, 5.9.1994. – Screen International, 2.9.1994. – Michael Sragow, Modern Review, Okt./Nov. 1994. – Amy Taubin, Village Voice, 30.8.1994. **(fr.:)** Positif, Dez. 1994. – Télérama, 12.10.1994. – M. Venchiarutti, Grand Angle, Okt. 1994.

Weitere Texte:

(engl.:) Screen International, 26.8.1994, S. 56 (Informationen zur Filmproduktion; Regisseur Richard Rush spricht über Zensurprobleme und Bruce Willis über ›männliche Nacktheit‹). – Screen International, Juli 1994, S. 4 (Kurzbericht zu den Nachdrehs unter George Cosmatos).

NOBODY'S FOOL
Kritiken:

(dt.:) Michael Althen, SZ, 25.11.1995. – Lars-Olav Beier, FAZ, 24.11.1995. – bo.e., Die Welt, 23.11.1995. – Franz Everschor, fd, 23/1995. – Suzanne Greuner, epd Film, 12/1995. – Jörg Häntzschel, taz, 30.11.1995. – Hans-Joachim Neumann, Zitty, 24/1995. – Carla Rhode, TSP, 23.11.1995. – Martin Schappner, Neue Zürcher Zeitung, 24.11.1995. – Angela Schmitt-Gläser, FR, 24.11.1995. – Frank Schnelle, Tip, 24/1995. – Christian Seebaum, Kölner Stadt-Anzeiger, 25.11.1995. **(engl.:)** R. Alleva, Commonwael, 24.2.1995. – G. Brown, Village Voice, 27.12.1994. – D. Denby, New York Magazine, 16.1.1995. – Empire, April 1995 (Kritik zum Kinostart). – Empire, März 1996 (Kritik zum Videostart). – S. Farber, Movieline, Jan./Feb. 1995. – H. Haun, Film Journal, Jan./Feb.

1995. – Stanley Kauffmann, New Republic, 9.1.1995. – Todd McCarthy, Variety, 12.12.1994. – Richard Schickel, Time, 16.1.1995. – Screen International, 3.2.1995. – J. Simon, National Revue, 31.12.1994. – Ben Thompson, S&S, April 1995. **(fr.:)** Hubert Niogret, Positif, Okt. 1995. – M. Bilodeau, Séquences, Jan./Feb. 1995. – Télérama, 27.9.1995.

Weitere Texte:

(engl.:) Geoff Andrew: Fool's Paradise. In: Time Out, 22.3.1995, S. 26 (Interview mit Robert Benton). – David Ansen u.a.: America's Own. In: Newsweek, 19.12.1994. – Peter Biskind: More Than He Bargained For. In: Premiere (US), Okt. 1994, S. 74-77 (Produktionsbreicht). – C. Keathley / Andrew Sarris: Robert Benton. New Places in the Heart. In: Film Comment, Jan.-Feb. 1995, S. 36-47, 49 (Interview mit Autor und Regisseur Robert Benton). – K. Lally: Benton Returns with Tale of Small Town Redemption. In: Film Journal, Jan./Feb. 1995. – Kitty Bowe, Premiere (US), Mai 1995, S. 37 (über Continuity-Fehler). – A. Sarris: New Places in the Heart. In: Film Comment, Jan./Feb. 1995.

DIE HARD WITH A VENGEANCE
Kritiken:

(dt.:) Frank Arnold, epd Film, 7/1995. – Peter Buchka, SZ, 23.6.1995. – csr., Neue Zürcher Zeitung, 8.7.1995. – Franz Everschor, fd, 13/1995. – Volker Gunske, Tip, 13/1995. – Hans-Joachim Neumann, Zitty, 13/1995. – Milan Pavlovic, Kölner Stadt-Anzeiger, 24.6.1995. – Peter Körte, FR, 23.6.1995. – Markus Tschiedert, Berliner Morgenpost, 22.6.1995. – Karl Wegmann, taz, 22.6.1995. **(engl.:)** José Arroyo, S&S, Aug. 1995. – Empire, Juli 1995. – Hollywood Reporter, 16.8.1994. – Thomas Hudson, Premiere (US), Sept. 1995. – Brian Lowry, Variety, 22.5.1995. – Screen International, 23.7.1995. – Screen International, 18.8.1995. **(fr.:)** 24 Images, Dez./Jan. 1995-96. – Cahiers, Sept. 1995. – André Caron, Séquences, Juli/Aug. 1995. – Écran Fantastique, Juli/Aug. 1995. – Jean-Michel Frodon, Le Monde, 3.8.1995. – Philippe Rouyer, Positif, Okt. 1995.

Weitere Texte:

(dt.:) Brigitte Desalm: Hollywood, We Have a Problem. In: Steadycam, Winter 1995, S. 120-122. – Franz Everschor: DIE HARD und die Deutschen. In: fd, 13/1995, S. 40-41. – Film-Echo / Filmwoche, 23.7.1995, S. 18 (Interview mit John McTiernan). – Larry Gross: Blam! Big Loud Action Movies. In: Steadycam, Winter 1995, S. 114-119. – Dieter Oßwald: »Hier herrscht das Chaos«. In: Berliner Zeitung, 22.6.1995 (Interview mit John McTiernan). – Milan Pavlovic: No Megabites. Über den unaufhörlichen Niedergang des amerikanischen Action-Kinos, schwarze Schafe, kluge Schweine und einige Monets. In: Steadycam, Winter 1995, S. 123-129 (u.a. über DIE HARD WITH A VENGEANCE und PULP FICTION). – Christa Piotrowski: Albtraum der Verdorbenheit. In: TSP, 22.6.1995 (über die Kritik von US-Politikern an Gewalt-Filmen und den konservativen Star Bruce Willis als Ausnahme). **(engl.:)** Edward Gross: The Harder They Fall: Caught in the DIE HARD Syndrome. In: Cinescape, April 1995 (über Actionfilme). – Empire, Sept. 1995, S. 94-98, 101 (Interview mit Bruce Willis). – Empire, Sept. 1995, S. 98-99, 101 (Interview mit Jeremy Irons). – Larry Gross: Big and Loud. In: S&S, Aug. 1995 (über Actionfilme). – Premiere, Mai 1995, S. 38 (über Collen Camps Vorbereitung auf ihre Rolle). – Premiere, Sept. 1995, S. 41 (über einen Continuity-Fehler). – Screen International, 10.11.1995, S. 12 (über die finanzielle Situation von Cinergi Productions). – Jeffrey Wells: DIE HARD 3 Blows Out of the Water by SIEGE. In: Los Angeles Times, 1.11.1992 (zur Projektgeschichte).

FOUR ROOMS
Kritiken:
(dt.:) Henning Brüns, Berliner Zeitung, 29.2.1996. – Fritz Göttler, SZ, 29.2.1996. – Mathias Heyerbrock, Zoom, 3/1996. – Roland Huschke, Cinema, März 1996. – Steffen Jacobs, FAZ, 2.3.1996. – Kölner Stadt-Anzeiger, 2.3.1996. – Peter Körte, FR, 2.3.1996. – Rupert Koppold, Stuttgarter Zeitung, 29.2.1996. – Reinhard Lüke, fd, 5/1996. – Mariam Niroumand, taz, 29.2.1996. – Hans Schifferle, epd Film, 3/1996. – Jan Schulz-Ojala, TSP, 29.2.1996. – Nikita Tuman, ND, 7.3.1996. – Helmut Ziegler, Die Woche, 1.3.1996. **(engl.:)** Empire, Jan. 1996. – Entertainment Weekly, 12.1.1994. – Mark Kermode, S&S, Feb. 1996. – Emanuel Levy, Variety, 25.9.1995. – New York Times, 26.12.1995. – People Weekly, 15.1.1995. – Mark Salisbury, Empire, Juni 1996. – Screen International, 6.10.1995. – Vogue (US), Dez. 1995.

Weitere Texte:
(dt:) Robert Fischer: FOUR ROOMS. In: Robert Fischer / Peter Körte / Georg Seeßlen: Quentin Tarantino. Berlin: 2000 (3. Auflage), S. 170-177. **(engl.:)** Peter Biskind: Four by Four. In: Premiere (US), Nov. 1995, S. 76-78 (Interview mit den FOUR ROOMS-Regisseuren). – Film-Maker, Herbst 1995, S. 44-49 (Interviews mit Rockwell, Anders, Rodriguez und Tim Roth). – G. Fuller: Director Profile. In: Interview, Okt. 1995, S. 74, 77 (Interview mit Rodriguez, Storyboards). – Peter McQuaid: Room Service. In: US Magazine, Okt. 1995 (Vorankündigung). – Screen International, 25.8.1995, S. 2 (FOUR ROOMS in Venedig). – C. Spines: Go to Your Room! In: Premiere (US), Feb. 1995, S. 31-32 (die FOUR ROOMS-Regisseure zu ihrer Zusammenarbeit).

TWELVE MONKEYS
Kritiken:
(dt.:) Michael Althen, Die Zeit, 22.3.1996. – Brigitte Desalm, Kölner Stadt-Anzeiger, 23.3.1996. – Stephan Düfel, Zitty, 6/1996. – Eberhard von Elterlein, Die Welt, 21.3.1996. – Franz Everschor, fd, 6/1996. – Pia Horlacher, Neue Zürcher Zeitung, 17.3.1996. – Peter Körte, FR, 22.3.1996. – Krei-, TSP, 21.3.1996. – Hans-Joachim Neumann, Zitty, 4/1996. – Sven S. Poser, Tip, 5/1996. – Hans Schifferle, SZ, 21.3.1996. – Georg Seeßlen, epd Film, 3/1996. – M. Sennhauser, Film Bulletin, 2/1996. – Stern, 21.3.1996. **(engl.:)** Empire, Nov. 1996 (Kritik zum Videostart). – Film and Philosophy, 3/1996. – John Fried, Cineaste, Dez. 1996. – Ryan Gilbey, Premiere (UK), Mai 1996. – Emanuel Levy, Variety, 1.1.1996. – Tim Lucas, Video Watchdog, 35/1996 (Laser Disc Release). – Todd McCarthy, Premiere (US), Feb. 1996. – H. Pearson, Films in Review, 5-6/1996. – Mark Salisbury, Empire, Mai 1996. – Screen International, 5.1.1996. – Screen International, 26.4.1996. – Star-Burst, April 1996. – Philip Strick, S&S, April 1996. **(fr.:)** 24 Images, Frühjahr 1996. – Frédéric Strauss, Cahiers, März 1996. – Gérard Camy, Jeune Cinéma, März/April 1996. – André Caron, Séquences, Jan./Feb. 1996. – Jean-Michel Frodon, Le Monde, 29.2.1996. – T. van Wayenbergh, Grand Angle, April 1996.

Weitere Texte:
(dt.:) Andreas Becker: Durchgeknallte Tierbefreier. In: taz, 21.3.1996 (Interview mit Terry Gilliam). – Ulrich Lössel: Kinointerview mit Terry Gilliam: Die Statistik der Träume. In: Zitty, 6/1996. – Milan Pavlovic: Verlust & Verfall. Über das Ende der Unschuld im Kino und eine erfreuliche Winterernte aus Hollywood. In: Steadycam, Frühjahr 1996, S. 82-89, 93-94. – Sven S. Poser: [Interview mit Terry Gilliam]. In: Tip, 7/1996, S. 26. **(engl.:)** Comedy Review, April 1996, S. 75 (Terry Gilliam über TWELVE MONKEYS). – European Media Business & Finance, 5.5.1997, S. 1, 8 (über den Vertrieb von TWELVE MONKEYS auf DVD). – Tom Charity: Monkey Puzzle. In: Time Out, 10.4.1996, S. 18-20 (Interview mit Bruce Willis). – Empire, Mai 1996, S. 84-91 (Interview mit Terry Gilliam u.a. über die Wahl von Bruce Willis als James Cole). – Film and Philosophy, 3/1996, S. 123-129 (über Zeitreisen im Film, besonders in TWELVE MONKEYS). – Ryan Gilbey: Through the Looking Glass. In: Premiere (UK), Mai 1996 (Portrait Terry Gilliam), S. 50-56. – Nick James / Philip Strick: Time and the Machine. In: S&S, April 1996, S. 14-16, 56-57 (Interview mit Terry Gilliam über die virtuelle Welt von TWELVE MONKEYS und die Original-Drehschauplätze). – Wendy Levy: Hamlet, Whamo Charts and Punching Out the Bad Guys. In: Creative Screenwriting II/4, Winter 1995, S. 86-92

(die Drehbuchautoren Janet und David Peoples über ihre Arbeit im Action / Abenteuer-Genre, bes. über TWELVE MONKEYS). – David Morgan: Extremities. In: S&S, Jan. 1996, S. 18-21 (Interview mit Terry Gilliam u.a. über die Zusammenarbeit mit Hollywood-Stars). – John Naughton: Quiet! Genius at Work. In: Empire, Mai 1996 (Portrait Terry Gilliam). – Stephen Pizello: TWELVE MONKEYS: A Dystopian Trip Through Time. In: American Cinematographer, Jan. 1996, S. 36-44 (Interview mit Terry Gilliam und Kameramann Roger Pratt). – Screen International, 7.7.1995, S. 24 (Interview mit Terry Gilliam). – StarBurst, Special, Dez. 1996, S. 24-26 (Interview mit Bruce Willis). – Starlog, Jan. 1996, S. 42-48 (Interview mit Terry Gilliam). – Andrew O. Thompson: Shock the Monkey. In: Sci-Fi Universe, Mai 1996. **(fr.:)** Bill Krohn: L'Amérique au cœur de ténèbres. In: Cahiers, Feb. 1996, S. 44-47, 49 (über SEVEN, TWELVE MONKEYS, NIXON und CASINO). – Luc Lagier / Alain Schockoff / Cathy Karani: Terry Gilliam. Un python et douze singes! In: Écran Fantastique, Jan. 1996, S. 38-42 (Interview mit Terry Gilliam über das Casting). – Positif, Feb. 1997, S. 70-76 (über Zeit und Chronologie in TWELVE MONKEYS, SMOKING/NO SMOKING, TIME BANDITS u.a.). – Philippe Rouyer / Hubert Niogret: Terry Gilliam. In: Positif, März 1996, S. 4-13 (Interview mit Terry Gilliam und Kritik).

LAST MAN STANDING
Kritiken:
(dt.:) Frank Arnold, Tip, 23/1996. – Andreas Becker, taz, 31.10.1996. – Lars-Olav Beier, FAZ, 31.10.1996. – Andreas Conrad, TSP, 31.10.1996. – Bodo Fründt, SZ, 4.11.1996. – Andreas Kilb, Die Zeit, 15.11.1996 (Sammelkritik). – Hans Jörg Marsilius, fd, 22/1996. – Milan Pavlovic, Kölner Stadt-Anzeiger, 2.11.1996. – Hanns-Georg Rodek, Die Welt, 31.10.1996. – Thomas Schabacher, Splatting Image, Dez. 1996. – Hans Schifferle, epd Film, 11/1996. – Frank Schnelle, FR, 4.11.1996. – Martin Schwarz, Zitty, 22/1996. – Eric Stahl, Cinema, 11/1996. **(engl.:)** Empire, Nov. 1996. – Hollywood Reporter, 19.9.1995. – Hollywood Reporter, 2.1.1996. – P. Kramer, Boxoffice, Nov. 1996. – M. McDonagh, Film Journal, Okt. 1996. – R. Meyers, Armchair Detective, 1/1997. – Kim Newman, S&S, Nov. 1996. – Terrence Rafferty, New Yorker, 23.9.1996. – Christine Spines, Premiere (US), Sept 1996. – S&S, Feb.1997 (Kritik zum Videostart). – David Stratton, Variety, 16.9.1996. **(fr.:)** G. Lebouc, Grand Angle, April 1997. – M. Saada, Cahiers, März 1997.
Weitere Texte:
(engl.:) Tom Charity: Hill's Angel. In: Time Out, 24.9.1996, S. 26 (Interview mit Walter Hill). – A. LaSalle: Who Will Be The Last Composter Standing? In: Film Score Month-

ly, Dez. 1996. – D. Schweiger: Partners in Crime. In: Film Score Monthly, Dez. 1996. **(fr.:)** R. Simons: The Sound of Music. In: Grand Angle, April 1997.

THE FIFTH ELEMENT / LE CINQUIEME ELEMENT
Bücher:
Luc Besson: The Story of the Fifth Element. London, 1997. fr.: L'histoire der cinquieme element, Paris 1997 (Buch zum Film mit Drehtagebuch, Skizzen, *behind the scenes*-Aufnahmen).
Kritiken:
(dt.:) Frank Arnold, epd Film, 9/1997. – Eberhard von Elterlein, Berliner Morgenpost, 28.8.1997. – Eberhard von Elterlein, Die Welt, 27.8.1997. – Franz Everschor, fd, 17/1997. – Roland Huschke, Cinema, 9/1997. – L.J., FAZ, 30.8.1997. – Annette Kilzer, Tip, 18/1997. – Jürgen Kiontke, Jungle World, 28.8.1997. – Tobias Kniebe, Focus, 25.8.1997. – Christine Kruttschnitt, Stern, 28.8.1997. – Jost Müller-Neuhof, TSP, 28.8.1997. – Martin Schwarz, Zitty, 18/1997. – Claudius Seidl, SZ, 30./31.8.1997. – Dominik Slappnig, Zoom, 8/1997. – Gerd Tuchenski, ND, 28.8.1997. **(engl.:)** S. Biodrowski, Cinefantastique, 1/1997. – Clark Collis, Neon, Juli 1997. – David Denby, New Yorker, 19.5.1997. – E. Kelleher, Film Journal, Juni 1997. – Glenn Kenny, Premiere (US), Mai 1997. – S. Klawans, Nation, 2.6.1997. – J. Hoberman, Village Voice, 20.5.1997. – Todd McCarthy, Variety, 12.5.1997. – Kim Newman, S&S, Juli 1997. – Adam Smith, Empire, Juli 1997. **(fr.:)** Avant-Scène, Okt. 1997. – E. Burdeau, Cahiers, Juni 1997. – M. Jean, 24 Images, Sommer 1997. – G. Lebouc, Grand Angle, Mai 1997. – Carlo Mandolini, Séquences, Juli/Aug. 1997. – Positif, Juni 1997.
Weitere Texte:
(dt.:) BM: Das Bild kommt aus dem All. In: Berliner Morgenpost, 19.2.2000 (zur Fernsehausstrahlung). – Ulrich Lössl: »Glaube, Liebe, Hoffnung«. Milla Jovovich über ihre Action-Rolle in DAS FÜNFTE ELEMENT. In: Focus, 25.8.1997. – Jan Schulz-Ojala: Ein Jugendtraum zum Steinerweichen. In: TSP, 9.5.1997 (über THE FIFTH ELEMENT als Eröffnungsfilm des Festivals in Cannes). – Christian Seebaum: Ein weiteres Streitgespräch mit Luc Besson. In: Steadycam, Winter 1997, S. 26-31 (Interview). **(engl.:)** Jeff Bond: By Popular Demand: Shorter Jeff Bond Article. In: Film Score Monthly, 5/1997. – C. Brown / J. Giles: Future Schlock. In: Newsweek, 19.5.1997. – Chris Chang: Escape from New York. In: Film Comment, Juli/Aug. 1997, S. 56-59, 61. – A. Dawtrey: Euros Launch Alien Invasion. In: Variety, 5.5.1997. – Ted Elrick: Elemental Images. In: Cinefex, Juni 1997, S. 114-133. – Nigel Floyd / Stella Bruzzi: Infinite City. In: S&S, Juni 1997, S. 6-9 (über die Visual Effects und Kostüme). – Nigel Floyd: Tall

Stories. In: Time Out, 4.6.1997, S. 16-17 (Interview mit Luc Besson). – Andrew Harrison: New Adventures in Sci-fi. In: Neon, Juli 1997, S. 44-51 (Drehbericht). – L. Kandall: THE FIFTH ELEMENT: The Final Frontier? In: Film Score Monthly, 4/1997. – J. Kenny: Braving the ELEMENT. In: Premiere (US), Mai 1997, S. 56-58. – Luc Besson: Writer / Director. In: Reel West Magazine, Aug./Sept. 1997. – R. Magid: Fantastic Voyage. In: American Cinematographer, Mai 1997. – Adam Smith: The Future Is Now. In: Empire, Juli 1997, S. 62-69 (Drehbericht). – Andrew O. Thompson / Ron Magid: Astral grandeur. Fantastic Voyage. In: American Cinematgrapher, Mai 1997, S. 34-40, 42-48, 50 (Interview mit Luc Besson und Kameramann Thierry Arbogast, sowie Informationen über die Visual Effects). – Andrew O. Thompson: Shaping Things To Come. In: American Cinematographer, Mai 1997, S. 38-39. – M. Williams: Gaumont Prexy Runs With Right ELEMENT. In: Variety, 13.10.1997. – B. Willim: DAS FÜNFTE ELEMENT – Ein Blick hinter die Kulissen. In: Film- und Kino-Technik, 12/1997. **(fr.:)** R. Simons: The Sound of Music. In: Grand Angle, Juli 1997.

THE JACKAL
Kritiken:
(dt.:) Gunter Göckenjan, Berliner Zeitung, 12.3.1998. – Fritz Göttler, SZ, 12.3.1998. – Annette Kilzer, Schädel-spalter, 3/1998. – Annette Kilzer, Tip, 6/1998 (Kurzkritik). – Helmut Merschmann, epd Film, 3/1998. – Hans-Joachim Neumann, Zitty, 6/1998. – Veronika Rall, FR, 14.3.1998. – Hanns-Georg Rodek, Die Welt, 12.3.1998. – Hans-Dieter Schütt, ND, 12.3.1998. – Helmut Voss, Berliner Morgenpost, 18.11.1997. **(engl.:)** D. Ansen, Newsweek, 24.11.1997. – J. Bernstein, Premiere (US), Nov. 1997. – T. McCarthy, Variety, 10.11.1997. – M. McDonagh, Film Journal, Dez. 1997. – W. Major, Box-office, Jan. 1998. – A. Taubin, Village Voice, 25.11.1997. – D. Tse, S&S, Feb. 1998. **(fr.:)** Cahiers, Feb. 1998. – Positif, März 1998.
Weitere Texte:
(dt.:) o.A.: Bruce Willis erstmals als Schurke. In: Berliner Morgenpost, 18.11.1997. – Eric Stahl: Der Schackal. In: Cinema, 3/1998, S. 42-46. **(engl.:)** Geoff Andrew: Keeping up with Jones. In: Time Out, 7.1.1998, S. 20-21 (Interview mit Michael Caton-Jones über seine Arbeit mit Bruce Willis und Richard Gere). – Jill Bernstein: Jackal Be Nimble. In: Premiere (US), Dez.1996, S. 50.

MERCURY RISING
Kritiken:
(dt.:) Lars-Olav Beier, FAZ, 30.5.1998. – Jan Distelmeyer, epd Film, 6/1998. – Eberhard von Elterlein, Die Welt, 28.5.1998. – Birgit Galle, Berliner Zeitung, 28.5.1998. –

Annette Kilzer, Tip, 12/1998 (Kurzkritik). – Tobias Kniebe, SZ, 28.5.1998. – Hans-Joachim Neumann, Zitty, 11/1998. – Veronika Rall, FR, 30.5.1998. – Ramona Thomasius, Cinema, 6/1998. **(engl.:)** Andrew O'Hehir, S&S, Okt. 1998. – Todd McCarthy, Variety, 6.4.1998. **(fr.:)** Positif, Juni 1998.

ARMAGEDDON
Bücher:
o.A.: Visions of Armageddon. New York 1998 .
Kritiken:
(dt.:) Sabine Horst, FR, 16.7.1998. – Dietmar Kanthak, epd Film, 8/1998. – Hans-Joachim Neumann, Zitty, 15/1998. – Frank Noack, TSP, 16.7.1998. – Sven S. Poser, Tip, 15/1998. – Heiko Rosner, Cinema, 7/1998. – Dana Sachs, ND, 16.7.1998. – Claudius Seidl, SZ, 15.7.1998. – Anke Westphal, Berliner Zeitung, 16.7.1998. – Peter Zander, Berliner Morgenpost, 16.7.1998. **(engl.:)** Roger Ebert, Chicago Sun-Times, 1.7.1998. – Todd McCarthy, Variety, 29.6.1998. – Andy Richards, S&S, Sept. 1998. **(fr.:)** CC, Cahiers, Sept. 1998.
Weitere Texte:
(dt.:) Wolfram Knorr: Hymne an das Proletariat. In: Berliner Morgenpost, 2.8.1998. – Milan Pavlovic: Was scheren uns die US-Einspielergebnisse. In: Steadycam, Frühjahr 1999, S. 32. **(engl.:)** o.A.: The Ultimate Summer Preview. In: Premiere (US), Juni 1998, S. 56-63. – Tom Dunkel: Bruce Willis Kicks Asteroid. In: George, Juli 1998, S. 74-80, 110. – Todd McCarthy: Noisy Armageddon Plays Con Game. In: Variety, 12.7.1998.

THE SIEGE
Kritiken:
(dt.:) Lars-Olav Beier, FAZ, 23.1.1999. – Jan Distelmeyer, epd Film, 2/1999. – Gunter Göckenjahn, Berliner Zeitung, 21.1.1999. – Heiko Rosner, Cinema, 1/1999. – Hans Schifferle, SZ, 21.1.1999. – Anke Sterneborg, Focus, 18.1.1999. – RW, Tip, 3/1999 (Kurzkritik). – Horst E. Wegener, Zitty, 2/1999. – Sascha Westphal, Die Welt, 21.1.1999. **(engl.:)** Ken Hollings, S&S, Feb. 1999. – Todd McCarthy, Variety, 2.11.1998. **(fr.:)** Positif, Feb. 1999.
Weitere Texte:
(engl.:) David Denby: Darkness of Light. Looking for Salvation in THE SIEGE, ELIZABETH and LIFE IS BEAUTIFUL. In: The New Yorker, 16.11.1998, S. 114-115.

BREAKFAST OF CHAMPIONS
Kritiken:
(dt.:) Frank Arnold, Tip, 5/1999. – Horst Peter Koll, fd, 5/1999. – Hans-Joachim Neumann, Zitty, 5/1999. – Hanns-Georg Rodek, Die Welt,15.2.1999. – Wilhelm Roth, epd Film, 4/1999. – Silke Schütze, Cinema, 3/

1999. (engl.:) Derek Elley, Variety, 22.2.1999. – Peter Travers, Rolling Stone, 30.9.1999.
Weitere Texte:
(dt.:) o.A.: Im Wettbewerb: Frühstück für Helden. In: Berliner Morgenpost, 14.2.1999. – Gunter Göckenjahn; Verkaufen heißt lügen. Alan Rudolph über amerikanische Krankheiten und die Schlacht um Identität. In: Berliner Zeitung, 18.2.1999. – Frank Junghänel: Glossini: Bruuuce! In: Berliner Zeitung, 15.2.1999. – Peter Körte: Wenn Fische angeln. Dänische Dogmen und US-Familien im Wettbewerb. In: FR, 15.2.1999 (Berlinale-Bericht). – Tobias Kniebe: Ohne Worte. Ein Gespräch mit Bruce Willis, das keines war. In: SZ, 15.2.1999, S. 12. – Mariam Lau: Familie fatal. In. SZ, 15.2.1999 (Sammelkritik zur Berlinale). – Harald Pauli: Wahnwitzig gegrinst. Hollywoods eiserner Mann nimmt Abschied vom Heldenkino. In: Focus, 22.2.1999, S. 122-124. – Milan Pavlovic: Bruce & Co. Über Hindernisse, einen Star während eines Filmfestivals interviewen zu wollen. In: Steadycam, Frühjahr 1999, S. 8 (Nachruck in diesem Buch).

THE SIXTH SENSE
Kritiken:
(dt.:) Lars-Olav Beier, FAZ, 30.12.1999. – Caroline M. Buck, ND, 30.12.1999. – Jörg Böckem, Die Zeit, Nr. 1/2000. – René Classen, fd, 26/1999. – Michael Ebert, Stern, 29.12.1999. – Ralph Geisenhanslüke, TSP, 29.12.1999. – Gunter Göckenjahn, Berliner Zeitung, 30.12.1999. – Oliver Hüttmann, Rolling Stone, Jan. 2000. – Annette Kilzer, Tip, 27/1999. – Gerald Koll, Die Welt, 30.12.1999. – Heike Kühn, FR, 30.12.1999. – Hans-Joachim Neumann, Zitty, 26/1999. – Heiko Rosner, Cinema, 1/2000. – Karl-Heinz Schäfer, Rheinischer Merkur, 24.12.1999. – Anke Sterneborg, epd Film, 1/2000. – Sandra Walser, Film [Zoom], 1/2000. – Antje Wewer, Die Welt, 10.12.1999. – Susan Vahabzadeh, SZ, 29.12.1999. (engl.:) David Denby, The New Yorker, 23.8.1999. – John Horn, Premiere (US), 1/2000. – Todd McCarthy, Variety, 2.8.1999. – S&S, Mai 2000. – Peter Travers, Rolling Stone, 19.8.1999. (fr.:) O.J., Cahiers, Jan. 2000.
Weitere Texte:
(dt.:) Franz Everschor: Hollywood spricht über ... THE SIXTH SENSE. In: fd, 20/1999, S. 57. – hk: Sechster Sinn für den Wunschfilm mit Bruce Willis. In: Berliner Morgenpost, 8.1.2000. – Charles Martig: Populäre Metaphysik. Hollywoods sechster Sinn. In: fd, 26/1999, S. 8-11. – Hans-Joachim Neumann: Subtil und haarsträubend. In: Zitty, 1/2000. – Milan Pavlovic: In Zahlen: The Horror: Viele Genre-Filme bescheren dem US-Kino einen neuerlichen Rekord-Sommer. In: Steadycam , Winter 1999, S. 22. (engl.:) Peter Travers: The Year in Movies. In: Rolling Stone, 16.12.1999. – Peter Travers: Movies: Digging for

the Year-End Good Stuff ... In: Rolling Stone, 30.1.2000. – Peter Travers: Race Is On: Tip Sheet for Oscar 2000. In: Rolling Stone, 30.3.2000.

THE STORY OF US
Kritiken:
(dt.:) Kerstin Decker, TSP, 23.3.2000. – Brigitte Desalm, Steadycam, Winter 1999. – Focus, 20.3.2000. – Jörg Gerle, fd, 6/2000. – Annette Kilzer, Tip, 6/2000. – Mark Kleber, epd Film, 4/2000. – Michael Kohler, FR, 22.3.2000. – Bianca Lang / Peter Lau, Cinema, 4/2000 (Doppelrezension). – Rheinische Post, 23.3.2000. – Sam., Kölner Stadt-Anzeiger, 27.3.2000. – Hans Schifferle, SZ, 27.3.2000. – Eva Maria Schlosser, Stuttgarter Nachrichten, 23.3.2000. – Hans-Dieter Seidel, FAZ, 24.3.2000. – – Der Spiegel, 20.3.2000. – Markus Tschiedert, Berliner Morgenpost, 19.3.2000. – Horst E. Wegener, Zitty, 7/2000. – Anke Westphal, Berliner Zeitung, 23.3.2000. – Wiener Zeitung, 23.3.2000. (engl.:) Anthony Lane, The New Yorker, 1.11.1999. – Geoffrey Macnab, S&S, Jan. 2000. – Peter Travers, Rolling Stone, 11.11.1999.
Weitere Texte:
(dt.:) Patrick Roth: Zu sechst in einem Bett. Rob Reiner über Eheprobleme, Bruce Willis und seinen neuen Film AN DEINER SEITE. In: SZ, 23.3.2000, S. 19 (Interview).

THE WHOLE NINE YARDS
Kritiken:
(dt.:) Lars-Olav Beier, FAZ, 22.4.2000. – René Classen, fd, 8/2000. – Michaela Cordes, Cinema, 4/2000. – Anne Louise Critchfield, Berliner Zeitung, 20.4.2000. – Jan Distelmeyer, Die Zeit, 18.4.2000. – epd Film, 5/2000 (Kurzkritik). – Rainer Fellmann, Der Spiegel, 17.4.2000. – Gerald Jung, Zitty, 9/00. – Friedrich Kern, Stuttgarter Nachrichten, 20.4.2000. – Annette Kilzer, Tip, 8/2000. – Heike Kühn, FR, 20.4.2000. – Daniela Sannwald, TSP, 20.4.2000. – Susan Vahabzadeh, SZ, 20.4.2000. (engl.:) Peter Travers, Rolling Stone, 16.3.2000.

Über die Autoren und Autorinnen

Michael Althen, geboren 1962 in München. Seit 1998 Filmredakteur der *Süddeutschen Zeitung*. Zuvor freier Jounalist für *Süddeutsche Zeitung*, *Die Zeit*, *Focus* und S*teadycam*. Bücher über Robert Mitchum, Rock Hudson und Dean Martin. Filme: DAS KINO BITTET ZU TISCH (WDR 1995); gemeinsam mit Dominik Graf: DAS WISPERN IM BERG DER DINGE (BR/WDR 1998) und MÜNCHEN – GEHEIMNISSE EINER STADT (BR 2000).

Lars-Olav Beier, geboren 1965. Texte für *Steadycam*, *Filmbulletin*, *tip* und *Focus*. Mitarbeiter bei der *Frankfurter Allgemeinen Zeitung*. Fernsehbeiträge für den WDR. Bücher u.a.: »Teamwork in der Traumfabrik« (1993, zusammen mit Gerhard Midding), »Robert Wise und seine Filme« (1996), Mitherausgeber von »Arthur Penn« (1998) und »Alfred Hitchcock« (1999).

Alexander Bickel hat Neue Geschichte, Theater-, Film- und Fernsehwissenschaft, Kunstgeschichte und Philosophie in Köln und Newcastle studiert; Absolvent des Diplomstudiengangs Kulturkritik der Bayerischen Theaterakademie/HFF München. Lebt als freier Journalist und Lektor in Köln. Drehbuchlektorate für den WDR, Köln, und das ZDF, Mainz. Film-, Literatur- und Sachbuchkritiken u.a. für den *Kölner Stadt-Anzeiger*, die *Süddeutsche Zeitung* und das Bayerische Fernsehen.

Marc Bodmer, geboren 1963. Schon während des Jura-Studiums zeichneten sich gravierende Interessenverlagerungen Richtung Film ab. Die freie journalistische Schreiberei nahm nach Abschluss geradezu pathologische Ausmaße an und zwangen MB, statt in eine lukrative Anwaltskarriere einzulenken, sich als Kulturjournalist in Zürich zu vertun. Nach einer über dreijährigen Redaktionstätigkeit bei einer Finanzwochenzeitung als Filmredaktor widmet MB sich seiner kriminologischen Dissertation »Hau mir in die Augen, Kleines – Sind Gewaltdarstellungen in interaktiven Medien Ursache für abweichendes Verhalten?« Und wenn er nicht am schreiben ist, so dissertiert er noch heute.

Sven Fortmann kam 1969 auf der richtigen Seite Berlins zur Welt und hat es seitdem nicht geschafft, die Stadt zu verlassen. Er hat Abitur und ist fester Fellow Editor bei *Lodown*, dem umstrittenen, feschen Magazin für Penisarchitekten. Ansonsten schlägt er sich bisher mit Erfolg als freier Schreiberling, Graphiker, Schallplattendreher, Günstling sowie Botschafter des guten Geschmacks durchs Leben und träumt von einer Welt ohne Nazis und Ladenschlußgesetz.

Fritz Göttler, geboren 1954. Studium der Literaturwissenschaft und Geschichte in München, Promotion. Von 1984-1992 wissenschaftlicher Mitarbeiter im Filmmuseum München. Jetzt Filmkritiker und Sachbuchredakteur bei der *Süddeutschen Zeitung*. Mitarbeit bei verschiedenen filmhistorischen Sammelbänden.

Christoph Haas, geboren 1963. Wissenschaftlicher Mitarbeiter an der Universität Würzburg. Promotion: »Wolfgang Koeppen. Eine Lektüre« (1998). Freier Autor. Texte u.a. für *epd Film* und *Merkur*. Lehrauftrag für Film und Comics an der Universität Karlsruhe. Mitarbeit an dem Buch »Stanley Kubrick«.

Andrea Hanke, geboren 1965. Lehraufträge am Institut für Theater-, Film- und Fernsehwissenschaft in Köln sowie an der Bauhaus-Universität Weimar. Freie Lektorin für den WDR. Mitbegründerin und -herausgeberin der Filmzeitschrift *Gaffer*. Mitarbeit an »Der tödliche Augenblick« (Hg.: Lorenz Engell und Bernd Vogelsang), sowie an »Stanley Kubrick«. Seit 1999 Redakteurin in der Redaktion Fernsehfilm des WDR. Arbeitet an ihrer Dissertation über Vampirfilme.

Andreas Georg Hesse, geboren 1974 in Berlin-Charlottenburg. Nach Aufenthalten in diversen internationalen Jesuitenschulen Suspendierung und Exkommunizierung wg. Insurrektion und Häresie gegen Heiligen Geist. Verlor Glaube, dann Führerschein. Nutzte das Skateboard als bevorzugtes ÖPNV-Mittel, was zur Mitarbeit beim *Lodown Magazine*, einer Titanschraube im rechten Daumen sowie Tauglichkeitsstufe 5 führte. Irgendwann danach CoFoundation von Box Canyon, einem Berliner Forum zur kommunitarischen Felddisziplinierung der Denim-Distribution, Visualisierung und Bureau-Aktivität, wie Verein zur Abwahl der Katholischen Kirche.

Sabine Horst, geboren 1960. Kulturredakteurin beim *Journal Frankfurt* und Redakteurin der Audiovisionen in der *Frankfurter Rundschau*. Kritiken und Aufsätze u.a. für *epd Film*, *Frankfurter Rundschau* und die *Zeitschrift für Kritische Theorie*. Buchbeiträge über Woody Allen, Johnny Weissmueller und Joel & Ethan Coen.

Rolf Peter Kahl, geboren 1970 in Cottbus. Nach seinem Abitur besuchte er die Schauspielschule und arbeitete zeitgleich an verschiedenen Theatern als Schauspieler. Es folgten weitere Engagements in verschiedenen Film- und Fernsehproduktionen. 1995 gründete Kahl seine ERDBEERMUNDfilmproduktion. Unter anderem produzierte er den Spielfilm SILVESTER COUNTDOWN (1997; R: Oskar Roehler). Mit ANGEL EXPRESS gab er 1998 sein Spielfilmdebüt als Regisseur. Gemeinsam mit Luggi Waldleitner produzierte er auch diesen Film und schrieb das Drehbuch. Kahl führte bei mehreren Musikvideos und Theaterproduktionen Regie. Er lebt in Berlin.

Annette Kilzer, geboren 1966. Filmkritiken unter anderem für *tip*, *Berliner Zeitung*, *taz* und *Splatting Image*. Zahlreiche filmanalytische und -historische Buchbeiträge, unter anderem über den Moment des Sterbens im Kino, über Jack Arnold, Robert Mitchum, Jane Russell, Gregory Peck, Sophia Loren, Alain Delon, Jack Lemmon, Kim Novak, Shirley MacLaine. Mitbegründerin und -herausgeberin der Filmzeitschrift *Gaffer*. Co-Autorin des Buches »Das filmische Universum von Joel und Ethan Coen« (1998). Mitarbeit an »Arthur Penn« (1998), »Alfred Hitchcock« (1999) und »Stanley Kubrick« (1999).

Jürgen Laarmann ist Autor für das Internet Magazin www.jlfrontpage.de, Autor des Theaterstücks *Canossa Club*, Kolumnist für diverse Zeitschriften und Bandmitglied der *Berlin Mitte Boys*.

Anke Leweke, geboren 1962. Studium der Rechtswissenschaften (abgebrochen), freie Filmjournalistin bei Radio, Print und Fernsehen. Mitarbeit an »Alfred Hitchcock«.

Helmut Merschmann, geboren 1963, schreibt als freier Journalist über Film- und Medienthemen für *epd Film*, *Berliner Zeitung*, *Frankfurter Rundschau* u.a. Multimedia-Autor für das Berliner Filmmuseum am Potsdamer Platz. Buchveröffentlichungen: »Von Fledermäusen und Muskelmännern – Postmoderne im amerikanischen Mainstream-Kino« (Dissertation, Berlin 2000), sowie »Tim Burton«. Buchbeiträge über den »Mythos einer Amour fou zu dritt: Jules und Jim«, über «Product-Placement« und zur «Geschichte der Filmproduktion«.

Gerhard Midding, geboren 1961. Studium der Theaterwissenschaft, Kunstgeschichte und Literaturwissenschaft. Texte u.a. für *Filmbulletin*, *Kölner Stadt-Anzeiger*, *Tagesanzeiger* und *Frankfurter Rundschau*. Radiobeiträge für den SFB, Fernsehbeiträge für den WDR. Mitarbeit an verschiedenen Filmbüchern. Eigene Publikationen als

Autor oder Herausgeber u.a.: »Mitchum/Russell« (1991), »Teamwork in der Traumfabrik« (1993) und »Clint Eastwood. Der konservative Rebell« (1996).

Torsten Neumann, geboren 1965 in Hannover. Studium der Anglistik, Germanistik und Theaterwissenschaft in Hannover und Berlin. Lebt seit 1989 in Berlin, zwischen 1993 und 1996 als freier Journalist im Bereich Film für verschiedene Stadtmagazine aktiv. Seit 1994 Leiter des Internationalen Filmfestes Oldenburg. Viele Kontakte zur Independent Szene des amerikanischen Kinos.

Katja Nicodemus, geboren 1968. Studium der allgemeinen und vergleichenden Literaturwissenschaft in Berlin und Paris, Filmredakteurin zunächst beim *tip*, jetzt bei der *taz*, journalistische Tätigkeiten für Radio und Fernsehen.

Milan Pavlovic, geboren 1965 in Köln, ist Sportredakteur der *Süddeutschen Zeitung*, Chefredakteur der Filmzeitschrift *Steadycam* und schreibt über Filme für den *Kölner Stadt-Anzeiger*. Er wohnt in München. Mitarbeit an verschiedenen Filmbüchern, u.a. bei »Arthur Penn« (1998), »Alfred Hitchcock« (1999) und »Stanley Kubrick« (1999).

Lars Penning, geboren 1962. Texte u.a. für *taz* und *tip*. Essays in den Büchern »Hollywood Professional. Jack Arnold und seine Filme« (1993), »Clint Eastwood. Der konservative Rebell« (1996) und »Alfred Hitchcock« (1999). Beiträge u.a. für »Mitchum/Russell« (1991), »Alfred Hitchcock's PSYCHO« (1993), »Arthur Penn« (1998) und »Stanley Kubrick« (1999).

Sathyan Ramesh wurde 1968 in Berlin geboren, besuchte gelegentlich Schulen und zivildiente anschließend bis ca. 1990. Erste Veröffentlichung 1989 in der Filmzeitschrift *Steadycam*, später freier Mitarbeiter bei *Freibeuter*, *Cinema* und *black box*. Raucher ab 1993. Fünf Jahre lang Ressortleiter des Ein-Mann-Ressorts *Kino* bei der lustvoll gescheiterten Kulturzeitung *RheinART*, seit 1994 Lektor beim WDR. 1997 und 1999 gefördert von der Filmstiftung NRW (*Engel töten*, *Platinum*). Ewig dankbar. Seit 1999 Hausautor bei der Produktionsfirma D&D. Was immer das sein mag. Seit 2000 beim Kölner SAR (Schauspieltraining am Ring) Dozent für Filmkunde und Sitcomwesen.

Tobias Remberg ist Sportreporter für das Internet Magazin *http://www.jlfrontpage.de* und Student für Anglistik und Politik.

Hans Schifferle, geboren 1957. Texte für *Süddeutsche Zeitung, Kölner Stadt-Anzeiger, Steadycam* und *epd Film*. Bücher und Aufsätze über das Horrorkino, den Pornofilm, Ida Lupino, Eckhart Schmidt und Alfred Hitchcock.

Frank Schnelle, geboren 1963. Studium der Publizistik, Theaterwissenschaft und Germanistik. Beiträge für die *Frankfurter Rundschau, epd Film, Steadycam* und den WDR. Eigene Buchpublikationen als Autor oder Herausgeber u.a.: »Blade Runner« (1994), »Winona Ryder« (1995) und »Clint Eastwood. Der konservative Rebell« (1996). Seit 1997 Spielfilmredakteur bei SAT.1. Buchbeiträge u.a. für »Arthur Penn«, »Alfred Hitchcock« und »Stanley Kubrick«.

Georg Seeßlen, geboren 1948. Freier Autor. Texte u.a. für *Die Zeit, Frankfurter Rundschau, Freitag, Konkret, epd Film, blimp*. Diverse Seminare und Gastvorlesungen. Bücher u.a.: »Der pornographische Film«, »Unterhaltung – Lexikon zur populären Kultur«, »Clint Eastwood trifft Federico Fellini«, »Quentin Tarantino« (Mitautor), »Joel & Ethan Coen« (Mitherausgeber), »Alfred Hitchcock« (Mitherausgeber), »Martin Scorsese« (im Erscheinen).

Sebastian Selig wurde 1969 von einem minderjährigen Hippimädchen auf dem Passagier-/Frachtschiff *Mediterranean Sky* zwischen Patras und Brindisi zur Welt gebracht. Seine Eltern nannten ihn »Moby, den Schaumgeborenen«. Er lebt und arbeitet in seiner Wahlheimat Tübingen und ist verheiratet. Regelmäßig erscheinen seine Aufsätze in der überaus fragwürdigen Filmzeitschrift *Splatting Image*.

Marcus Stiglegger, geboren 1971, Dr. phil., ist wissenschaftlicher Mitarbeiter am Seminar für Filmwissenschaft der Johannes-Gutenberg-Universität, Mainz. Promovierte zum Thema »Sadiconazista – Faschismus und Sexualität im Film« (1999), schreibt regelmäßig für die Magazine *Testcard, Splatting Image* und *film-dienst*. DJ-Acts im Bereich der Industrial Culture. Hrsg. mit Bernd Kiefer: »Die bizarre Schönheit der Verdammten – Die Filme von Abel Ferrara« (2000); Hrsg.: »Splitter im Gewebe – Filmemacher zwischen *auteur* und Mainstream« (2000).

Eckhard Vollmar, geboren 1967. Freier Autor. Texte u.a. für *Focus*. Co-Autor des Buches »Dark Stars« (1992). Lebt in München.

Sascha Westphal wurde 1971 in Dortmund geboren, wo er immer noch lebt und als freier Filmjournalist arbeitet. Neben Texten für *Die Welt* und andere Tageszeitungen und Filmzeitschriften schreibt er Bücher über Fernsehserien wie »Millennium« und »Buffy – im Bann der Dämonen«. Mitarbeit an dem Buch »Rituale und Romantik – Das Kino des Eckhart Schmidt«.

Index